Vincent Franz Janssen

Gesamtindex zu Kluges etymologischem Wörterbuch der deutschen Sprache

Vincent Franz Janssen

Gesamtindex zu Kluges etymologischem Wörterbuch der deutschen Sprache

ISBN/EAN: 9783742895974

Hergestellt in Europa, USA, Kanada, Australien, Japan

Cover: Foto ©Andreas Hilbeck / pixelio.de

Manufactured and distributed by brebook publishing software
(www.brebook.com)

Vincent Franz Janssen

Gesamtindex zu Kluges etymologischem Wörterbuch der deutschen Sprache

Gesamtindex

zu

Kluges etymologischem Wörterbuch.

Gesamtindex

zu

Kluges etymologischem Wörterbuch
der deutschen Sprache

von

Vincent Franz Janssen.

——— · ⤜◦∔◦⤛ — ——

Straßburg

Karl J. Trübner

1890.

Vorwort.

Die vorliegende Arbeit verfolgt den Zweck, das gesamte sprach= und kultur=geschichtliche Material, welches in Kluge's etymologischem Wörterbuch enthalten ist, leicht zugänglich zu machen.

Zunächst sind die **Wörter** in einer Reihe von einzelsprachlichen, alpha=betisch auf einander folgenden Indices zusammengestellt. Die slavischen Dialekte sind in einem Verzeichnis vereinigt, desgleichen die keltischen und indischen. Französisch ist in Alt= und Neufranzösisch, Englisch in Alt=, Mittel= und Neuenglisch geteilt. Man beachte, daß vermittelst der germanischen und roma=nischen Indices das Wörterbuch zugleich als ahd., mhd., engl., franz. u. s. w. Lexikon benutzt werden kann. Die Namen sind in den einzelnen Indices verzeichnet, die neudeutschen unter „Neuhochdeutsch".

Darauf folgt eine Zusammenstellung der indogermanischen und ger=manischen **Wurzeln,** welche den Linguisten hoffentlich willkommen ist.

Für weitere Kreise ist der **Sachindex** berechnet. An der Hand desselben dürfte man ein ziemlich vollständiges Bild von den Anfängen und der Ent=wickelung unserer Sprache und Kultur gewinnen. Die dort verzeichneten Erscheinungen sind an den citierten Stellen im Wörterbuch nicht immer aus=drücklich hervorgehoben, wohl aber daselbst vorhanden, wie man finden wird. Meine Hinweise sind von den im Wörterbuch zum Ausdruck gebrachten nur bei ganz unsicheren Erscheinungen unterschieden und in Fußnoten gesetzt.

Besonders nachdrücklich möchte ich auf den Anhang aufmerksam machen. Derselbe ergänzt die im Wörterbuch gegebenen Verweisungen und deutet auf viele Zusammenhänge hin, welche sonst leicht übersehen werden können. Die Berücksichtigung dieses Verzeichnisses ist bei jeder Befragung des Wörterbuchs und des Index vorausgesetzt.

Als Wiederholungszeichen ist ein Strich (—) verwendet.

Kiel, im Oktober 1889.

Der Verfasser.

Inhalt.

—

Wortindex.

Abessinisch.

f. Samstag.

Ägyptisch.

f. Almanach.

Albanesisch.

sëtúne Samstag | taftâr Trichter

Altfranzösisch.

abbaie Abtei
aisil Essig
almosne Almosen
angele Engel
aramir anberaumen
arban Bann
asne Esel
astre Estrich

bacon Bache, Backe 1
baller Ball 3
barde Barte 1
barge Barke
bast Bastard
bastard —
bastie Bastei
berser birschen
bet Biest
bocle Buckel 1
brache Bracke
brese prassen
broche Bürste
broigne Brünne
bruiser Brosam
brunie Brünne
bruy Braut

buce Büse
buie Boje
buisine Posaune
busse Büse

cane Kahn
celier Keller
chaucheur (lothr.) Kelter
citole Zither
commendeor Komtur
compaing Kumpan
coste Küste
costre Küster
cotage Kot 1
cote Kotze
coultre Kolter
cuivre Köcher

dois Tisch
douz Daus

échec Schächer
enques Tinte
épolet Spule
errement Tinte
escancer Schenk

escarlate Scharlach
eschançon Schenk
escharpe Schärpe
eschirer Scharreisen
eschiter scheißen
escluse Schleuse
escraper schrappen
espeche Specht
espier Speer
espiet Spieß 1
esprohon Sprehe
estaier stehen
estendard Standarte
estour Sturm
estout stolz
estrif streben
estriver —
evesque Bischof

false falsch
fanon Fahne
feie (burg.) Fee
flau flau
flaûte Flöte
floi flau
fresange Frischling

Janssen, Binc. Fr., Inder.   1

freſte Firſt
frique frech
fuerre Futter

gambais Wams
gante Gans
gardin Garten
garou Werwolf
gaut Wald
gehir Beichte
gleton, gletteron Klette
grenon Granne
guerpir werfen
guimple Wimpel

halbere Hals
handeleir (lothr.) handeln
harnais Harniſch)
hasple Haſpe
haste heftig
heralt Herold
hermites Papſt
homicides —
hose Hoſe

jardin Garten

lai Leich
lance Lanze

leút Laute
ley -lei
loter Los

mangoneau Mange
maquerel Makrele
march März
marche Mark 1
maresc Marſch
marle Mergel
matenot Matroſe
merchier werfen
mire Arzt
momer Mumme 2

oil Öl
oublee Oblate

pan Pfand
paner —
pape Papſt
papegai Papagei
papes Papſt
pleige pflegen
plevir —
poe Pfote
poetes Papſt
poplier Pappel 2
prestre Prieſter

prevost Propſt
pris Preis
prophetes Papſt
prover prüfen

raie de miel Roß 2
raspe Raſpe
reule Regel
rime Reim
rote Rotte

sable Zobel
sachel Seckel
samit Samt
sigretain Sigriſt
soldoier Sold
souppe Suppe

taudir Zelt
toivre Ungeziefer
tondre Zunder
top Zopf
tresche dreſchen
tros Dorſche

vesque Biſchof

wilecome Wille

Althochdeutſch.

(f und v ſind vermengt; c, ch, k, hh, pf, th 2c. befinden ſich an gemeinalphabet. Stelle.)

â- Ameiſe, Ohmet, ohne
aba ab
âband Abend
abatrunnîg abtrünnig
abbât Abt, Abtei, Kette 2
abbateia Abtei
abgot Abgott
abgrunti Abgrund
ablâz Ablaß
absida Abſeite
abur aber
acohar Acker
acchus Axt
adal Abel, edel
Adalberaht Abel
Adalfuns —
Adalheid --

Adalolf Wolf
Adalswind geſchwind
Adalung Abel
âdara Ader
avalôn Frevel
avar aber
avarôn aber, äfern
affa Affe
affin, affinna —
affo —
affoltra Maßholder
afful Apfel
aftar After
aftaro —
aftersluzzil Dietrich
agana Ahne
agazza Elſter

ageleia Aglei
aglastra Elſter
agusto Auguſt
ah ach
aha -a, Au
ahhar Acker
ahil Ähre
ahir —, Lefze
ahorn Ahorn
ahsa Achſe
ahsala Achſel
ahta achten
âhta Acht
ahto acht
ahtôn achten
al all, als
âl Aal

äla Ahle	anamâli Mal	arn Aar
alamôsau Almosen	auchal Enkel 1	arnôn Ernte
alamuosan —	anchar Anker 1	aro Aar, Sperber, (Nachtrag)
alaniuwi all	anchlâo Enkel 1	ars Arsch
alausa Ahle	ancho, -smero Anke	arsûmen säumen
alant Alant 1, 2	andar ander, zweite	art Art
alawâri albern, all	anderes, -êst einst	-art Jauchert
alba Albe 1	andorn Andorn	artôn Art
albâri Alber	Anelo Ahn	aruz, aruzzi Erz
äleiba Ohmet	angar Anger, Engerling	arwtz Erbse
alôd Allod	angari Engerling	arzât Arzenei, Arzt
alôdis —	angi eng	âs Aas, essen
Alpi, Alpun Alpe	angil Engel	asc Asch, Esche
alrûna Alraune	ango bange, Angel	asca Asche 1
alsô als	angul Angel	Ascaffa -aff
alt alt	angust Angst	asco Asche 2
altano Ahn	anna Hebamme	aspa Espe
altar Alter	ano Ahn, Enkel 2	ast Ast
altarano Ahn	âuo ohne	astrîh Estrich
altâri Altar	anst Gunst	atah Attich
alteri --	ant- ant-	âteili ohne
altvater Altvordern	antarôn ander	Athaulf Adel
altfordoron --	antheiz anheischig	atraminza Tinte
althêrro, -mâg —	antlizzi Antlitz	attah, -uh Attich
altrôn Eltern	antlutti, -luzzi —	atto Atte
alung all	anto, -ôn ahnden 1	âtum Atem
alunsa Ahle	antrahho Ente	augia Au
alunt Alant 1	anttrunno abtrünnig	augusto August
âmâd Ohmet	antwurti Antwort	âwirihhi Werg
Amaht ohne	anut Ente	âwurihhi —
Amalswind geschwind	apful Apfel, Maßholder	az biz
amar Ammer, Amelmehl	ar Aar	-azen kauzen
ambaht Amt	ar- er-	-azzen —, gicksen
ambar Eimer	arabeit Arbeit	-azzen —
ameizza, -zza, tza Ameise	arag arg	
amerino Ammer	arahha Arche	
amero --	aram Arm, arm	bâan bähen
amma Amme	aramuoti Armut	bâbes Papst
ampfaro Ampfer	aran Ernte	Babo Bube
amprî Eimer	aranmânôd August	bacchan backen
ampulla Ampel	Aranolt Aar	baccho Backe 2
amsala Amsel	araweiz Erbse	bad Bad
ana Ahn, an	arbar Alber	badagiwant Gewand
anabicchan Bicke	arbeo, -i Erbe	badôn Bad
anabôren empören	archa Arche	bâgan bägern
anabôz Beifuß, Amboß	arcwânen Argwohn	bahhan backen
anadâht Andacht	arg arg	bahho Bache, Backe 1, 2
anado, -ôn ahnden 1	argî ärgern	bâjan bähen
anafalz Amboß, falzen	argirôn —	balcho Balken
anagilih ähnlich	arlizboum Arlesbaum	bald bald, Frevel
anaklaph Klaff	arm, Arm, arm	baldi bald
analêhan Anlehen	armherzi barmherzig	baldo —
analûti Antlitz	armilo Ermel	balg Balg
		balla Ball 2

1*

ballo —, Ballen	beti Bett	biquâmi bequem
balsamo Balsam	betôn beten	bira Birne
balz Belt	betti Beet, Bett	bircha Birke
ban Bann	bezziro besser, minder	bireiti bereit
banch Bank	bezzist besser, meist	birihha Birke
bant Band, Bande	bi (bi-) be=, bei, bieber,	bisa Biese
bar baar	Binse, um, bis	bisam, -o Bisam
bâra Bahre	bi henti behende	bisceidan bescheiden
barbo Barbe	bî um	biscetuom Bistum
barh Barch	bîa Biene	biscof Bischof
-bâri -bar	bîal Beil	bisigilen Siegel
barm barmherzig	bibar Biber	bismer Schmeer
barn Geburt	bibên bibmen, beben	bismizan schmeißen
barno Barn	bîbôz Beifuß	bistiufen Stief=
baro Baron	bicchân Bicke	bita bitten
bart Bart	bichennen kennen	bital Pedell
barta Barte 1	bichlemman Klamm	bîtan bitten
barug Barch	bichnâan können	bittar bitter
basa Base	biderbi bieder, derb	bitten bitten, Pedell
baz baß, minder	bidriozan verdrießen	biunt Beunde
bebano Pfebe	bieza Beete	biutta Bente 1
becchî, -in Becken	bifâhan Bifang	biwarôn wahren
beccho Beck	bifang —	biwecken bewegen 2
bêdê beide	bifelahan befehlen	biwegan bewegen 1
beh Pech	bifelhan —	biwegen bewegen 2
behhar, -âri Becher	bigiht Beichte	biz beißen
beidê beide	biginnan beginnen	bizzan beizen, beißen
bein Bein	bigo Beige	bizzo beißen, Bissen
beiten bitten	bihagan behagen	blabbizôn plappern
beizen beizen	bîhal Beil	blach Blackfisch
beizzen —	bijehan Beichte	blâjan blähen
belgan Balg, balgen	bijiht —	blanch blank
belihha Belche 2	bîl beilen	blantan Blendling
bellan bellen	biliban bleiben	blâo blau
belzôn belzen	bilich Bilch	blas blaß
bentil Beudel	bilidi Bild	blâsa Blase
bêr Bär 3	bilinnan linb	blâsan blasen
beraht -bert	bilisa Bilsenkraut	blat Blatt
beran Bahre, =bar, entbehren,	bill Bille	blâttara Blatter
Beere	billîch billig, Weichbild	blecchazzen Blitz
bergan bergen	billîhho billig	blecchen blecken
bergita Bretzel	biloh Block	bleh Blech
beri Beere	bin sein 2	bleih bleich
berikorn Korn	bîna Biene	bleihha Bleiße
berjan Bär 1	bini —	blenten blenden
berla Perle	binichar —	blic Blick, Blitz
bero Bär 2	bintan binden	blicfiur Blick
bersich Barsch	binuz Binse	blick bleichen
besamo Besen	biogan biegen	blîhhan —
besten Bast	bior Bier	blint blind
beta bitten, beten	biost Biest	blintslîcho schleichen
betalâri betteln	biot Bente 1	blîo Blei
betalôn --	biotan bieten	bliuwan bläuen

blôdi blöde
bloh Block
blôz bloß
bluojan blühen
bluoma, -o Blume
bluot Blut, Blüte
bluotruns rünstig
bluozan Opfer
boc Bock
bodam Boden, Farn
bogo Bogen, Schwibbogen
bolla Bolle 2
bolôn —
bolstar Polster
bolz Bolz
bôna Bohne
bor empor, empören
borgên borgen
borôn bohren
bort Bord
borto Borte
bôsa böse
bôsheit —
bôsi —, empören
bôsiwiht böse
bôsôn —
botah Bauch, Rumpf
botahha Bottich
boto bieten, Bote
botoscaf, -scaft Bote
boucken beugen
bougen —
bouhhan Bake
boum Baum
bôzan, bôzzan Amboß,
 Bausch, Beutel 1
braccho Bracke
brâdam braten, Brodem
brâhha brach
brahsa Brassen
brahsima, brahsina —
braht Pracht
brâmberi Brombeere
brâmo —
brant Brand
brastôn prasseln
brâtan braten
brâto Braten
brâwa Braue, Brücke, Klaue
bredia predigen
brediga, -ôn —
bredigunga —
bredrôn —

brehhan brechen
breit breit
breman brummen
bremo Breme
brestan bersten, prasseln
bret Brett
brêzita, -ella Bretzel
briaf Brief
brief -
brimma Pfriem 2
bringan bringen
brinnan brennen
brio Brei
briuwan brauen
brizzila Bretzel
broccho Brocke
bröil Brühl
brôsma Brosam
brôt Brot
brûchi brauchen
brucka Brücke
bruh Bruch 1
brûh brauchen
brûhhan —
brûn braun
brunna Brünne
brunno Brunn
brunst Brunst
bruodar Bruder
bruoh Bruch 2, 3
bruot Brut
bruoten —
brust Biest, Brust
brût Braut, Windsbraut
brûtigomo Braut
Brûwilâri Weiler
bû Bau
bûan bauen
bûâri Bauer 2
budeming Bottich
bûh Bauch
buhil biegsam, Bühel
buhsa Büchse
buhsboum Buchs
buil Bühel
bulga Bulge
buliz Pilz
bûlla Beule
bumez Bims
bungo Bachbunge, Bingel=
 kraut
Buobo Bube
buog Bug

buoh Buch
buoharahha Arche
buohha Buch, Buche
buohstab Buch
Buolo Buhle
buosam, -um Busen
buoza Buße
bûr Bauer 1
burdi Bürde
burg Burg
burgârâ Wurzel
buri dih Gebühr
burien --
burigo Bürge
burissa Börse
burst Borste
burug Burg
burzel Wurzel
busc Busch
butera Butter
bûtil Beutel 2
butin Bütte
buzo Büse
buzza Pfütze

calcatûra Kelter
calctûra —
calctûrhûs —
cancella Kanzel
cancur Kanker 2
capital, -ul Kapitel
carst Karst
cêdarboum Zeder
chabuz Kappes
chafteri Kabuse, Käfter
châha Dohle
chahhala Kachel
chahhazzen kichern
chalb Kalb
chalba —
chalch, chalh Kalk
chalo kahl
chamara Kammer
chamb Kamm
champf Kampf
chanchar Kanker 2
channa Kanne
chanta —
chanzella Kanzel
chapella Kapelle
chapfên gaffen
chapo Kapaun
chappa Kappe

chapuz Kappes	chinni Kinn	chlopfôn klopfen
char Kanne, Kasten	chinnibahho —, Backe 2	chlôz Kloß
chara Karfreitag	chinnizan Kinn	chlûbôn klauben
charag karg	chiol Kiel 2	chluft (f. kluft) Kluft
charasang Karfreitag	chiosan kiesen	chlunga Klüngel
charpho Karpfen	chipfa Kipfel	chlungilîn —
charra, -o Karre	chirîhha Almosen, Kirche	chluppa Kluppe, Knabe
charrüh Karch	chirihwîhi Kirchweih	chlûsa Klause
charta Karbe	chirsa Kirsche	chnabo Knabe (vgl. Rappe 1)
charz, charza Kerze	chisil Kies	chnagan nagen
châsi Käse	chista Kiste	chnappo Knabe, Knappe,
châsiluppa Lab	chiuwan kauen	Rappe 1
chasto Kasten	chizzi Kitze 1, Ziege	chneht Knabe, Knecht
chataro Kater	chizzilôn kitzeln	chneo Knie
chazza Katze	chlâftra Klafter	chnetan kneten
chebis, chebisa Kebse	chlaga Klage	chniu Knie
cheo keck	chlagôn —	chniurig Knorre
cheva Käfer	chlamma Klamm	chnodo Knoten
chevar, chevaro —	chlanch, chlang Klang,	chnoto —
chevia Käfig	Schwank	chnutil Knüttel
chegil Kegel 1	chlaphôn Klaff, klabastern	choh Koch
cheisuring Pfennig, Schilling	chlâwa Klaue	chohhar, -âri Köcher
chela Kehle	chlê Klee	chohhôn kochen, Kuchen
chêla Kieme	chleb Klippe	chol Kohle
chelich Kelch	chlebên kleben	chôla Kohl
chella Kelle	chleiben kleiben	cholbo Kolben
chellâri Keller	chleimen Klei	cholero Koller 2
chemben kämmen	chleini klein	chôli Kohl
cheminâta Kemenate	chlêo Klee	cholo —, Kohle
chempen kämmen	chleta Klette	chôlo Kohl
chempho Kampf	chlëtta, chletta —	chonachla Kunkel
chempio —	chletto —	chonala Quendel
chennen kennen	chlfa Kleie	choph Kopf
cheren kehren 2	chlîba Klette	chorn Korn
cherian —	chlîban kleiben	chorp Korb
chêrren kehren 1	chlimban klimmen	chôsa kosen
cherza Kerze	chlinga Klinge 2	chôsôn —
chestigôn kasteien	chlingan klingen, Schwank	chouf kaufen
chestinna Kastanie	chlingilôn klingeln	choufo —
chotina, -inna Kette 2	chlingo Klinge 2	choufôn —
chezzî Kessel	chlioban klieben	chozza Kotze
chezzil —	chliuwa Klüngel, Knäuel	chozzo —, Kutte
chîdi Keim	chliuwelîn Knäuel	chrâ Krähe
chiela Kieme	chliuwi —	chraft Kraft
chien Kien	chliwa —	chrah krachen
chihhazzen kichern	chlîwa Kleie	chrahhôn —
chihhira Kicher	chliwi Knäuel	chrâia Krähe
chihhurra —	chlôa Klaue	chrâian krähen
chil Keil	chlobo Kloben	chrampf Krampe, Krämpe,
chilburra Kalb	chloboluouch Knoblauch	krumm, Krampf, Krapfen 2
chilihha Kirche	chlocchôn Glocke, klopfen	chrampfa Krapfen 2
chîm, chimo Keim	chlofolouch, chlovolouch	chrampfo Krampf
chind Kind	Knoblauch	chrampho Krapfen 2

chranawitu Krammetsvogel
chrancholôn krank
chranih, -uh Kranich
chranuhari Sperber (Nach-
 trag)
chrâpfo Krebs, Krapfen 1, 2
chratto Krätze 1
chrâwa Krähe
chrazzôn kratzen, kritzeln
chrebazo Krebs
chrebiz —
chrêg Krieg
chreia Kranich
chreiz Kreis
chrêomosido Maus 1
chresan Kresse 1
chressa —
chresso Kresse 1, 2
chreta Kröte
chrezzo Krätze 1
Chriah Kaiser, Krieche
chrîda Seide (vgl. krida)
chriehboum Krieche
chrimpfan Krampf
chriohhan kriechen
chripfa Krippe
chrippa -
chrizzôn kritzeln
chrocchezan krächzen
chrônôn krönen
chrôsi Gekröse
chrota Kröte
chrouwil krauen
chrouwôn —, Krume
chruccha Krücke
chrumb krumm
chruog Krug 1
chrusina Kürschner
chrûzi Kerker, Kreuz
chubisi Koben
chueman kommen
chuhhîna Küche
chuman bequem
chûmig kaum
chumil Kümmel
chumîn —
chûmo kaum
chunchala Kunkel
chund kund
chunig König
chuning —
chuninglî Zaun
chunnan können

chunni Kind, König
chunnirîhhi König
chuntar kunterbunt
chuofa Kufe 2
chuohha Kufe 1
chuolho Kuchen
chuoli kühl
chuoni, -o kühn
chuosmero Anke
chupfar Kupfer
chuph Kopf
chuppa Kuppe
chuppha Kopf
churba Kurbe
churbiz Kürbis
churi Kur
churib Korb
chursinna Kürschner
chúski keusch
chussen küssen
chussîn Kissen
chuti Kitt
chutina Quitte
chutti Kette 1
chuzzilôn kitzeln
chwiltiwerch Kilt
citawar Zitwer
cithara Zither
cornul, -boum Kornelle
corôna Krone
costôn kosten 2
crusta Kruste

(Das hier Vermißte suche man
unter k.)

dagên Mohn
dah Dach
dâha Thon
dahs Dachs
dâmo Dambock
danân bannen
danc Dank
danna denn
dannân bannen
dannana —
danne dann, denn
dansôn Tanz
dâr da
dara dar
daram Darm
darbên darben
darôt dort
darra Darre

daz daß, doch
de- der, entweder
decchan decken
dechî Decke
degan Degen 1
dehsala Dachs, Deichsel 2
demar bämmern ·
denchan denken, bünken,
 hangen
denen dehnen
dennen —
deo j. dio
deomuoti Demut
derb derb
derh durch
des diu besto
desde —
desêr bieser
dewen tauen, verbauen
dia wîla unz weil
dicchi bick
dîh Teich
dihhein kein
dihsala Deichsel 1
dili Diele
dilla —
dîn bein
dinchil Dinkel
ding verteidigen
dinsan gebunsen
dinstar bämmern, büster,
 finster
dio Demut, bienen
diob Dieb
dionôn Dienst
dionôst —
diorna Dirne, Eichhorn
diot bentsch
diota —
disêr bieser
distil, distila Diftel
diu Degen 1, bienen, besto
diuba Dieb
diuva —
diupa —
diuten beuten
diutisk bentsch
dôan tauen
dofta Ducht
doh boch
dohhein kein
dola Dole
dolên bulben

dona Dohne
donar Donner
Donar —
Donarestag —
donên Dohne
donerstrâla Strahl
dorf Dorf
dorn Dorn
dorot bort
dorrên dörren
dôsôn tosen
dosto Dost
douwan tauen
douwen verbauen
drâhsil brechseln
drâjan drehen
drât Draht
dreskan dreschen
drî drei
drifalt Drillich
drilîch ·—
dringan bringen
drirôr zwier
driscil dreschen
drîsti tapfer
dritto dritte
drîzug ·zig
drô drohen
drôa —
drôan —
drôsca, -scea Drossel 1
droscela —
drouwen drohen
drozza Drossel 2
drûba Traube
drucchen Druck
druck —
drum Trumm
druos Drüse
druosî —
druppo Traube
dû du
dûhen Zwang
dult bulden
dulten —
dûmo Daumen
dunchan dünken
dunchôn tunken
dunist Dunst
dunni dünn
dunst Dunst
dunwengi Schlaf 1, dünn
durfan dürfen

durh durch
durhil —
durihil —
durri dürr
durst Durst
duruh durch
dûs Daus
dûsunt tausend
dwahal Zwehle
dwahan —
dwahila, -illa —
dwang Zwang
dwehila Zwehle
dwengen Zwang
dwerah Zwerch=
dweran Quirl
dwingan zwingen
dwiril Quirl

ê eher
ebah Ephen
ebahewi —
eban, -o eben
ebawi Epheu
ebênus Ebenbaum
ebur Eber
ecken Egge
eddes etlich
eddo oder
edili Adel, edel
edo oder
egala Igel
êgestern gestern
êhaft echt
ehir Ähre
êht eigen
ei Ei
eibar Eifer
eid Eid
eideim Eidam
eidi —
eidswuor —
eidum —
eivar Eifer
eigan eigen
eih Eiche
eihhila Eichel
eihhorn Eichhorn, Wurzel
cimbar Eimer
ein ein 1, nein
cinag einzig
einandar einander
einazzêm einzig

einazzi —
einbar Eimer
eindewedar entweder
eines einst
einêst —
einfalt Einfalt
einfaltî, -ig —
einhunt hundert
einlif elf, Eiland
einluzzi, -o einzeln
einôti Einöde
einsidilo Einsiedel
einsidillo —
einstrîti Streit
eintraft Eintracht
eiskôn heischen
eit Esse
eitar, eittar Eiter
eiz —
ekka Eck
elaho Elentier
elemosyna Almosen
elfant Elfenbein
elilenti elend
elimosina Almosen
elin, elina Elle
elinbogo —
elira Erle
Elisâzzo eleub
elles —
elm, -boum Ulme
eltirôn Eltern
ematzig, emazzig emsig
emitzig —
emiz —
emizzig —
encha Enkel 1
enchil —
encho Enke
endi Stirn
engering Engerling
engi eng
engil Engel
eninohilîn Enkel 2
enit Ente
enti Ende, und
êo je, nicht, nie
êogilîh jeglich
êohwedar jeder
epfi Eppich
epfich —
er er, man
êr eher, Eisen, Erz

êra Ehre	falo fahl	feld Feld
êracchar erst	falt falten	felga Felge
erbi Erbe	-falt falt	felis, -a Felsen
erbo —	faltan falten	felwa Felber
erda Erde, irden	falzen falzen	fenahhal Fenchel
ergirôn ärgern	fana von	fendo finden
erian Acker	faneri Fahne	fenihhal Fenchel
erila Erle	fang fangen	venstar Fenster
Erilaffa =aff	fano Fahne	ver fern
êriro erst	fantôn fahnden	vereheih Föhre
êrist —, zuerst	far Farre	fergôn fragen
erizzi Erz	far- fressen, ver=	ferian fahren
erkele (oberd.) Esel	fâra Gefahr	ferid Fähre
erlinc Elritze, Erle	faran fahren, führen	ferjo Ferge
ermilo Ermel	faranti scaz fahren	fero --
ernust Ernst	farawa Farbe	verro fern
ernusthaft, -lich —	farbiotan bieten	fers, vers Vers
ero Ähren, Erde	farfluohhan fluchen	fersana Ferse
êrro erst	farheli(n) Ferkel	ferzan farzen
Ertac (b.) Dienstag	farm Fähre, Prahm	vespera Vesper
ertberi Erdbeere	varm Farn	festi fest, fast
erzibischof Erz=	varn --	fetiro Vetter
erzinen Arzenei	faro Farbe	fethdhach Fittich
erzûsen zausen	farro Farre	fettah
esil Esel	fart Fahrt, Fährte	fezzera Fessel 1
esni Ernte	fartig fertig	fezzil —
essa Esse	fasa Faser	fiant Feind
estirih Estrich	fasân Fasan	fidula Fiedel, Geige
etalih etlich	fasant —	fiebar Fieber
eteswer --	faso Faser	fîên Feind
etewaz, -wer —	fasôn faseln	fifaltra Falter, Zweifalter
ettes —	fasta fasten	figa Feige
etteshwelich —	fastên —	fîhala Beil, Feile
etteslich, etteswâr —	fasto —, fast	fihu Vieh
êwa Ehe, ewig	fatar Vater	fila Feile
êwig ewig	faterro Vetter	fillen fillen
ez er, es	fatunga Futter	filu viel
ezzan essen	fatureo Vetter	filz Filz
ezzen ätzen	faz Faß	fîma Feile
ezzih Essig	fazzôn fassen	fimfto fünf
	fedara Feder	fîn Feile
facchala Fackel	fedarah Fittich	fincho Fink
fadam Faden	fêhida Fehde	findan finden
fadum —	fehtan fechten	finf fünf
fagar fegen	fehu Vieh	finfchustin Pfingsten
fah Fach	feigi feige	fingar Finger
fâh Fehde, feige	feili feil	fiulîhho fein
fâhan fangen, hangen	feim Farn, Feim	finstar düster, finster
falcho Falke	feizit feist	fiohta Fichte
faldan falten	feizzen —	fior vier
fâli feil	feizzit fett	fiorscôzzi Schrot
falla fallen	fel Fell	fir- fressen, ver=
fallan —	felawa Felber	fîra Feier

firatag —
firdamnôn verdammen
firdouwen verdauen
firgeban vergebens
firgezzan vergessen
firherjôn verheeren
virliosan verlieren
virlust Verlust
firmezzan vermessen
firneman Vernunft
firni fern, firn
firnunft Vernunft
firôn Feier
firra
firrâtan verraten
firrôn Feier
firscurigen Schurke
first First
firstân Verstand
firstantan —
firstantnissi —
firsûmen säumen
firwerran wirr
firwîzan Verweis
firzeran zehren
firzîhan zeigen
fisk Fisch
fistul Fistel
fiuhta Fichte
fiur Feuer
fiurchella Kelle
fizza Fitze
flado Fladen
flagarôn flackern
flah flach
flahs Flachs
flannên flennen
flasca Flasche
flec, fleccho Fleck
fledarmûs Fledermaus
fledarôn —
flegil Flegel
flôhan fliehen
flôhôn —
vlehtan flechten
fleisk Fleisch
flewen Fluder
flezzi Flöz
flietuma Fliete
flins Linse
flioga Fliege
fliogan fliegen
fliohan fliehen

fliozzan fließen
flistran flüstern
flitarezzen Flitter
fliuga Fliege
fliz Fleiß, Krieg
flîzzan Fleiß
floccho Flocke
flôdor Fluder
flogarôn flackern
flogezen —
flôh Floh
flokrôn flackern
flôsâri Flauje
flouwen Fluder
flôz Floß
flozza Floße
flucchi flügge
flug Flug
fluht Flucht
vluoch fluchen
fluohhôn
fluot Flut
fluz Fluß
fluzzîc flüssig
fogal Vogel
fogat, fogât Vogt
foha Fuchs
fol voll, folgen
fole Volk
folgên folgen
folma fühlen
folo Fohlen
fona von
fônna, -o Föhn
fora vor
foraha Forelle, Forst
forahtan Furcht
foramunto Vormund
forasago weissagen
fordar vorder
fordarôn fordern, fördern
fordoro Altvordern
forha Föhre
forhana Forelle
forhta Furcht
forna vorn
forskôn haschen forschen
forspôn (frk.) —
forst Forst
fôtar Futteral
fra- Frevel
frabald —
fraballîcho —

frabarî —
fravili, -î —
frâgên fragen
frâhên
fram fremb
framadi —
Franchun frank
frawêr froh
frâz Fraß
frevili Frevel
freh frech
frêht Fracht
fremidi fremb
frewida Freude
frezzan fressen
frî frei
Frîa Freitag
friatag
fridu Friede
frîhals frei
friosan frieren
frisc frisch
frisking Frischling
frist Frist
frîten Friedhof
frîthof —
friunt Freund
frô Herr, froh, frohn, Frau
frôno frohn
fronô chrûzi
frosk Frosch
frost Frost
frouwa Frau, frohn
frouwen Freude
fruht Frucht
fruma fromm
frumikîdi Keim
frummen fromm
fruo frisch, früh
fruoji früh
fruscing Frischling
fuhs Fuchs
fûht, -i feucht
fûir Feuer
fûl faul
fuli Füllen
fulihha —
fulîn —
fullen füllen
fulli —
funcho Funke
fundon finden
funf fünf

funfto —
fuodar Fuder
fuogen fügen
fuolen fühlen
fuora Fuhre
fuoren führen
fuotar Futter
fuotiron füttern
fuoz Fuß
furcha Furke
furdir fürder
furdiron fördern
furi für
furihten Furcht
furimugan Vermögen
furiro Fürst
furist, -o —
furt Furt
furuh Furche
fûst Faust

ga- Ganerbe, ge=
gabal, -a Gabel
gackazzon gackern
gackizôn —
gadam Gaden
gadum
gafaclita Fackel
gagan, gagani gegen
gaganwart Gegend
gagizôn gackern
gahel hell
gâhi jäh
galgo Galgen
galla Galle 1
galt gelt 2
galza —, Gelze
gamz Gemse
gân gehen, folgen
ganarbo Ganerbe
ganazzo Gans
gang Gang
gans Gans
ganz ganz
garawa Garbe 2
garawen gerben
garawo gar
garba Garbe 1
gariwen gerben
garn Garn
garo gar
gart Garten, Gerte
gartia Gerte

garto Garten
garwa Garbe 2
gaspilden kostspielig
gast Gast
gataro Gatter
gatuling Gatte
gazza Gasse
geba Gabe
gebal Giebel 1, Schädel
geban geben
gedank s. gidank
gedult s. gidult
geffida gaffen
gegin, gegini gegen
geginwarti Gegend
gehei s. gihei
gehôrsam s. gihôrsam
goil geil
geinôn gähnen
geisala Geisel 2, Wurzel
geisla Geisel 2
geist Geist
geiz, geizzin Geiß
gelawi Gilbe
gellan gellen
gellita Gelte
gelo Galle 1, gelb
gelt Geld
geltan gelten
gelza Gelze
gên folgen, gehen
gengi gänge
gensing Gänserich
ger gern, Gier
gêr Ger
Gêrbraht —
Gêrhart —
gern, gerno gern
gerob grob
gerôn begehren
gersta Gerste
geruochan s. giruochan
gestarôn gestern
gestre —
getan gäten
getilôs Gatte
gewi Gau
gewôn gähnen, vergeuden
gi- ge=
gianavenzôn Alfanzerei
giarzinôn Arzenei
gibârên Gebärde
gibârida —

gibârôn —
giberan gebären
gibergi Gebirge
gibet Gebet
gibil Giebel 1
gibilla —
gibôsi Posse
giburien Gebühr
gibûro Bauer 3
giburt Geburt
gicchazzon gickſen
gidank Gedächtnis
gidermi Darm
gidigan gediegen
gidîhan —, gedeihen
gidingen hoffen
gidingo —
gidofto Ducht, Kamerad
gidrengi dringen
gidult Geduld
gidwang Zwang
giôn gähnen
gifallan gefallen
gifalscôn falsch
gifatara, -o Gevatter
givâzzi Gefäß
gifedari Gefieder
gifôh Fehde
gifelscen falsch
giferto Gefährte
gifidari Gefieder
gifildi Gefilde
giflôs Flause
giflôsida —
gifrôhtôn Fracht
gift Gift
gigat gätlich
gihabên (sih) gehaben
gihagan hagen
gihei heiß
gihôrsam hören
gilegan gelegen
gileibo Kumpan, Laib
gilid Glied
giligan gelegen
gilih gleich, männiglich, Tag, jeglich
gilihhisôn Gleißner
gilihnissa gleich
gilimpf Glimpf
gilimpfan —
gilimpflîh —
gilingan gelingen

2*

giliwî Gilbe	giscirri Geschirr	glanz Glanz
gilob Lob	giscoz Geschoß	glas Glas
gilobôn geloben	gisello Geselle	glat glatt
gilouben Glaube	gisezzida Gesetz	gleimo glimmen
giloubo —	gisiht Gesicht	glenzen Glanz
gilouppen —	gisind, -i Gesinde	glîtan gleiten
gimah Gemach, machen	gislaht geschlacht	glizzan gleißen, glitzern
gimahala Gemahl, vermählen	gislahti Geschlecht	glizzinôn glitzern
gimahalen vermählen	gislihten schmeicheln	glocka Glocke
gimahalo Gemahl	gismahteôn Schmach	gluoen glühen
gimahha machen	gismîdi Geschmeide	gluot Glut
gimahhidi —	gispanst Gespenst	glûrra Lauer
gimahho —	gistân gestehen	gnagan nagen
gimahlihho Gemach)	gistatôn Statt, gestatten	gold Gold
gimaht Gemächt	gistirni Stern	got Gott
gimâla Gemahl	gistuomi ungestüm	gota Gote
gimâzzi gemäß	gisunt gesund	gougarôn Gaukler
gimazzo Rumpan	gisweigen geschweigen	gouggalâri —
gimeini gemein	giswester Geschwister (siehe	gouggolôn —
gimuoti Mut	Nachtrag)	gouh Gauch
gimulli malmen	giswulst Schwulst	goukalâri Gaukler
-gin irgend	giswumft Sumpf	goukolôn —
ginâda Gnade	gît Geiz	goumo Gaumen
ginah genug	gîtag —	gouwi Gau
ginâmi angenehm	gitân That	grab Grab
ginên gähnen, Gienmuschel	gitregidi Getreide	graban graben
ginerian gären	gitriuwi treu	grabo Graben
ginesan —, genesen	gitwola toll	grâd Grad
giniozan genießen	giumo Gaumen	grâvio Graf
ginôz Genosse	giunnan gönnen, Gunst	grâvo —
ginôzam, -i Genossame	giwahannen erwähnen	gram gram
ginuht, -sam genug	giwahinnen —	grana Granne
ginuog —	giwaht –	grans, -o Grans
giozan gießen	giwalt Gewalt	grâo grau
gips Gips	giwant Gewand	gras Gras
gîr Geier	giwar gewahr	grasawurm Raupe 1
girad gerade 1	giwâti Gewand	grazzo gräßlich
girâti Gerät	giwehsen wichsen	greht gerecht
gireht gerecht	giwên gähnen	grensing Gänserich, Grensiug
giri Gier, Geier	giwennan gewöhnen	grif Greif
girî Gier	giwer Gewehr	grifan greifen
gîri Geier	giwerên gewähren	griffil Griffel
girida Gier	giwetan Wate	grîfo Greif
girîg —	giwinnan gewinnen, kriegen	grillo Grille
girihti Gericht	giwis, giwisso gewiß	grim grimm
giringi gering	giwitiri Gewitter	grimmi, ig —
girouben Griebe	giwizzant Gewissen	grînan greinen
giruochan geruhen	giwon gewohnt	grint Grind
girusti Gerüst	giwona –	griobo Griebe
gisal Geisel 1	gizehôn Zeche	grioz Grieß
gisamanôt gesamt	gizolt Zelt	grîs greis
giscehan geschehen	giziug Zeug	grisgramôn Griesgram
gisciht Geschichte	giziugôn	grisgrimmôn --

grisil greis	hahsinôn Hechſe	hasal, -a Haſel
griubo Griebe	hâko Hafe	haso Haſe
grob grob	halb halb 1, Halfter	haspa Haſpe
grôz groß	halba halb 1	haspil Haſpel
grubilôn grübeln	hald Halbe, halt, hold	haz Haß
gruft Gruft	halda Halbe	hâzissa Hexe
grunt Grund	halftra Halfter	hâzus —
grunzen grunzen	halhûs Halle 2	hazzên Haß
gruoan grün	halling Heller	hazzôn —
gruoba Grube	halm Halm	hecchen Hecht, Hechel
gruoni grün	halmo Halfter	hecka Hecke 1
gruoz Gruß	halôn holen	hecken f. hecchen
gruozzen, -zzen —	hals Hals	hevan heben
grûsôn Graus	halsfano Fahne	hevanna f. hevianna
grûwisôn —	halsôn halfen	heffan heben
gruzzi Grütze	halt halt	hevianna Hebamme
gund Gundelrebe	haltan halten	hevilo Hebel, Hefe
gundfano Fahne	halthan —	hevo Hefe
gundreba Gundelrebe	halto halt	heften heften
gunt —	ham Hammel, hemmen	hefti Heft
guot gut, wohl	hamal —	hegen hegen
gurgula Gurgel	hamalôn Hammel	hegga Hecke 1
gurten Gurt	hamalscorro —	hegidruosa Hecke 2
gurtil, -a —	hamalstat —	hehera Häher
gurtjan —	hamalungstat —	hehhit Hecht
gutin Gott	hamar Hammer	hei heiß
guz Guß	hamastro Hamster	heia Bentheie
	hamo Hamen	heida Heide 1
haba Habe	hanachrât krähen	heidan Heide 2
habaro Haber	hanaf Hanf	heidberi Heidelbeere
habên haben, beben	hangên hangen	heiftig heftig
habêt beben	hano Hahn	heigir Reiher
habuh Habicht	hanof Hanf	heil Heil, heil
hacko Hafe	hansa Hanse	heilag heilig
hadara Haber 2	hant behende, Hand 1	heilant Heiland
hadu- Hader 1	hantalôn handeln	heilen, heilên heilen
Hadubrant —	happa Hippe 1	heilida —
Haduwig —	hâr Haar 2	heilisôn heil, heilig
havan Hafen 1	hârâ —	heim Heim, heim
haft Haft 1, 2	haram Harm	heimo Heimchen
-haft =haft	haramscara —	heimôti Heimat
hafta Haft 2	haran Harn	heimuodili —
hag Hag, Hexe	harên Herold	heimuoti —
hagal Hagel	hari Heer	heis heiser
hagan Hagen	haring Häring	heisti haschen, Haft
hagazussa Hexe	harmo Hermelin	heit =heit
hâggo, hâgo Hafe	haro Haar 1	heitar heiter
hagustalt Hagestolz	hârrâ Haar 2	heiz heiß
hagzissa Hexe	hart hart	heizen heizen
hagzus —	harti —, Hort	heizen —
hâhan hangen	harto hart	heizzan heißen
hahhit Hecht	harz Harz	hel hell
hahhul Hechel	harzoh —	helan hehlen

helfa Hilfe
helfan helfen
helfanbein Elfenbein
helfant —
helid Held
hella Hölle
hellan hell
helm Helm 1
hemidi Hemd
hengen henfen
hengist Hengst
henin Henne
heninna —
henken henfen
henna Hahn, Henne
hepfo Hefe
heppa Hippe 1
hêr her, Herr, herrschen
hera her
herbist Herbst
herd Herd
herda —
hêrero Herr, herrschen
heri Häring, Heer
heriberga Herberge
hering Häring
hêrisôn herrschen
herizogo Herzog
heriôn Heer
hêrlich herrlich
hêro Heer
hêrro Herr, herrschen, Jünger
hêrscaf, -scaft Herrschaft
herta Herde
herti hart
hertimânôt harsch
herza Herz
hewi Heu
hewiskrekko Heuschrecke
hiar hier
hilfa Hilfe
hilta Haber 1
Hiltibert Hemd
himil Himmel
himilizzi
hina hin
hînaht heute
hinchan hinfen
hinnan, -ân, -ana hinnen
hinta Hinde
hintarôn hindern
hintberi Himbeere
hintiren hindern

hîrât Heirat
hirni Hirn
hirnibolla Bolle 2
hirnireba Rebe
hirsi Hirse
hirso —
hirti Hirte
hiruz Hirsch, Gemse
hirz, hirz Hirsch
hiu heuer
hiufan Hifthorn
hiufo Hopfen
hîun Heirat
hiuru heuer
hiutu heute
hiuwila heulen
hîwa Heirat
hiwilôn heulen
hîwiski Heirat
hîwo —
hizza Hitze
hladan laden 1
hlanca f. hlancha
hlancha Flanke, lenfen, Gelenf
hlast Last
hleib Laib
hleinen lehnen 1
hlinên —
hliozzan einzeln
hlit Lid
hlosên lauschen
hlûttar lauter
hnac Nacken
hnapf Napf
hnigan neigen
hniotan Niet
hniz Niß
hnuo Rute
hodo Hode
hof Hof, hübsch
hovar hoch, Hobel, Höcker
hôh hoch
hôhi Höhe
hol hohl
holantar Holunder
holcho Holf
hold hold
holdo —
holî Höhle
holôn holen
holuntar Holunder
holz Holz

holzmuoja Heze
hôna Hohn
honag Honig
honang ..
honangseim Seim
hônen Hohn
hôni —
hopfo Hopfen
hôrechen hordjen
hôren hören
horn Horn
hornaz Horniffe
hornung Hornung
hornuz Horniffe
horotûbil Rohrdommel
horotumil —
horst Horst
hort Hort
hosa Hose
houbit Haufe, Haupt
houbitbant Krone
houf Haufe
houg Hügel
houwa Haue
houwan hauen
houwi Heu
houwôn hauen
hraban Rabe
Hraban —
hragên ragen
hram Rabe
hrato gerade 2
href Körper
hreini rein
hrespan Rispe
hrifo Reif 2
hrind Rind
hring Ring, Rang
hriot Riet
hris Reis 2
hrispahi Rispe
hriuwa Reue
hriuwan —
hrôst Rost 1
hroz Roz
hrudeo Rübe
hrukki Rücken
hruod Ruhm
Hruodflât Unflat
hruom Ruhm
huan Hahn
hûba Haube, Haufe, Haupt
huf Hüfte

hûfo Haufe
huldî Huld
hulis Hulſt
hulla Hülle
huls Hulſt
hulsa Hülſe
huluft Holfter
humbal Hummel
humil (b.) Himmel
Hûn Hüne
Hûnbolt -
hundert Hundert
hungar Hunger
hunt Hund, Hundert
huoba Hufe
huof Huf
huofletihha Lattich
huon Hahn, Huhn
huoninchili Enkel 2
huor Hure
huora –
huormahhâri mäkeln
huorra Hure
huosto Husten
huot Hut 1
huota Hut 2
huoten hüten
hurdi Hürde
hurst Horſt
hurt Hürde
hûs Haus
hût Haut
hutta Hütte
hûwila heulen
hûwo –, Uhu
hwanta warum
hwaz was
hweiôn wiehern
hwelf Welf
hwer wer
hwerfan werben
hwîl Weile
hwispalôn wispeln
hwîz weiß

iba ob 2
ibisca Eibiſch
ibu ob 2
iergen irgend
-îg ſelig
igil Igel
igul –
ih ich

îha Eibe
îlen eilen
îllen –
illitîso Iltis
imbi Imme
imbîz Imbiß
impfitôn impfen
impfôn –
impitôn –
in ein 2, in
in bore empor
in zwiskên zwiſchen
în ein 2
inberan entbehren
inbîz Imbiß
inbîzan –
inbore empor
ineben neben
ingagan entgegen
ingegin –
ingrûên Gräuel
inna inne
innân –
innana –
innar –
inne –
inniglîh innig
innôn Innung
insigili Inſiegel, Siegel
instendigo inſtändig
-int ent-
intberan entbehren
intfâhan ent-
intfindan
inti und
intsigilen Siegel
intsizzen entſetzen
inwert -wärts
inziht Inzicht
io je, immer
io wergin irgend
iomêr immer
iowedar jeder
ippihhôn Ebbe
ir- er-, ur-
irbarmên barmherzig
irbarmherzida –
irchnâan können
irchnuodilen –
irdîn irden
irdisc irdiſch
irdriozan verdrießen
irgezzan vergeſſen

irkennen kennen
irleskan löſchen 1
irlouben erlauben
irloubôn Urlaub
irlouppen erlauben
iro ihr
-iro mehr
irougen Ereignis
irquicchan erquicken
irri irre
irrôn irren
irscabarôn Schabernack
irsticchen ſticken
irstiufen Stief-
îs Eis
-isal irren, bringen, Füllſel, ſelig
îsan Eiſen
îsarn –
îsarnîn –
isila Inſel
-isk deutſch
ist ſein 2
-ist meiſt
îtal eitel
itarucchen räuſpern
iu euch
iuwar euer
iuwih euch
îwa Eibe

jâ ja
jagâri jagen
jagôn –
jâmar Jammer
jâr heuer, Jahr
jehan Beichte, ja
jenêr jener
jerian gären
jesan –
jetan gäten
jetto –
jiohhalmo, -helmo Halfter
joh Joch
johhelmo Halfter
jucchen jucken
jucchido –
jugund Jugend
jûhhart Jauchert
jung jung
jungaling Jüngling
jungîdi Hemd
jungiro Jünger

kalt kalt	lab Lab	leidôr leider
kan können	laba laben	leigo Laie
karal Kerl	labôn —	leihhan Tanz
karkâri Kerker	ladan laden 1	leijo Laie
keisar Kaiser	ladôn laden 2	leimo Lehm
kelih Kelch	laffan Lippe, Löffel	leinen lehnen 1
kervela Kerbel	lâga Lage	leist Leisten
kervola —	lâgella, lâgila Legel	leisten leisten
kernapful Korn	lahan Laster	leitara Leiter
kerno Kern	lahha Lache	leiten leiten
kînan Keim	lahhan lachen, Laken	lencha link
kizzîn Kitze 1	lahhên lachen	lentin Lende
klaph Klaff	lâhhi Arzt	lenzin Lenz
klaphôn klabastern	lâhhinôn Arzenei	lenzo
kleb Klippe	lahs Lachs	leo Löwe
kleiben kleiben	lam lahm	lêo lehnen 1
kliuwi Knäuel	lamb Lamm	lepfil Löffel
kliwi —	lamprêta Lamprete	lêra Lehre
klôster Kloster	lanca f. lancha	lêrahha Lerche
kluppa Kluppe	lancha Gelenk, lenken	lêren lehren
knabo (cfr. chnabo) Knappe 1	lang lang	lernên lernen
knappo (cfr. chnappo) —	langiz Lenz	lês leiden, leider
knebil Knebel	langsam lang	lesan lesen
knopf Knopf	langseimi —	leskan löschen 1
knorz Knorz	lant Land	lesken —
knupfen knüpfen	lâo lau	letto Letten
kôl Kohl	lappa Lappen	lêwes leiden, leider
korb Korb	lappo Bärlapp	lewina Lawine
kornapful Korn	lâri leer	lêwinchili Enkel 2
kosta Kost 1	last Last	lewo Löwe
krampf (cfr.chrampf) Krampf	lastar Laster	lezzen letzen
kranz Kranz	latînisc lateinisch	lezzist letzt, zuletzt
krîda (cfr. chrîda) Kreide	latohha Lattich	lib Leib
krisp kahl	latta Latte	-lîch -lich
kristalla Krystall	lattuh Lattich	licken liegen
kropf Kropf	laz laß	lid Glied
krouwen krauen	lâzzan lassen	lîdan leiden, führen
krumpf Krampf, krumm	lazzost letzt	liehsen Licht
krût Kraut	lebara Leber	ligen liegen
krûzi (cfr. chrûzi) Kerker	lebên leben	lîh Leiche, Leilachen
kumft Kunft	lecchôn lecken 1	lîhan leihen
kumftig künftig	lecken legen	lîhhamo Hamen, Leichnam
kunft Kunft	ledar Leder	lîhhinamo Leichnam
kunst Kunst	ledergarawo gerben	lîhlahhan Leilachen
kuo Kuh	leffil Löffel	lîhti leicht
kuonheit kühn	leffur Lefze	lilja Lilie
kurt kurz	lefs —	lîm Leim
kurz —	legar Lage	limboum Lehne 4
kus Kuß	legen legen	lîn Leine, Leinen
kuster Küster	lêhan Lehen	lina Lehne 1
kustor —	lêhanôn lehnen 2	lîna Leine
(Das hier Vermißte suche man unter ch.)	leib Laib	lînboum Lehne 4
	leid Leid	lind Lindwurm

lindi lind	lougna —	malan mahlen, mahnen
lindwurm Lindwurm	lougnen —	mâlên malen
linêu lehnen 1	louh Lauge	mâlôn —
linlahhan Leilachen	louppea Laube	maltar Malter
linna Linie	louwo Löwe	malz Malz
linsi, -in Linse	lôz Los	man man, Mann
lint Lindwurm	lubistechal Liebstöckel	mana Mähne
linta Linde	luccha Lücke	mana- manch
liob lieb	lucchen locken	manag —, Mangold, Menge
liod Lied	lucka Lücke	managî Menge
liogan Lug	luft Luft	Managolt Mangold
lioht licht, Licht	lugi Lug	manaheit manch
liotan Leute	lugina —	manalîhho —
liozzan einzeln, Los	luginâri —	mânatag Montag
lira Leier	lûhhan Loch	mandal Mantel
lirnên lernen	luhhen Lauge	mandala Mandel 2
liso leise	luhs Luchs	manên mahnen
lisp lispeln	lun, luna Lünse	mangolôn mangeln
lispen —	lunda Lunte	mangôn —
list List	lunga Lunge	mânîn Mond
lista Leiste 1	lungar lungern	mannielîch männiglich
lit Lid	lungunna Lunge	mannisco Mensch
lîta Leite	luning Lünse	mannolîch männiglich
liubôn lieb	luogên lugen	mâno Mond, Sonne, Stern
liuhten leuchten	luomi lahm, Lümmel	mânôd Monat
liumunt Leumund	luppi Gift, Lab, Liebstöckel	manôn mahnen
liut Leute	lûra Lauer	mantal Mantel
liuti –	lûs Laus	mara Mahr
lô Lohe 2	lust Lust	marag Mark 3
lob Lob	lûstrên lauschen	marah Mähre, Marschall
lobên —	lût laut	marahscale Marschall
lobôn —	lûttar lauter	marawi mürbe
lobosam —	lûtten läuten	marcha Mark 1
loc Locke	lûzzên Laus, lauschen	Marcolf Markolf
locchôn locken	luzzil minder	Marewart —
loh Loch		mardar Marder
lôhazzen Licht	mâd Mahd, Ohmet	marg Mark 3
lohên lohen	mâdâri Mahd	marh Mähre
lôn Lohn	mado Made	marha —
lôrberi Lorbeer	mâen mähen	mari Meer
lôrboum —	mâg Mage, verwandt	mâri Märchen, mehr
lôs los, lösen	magad Magd	mârî —
lôscên lauschen	magan mögen	markât Markt
lôsen lösen	magar mager	marmul Marmel
lota lodern	magatin Magd	maro mürbe
lotar Lotter=	mago Magen	marren Mahr
loub Laub	mâgo Mohn	martara Marter
louba Laube	magozogo Zögling	martela —
louffan laufen	mahal Gemahl, vermählen	martir —
louft —, Läufel	mahalstat Mahl 1	martira, âri —
loug Lohe 1	mahhôn machen	martyr —
louga Lauge	maht Macht	marzio März
longinen läugnen	mâl Mal, mal, malen, zumal	mâsa Maser

masar —
masca Masche
massa Masse, Messing
mast Mast 1, 2
matoscrech Matte 1
matta Matte 2
mattina Mette
maz Kumpan, Maßholder,
   Messer
mâza Maß
mâzig mäßig
mazsahs Messer
mazzaltra Maßholder
mazzoltra —
mêh Möwe
meier Meier
meil Mal
mein Meineid
meinan meinen
meineid Meineid
meinen meinen
meinunga Meinung
meio Mai
meior Meier
meisa Meise
meist meist
meistar Meister
meizan Meißel
meizil —
meizzan Metze 1
melch melk
melchan melken
meldôn melden
melm malmen
melo Mehl
menden munter
mengan mengen
mengen mangeln
mengî Menge
menni Mähne
mennisc, -o Mensch
mêr immer, mehr, nimmer
merchât Markt
mergil Mergel
meri Meer, Moor
merigrioz Perle
meriha Mähre
meriratich Meerrettig
mêriro mehr
merkât Markt
merken merken
mêro mehr
mêrôro —

merren Mahr
merzo März
mesinâri Meßner
mespila Mispel
messa Messe
mesten Mast 2
mêta Miete
metal mittel
mettina Mette
metu Met
mezzan messen
mezzilâri Metzger
mezzirahs Messer
mezziras
mezzisahs —
mezzo Metze 2
mezzôn messen
miasa Speise
miata Miete
mîdan meiden
mieta Miete
mih mein
mîla Meile
militou Mehltau
miliwa Milbe
milla Meile
milti mild
miluh Milch
miluhcbubili, -în Kübel
milwa Milbe
milzi Milz
mîn mein
minig Mennig
minna Minne
minniro minder
minza Minze
mios Moos
mir mein
misculôn mischen
misken —
missa Messe
missa- mis-
missahel hell
missen missen
missi- mis-
missitât —
mist Mist
mistil Mistel
mistina Mist
mistunnea —
mit mit
miti mit
mitiwâri albern, wahr

mitti mitte
mitti Mitte
mittigarni Garn
mittil mittel
mittilagarni Garn
mittinaht mitte
mittitag Mittag
mitu Met
mol Molch
molda Melde
molm Molch
molt —, Maulwurf
molta Melde, Maulwurf
moltha Melde
moltwerf Maulwurf
monên mahnen
môr Mohr
moraha Möhre
môrberi Maulbeere
mord Mord
morgan Morgen 2
morgane Morgen 1
morgen —
morha Möhre
morhila Wurzel, Morchel
morsâri Mörser
mos Moor, Moos
most Most
mucca Mücke
muccazzen mucken
mugan mögen
mûhhâri meuchel
mûhhen —
mûhheo —
mûhhilâri —
mûhho —
mûhhôn —
mûl Maul 2
mûla Maul 1
mulda Melde
muli, în Mühle
mulina, -âri Müller
multwurf Maulwurf
mund Mund 1
munizza Münze 1
munt Mund 2
muntar hinter, munter
muntboro Mund 2
munistiri Münster
munza Pfeffer
muodar Mieder
muodi müde
muoen mühen

muoî Mühe
muoia Muhme
muolhta Melde
muoltera Mulde
muoma Muhme
muor Moor, Moos
muos Mus
muot Demut, Mut
muotar Mutter
Muotflât Unflat
muoza Muße
muozan müssen
muozzîg Muße
mûra Mauer
mûrberi Maulbeere
murdiren Mord
muremunto Murmeltier
mûrî Mauer
murmulôn murmeln
murmunti Murmeltier
murmurôn murmeln
muruwi mürbe
murwi —
mûs Maus
mûsari Sperber (Nachtrag)
muscula Muschel
mûta Maut
mutti Metze 2
mùzzôn Mause

na na
naba Rabe
nabagêr Näber
nabola Nabel
nac Nacken
nacchut nackt
nâdal, -a Nabel
nagal Nagel
nagan nagen
nâh nach), nah, nahe
nâhgibûr, -o Nachbar
nahho Nachen
nahhut nackt
nâhî nahe
nâhisto nächste
nâho nahe
naht Nacht
nahtigala Nachtigall
nâjan nähen
namnjan nennen
namo Name
napf Napf
nara nahr=

narda Narbe
narro Narr, schnurren
narwa Narbe
nasa Nase
nascôn naschen
nât Naht
nâtara Natter
nâtâri Naht
nâteri —
naz Binse, naß
nazza Nessel
neben neben
nebul Nebel
nevo Neffe
neigen neigen
nein nein
neman nehmen
nemmen nennen
nennen —
neo nie
neowiht nicht
neren nähren
nerian —
nespila Mispel
nest Nest
nestila, -o Nestel
nezzen netzen
nezzi Netz
nezzî Nässe
nezzila Nessel
ni nein, nicht, nie
nicchen nicken
nicchessa Nix
nîd Neid
nidana nieden
nidar, -a nieder
nietsam nieblich
nift, niftila Nichte
nîgan neigen
nihhein kein
nihhus Nix
nio nie, nimmer
nioman niemand
nioro Niere
niosan niesen
niot nieblich
niozan genießen
nisten nisteln
niun neun
niuwi neu
niwâri nur
niwedar weder
niwiht nicht

niz Niß
noh noch 1, 2
nohhein kein
nôna None
nord Nord
nordan Norden
nôt Not
nôtduruft —
nôtnumft —
nôtzogôn —
nu, nû nun
nunna Nonne
nuoa Rute
nuoen —
nuohtarnîn nüchtern
nuohturn —
nuoil Rute
nuska Nestel
nusta —
nuz Nuß 1
nuzzi nütze

oba ob 1, 2
obana oben
obaro ober 1
obarôst ob 1
obaz Griebs, Obst
oblâzzan Ablaß
odar oder
ôdi, ôdî öde
odo oder
odobero Adebar
ovan Ofen
offan offen
ofto oft
-oh Harz
ôheim Oheim
ohso Ochse
olbenta Kamel
olei Öl
oli —
opfar Opfer
opfarôn opfern
ôra Ohr, Öhr
ordina Orden
ordinhaft —
ordinôn —
Ôrentil Ostern
organâ Orgel
orgela —
ôri Öhr
-ôro mehr
ort Ort 2

5*

orzôn Wurz	pflanza Pflanze	quirn Mühle
ôstan, -a Osten	pflastar Pflaster	quiti Kitt
ôstar —	pflegan pflegen	quizzilôn kitzeln
ôstara Ostern	pfliht Pflicht	
ôstarmânôd April	pfluog, pfluoh Pflug	raba Rübe
ôstarûn Ostern	pfûma Flaum	raban Rabe
ôtag Allod	pfûmo Pflaume	rabo Rabe, Rappe 1
-ôti Einöde	pfogât Vogt	rad Rad
ottar Otter	pforta kurz, Pforte	rado gerade 2, harsch, hurtig,
ou Aue, Schaf	pforza kurz	rasch)
ouga Auge	pforzih Pforte	raffi Rappe 2
ougafano Fahne	pfosto Pfosten	rahha geruhen, rechnen
ougapful Apfel	pfressa Presse	râhha Rache
ougen Ereignis	pfrimma Pfriem 2	rahho Rachen
ouh auch	pfroffo pfropfen	ram Rabe, Ramme
ouhhôn —	pfropfo —	rama Rahmen
ouwa Au	pfrûma Pflaume	râmên auberaumen
	pfruonta Pfründe	ramft Rand
palma Palme	pfuliwi Pfühl	rammalôn rammeln
panthera Panther	pfulwo —	rammo Ramme
papula Pappel 1	pfunt Pfund	rant Rand
păr Paar	pfuol Pfuhl	rapfen Rappe 2
paradis, -i Paradies	pfuzza, -i Pfütze	rase rasch
pardo Pardel	Pietar Beete	rascezzen rascheln
pebano bidmen	piligrîm Pilgrim	raspôn Rappe 3, Raspel
pëh Pech	pîna Pein	rasta Rast
pelliz Pelz	pital Pedell	rât Rat
pepano bidmen, Pebe	plâga Plage	râtan raten
perala Perle	polei Polei	ratih Rettich
pêtarsile Petersilie	porta kurz, Pforte	râtissa Rätsel
pfad Pfad	praht Pracht	rato gerade 2, Raben, Ratte
pfaffo Pfaffe	predigôn predigen	râto Raben
pfâl Pfahl	pressa Presse	ratta Ratte
pfalanza, -inza Pfalz	prêstar Priester	râtussa Rätsel
pfanna Pfanne	priestar —	râwa Ruhe
pfant Pfand	probist Propst	râwên —
pfarifrid Pferd	probost —	râwêr roh
pfarra, -âri Pfarre	provost —	reba Rebe
pfarrih Pferch	pulci Polei	rebahuon —
pfât Pacht		rebhuon —
pfâwo Pfau	quâla Qual	rebo
pfedamo bidmen, Pfebe	quât Kot 2	recchen recken
pfeffar Pfeffer	quec keck, queck	reccho Recke
pfenning Pfennig	quecsilbar Quecksilber	reda Rede
pfenting —	quelan Qual	redan Räder
pfarfrit Pferd	quellan Quelle	redia redlich), Rede
pforrih Pferch	quellen —	redilîh redlich
pfîfa Pfeife	queman kommen	redina reden
pfiffiz, -iz Pips	quenala Quendel	redinâri —
pfîl Pfeil	queran Karfreitag	redinôn —
pfîlâri Pfeiler	quercha, -ala Gurgel	rediôn —
pfinztac Samstag	querdar Köder	redôn —
pfîpfiz Pips	questa Quast	ref Reff 1

regan Regen	riostar, riostra reuten	rucki zurück, Rücken
reganbogo —	riot Riet	rûda Räude
regula Regel	rippa Rippe	rûdig —
rêh Reh	rippi —	rudo Rübe
rehhan rächen, Rechen	ris Reis 2	rûh rauh
rehhanôn rechnen	risach —	rûm Raum
rehho Säge, Rechen	risan Reise	rûnên raunen
rêho Reh	risi Riese	runza, runzila Runzel
reht zurecht, recht	riso —	ruoba Rübe
rehtwis gerecht	riso Reisige	ruod Ruhm
reia Reh, Bleiche	rîtan reiten	ruodar Ruder
reif Reif 1	rîtara rein, Reiter	Ruodolf Wolf
reihhen reichen	rito Ritten	ruof Ruf
rein Rain	ritto —, Ritter	ruova Graf
reini rein	riudig Räude	ruofan Ruf
reisa Reise	riumo Riemen	ruofen —
reita bereit	riuti reuten	ruogen rügen
reitza Rasse (Nachtrag)	riuwa Reue	ruom Ruhm
reizen reizen	riz Riß	ruoppa Rübe
reizza Rasse (Nachtrag)	rîzan reißen	ruoren rühren
reizzen reizen	rizzen, -ôn Ritze	ruota Rute
renohen renken	rô roh	ruowa Ruhe
rennen rennen	rocch Rock	ruowên —
rentôn Rente	roccho Rocken	ruoz Ruß
rêrên röhren	rogan Rogen	ruozzen Rüssel
retih Rettich	rogo —	rûpa Raupe 1
retten retten	rohôn röcheln	rûppa Aalraupe, Raupe 1
rîban reiben	rokko Roggen	rûsa Reuse
ribi Rippe	rôr Rohr, Röhre	rûssa —
rîdo, rîdôn Ritten	rôra Röhre	rust rüsten
riffila Riffel	rôrea Fackel, Röhre	rusten —, Gerüst
rîfi reif	rôrra Röhre	rustig rüstig
rîfo Reif 2	ros Roß 1	rûta Raute 1
riga Reihe, Riege	rôsa Rose	rutichôn rot
rigil Riegel	rosamo Rost 2	rûzan Rotz
rîhan Riegel, Reihe, Riege	rôse rösche	
rîhhan Reich	rosch rasch	sâ ba
rîhhi --, reich	rôsci rösche	sac Sack
rîho Reihen 2, Rist	rost Rost 2	saf Saft
rihten richten	rôst Rost 1	saga Sage, Säge
rîm Reim	rôsta —	sagên sagen
rimpfan rümpfen	rôsten —	sago weissagen
rind Rind	rôstpfanna —	sahha Sache
ring Rang, Ring	rôt rot	sahhan —
ringan ringen	Rotwîla Weiler	sahs frank, Messer, Säge
ringi gering	roub Raub	Sahsun frank
ringila Ringel	roubôn —	sal Saal, sollen
rinka Rinken	roufen raufen	salaha Salweide
rinna Rinne	rouh Rauch	salba Salbe
rinnan rinnen	roz Rotz	salbâri Quacksalber
rinta Rinde	rozzên rösten 2	salbeia Salbei
riob grob	ruc Ruck	salveia —
riohhan riechen	rucchen —	sâlida selig

sâlig —	scarpf s. scharf	scimbalag Schimmel
salmo Salm	scart Scharte	scîmo Schimmer
salz Salz	scartîsan —	scimpf Schimpf
samanôn gesamt, sammeln	scato Schatten	scîn Schein
samant samt	scaz Schatz	scina Schienbein
sambaztac Samstag, Sonne	scazpfung Börse	scînan Schein
same gleich	scef Schiff	scincha, -o Schinken
samfto sanft	sceffen schaffen	scintan schinden
sâmo Same	sceffil Scheffel	scintila Schindel
sang Sang	sceffin, sceffino Schöffe	scioban schieben
-sâni selten	sceida Scheide	sciozan schießen
sant Sand	sceidan scheiden	sciphi Schiff
sâr da	sceitila Scheitel	scirbi Scherbe
sarch Sarg	scelah scheel	scirm schirmen
sarpf scharf	sceliva Schilf	scirmen s. schirmen
saruh Sarg	scella s. schella	scît Scheit
sat satt	scellan Schall, Schelle	sciuhen Scheu
sât Saat	scellen s. schellen	sciura Scheuer
satal Sattel	scelmo Schelm	scîzan scheißen
satta Satte	scelo Schellhengst	scobar Schober
satul Sattel	sceltan schelten	scoc Schaukel
scaba Schabe 2	scenchan Schenk	scof s. schof
scaban schaben	scencho —	scolan sollen
scado Schabe	scenten Schande	scolla, -o Scholle 1
scadôn –	scepfâri Schöpfer	scôni schön
scaf Scheffel	scepfen (schepfen) schaffen,	scôno schon
scâf Schaf	schöpfen, Schöpfer	scopf(cfr.schopf)beschuppen
scaffan schaffen, Schöpfer	sceran scheren	scora schüren
scalfin Schöffe	scerf Scherflein	scorf Schorf
scalfôn schaffen	scêri schier 2	scoub Schaub
scaft Schaft 1	sceriling Schierling	scouwôn schauen, schön
scâh Schächer	scerjo Scherge	scôz Schoß 1
scâhhâri —	scerm schirmen	scôz Schoß 3
scal sollen	scerning Schierling	scôza —
scala Schale	scero Maulwurf	scôzo —
scâla –	scerra Scharreisen	scozza Schoß 1
scalch Schalk	scerran —	scranch Schrank
scalmo Schelm	scharf scharf	screcchôn Schreck
scaltan schalten	scharpf —	screvôn scharf, schroff
scaltjâr –	schella Schelle	screvunga schroff
scama Scham	schellen Schale	screi Schrei
scamal Schemel	schepfen s. scepfen	scrian —
scâmal –	schirmen Scharmützel	scrîban schreiben
scamên Scham	schof Schuppen	scricch Schreck
scanta Schaube	schopf — (cfr. scopf)	scrîni Schrein
scarba Scharbe	sciar, -o schier 2	scrintan Schrunde
scarbôn scharf	sciba Scheibe	scrit Schritt
scarf s. scharf	scidôn Schiedsrichter	scrîtan schreiten
scarva Scharbe	scif Schiff	scritimâl Schritt
scâri Schere 1	scivero Schiefer	scritimêz —
scario Scherge	scilling Schilling	scrôt Schrot
scarno Schierling	scilt Schild 1	scrôtan —
scaro Scherge, Pflug	sciluf Schilf	scrôtôn —

scrunta Schrunde
scruntunna, -ussa —
scûchar schauen, Spiegel
scûvala Schaufel
scuft Schopf
scugin, -a Scheune
sculd Schuld
sculda —
scultarra Schulter
scultheizo, -zo Schultheiß
scûm Schaum
scuoh Schuh
scuohwurhto wirken
scuola Dom, Rose, Schule
scuolâri Schule
scuoppa Schuppe
scupfa Schupf
scûr Schauer 2, Scheuer
scurfen schürfen
scurgo Schurke
scurz Schurz (cfr. skurz)
scuten Schutt
scutilôn —
scutisôd, -ôn schaudern
scutten Schutt
scûwo schauen, Spiegel
scuz Schuß
scuzzila Schüssel
scuzzo Schütze
secchil Seckel
sedal Einsiedel, siedeln
seven Saft
sevina Sebenbaum
sevinboum —
sega Säge
segal Segel
segan Segen
seganôn —
segansa Sense
seh Säge, Sech
sehan sehen
sehs sechs
sehstâri Sechter
sehtâri —
seid Saite
seifa Seife
seih seichen
seihhen —
seil Seil
seim Seim
seipfa Seife
seita, -o Saite
sîla Seele

selah Robbe
selb selb
selbfolga folgen
selida Saal
selilûs —
sellan Salbuch
seltan selten
seltsâni —
semala Semmel
semfti sanft
semôn Semmel
senaf Senf
senawa Sehne
senchen Senkel
senchil —, Anker 1
senno Senne
senot semperfrei
senten senden
sêo Brei, See
seppen Saft
sêr sehr, versehren
sêro sehr
seula Seele
sez seßhaft
sezzal Sessel
sezzen setzen
si sie
sî —, sein 2
sib Sieb
sibun sieben
sîd seit
sîda Seide
sîdor seit
sîgan versiegen, Seihe, sinken
sigi Sieg
Sigiflât Unflat
sigristo Sigrist
sigu Sieg
sih sich
sîha Seihe
sîhan —
sihhala Sichel
sihhorôn sicher
sihhûr —
silabar Silber
silbar —
sillaba Silbe
silo Seil, Siele
simblun Sünde
simila Semmel
simiz, -stein Sims
sin Sinn
sîn sein 1

sinamin Zimmet
sinchan sinken
sinchila Anker 1
sind Gesinde
sinvluot Sünde
singan singen
sinnan Sinn
sint sein 2
sintar Sinter
siodan sieden
sioh siech
sippa Sippe
sippi verwandt
sîta Seite, Abseite
situ Sitte
siu sie
siuhhi Seuche
siujan Säule 2
siula —
sizzen sitzen
skâr Schere 1
skara Schar 2
skâra Schere 1
skêro schier 2
skihtig schüchtern
skrenchen schränken
skrift Schrift
skurz (cfr. scurz) kurz
slaf laß, schlaff
slâf Schlaf 1, 2
slâfan Schlaf 2
slâfarag —
slâfarôn —
slâfôn —
slag Schlag 2
slahan Schlag 1, 2
slahta Geschlecht, Schlacht
slahtâri Schlacht
slahtôn —
slango Schlange
slât Schlot
slegil Schlegel
slêha Schlehe
sleht schlecht, schlicht
sleifen schleifen
sleizen schleißen
sleizen —
slengira schlenkern
slêo Schlehe
slîfan schleifen
slîhhan schleichen
slihten schlicht
slihti —

slimbî schlimm	snecko Schnecke	spenstig abspenstig
slîmen Schleim	snel schnell	spenta Spende
slinga schlenkern	snêo Schnee	spentôn —
slingan Schlinge	suepfa, -o Schnepfe	sper Speer
slintan schlingen 2	snîdan Schneide	sperren sperren
slîo Schleie	snit Schnitt	spiagal Spiegel
sliofan Schleife	snita —	spîhhâri, -eri Speicher
sliozan schließen	snitilouh —	spil Spiel
slita Schlitten	sniumo schleunig	spilden kostspielig
slito —	snîwan Schnee	spilôn Spiel
sliz Schlitz	snora Schnur 2	spinna Spinne
sliz --	snûden schnöde, schneuzen	spinnala Spindel
slîzan Schleim	snuor Schnur 1	spinnan spinnen
sloz Schloß	snura Schnur 2	spinnûn weppi —
sluccho schlucken	snurring Narr, schnurren	spioz Spieß 1
slûch Schlauch	snûzen schneuzen	spîsa Speise
slûhho schlucken	sô als, so, solch, sonst	spîwan speien
slûnîg schleunig	soccho Socke	spiz Spieß 2
slunt Schlund	sola Sohle 2	spizzi spitz
slupfen Schlupf	solan sollen	spizzo Spieß 2
sluzzil Schlüssel	solâri Söller	spor Spur
smac schmecken	soleri —	spôri Spor
smacchên —	solih solch	sporo Sporn
smâhen schmähen	soraga Sorge	spot Spott
smâhi —, Schmach	sougen säugen	sprâhha Sprache
smâhlîch schmähen	soum Saum 1, 2	sprehhan —
smal schmal	soumâri Saum 2	spreitan spreiten
smalanôz —	spahha Speiche	sprengen Sprengel
smâlîch schmähen	spaltan spalten	springan springen
smalz Schmalz	spân Span	sprinka Sprenkel 1
smaragd Smaragd	spanan Gespenst	spriu Spreu
smarât —	spanga Spange	spriutzen spreizen
smecchar Schminke	spanna Spanne	spriuzen —
smecchen schmecken	spannan spannen	sprozzo Sprosse
smehhar Schminke	spanst abspenstig	sprung springen
smeidar (Geschmeide, Schmied)	spar sparen	spunni Spanferkel
smelzan schmelzen	sparhenti —	spuoan sputen
smelzen —	sparo Sperling, Star	spuola Spule
smero Schmeer	sparôn sparen	spuolen spülen
smerza Schmerz	sparro Sparren	spuolo Spule
smerzan —	sparwâri Sperber	spuon sputen
smerzo —	spâti spät	spuot —
smid Schmied	spâto —	spuotôn —
smîda Geschmeide	specch Speck	spuren Spur
smirl Schmerl	spech Specht	spurien --
smirwen Schmieralien	spehôn spähen	spurnan Sporn
smitta Schmied	speht Specht	spurren Spur
smîzan schmeißen	speihha Speiche	stab Stab
smoccho Schmuck	speihhila, -illa Speichel	stabên —
snabul Schnabel	spel Beispiel	stacchulla Stachel
snaraha Schnörkel	spelta Spelt	stadal Stadel
snarga Schnaue	spelza —	stado Staden
snarha Schnörkel	spenala Spilling	stäffal Staffel (cfr. staffol)

staffala —	stendic ſtänbig	strecchen ſtređen
staffo Stapfe	stengil Stengel	stredan Strubel
staffol (cfr. staffal) Stapel	stepfen Stapfe	streihhôn ſtreichen
stahal Stahl	sterban ſterben	strengen ſtreng
stahhulla Stachel	stern Stern	strengi —
stal Stall	sterno —	streno Strähne
stâl Stahl	stero Stärke	strewen Streu
stam Stamm	sterro Stern	stric Strick
stamal ſtammeln	sterz Sterz	stricchen —
stamalôn —	steti Statt	strich ſtreichen
stamên —	stîc Steig	strigil Striegel
stamêr —	sticchen ſticken	strîhhan ſtreichen
stammal, -ôn —	stiega Stiege 1	strimil Strieme
stammên —	stivâl Stiefel	strîmo —
stammêr —	stiften Stift 2	strît Streit
stampf ſtampfen	stîgan Steig	strîtan —
stampfôn —	stih Stich	strô Stroh
stân ſtehen	stihhil —	strobalôn Strobel
atanga Stange	stil Stiel	stroum Strom
stantan ſtehen, überwinden	stillen ſtill	strouwen Streu
stap Stab	stilli —	strûben ſträuben
stapfal Staffel	stimma Stimme	strûbên --
stapfo Stapfe	stimna —	strûhhên, -ôn ſtraucheln
stapfôn —	stinchan ſtinken	strûz Strauß 3
stara Star	stior Stier	stuba Stube
starablint —	stirna Stirn	stucchi Stück
starah, ſtarf	stiuban ſtieben	stûda Staube
starc —	stiuf-(bruodar, chint) Stief=	studen ſtützen
starên ſtarr, Star	stiufen —	stûhha Stauche
stat Stabt, Statt	stiura Steuer 1, 2	stum ſtumm
stata Statt, geſtatten	stiuren Steuer 2	stumbal Stummel
stâti ſtet, ſtetig	stîuz Steiß	stumbilôn —
stec Steg	stoc Stock	stumpf —, Stump
stecchal ſteil	stollo Stollen	stunta Stunde
steccho Stecken	stolz ſtolz	stuofa Stufe
stecken ſtecken	stopfôn ſtopfen	stuol Stuhl
steft Stift 1	stoppôn —	stuom ungeſtüm
stegareif Steg	storah Storch	stuota Stute
stehhal ſteil	storc —	stupfen ſtupfen
stehhan ſtechen	storchanên ſtark	stupfila Stoppel
stehho Stecken	stôren ſtören	stuppi Staub
steigal —	storrên Storren	stûri Stier
steigen ſteigern	stôrren ſtören	sturjo Stör
stein Stein	storro Storren	sturm Sturm
steinmeizzo Metze 1	stoup Staub	sturo Stör
steinmezzo —	stouwen ſtauen	sturzen ſtürzen
steinna Stein	stôzan ſtoßen	stuzzen ſtützen
stelan ſtehlen	stracchên ſtrecken	sû Sau
stellen Stelle	strâla Strahl	sûbar ſauber
stelza Stelze	strâlen Strähle	sûbiri —
stemen ſtemmen	strang Strang	sûfan ſaufen, ſeufzen
stemmen —, ſtumm	strango ſtreng	sûfteôn ſeufzen
stên ſtehen	strâza Straße	sûftôn —

sûgan ſaugen, ſäugen
suht Sucht
sûl Säule 1, Schwelle
sulih ſolch
sullen beſulbern
sulza Sulze
sumar Sommer
sumbir Eimer, Simmer
sumbirî(n), sumbrîn —
sumft Sumpf
sun Sohn
sundan Süden
sundarwint —
sunderlîh ſonder
sundwint Süden
sunna Sonne
sunno —, Stern
sunnûnâband Sonne
sunnûntag —
sunta Sünde
suntar ſonder
suntarôn —
suntea Sünde
sunu Sohn
suohhan ſuchen
suohhen —
suona Sühne
suonen —
suozi ſüß
sûr ſauer
sus ſonſt
sûsôn Saus
sûtâri Schuſter
swalawa Schwalbe
swam Schwamm
swamb —
swan Schwan
swana —
swanch Schwank
swangar ſchwanger
swâr ſchwer
swaram Schwarm
swâri ſchwer
swâro —
swarz ſchwarz
swebal Schwefel
swebên ſchweben
swedan Schwaben
sweval Hobel, Schwefel
swehur Schwäher
sweibôn ſchweben
sweif Schweif
sweifan —, ſchweifen

sweigen ſchweigen
sweiz Schweiß
sweizen ...
swelahan ſchwelgen
swelgan —
swellan ſchwellen
swellen —
swelli Schwelle
swenchen ſchwenken
sweran Schwäre
sweren ſchwören
swerien —
swero Schwäre
swert Schwert
swertala Schwertel
swestar Schwester
swibogo Schwibbogen
swiftôn beſchwichtigen
swigar Schwäher, Schwieger
swigên ſchweigen
swil Schwiele
swilizôn ſchwelen, ſchwül
swilo Schwiele
swimman ſchwimmen
swîn Schwein
swînan ſchwinden
swinchan ſchwingen
swingan Schwank, ſchwingen
swintan ſchwinden, über=
  winden
swintilôd ſchwindeln
swintilôn
swintilunga —
swizzen ſchwitzen
sworga Sorge
swuozi ſüß

tabala Tafel
tabella —
tavala ...
tag Tag, verteidigen
tagading verteidigen
tagalîh, -lîhhin, -lîhhes Tag
tâha Dohle
tâht Docht
tal Thal
tâmo Dambock
tanesil Tanne
tangol dengeln
tanna Tanne
tantarôn Taub
tapfar tapfer
-tar Holunder

-tara Reiter
tasca Taſche
tât, -ic That
tebech Teppich
tegal Tiegel
teic Teig
teil Teil
teilen —
tempal Tempel
tenni Tenne
teppîch Teppich
teppîd, -ît —
teta beben
thinnabahho Schlaf 1
thunkôn tunken
thunwangi dünn
thwingan zwingen
tihtôn dichten
tîligôn tilgen
tilli Dill
tilôn tilgen
tincta Tinte
tinna Schlaf 1
tiof tief
tioval Teufel
tior Tier
tiorlîh —
tisc Tiſch
tital Titel
titul —
tiuval Teufel
tiuri tener
tobal Tobel
tobên, tobôn toben
toccha Docke
tôd Tod, tot
tôden tot
tof Topf
tohtar Tochter
tol toll
tola Dolde
toldo —
topf Topf
topfo Topf, Tüpfel
tor Thor 2
torso Dorſche
tosto Doft
tôt tot
tôten —
totoro Dotter 1
tou Tau 2
toub taub
touben —

toufa Taufe	trunc Trunk	twer Zwerch=
toufen —	trunchan trunken	twerg Zwerg
toufî —	truoben trübe	twerh Zwerch=
toup taub	truobi —	
touwen Tod	truobisal —	ubar über
-tra Maßholder	truosana Drusen	ubarchara kehren 2
traccho Drache	trûrên Trauer	ubarwinnan überwinden
trâda Trobbel	trût traut	ubarwintan —
trâdo —	trûwên trauen	ubil übel
tragan tragen	tûba Taube	ubir, ubiri über
trâgi träge	tûbar toben	ûf auf
trâgo —	tubili Döbel	ûfwert, -es =wärts
trahan Thräne	tubstein Tuff	ûhha Unke
trahho Drache	tûfar toben	umbi um
traht Tracht	tufstein Tuff	umbichuzzen Klotze
trahtâri Trichter	tuft Duft 2	umbichuzzî —
trahtôn trachten	tugan taugen, Tugend	un- un=
trân Thräne	tugund Tugend	unc Unke
trebir Treber, Trester	tûhhan taugen	unohûski keusch
treffan treffen	tûhhâri —	under unter
trencha Trank	tuld Dult	ungihiuri ungeheuer
trennen trennen	tulisc toll	ungislaht geschlacht
treno Drohne	tûmalôn Taumel	ungistalt gestalt, Gestalt
trestir Trester	tumb taub, dumm	ungistuomi ungestüm
tretan treten	tumôn Tanz, Taumel	unhel hell
trîban treiben	tumpfilo Tümpel	unhiuri geheuer
trinchan trinken	tunc Dung	unholda Teufel
triofan triefen	tuncal Rätsel	unnan gönnen
triogan Trug	tunchal dunkel	unrât Unrat
triuwa treu	tunchar —	uns uns
troc Trog	tunchôn tunken	unsêr —
trocchan trocken	tunga Dung	unslit Unschlitt
troffo Tropfen	tunihha, -ôn tünchen	unst Gunst
trog Trog	tunist Dunst	unstuom ungestüm
tropfo Tropfen	tunna Tonne	unta und
trôst Trost	tuoh Tuch	untanân unten
trôsten —	tuom Dom, =tum	untar unter
trota Trotte	-tuom =tum	untar zwiskên zwischen
trotta ·	tuon thun	untari unter
trottôn Trott	tupfstein Tuff	untarstuzzen stützen
trouf Traufe	turi Thür	untartân unterthan
troufen —	turra Turm	untartuon —
troum Traum	turri —	unter unter
troumen —	turso Dorsche	unti und
trûba, -o Traube	turtiltûba Turteltaube	uo- Ohmet
truccha Truhe	turtultûba —	uoba üben
trucchan trocken	tûsig Dusel, Thor 1	uoben —
trûên trauen	tûsunt tausend	uobo —
truha Truhe	tuta Zitze	uochumft Ohmet
truhsâzzo, -sâzzo Truchseß	tutaro Dotter 1	Uodalrîch Abel
truht —	tuto Zitze	uodil —
trumba Trommel	tutta Tüttel	uohsana Achsel
trumpa —	tutto Zitze	uomât Ohmet

4*

uoquemo —
uppi übel, üppig
uppîg üppig
ur- er=, ur=
ûr Auer
uralt uralt
urchnât können
urchundî Urkunde
urliugi Orlogſchiff
urloub Urlaub
ûrohso Auer
urspring Urſprung
ûtar Euter
ûtiro —
ûwila Eule
ûz aus
ûzân außen
ûzana —
ûzar außer
ûzsazjo Ausſatz
ûzsezzo —

wâ wo
waba Wabe
wabo —
wacchar wacker
wadal Wedel
wado Wade
wâen wehen
waffan Waffe
wafsa Wespe
wâg Woge
waga Wiege
wâga Wage
wagan Wagen
waganâri —
waganleisa Gleiſe
waggo Wacke
wagôn wackeln
wahhar wacker
wahhên wachen
wahs Wachs
wahsan wachſen
wahsen wichſen
wahtala Wachtel
wâjan wehen
wal Wahlſtatt, Walfiſch
wala Wahl
walchan walken
wald Wald
walfisc Walfiſch
Walh welſch
walhisc —
wallan wallen 1

wallôn wallen 2
walm Welle
waltan Mangold, walten
walzan Walze
walzen —
wamba Wamme, Wams
wamezzen wimmeln
wampa Wamme
wân Wahn
wanaheil Wahnſinn
wanast Wanſt
wanawizzi Wahnſinn
wanc Wank
wanchal wanken
wanchôn —
wanga Wange
wanna Wanne
wanne wann
wânnen Wahn
wanôn Wahnſinn
want Wand
wantal Wandel
wantalôn —
wantlûs Wanze
wâr wahr, wo, zwar
wara her, wahren, warum
waralôs verwahrloſt
warf Werft 1
wâri wahr
warid Werder
warm warm
warnen warnen
warnôn —, wahren
wart Wart
warta —
wartên —
warumbe warum
warza Warze
was wetzen
wasal Waſen
wascan waſchen
waso Waſen
wât Leinwad, Wat
watan waten
waz was, wetzen
wazzer Waſſer
wê weh
weban weben
wec zuwege, Weg
wecchen wecken
wecken wegen
wecki Weck
wedar jeder, oder, weder
wedil Wedel

wefsa Weſpe
wegabreita Weg
wegan wiegen, wegen
wegarîh Weg
wegen wegen
weggi Weck
wehha Woche
wehhaltar Wachholder
wehsal Weichſel
weibil Weibel
weibôn Weib, Wippe
weida Weide' 2, Eingeweide
weidôn Weide 2
weigar weigern
weigarôn —
weinag wenig
weinôn meinen
weiôn wiehern
weiso Waiſe
weisso —
weit Waid
weiz wiſſen
weizi Weizen
weizzi —
wela wohl
welben wölben
welc (welch) welk
welf Welf
welîh welch
welira Walfiſch, Wels
wella Welle
wellan Welle, wollen, Wulſt
wellen Wahl
welzen Walze
wênag wenig
wenist Wanſt
wenten wenden
wentî Wende
weppi ſpinnen
wer Werwolf, wer
werah Werg, Werk
weralt Welt
werban werben
werc Werg, Werk
werd Wert 2
werdan werden
weren Wehr
werôn gewähren, währen
werônto gewähren
werfan werfen, werben
wergelt Wergeld
wergin irgend
weri Gewehr
werî Wehr

werian —, Weſte
werid Werber
wermuota Wermut
wernen warnen
werpfan werfen
werra wirr
werran —
-wert, -es, -ie =wärts
wesan Weſen
wesanên verweſen
westan Weſten
Westfâlo —
wetar Wetter
weti wett
wetti —
wêwa, wêwo weh
wezzen wetzen
wiâri Weiher
wibil Wiebel
wiccha Wicke
wicchili, -în Wickel
wîda Weide 1
widamo widmen, Wittwe
widar wider, Widder
widarkrêgi Krieg
widarkriegelin —
widarsahho wider
widarwart, -îc —
widimen widmen
wîe Weihe
wielîh welch
wiffil Wipfel
wiga Wiege
wîgant Weigand
wîh Weichbild, weihen
wîhen weihen
wîhhen weichen
wîhôn wiehern
wîhrouh weihen
wîhsila Weichſel
wiht Wicht, nicht
wîjo Weihe
wîla weil, Weile
-wîla Weiler
wîlâri —
wild, wildi wild
wîlên Weile
willig Wille
willo —
wîlôm weil
wimidôn wimmeln
wimizzen —
wimpal Wimpel
wîn Wein

winch Wink
winchan —
winchil Winkel
windemôn Wein
wîngarto Wingert
wini gewinnen, Wahn, wohnen
winisôn winſeln
winistar link
winna gewinnen
winnan gewinnen, kriegen,
    überwinden
winnimânôd Wonne
winsôn winſeln
wint Wind, Windhund
winta Winde
wintan —
wintar hinter, Winter
wintbrâwa Wimper
wintes brût Windsbraut
wintila Winde
wînzuril, -zurnil Winzer
wio wie
wioh, wiohha Wieche
wîp Weib
wipfil Wipfel
wir wir
wirbil Wirbel
wirchen wirken
wirdî Würde
wirdig —
wirfil Wirbel
wirt Wirt
wîs weis, weisſagen
wîs mahhôn, tuon weis
wisa Wieſe
wîsa Weiſe
wisala Wieſel
wisc Wiſch
wîsen Weiſel
wîsi weis
wisken Wiſch
wispalôn wiſpeln
wissagôn weisſagen
wît weit
witawa Wittib
witu Krammetsvogel, Wiede=
    hopf
wituhoffo, -hopfo Wiedehopf
wituwa, -o Wittib
wiuman wimmeln
wîwâri Weiher
wîz weiß
wîzago weisſagen
wîzzago —

wizzan gewiß, Gewiſſen,
    wiſſen
wizzî Witz
wîzzi, wizzi Verweis
wizzig Witz
wohha Woche
wola wohl
wolatât Wohlthat
wolcha Wolke
wolchan —
wolf Wolf
wolla Wolle
wollan wollen
womba Wamme
wonên wohnen
wormuota Wermut
worolt Welt
wort Wort
wortzeichen Wahrzeichen
wreccho Recke
wulsta Wulſt
wumba Wamme
wunna, wunnea Wonne
wunnî —
wunnimânôd —
wunsc Wunſch
wunsken —
wunt wund
wunta Wunde
wuntar Wunder
wuohhar Wucher
wuol Wahlſtatt, wühlen
wuolen wühlen
wuosti, -î Wuſt
wuostinna —
wuot Wut
Wuotan —
wurchen wirken
wurf Wurf
wurfil —
wurgen würgen
wurm Wurm
wurst Wurſt
wurz Wurz
wurzala Wurzel, Geiſel
wurzen Würze

zabal Schach, Tafel
zabalôn zappeln
zag zag
zagal Schwanz
zagên zag
zago —
zahar Zähre

zahhar —	zîdal- Zeidler	zuhil —
zâhi zäh	zîdalâri —	zuht Zucht
zala Zahl	zidalweida —	zuhtig —
zalôn —	zieter Zitter	zuhtjan —
zam zahm	ziga Ziege	zuhtôn —
zan Zahn	zîhan zeigen	zukken Zuck
zand —	zil Ziel	zumft Zunft
zanga Zange	zîla Zeile	zûn Zaun
zangar —	zilôn Ziel	zundên zünden
zantaro zünden	zimbar Zimmer	zunga Zunge
zapfo Zapfen	zimberen —	zuntara Zunder
zappalôn zappeln	zin Zinn	zunten zünden
zar- zer	zinko Zink	zuntil Zunder
zarga Barge	zinna Zinne	zuntra —
zâri Zier	zins Zins	zuo zu
zart zart	zinsera zünden	zuofirsiht Zuversicht
zata Bote	zinsilo —, Zünsler	zuogang Zugang
za mâle zumal	zinsilôd zünden	zuol Zügel
zêha Zeh	Zio Dienstag	zur- zer=
zehan zehn	ziohan Herzog, ziehen	zurba Torf
zehando —	Ziostag Dienstag	zurnen zürnen
zehanzo Hundert	zir- zer=	zwangen Zwang
zeigôn zeigen	ziro Zirkel	zweho Zweifel
zeihhan Zeichen	zirkil —	zwei zwei
zeihhanen	zirzûsôn zausen	zweinzug zwanzig
z'einemo mâle mal	zisamane zusammen	zwelif zwölf
zellen Zahl	zît Zeit	zwêne zwei, zwanzig
zelt Zelt	zitera Zither	zwengen Zwang
zeltâri Zelter	zîtilôsa Zeit	zwî Zweig
zelto Zelt	zittaroh Zitteroch	zwi- Zwitter, Zuber, Zwil-
zeman zahm, ziemen, Zunft	zittarôn zittern	ling, zwie=
zemmen zahm	zitwar Zitwer	zwibar Zuber, Eimer
-zen tauzen	zô zu	zwibollo Zwiebel
zeotar Zitter	-zogo Herzog	zwîfal Zweifel
zeran Winzer, Born	zogôn zögern	zwîfalôn zweifeln
zerben Birbel, zwirbeln	zol Zoll 2	zwivalt zwiefältig
zerian zergen	zollanâri Zöllner	zwîfo Zweifel
zêrist zuerst	zolneri —	zwîg Zweig
zerren zerren	zopf Zopf	zwilîh Zwillich
zeso recht	zor Ketzer	zwinal Zwilling
zetten Zettel	zorn Born	zwiniling —
zi êrist zuerst	zota Botte 1	zwirnên, -ôn Zwirn
zi lezzist zuletzt	zotta, -o —	zwiro zwier
zi rehte zurecht	zoubar Zauber	zwirôr —
zi rucke zurück	zoufar —	zwisila Zwiesel
zi ware zwar	zoum Baum	zwisk, zwiski zwischen
zi wege zuwege	zua zu	zwispaltig zwiespältig
ziagal Ziegel	zubar Zuber	zwisprehho Zwiesprache
ziahha Zieche	zucchen Zuck	zwitaran Zwitter
ziari, -î Zier	zucura Zucker	zwitarn —
ziarida —	zug Zug	zwizzirôn zwitschern
zicchî, -în Zicke, Ziege	-zug =zig	zwô zwei
zîd Zeit	zugil Zügel	-zzen tauzen

Altsächsisch.

(c ift mit k vermengt, đ folgt auf d.)

âband Abend
abaro aber
ađal edel
ađali —, Adel
âđar ander
âđom Atem
afêhian Fehme
aftîhan zeigen
âhtian Acht
ahto acht
akkar Acker
accus Axt
al all
alah Tempel
ald alt
aldar Alter
alund Alant 1
alung all
ambahtman Amt
ambahtskepi —
an an
an gimang mengen
ando ahnden 1
ađswor schwören
angegin entgegen
âno ohne
arbêd, -i Arbeit
ard Art
arm Arm, arm
aru gar

bak Backbord
bakkeri backen
band Band
bar baar
barda Barte 1
barn Geburt
bat baß
beki Bach
bêrswîn Bär 3
bet baß
bi hindan hinten
bibôn beben
bidriogan Trug
bihagôn behagen, hagen
bihwelbian wölben
biklîban kleiben

bilithi Bild
bindan binden
binut Binse
biscrîban schreiben
bitengi zäh
bium sein 2
biwindan Winde
bliksmo Blitz
bliksni —
blôđi blöde
blôma Blume
bodcipi Bote
bôk Buch
bôcstaf —
bôm Baum
bord Bort
bôsm Busen
bôta Buße
braht Pracht
brêd breit
brengian bringen
breost Brust
brôđar Bruder
brûkan brauchen
burg Burg

(c fiehe unter k.)

dâd That
dag Tag
dal Thal
dau Tau 2
dêl Teil
diop tief
dior Tier
disc Tisch
diubal Teufel
diuri teuer
dôd tot
dodro Dotter 1
dohtar Tochter
dôian Tod
dol toll
dor Thor 2
dôth Tod
dragan tragen
drân Drohne

drîban treiben
drinkan trinken
driopan triefen
droeno trocken
drôm Traum
dropo Tropfen
drucno trocken
dûan thun
dugan taugen
dura Thür
duri —
dwalm toll

eban eben
eđili edel
ef ob 2
efno eben
êgan eigen
eggia Eck
ehu Roß 1
ei Ei
eldiron Eltern
elilendi elend
êlleban elf
êmbar Eimer
êmmar —
ên ein 1
endi Ende, und
engil Engel
ênôdi Einöde
êo Ehe, je
êra Ehre
erbi Erbe
erda Erdbeere
erida Pflug
êrist erst
ertha Erde
esil Esel
êscôn heischen
etan essen
êth Eid
êwig ewig

fadar Vater
fagar fegen
fallan fallen
falu fahl

fan von
fana —
fandian fahnden
fâr Gefahr
faran fahren
fard Fahrt
fardîligôn tilgen
farflôkan fluchen
farswelgan schwelgen
fartorian zehren
fast fest
fastunnia fasten
fathmos Faden
fedara Flosse
feđarhamo Hamen
fêgi feige
fêhian —
feld Feld
felis Felsen
ferni firn
ferr fern
fersna Ferse
feter Fessel 1
fethara Flosse, Feder
fetherac Fittich
fîf fünf
fîfoldara Falter
fîga Feige
filu viel
findan finden
finistar finster, düster
firn fern
fisc Fisch
fittea Fitze
fithan finden
fiund Feind
fiwar vier
fliohan fliehen
fliotan fließen
flôd Flut
fluht Flucht
folda Feld
folk Volk
folm fühlen
fon von
for vor
fora —
forahta Furcht
forahtian —
forhta Furcht
fôrian führen
formo Fürst
forth fort

fôt Fuß
fôtscamel Schemel
fôthar Fuder
frâgôn fragen
frao froh, frohn
fremithi fremd
frî frei, freien
frist Frist
frithu Friede
friund Freund
fruht Frucht
fugal Vogel
full voll
fullian füllen
furi für
furisto Fürst

gaduling Gatte
galgo Galgen
galla Galle 1
gang Gang
garba Garbe 1
gardo Garten
garo gar
gast Gast
gat Gasse
gebed Gebet
geba Gabe
gegin gegen
gêl geil
geld gelten
geldan —, Gilde
gelo gelb
gêr Ger, Jahr
gern gern
gêst Geist
giburd Geburt
giburian Gebühr
gidrôg Trug
gifôlian fühlen
gigado Gatte
gilîk gleich
gilôbian Glaube
gilôbo —
gimang mengen
ginâtha Gnade
ginesan genesen
ginôg genug
ginôt Genosse
githanko Gedächtnis
giwar gewahr
giwidiri Gewitter
gladmôd glatt

gles Glas
glidan gleiten
glîmo glimmen
glîtan gleißen
gnagan nagen
god Gott
gold Gold
gram gram
gras Gras
grim grimm
griot Grieß
grîpan greifen
grîs greis
grîst Gerste
grôni grün
grôt groß
grôtian Gruß
gurdian Gurt
gûđhamo Hamen

Habocasbrôc Habicht
Habuchorst —
haft Haft 2
hafta —
hagustald Hagestolz
hacud Hecht
halba halb 1
hald halt
haldan halten
half halb 1, Hälfte
halla Halle 1
halm Halm
halôn holen
hals Hals
hamstra Hamster
hamur Hammer
hand Hand 1
hancrâd krähen
Hariold Herold
harm Harm, herb
harmscara Harm
hatôn Haß
hauwan hauen
he heute
hebbian haben
heban Himmel
hêdar heiter
hêl heil
hêlag heilig
hêliand Heiland
holith Held
hollia Hölle
helm Helm 1

helpan helfen	hwît weiß	lâri leer
hêm Heim	hwô wie	lêdan leiten
hêr hier		leggian legen
Heriford Furt	iahwëthar jeder	leia Lei
heritogo Herzog	îdal eitel	leo Löwe
hêrro Herr	ik ich	lepur Lefze, Lippe
herta Herz	in in	lêstan leisten
herth Herd	io nie	letist letzt
heti Haß		lezt —
himil Himmel	ja ja	lîn Leinen
hindan hinten	jâmar Jammer	lînîn Linnen
hiopo Hopfen	jâr, jêr Jahr	lînôn lernen
hiudiga heute	jugud Jugend	liodan Leute
hiudu —	jung jung	liogan Lug
hlîdan Lid		lioht Licht
hliotan Los	carst Karst	liomo —
hliuning Lüning	kelik Kelch	lith Glied
hnêgian neigen	kelleri Keller	lîthi lind
bnîgan —	cîk Keim	lôgnian läugnen
hôba Hufe	kînan	lôcian lugen
hôbidband Krone	kind Kind	lôn Lohn
hôdian hüten	kinnibako Backe 2	lôs los
hof Hof	klib Klippe	lox Luchs
hôf Huf	clibôn kleben	luft Luft
hôh hoch	clioban klieben	lugina Lug
hold holb	knapo Knabe	lunisa Lünse
holm Holm	kok Koch	lust Lust
hôn Huhn	côpa Kufe 2	
honeg Honig	coppod Kopf, Kuppe	mâg Mage
hôp Haufe	cos Kuß	magath Magd
hord Hort	costarâri Küster	maht Macht
horth —	costôn kosten 2	makôn machen
houwi Heu	cot Kotze	malan mahlen
hrâ roh	craft Kraft	maldar Malter
hreiera Reiher	crâia Krähe	malt Malz
hrêni rein	kramp Krampf	man man
hreod Riet	kribba, -ja Krippe	maneg manch
hring Ring	kriupan kriechen	manôn mahnen
hrissian Reis 2	crûd Kraut	manslahta Schlacht
hrôm Ruhm	krûka Krug 1, 2	marg Mark 3
hrôpan Ruf	crumb krumm	marca Mark 1
hrôrian rühren	cuman kommen	mêda Miete
hross Roß 1	cunsti Kunst	mel Mehl
hruggi Rücken	curt kurz	meldôn melden
huldî Huld	cus Kuß	melm malmen
hunderod Hundert	cûsco keusch	mên Meineid
hungar Hunger	cûth kund	mendian munter
hwâr wo		mênêth Meineid
hwerban werben	lamo lahm	mengian mengen
hwergin irgend	land Land	meni Mähne
hwêti Weizen	lang lang	mênian meinen
hwîl, -a Weile	langôn verlangen	mennisc, -o Mensch
hwilik welch	langsam lang	meri Meer

mêst meist	nôd Not	rennian rennen
mêstar Meister	nôdrôf Raub	resta Rast
metan messen	nôdthurft Not	rîki Reich), reich
meti Mettwurst	noh noch 1, 2	rinnan rinnen
mezas Messer	nôn None	riomo Riemen
mildi milde	nôna —	rîpi reif
miluk Milch	nû nun	rîsan Reise
minna, -ia Minne		rôbôn Raub
mîthan meiden	oban, obana oben	rôd rot
môd Mut	obar über	rôda Rute
môdar Mutter	ôbian üben	roggo Roggen
môdi müde	ôd Allod	rôc Rauch
môr Moor	ôdar ander	rôkian geruhen
morgan Morgen 1	ôdi öde	rost Rost 2
morth Mord	ôdil Adel	rôtôn rösten 2
môs Mus	of ob 2	rûm Raum
môtan müssen	offrôn opfern	
muddi Metze 2	oft oft	sad satt
mûd Mund 1	ofto --	sâd Saat
muggia Mücke	ôga Auge	sâfti sanft
mundboro Mund 2	ohso Ochse	sâfto --, sacht
mûr Mauer	ôk auch	sâian säen
	ôkian —	saka Sache
nâdla Nabel	olig Öl	sakan —
nâdra Natter	opan offen	salba Salbe
nagal Nagel	ôra Ohr	samnôn sammeln
nâh nah	ord Ort 2	sâmo Same
naht Nacht	orlagi Orlogschiff	sand Sand
nahtigala Nachtigall	ôstan, ôstana Osten	segel Segel
naco Rachen	ôstar --	seggian sagen
namo Name		segisna Sense
naru Narbe, Nehrung	palencea Pfalz	segnôn Segen
nat naß	palinza —	sehan sehen
nâtha Gnade	paradîs Paradies	sehs sechs
ne wâri nur	pending Pfennig	sêl Seil
nebal Nebel	pik Pech	self selb
nemnian nennen	pîna Pein	seli Saal
nên nein	pinkoston Pfingsten	selihûs —
nôowiht nicht	plegan pflegen	sendian senden
nerian nähren	predigôn predigen	senkian Senkel
net, netti Netz	prevenda Pfründe	sêo See
ni nie	priestar Priester	seok siech
nîd Neid	pund Pfund	sêola Seele
nigun neun		sêr sehr
niman nehmen	quâla Qual	sêro
nio nie		sester Sechter
niotan genießen	râdan Rat	settian setzen
nithana nieden	raka rechnen	sibbea Sippe
nithar nieder	râmôn anberaumen	sibun sieben
nithiri —	rasta Rast	sidu Sitte
niud nieblich	redia Rede	sîd, sîdor seit
niudsam —	rediôn reden	sicor sicher
niuwi neu	regan Regen	sicorôn —

silubar Silber	spado Spaten	talôn Zahl
simbla Sünde	spâhi spähen	tand Zahn
sîmo Saite, Seil	spanan Gespenst	tehan zehn
sin sein 1	sper Speer	têcan Zeichen
singan singen	spîkâri Speicher	teman ziemen
sincan sinken	spiwan speien	ti zer=
sittian sitzen	sprâ Sprehe	tid Zeit
skado Schatten	sprekan Sprache	-tig =zig
scaðo Schade	springan springen	tilian Ziel
skaft Schaft 1	spurnan Sporn	timbar Zimmer
scala Schale	stath Staden	tins Zins
skaldan schalten	stekan stechen	tiohan ziehen
skama Scham	stelan stehlen	tîr Zier
skap Scheffel	stemma Stimme	tiscrîdan schreiten
scâp Schaf	stemna --	tô zu
scarp scharf	stên Stein	tol Zoll 2
scat Schatz	sterban sterben	tôm Zaum
scauwôn schauen	stîgan Steig	torn Zorn
skêðan scheiden	stilli still	trâgi träge
scêðia Scheide	stôl Stuhl	trahni Thräne
scenkio Schenk	stôtan stoßen	tredan treten
scepil Scheffel	strang streng	treuwa treu
skeotan schießen	strewian Streu	triuwi --
sceppian schaffen, schöpfen	strîd Streit	trûôn treuen
scild Schild 1	strôm Strom	tûn Zaun
scilling Schilling	stukki Stück	tunga Zunge
scimo Schemen	stum stumm	twâ zwei
skin Schein	stunda Stunde	tweho Zweifel
scînan --	sûbri sauber	twei zwei
scip Schiff	sulic solch	twelif zwölf
skîr, skîri schier 1	sultia Sulze	twênê zwei
skôh Schuh	sund gesund	twêntig zwanzig
scok Schock	sundia Sünde	twîfal Zweifel
scola Scholle 1	sunna, -e Sonne	twiflôn zweifeln
skôni schön	sunno --	twisk zwischen
skrîban schreiben	sunnundag --	twô zwei
skrîdan schreiten	sunu Sohn	
skrîdan --	sus sonst	thengian gedeihen
skuddian Schutt	sûth Süden	thimm dämmern, finster
sculd Schuld	swâr schwer	thionôn dienen
skûr Schauer 2	swart schwarz	thionost --
slahan Schlag 2	swellan schwellen	thiorna Dirne
slâp Schlaf 2	swerd Schwert	thiudiso deutsch
slâpan --	swerian schwören	thiustri düster, finster
slêo Schlehe	swêstar Schwester	thorn Dorn
slîtan schleißen	swêt Schweiß	thorp Dorf
slutil schließen, Schlüssel	swigôn schweigen	thorrôn dörren
snel schnell	swimman schwimmen	thringan dringen
snîthan Schneide	swîn Schwein	thrîsti dreist
sô so	swingan schwingen	throsla, throssela Drossel
sôkian suchen	swiri Schwester	thungan gebiegen
soleri Söller	swôti süß	thurh durch
sorga Sorge		thûsind tausend

5*

thwahan Zwehle
thwingan zwingen

ubil übel
umbi um
un- un=
undar unter
unhiuri geheuer
unnan gönnen
unrîm Reim
ûp auf
upp offen
ût aus
ûtar außer

wâg Woge
wâga Wage
wahsan wachsen
wakôn wachen
wal Wall
wald Wald
waldan walten
wallan wallen 1
wân Wahn
wand Wand
wanga Wange
wânian Wahn
wâr wahr
wara wahren
wardôn Wart
wâri nur
warm warm
warôn wahren, währen

wârsago Wahrsager
watar Wasser
wê weh
wedar Wetter
weg Weg
wehsal Wechsel
wêk weich
wekkian wecken
wel wohl
wendian Wende
wer Werwolf
werd Wirt
werð Wert 2
werian Wehr
werk Werk
wernian warnen
werold Welt
werpan werfen
werran wirr
wêt wissen
wî wir
wîb Weib
wibil Wiebel
wîd weit
widowa Wittib
wið, wiðar wider
wîgand Weigand
wih weihen
wiht Wicht
wîc Weichbild
wika Woche
wîkan weichen
wildi wild

willian wollen
willio Wille
wîn Wein
wînberi Beere
wind Wind
windan Winde
wini Wahn, wohnen
wintar Winter
wirkian wirken
wîs weiß
wîsa Weise
wîti Verweis
Wôdan Wut
wolcan Wolke
word Wort
wordtêkan Wahrzeichen
wôsti Wust
wôstinnia —
wrekan rächen
wrekkjo Recke
wrisilîc Riese
wrîtan reißen
wrôgian rügen
wrôht —
wulf Wolf
wund wund
wunda —
wundar Wunder
wunnia Wonne
wunôn wohnen
wurm Wurm
wurt Wurz
wurtia Würze

Amerikanisch.

mahis Mais
f. ferner Kartoffel, Orkan, Rum, Tabak.

Angelsächsisch.

(ð hat die alphabet. Stelle von þ.)

â je, nie
abbod, -t Abt
âc Eiche
âcol Esel
âcweorn, âcweorna, âcworn
   Eichhorn, Wurzel
âdîlgian tilgen

adûne Düne
æ Ehe
æcor Acker
æcern Ecker
ædre Ader
âfon Abend
âfning —

æfre immer
æfter After
æg Ei
æghwæder jeder
ægne Ahne
æhher (nordh.) Ähre
æl Aal, Ahle

ælf Alp
ælfâdl, ælfsogoda Alp
ælge Gau
ælifne Alaun
ælmesse Almosen
æmen ohne
æmetig emsig
æmette, æmette Ameise
æned Ente
ænes einst
ænetre Winter
æppel Apfel
ær eher, erst, früh
ærest erst
æs Aas
æsc Esche
æsce Asche 1
æsp Espe
æstel Ast
ædcle edel
ædelu Adel
æþm Atem (oden...)
æw Ehe
æx Axt
âfor Eifer
âgan eigen
âgen —
âginnan beginnen
âgnian eigen
agu Elster
âhwæđer jeder, oder
alor Erle
âlŷfan erlauben
âlynnan Lünse
ambiht Amt
ämbor Eimer
ampelle Ampel
ân ein 1
ânad Einöde
and und
and- ant=
anda ahnden 1
andian —
andleofan elf
andswaru Antwort, schwören
andwlita Antlitz
anfilt Amboß, falzen
apa Affe
apuldr Apfel
âr Ehre, Erz, Ruder
arcebiscop Erz=
arcengel —
ârian Ehre

asce Asche 1
âscian heischen
assa Esel
âstŷpan Stief=
âta Hafer
âttor Eiter
âþ Eid
âþexe Eidechse
âþreotan verdrießen
âdum Eidam

bacan backen
bæc, bæcbord Backbord
bæcere Beck
bêdan bitten
bær baar
bêr, bêre Bahre
-bêre -bar
bærnan brennen
bærs Barsch
bæst Bast
bæþ Bad
balca Balken
bân Bein
bâncofa Leichnam
bânfæt —
bânhûs —
bânloca —
bann Bann
bâr Bär 3
bât Boot
badian Bad
be- bei
beacen Bake
beald, -or bald
beam Baum
bean Bohne
beard Bart
bearg, bearh Barch
bearm barmherzig
bearn Geburt
bears Barsch
beatan Amboß, Beutel 1
becc Bach
becca Bicke
bêce Buche
beclemman Klamm
becuman bequem
bedd Bett
bedecian bitten
befeolan befehlen
beforan bevor
bêgan beugen

bêgen beide
beginnan beginnen
behindan hinten
behôf Behuf
belg Balg
belîfan bleiben
bellan bellen
belle Bellhammel
belt Belt
benc Bank
bend Band
beneoþan nieden
beo Biene, Bier, sein 2
beobread Brot
beod Beute 1, bieten
beodan bieten
beofian beben
beofor Biber
beolene Bisenkraut
beonet Binse
beor Bier
beorc Birke
beorg Berg
beorgan bergen
beorh Berg
beorht =bert
beorma Bärme
beorn Baron
beost Biest
bera Bär 2
beran Bahre, gebären
bere Barn, Gerste
berie Beere
bern Barn
bernan brennen
bersten bersten
besma Besen
besnyþþan schnöbe
bestrŷpan streifen
bet baß
bêtan Buße
bête Becte
beteldan Zelt
betera besser
betst —
bî be=, bei
bicce Petze
bîdan bitten
bîgan beugen
bilewit billig
bill Bille
bimûtian Mause
bindan binden

binn Bühne, Benne
binnan binnen
birce Birke
birnan brennen
bisceop Bischof
bisma Besen
bismer Schmeer
bispell Beispiel
bita Bissen
bitan beißen
bite beißen
biter, bittor bitter
blâc bleich
blacern Blitz
blæwen blau
blæc Blackfisch
blæce bleich
blæcern Blaker, Blitz
blæd Blatt
blædre Blatter
blæge Bleihe
blæst blasen
blanca blank
blase blaß
blâw blau
blâwan blähen
bleat bloß
bleaþ blöde
blêd Blüte
blendan blenden
bleowan bläuen
blîcan bleichen
blind blind
blôd Blut
blôma Blume
blonca blank
blôstm Blume
blôstma —, Blust
blôtan Opfer
blôwan blühen
bôc Buch, Buche
bôcstæf Buch
boda bieten, Bote
bodig Bauch, Bottich, Rumpf
bodscipe Bote
Bôfa Bube
bôg Bug
boga Bogen
bôh Bug
bolca Balken
bold Bild, Bube
bolla Bolle 2
bolster Polster

bolt Bolz
bônian bohnen
bord Bord, Bort, Brett
borgian borgen
borian bohren
bôs Banse
bôsm Busen
bôt Buße
botl Bude
botm Boden
brâd breit
brædan braten
bræde Braten
brægen Hirn, Brägen
bræþ Brodem
brêw Braue
brand Brand
brastlian prasseln
bread Brot
breahtm Pracht
brêc Bruch 3
brecan brechen
bred Brett
brêdan Brut
brêmel Brombeere
breosa Breme
breost Biest, Brust
breotan Brosam
breowan brauen
bridd Brut
brimm verbrämen
brimse Breme
bringan bringen
brîw Brei
brôc Bruch 2, 3
brôd Brut
brôm Brombeere
broþ Brot
brôðor Bruder
brû Braue
brûcan brauchen
brûn braun
brŷce brauchen
brycg Brücke
brŷd Braut
brŷdealo —
brŷdguma —
bryne brennen
brŷsan Braus, Brosam
brystl Borste
bûc Bauch, bauchen
bucca Bock
bûgan biegen

bûhsom —
bulluca Bulle 1
bulle Bulle 3
bûr Bauer 1
burgware Wurzel
burh Burg
burna Brunn
butere Butter
butorfleoge Schmetterling
bûtsecearlas Büse
bûxom biegen
bydel Büttel
byht Bucht
bŷle Beule
bylg Balg
byndel Bündel
bŷre Bauer 1
byrgan Berg, bergen, Bretzel
byrgels bergen
byrne Brünne
byrst Borste
byrðen Bürde
bŷsting Biest
bŷtel Beutel 1
bytt Bütte

câ Dohle
câg Keil
cælic Kelch
cæppe Kappe
calan kalt, kühl
cald kalt
câlic Kelch
calu kahl
camp Kampf
cancer Kanker 2
cann können
canne Kanne
capûn Kapaun
câsêre Kaiser
catt Katze
câwl Kohl
ceaf Käfer
ceafl Kiefer 1
ceafor Käfer
ceafortûn Käfter
ceahhetan kichern
cealc Kalk
ceald kalt
cealf Kalb
ceap kaufen
cearcern Kerker
cearcian krachen

cearig farg
cearu Karfreitag
ceast fofen
cefes Kebfe
cele fühl
cemban fämmen
cempa Kampf
cên Kien
cêne fühn
cenep Knebel
cennan fennen, Kind, können
Cênrêd fühn
ceol Kiel 2
ceolc, -or Kehle
ceon Kieme
ceorfan ferben
ceorl Kerl
ceorlian —
ceosan fiefen
ceosel Kies
ceowan fauen
cerfille Kerbel
cerran fehren 1
cerse Kreffe 1
cêse Käfe
cete Keffel
cîan Kieme
cildelâþ Kleid
cilforlomb Kalb
cille Kelle
cin Kinn
cînan Keim
cinbân Kinn
cincung feuchen
cinu Keim
cippian Kippe
cirice Kirche
cist, -e Kifte
cisten, -beam Kaftanie
cîþ Keim
clâ Klaue
clæfre Klee
clæg Klei
clâm —
clappian flabaftern, Klaff
clâte Klette
clâþ Kleid
clawu Klaue
clea —
cleo —
cleofan flieben
cleofian fleben
cleowe Knäuel

cleowen —
clif Klippe
clîfe Klette
climban flimmen
clingan Klüngel
cliþe Klette
cloccian Gluce, Kluce
clom Klamm
clucce Glocke
clufe Knoblauch
clufþung —
clufwyrt —
clugge Glocke
clûs Klaufe
clyppan Klafter
clŷwe Knäuel
clŷwen —
cnæpp Knopf, Knoten
cnafa Knabe
cnapa —
cnâwan können
cnedan fneten
cnell Knall
cneo Knie
cniht Knecht
cnocian fnacken
cnotta Knoten
cnucel Knöchel
cnucian Knochen
cnoll Knollen
cnyll Knall
cnyttan Knoten
coc = cocc
côc Koch, Kuchen
cocc Hahn, Küchlein
cocur Köcher
cœcil Kuchen
cofa Koben, Kobold
cofgodas, -u Kobold
cofl Koben
cohhettan feuchen
col Kohle
côl fühl
collen Quelle
colmâse Kohlmeise
comb Kamm
comp Kampf
copor Kupfer
copp Kopf
corn Korn
cornæppel —
corntreo Kornelle
cornuc Kranich

coss Kuß
cost Koft 2
costian foften 2
cot Kot 1
cote —
crabba Krabbe
cracettan frächzen
cracian —, frachen
cradol Kräze 1, Wiege
cræft Kraft
cræt Kräze 1
crafian Kraft
cran Kranich
cranc frank
crâwan frähen
crâwe Krähe
creopan friechen
cribb Krippe
crimpan fchrumpfen
cringan frank, fchlank
crocca Krug 1
crôg, crôh —
crohh —
cropp Kropf
crûce Krug 1
crumb frumm
crûme Krume
crûsne Kürfchner
crybb Krippe
crycc Krücke
cryppel Krüppel
cû Kuh
cucelêre Löffel
cucu feck
cudu Köber
culufre Taube
cuman kommen
cumb Kumpf
cunele Quendel
cunnan können
cunnian —
cuppa Kopf
cûsc feufch
cûþ fund
cwalu Qual
cwelan —
cweldhreþe Kilt
cwên König
cweodu Köber
cweorn Mühle
cwicseolfor Quecffilber
cwicu feck
cwidu Kitt

cwyldseten Kilt	deop tief	eahta acht
cýcen Küchlein	deor Tier	eahtian achten
cycene Küche	deore teuer	eal als
cycgel Kugel	deorling —	eald alt
cýf Kübel	díc Deich, Teich	ealdor Alter
cyfes Kebse, Schalk	dihtan dichten	ealh Tempel
cyle kalt, kühl	dile Dill	eall all
cylle Kelle	disc Tisch	ealswâ als
cylne Kohle	docga Dogge, Hund	eam Oheim
cýme kaum	dofian toben	ear Ähre, Lefze
cymen Kümmel	dôgor Tag	earc, -e Arche
cynegerd Krone	dohtor Tochter	eard Art, Erde
cynehelm —, König	dol toll	earendel Ostern
cynerîce König	dôm ztum	earfeðe Arbeit
cynestôl --	dôn thun	earfoð —
cyng, cyning König	dott Dotter 1	earg arg
cynn —	dræbb Treber	earh Pfeil
cýpa Kiepe	draca Drache	earm Arm, arm
cýpan kaufen	dræf Treber	earn Aar
cyre Kur	dragan tragen	earnian Ernte
cyrf Kerbe	drân Drohne	earo gar
cyrfet Kürbis	dream Traum	ears Arsch
cyrice Kirche	drêfan trübe	east Osten
cyrnan kernen	dreopan triefen	eastan, eastene —
cyrnel Kern, Korn	dreorig bauern 2, Trauer	easter Ostern
cyrtel Kittel	dreosan Trauer	Eastre —
cyrran kehren 1	drepan treffen	eastro —
cyrsp kahl	drîfan treiben	eaþe öde
cýse Käse	drincan trinken	eax Achse
cýslyb Lab	drôf trübe	eaxl Achsel
cyssan küssen	dropa Tropfen	ebba Ebbe
cytel Kessel	drôsn Drusen	eced Essig
cytelian kitzeln	drýge trocken	ecg Eck
	dûce Ente, tauchen	edroccian räuspern
dá Dambock	dûfe Taube	efn eben, neben
dǽd That	dugan taugen	efne eben, Alaun
dæg Tag	duguð Tugend	êg Au
dæl Thal	dumb dumm	egeðe Egge
dâl Teil	dûn Düne	egle Ähre
dærstan Trester	duru Thür	êglond Au
dâh Teig	dwǽs Dusel	êgþyrel Fenster
dâl Teil	dweorg Zwerg	êhtan Acht
dead tot	dydring Dotter 1	ele Öl
deaf taub	dýfan Taube, tief	ellen Holunder
deaþ Tod	dyhtig tüchtig	elles elend
deaw Tau 2	dyre Thür	eln Elle
dêman ztum	dýre teuer	elnboga —
demman Damm	dysig Dusel, Thor 1	embren Eimer
den Tenne		emn neben
denegan bengeln	eac auch	emtig emsig
dene Thal	ead Allod	ende Ende
denu —, Tenne	eafora aber	endleofan elf
deofol Teufel	eage Auge	engel Engel

eode gehen	fearn Farn	flǽschoma Leichnam
eoderean räuspern	fearr Farre	fláh flehen
eofor Eber	fêdan Futter, Vater	fiasce Flasche
Eoforwíc —	fefor Fieber	fleah Floh
eoh Roß 1, Eibe	fêlan fühlen	fleax Flachs
eolh Elentier	feld Feld	fleogan fliegen
cornost Ernst	felg Felge	fleoge Fliege
eorðe Erde	felgan Felge	fleon fliehen
eosol Esel	fell Fell	fleos Flies
Eostra Ostern	felt Filz	fleot Floß
eow Eibe	feng fangen	fleotan fließen
eow, eower euch)	feogan Feind	flett Flötz
eowic	feoh Schatz, Vieh, Geld	flicce Fleisch), Fleck
erschen Wachtel	feohtan fechten	flicorian flackern
esne Ernte	feol Feile	flint Flinte
esol Esel	feolu viel	flítan Fleiß[1]
êst Gunst	feond Feind	flôc flach
etan essen	feor fern	flocc Flocke
êdel Adel	feorrancund Kind	flôd Flut
êdian ahnden 1	feortan farzen	flôr Flur
ôðr Ader	feorþa healf halb 1	flota Floß
eþþa oder	feorþing Pfennig	floterian flattern
	feower vier	flôwan Flut
fæc Fach	fêran führen	flyge Flug
fæcele Fackel	ferd Fahrt	flýge Fliege
fæder kneten, Vater	fers Vers	flyht Flucht
fædera Vetter	fersc frisch	flýs, flýss Flies
fæge feige	fetel Fessel	flýte Fluß
fæger fegen	feter —	flýtme Flinte
fæhþ Fehde	fêþa finden	fneosan niesen
fær Gefahr	feder Feder	fôda Futter
fæs Faser	fíce Feigwarze	fôdor —
fæst fest	fíctreow Feige	fola Fohlen
fæstan fasten	fíf fünf	folc Volk
fæsten --	fífealde Falter	folde Feld
fæt Faß, fassen	fífta fünf	folgian folgen
fæted Gefäß, feist	filmen Fell	folm fühlen
fætt feist, fett	finc Fink	fôn fangen
fæþm Faden	findan finden	for vor
fág, fáh Fehde, feige	finger Finger	fôr Fuhre
fám Feim, Schaum	finn Finne 1	foranheafod Stirn
fana Fahne	finul Fenchel	forbeodan bieten
fandian fahnden	first First, Frist	fore Furke, Gabel
fang fangen	fisc Fisch	ford Furt
faran fahren	fist Bofist, Fist	forgitan vergessen
fadu Base, Muhme, Vetter	fitt Fitze	forhtian Furcht
feala viel	fiþele Fiedel	forleosan verlieren
-feald -falt	fiþelêre —	forma Fürst
fealdan falten	fiþelestre —	fôrne Forelle
feallan fallen	flacor flackern, Flocke	forsc Frosch
fealle —	flǽsc Fleisch	forst Frost
fealo fahl	flǽd Unflat	forstondan Verstand
fearh Ferkel	flǽsc Fleisch)	forstoppian stopfen

forswǽlan schwül
forþ fort
fôstor Futter
fôt Fuß
fôtsceomul Schemel
fôþer Fuder
fox Fuchs
fræfele Frevel
frætwe Fratze
fram fromm
franca frank
frea frohn
freca frech
frêgea frohn
freht fragen
fremde fremd
fremman fromm
fremþe fremd
freo frei
freobearn —
freod —
freodryhten —
freogan Freund
freols frei
freolsdæg —
freond Freund
freorig frieren
freosan —
freoþo Friede
frî frei
fricca fragen
friegan —
frîgdæg Freitag
frigeǽfen Fastnacht
frîgeniht —
frignan fragen
frigu frei
frihtrian fragen
frînan —
frise Fries
friþu Friede
frocca, frocga Frosch
from fremd
fugol Vogel
fûht feucht
fûl faul
fuleode folgen
fulgangan —
full voll
fulwian Taufe
fulwiht —
furh Föhre, Furche
furlong Furche

furþor fürder
fyldstôl falten
fylgan folgen
fyll fallen
fyllan füllen
fȳr Feuer
fyrd Fahrt
fyrhto Furcht
fyrlen Fant, Firlefanz
fyrn firn
fyrsn Ferse
fyrst First, Fürst
fȳst Faust
fyder- vier
fyxen Fuchs

gâd Ger, Gerte
gadrian Gatte
gædeling —
gærs Gras
gærshoppa Heuschrecke
gærsstapa —
gǽten Geiß
gâl geil
galloc Gallapfel
gân gehen
gandra Gans
gânian gähnen
ganot Gans, Gemse
gâr Ger
gâra Gehren
gâst Geist
gât Geiß
ge- ge-
geâ ja
geac Gauch
geador Gatte
geâfe Gabe
gealga Galgen
gealla Galle 1
gean gegen
geâr Jahr
geard Garten
gearewe Garbe 2
gearn Garn
gearo gar
geat Gasse, Gaden, Gatter
gebǽran Gebärde
gebǽre, -u —
gebed Gebet
geberan gebären
gebyrd Geburt
gebyrian Gebühr

gecennan kennen
gecollen Quelle
gecwême bequem
gedæft heftig
gedof toben
gedwelan toll
geeanian Schaf
gefâa Fehde
gefêgan fügen
gegada Gatte
geholian holen
gehrumpen rümpfen
gehȳrsum hören
gelǽre leer
gelafian laben
geleafa Glaube
gelîc gleich
gelimpan Glimpf
gelȳfan Glaube
gemæc machen
gemæcca —
gemǽne gemein
gemæst Mast 2
gemancian mangeln
gemong mengen
geneat Genosse
genesan genesen
genôh ge-, genug
geoc Joch
geoglêre Gaukler
geogoð Bursche, Imme, Jugend
geol weihen
geolca Dotter 1
geolo —, gelb
geômor Jammer
geon jener
geong jung
geongling Jüngling
georn gern
geostra gestern
geotan gießen
gerǽde bereit
gerêfa Graf
gerîsian Riese
gerumpen rümpfen
gese ja
gesið Gesinde
gesund gesund
geteld Zelt
getenge zäh
geþeode deuten
geþeon gedeihen

geþofta Ducht
geþonc Gedächtnis
geþrong Drang
geþungen gediegen
gewennan gewöhnen
gewiht Gewicht 2
gewyldan walten
giest Gast
gif ob 2
gifan geben
gifu Gabe
gihða Gicht
gild Geld, gelten
gildan gelten, Gilde
gillan gellen
ginian gähnen
gîsel Geisel 1
gistrandæg gestern
gîtsian Geiz
giuli weihen
glæd glatt
glæm glimmen
glære Glas, Bernstein, Auer
glæs Glas
glêd glühen
glîdan gleiten
glôma, -ung glühen
glôwan —
gnagan nagen
god Gott
god- (dohtor, fæder, sunu) Gote
gôd gut
gold Gold
goldfinger Daumen
gôma Gaumen
gong Gang
gongelwæfre Kanker 1
gôs Gans
gósheafoc Sperber (Nachtrag)
grǽg grau
græs Gras
grafan Grab
gram gram
grânian greinen
great groß
grêne grün
greòfa Griebe
greot Grieß
grêtan Gruß
griellan grell
grim, -mm grimm

grindan Grand (s. Gerste und Grind)
gripan greifen
grîst Gerste
gristbîtung Griesgram
gronu Granne
grôwan grün
grund Grund
grunnian grunzen
gryllan grollen
grŷt, grytt Grütze
gund Gundelrebe
gûþfana Fahne
gyccan jucken
gycða jucken
gyden Gott
gyrdan Gurt
gyrdel —
gyst Gast

habban haben
haca Hake
haccian hacken
hacile Hechel
hacod Hecht
hâd =heit
-hâd —
hâdor heiter
hæccean hacken
hæced Hecht
hæf Haff, Hefe
hæfene Hafen 2
hæfer Haber, Habergeiß
hæft Haft 1, 2
hæg Hexe
hægel Hagel
hægelstân —
hægsteald Hagestolz
hægtesse Hexe
hægþorn Hag
hæl Heil
hælan heilen
hæle Held
hâlend Heiland
hæleþ Held
hælftre Halfter
hâlsian heil
hâlp heilen
hænep Hanf
hæps Haspe
hǽr Haar 2
hǽre —
hærfest Herbst

hæring Häring
hærsceard Hase
hæsel Hasel
hæsp Haspe
hǽste Hast
hǽtan heizen
hætt Hut 1, lecken 1
hǽþ Heide 1
hǽðberie Heidelbeere
hǽþen Heide 2
hafoc Gauch, Kranich, Habicht
hafola Haupt
haga Hag
hagaþorn —
hagol Hagel
hagosteald Hagestolz
hâl heil
hâleg heilig
halt lahm
hâm Heim
hâma Heimchen
hamelian Hammel
hamor Hammer
hana Hahn, Henne
hancrêd krähen
hand Hand 1
handele handeln
handlian —
hangian hangen
hâr hehr
hara Hase
hâs heiser
hasu Hase
hât heiß, heizen
hâtan heißen
he man, heute
heafoc = hafoc
heafod Haupt
heafodbolla Bolle 2
heafre Farre
heafu Haff
heah hoch
heahfore Farre
heal Halle 1, Hellbank
heald Halde
healdan halten
healf halb 1
heall Halbe, Halle 1
healm Halm
heals Hals
healsian halsen
hean Hohn
heap Haufe

heard hart
hearm Harm, herb
hearpe Harfe
hearra Herr
heaþo- Hader 1
heawan hauen
hebban heben
hêcen Hechel, Geiß, Küchlein
hecg Hecke 1, 2
hêdan hüten
hêg Heu
hege Hecke 1
hêl Ferſe
hêla —, Hacke
helan hehlen
hell Hölle
hellehinca hinken
helm Helm 1,
helma Halfter, Helm 2
helpan helfen
hemeþe Hemd
hemleac Schierling
hengest Hengſt
henn Hahn, Henne
hêns Huhn
heodæg heute
heofan Hifthorn
heofon Himmel
heonan, -on hinnen
heope Hopfen
heord Herbe, Haar 2, Hede, Hirte
heorde Hirte, Hede
heore geheuer
heorot Hirſch
heort —
heortclæfre Himbeere
heorte Herz
heorþ Herd
heps Haſpe
hêr hier
hêran hören
here Heer
heregeatwe —
heretoga Herzog
herigan Heer
hete Haß
hide Hufe
hig Heu
higora Häher
hill Halle 1
him heute
hin hin

hina —
hind Hinde
hindan hinten
hindberie Himbeere
hindema hinter
hinder —
hinderian hindern
hindhæleþe Himbeere
hinsiþ hin
hîrêd, -rêd Heirat
hiwan Heirat
hiwrêden
hladan laden 1
hlâdder Leiter
hlâder —
hlâfdige Laib
hlænan lehnen 1
hlæst Laſt
hlêw lehnen 1
hlâf Laib
hlâfmæsse —
hlâford Laib, Brot, Herr
hleahtor lachen
hleapan laufen
hleo Lee
hleonian lehnen 1
hleotan Los
hleoþer laut
hlid Lid
hlîdan —
hlîn Lehne 4
hlinian lehnen 1
hliþ —
hlot Los
hlûd laut
hlûttor lauter
hlŷdan läuten
hlyhhan lachen
hlyn (nn) Lehne 4
hlyst lauſchen
hlystan —
hlŷſt Los
hnægan neigen
hnæp Napf
hnecca Nacken, Genick
hnesce naſchen
hnigan neigen
hnipan kneipen
hnipian —
hnitu Niß
hnutu Nuß 1
hôc Hake
hôd Hut 1

hof Hof
hôf Huf
hofer Hobel, hoch, Höcker
hôh Hacke
hol hohl
hold hold
holegn Hulſt
holh hohl
holm Holm
holt Holz
homa Leichnam
hôn hangen
hondgecræft ge=
hondgeweorc —
hopian hoffen
hoppettan hüpfen
hoppian —
hord Hort
hôr, hôre Hure
horn Horn
hornung Hornung
hors Roß 1
horsc raſch
hôs Hauſe
hosu Hoſe
hôxene Hechſe
hraca, hracca Rachen
hrade raſch
hræd hurtig
hrêde gerade 2
hrædlic raſch
hræfn Rabe
hrætele raſſeln
hrâgra Reiher
hrân Renntier
hrea roh
hreapemûs Flebermaus
hreddan retten
hreod Riet
hreof grob
hreoðan rüften
hreow Reue
hreowan —
hrêran rühren
hrêremûs —
hrêþ Ruhm
hridder Reiter
hrif Körper, mitte
hrîm Reif 2
hring Ring
hringan ringen
hris Reis 2
hrissan —

hriþ Ritten	hýnan höhnen	lêwerce Lerche
hrid- Rind	hype Hüfte	lagu Lache
hriþa Ritten	hýran hören	lâm Lehm
hrider Rind	hýrcnian horchen	lama lahm
hriþian Ritten	hyrde Hirte	land Land
hrog Rogen	hyrdel Hürde	lapian Löffel
hrôpan Ruf	hýre geheuer	lâr Lehre
hrôt Ruß	hyrnet Hornisse	lâst Leisten, leisten
hrûm Räude	hyrst rüsten	late letzt
hrung Runge	hyrstan —	latost —
hrûtan Rotz	hyrwe Harke	lâþ Leib
hrycg Rücken		laþian laden 2
hrympele rümpfen	ic ich	lâwerce Lerche
hrêþer Rind	idel eitel	lâwrice —
hryþþa Rübe	ifig Epheu	leac Lauch
hû wie	igl Igel	lead Lot
hûfe Haube	îglond Au	leaf Laub
hulc Holk	îl Igel	leah Lauge
hulu Hülse	ile eilen	leahtor Laster
hund hundert, Hund	impian impfen	leahtric Lattich
hundred hundert	in in	lean Laster, Lohn
huneg Honig	innoþ Eingeweide	leas los
hungor Hunger	insegele Insiegel	leador Seife
hunigcomb Kamm	iren Eisen	leax Lachs
huntian Hand 1	irnan rinnen	leccan lechzen, leck
hûsheofon Himmel	is sein 2	lecgan legen
hwâ wer	îs Eis	lêg Lohn 1
hwæl Walfisch	îsbân Eisbein	lêgetu Licht
hwær wo	îsern Eisen	lêhnan läugnen
hwæt wetzen	îw Eibe	lencten Lenz
hwæte Weizen		lenden Lende
hwealf wölben	lâc Leich	lent Linse
hwelp Welf	lâcan —	leo Löwe
hweol Rad	lâd leiten, Lotse	leod Leute
hwer Kopf	lâdman leiten	leodan --
hwergen irgend	lêce Arzt	leode —
hwêsan Husten	lêcnian Arzenei	leof lieb
hwettan wetzen	lêdan leiten	leogan Lug
hwinan wiehern	lêfan bleiben	leoht leicht, licht, Licht
hwiskrian heiser	lên Lehen	leohtbære =bar
hwisprian wispeln	lênan lehnen 2	leoma Licht
hwistlian heiser	læppa Lappen	leon leihen
hwît weiß	lêran lehren	leornian lernen
hwôsan Husten	iêre leer	leosca Leiste 2
hwôsta —	lêst Leisten	leoð Lied
hwylc welch	lêre leer	leoþu ledig
hýd Haut	lêstan leisten	lesan lesen
hýdan Haus, Haut, Hütte	lêt laß	leswe leer
hýf Heirat	lêtan lassen	lettan letzen
hyht hoffen	lætma, -mest letzt	leþer Leder
hylf Halfter	lætta Latte	lepin ledig
hyll Halde	læþþa —	libban leben
hymlic Schierling	lêwed Laie	lîc Leiche

-lîc =lich	lynes Linse	meatte Matte 2
liccian Knappe, lecken 1	lyst Lust	môd Miete
liegan liegen	lytla finger Daumen	mele melf
lîchoma Leichnam	lýþre lieberlich	melcan melfen
liexen Licht	mâ mehr	meldian melden
lîf Leib	macian machen	meledeaw Mehltau
lifer Leber	mæd Matte 1	meltan Malz
lîg Lohe 1	mæg mögen	melu Mehl
lîht leicht	mæg Mage	mene Mähne
lilie Lilie	mægden Magb	mengan mengen
lim Glied	mæger mager	menigo Menge
lîm Leim	mægster Meister	mennesc Menich
lind Linde	mægþ Magb	mennisc —
lîne Leine	mælan Gemahl	meodo Met
linnan linb	mælsceafa Schabe 1	meoloc Milch
lippa Lippe	mænan meinen	meord Miete
list List	mæsce Masche	meos Moos
lîst Leiste 1	mæsse Masse	meowle Magb
lið Glied	mæst Mast 1, 2	meox Mist
lîþan leiben	mæst meist	mere Meer, Moor
lîþe linb	mæstan Mast 2	meregreot Perle
lîðinel Enkel 2	mæstling Messing	mergen Morgen 1
lixan Luchs	mæþ Mahd	mersc Marsch
loc Loch	mæw Möwe	messe (nhbr.) Messe
loca —	maga Magen	metan messen
locc Locke	mago Degen 1, Knecht, Magb	mete Messer
lôcian lugen	mâl Mal	meteseax —
loddêre Lotter=	man man, Mann	mêðe müde
lof Lob	mân Meineid	meðel Gemahl
lofian —	mânâþ —	micgern Garn
lofsum —	manian mahnen	mid mit
lomb Lamm	manu Mähne	midd- mitte
long lang	mapol Maßholder	middefinger Daumen
longian verlangen	mapuldr —	middel mittel, Mittel
longsum lang	mara Mahr	midhrif mitte
loppestre Hummer	mâra mehr	midlesta finger Daumen
lot heucheln	marc Mark 2	mîgan Mist
lox Luchs	mâse Meise	miht Macht
-ls drängen	maser Maser	mîl Meile
lûcan Loch	mattoc Metze 1	milc Milch
lufestice Liebstöckel	maþa Mabe	milde milb
lufian lieb	maðolian Gemahl	miledeaw Mehltau
lufu —, Liebstöckel, Lob	mâwan mähen	milte Milz
lungen Lunge	meadu Matte 1	min minder
lungor lungern	meaht Macht	minte Minze
lungre gelingen	mealt Malz	miscian mischen
lûs Laus	mealwe Malve	missan missen
lust Lust	mearc Mark 1, Marke	mist Mist (f. Nachtrag)
lûtan heucheln	meard Marder	mistel Mistel
lyb Lab	mearg Mark 3	mitta Metze 2
lyft Luft	mearh Marschall	miðan meiden
lyge Lug	mearþ Marder	mixen Mist
lygnan läugnen	mearu mürbe	môd Mut

môddor Mutter
môdor -
môdrie Muhme
mohþe Motte
molcen Molke
molde Maulwurf
mon Mann
môna Mond
mônandæg Montag
mônað Monat
monig manch
môr Moor
môrberie Maulbeere
more Möhre
morgen Morgen 1
mortêre Mörser
morð Mord
morþor
moru Möhre
môs Mus
môtan messen
moþþe Motte
mûl Maul 2
mund Mund 2
mundbora —
munuc Mönch
mûr Mauer
murcnian murren
mûs Maus 1, 2
mûshafoc Sperber (s. Nach=
trag)
must Most
mûð Mund 1
mycge Mücke
myln Mühle
mynd Minne
mynet Münze 1
mynster Münster
mýra Ameise
myre Mähre

nû nein, nie
naca Nachen
nacod nackt
næddre Natter
nædl Nadel
næfre nimmer
nægel Nagel
næs Nase
næsþýrel Nüster
nafela Nabel
nafogâr Näber

nafu Nabe
nama Name
namian nennen
nasu Nase
nâuht nicht
nâwiht —
nead Not
neah nah
neahgebûr Bauer 1
neaht Nacht
near nah
nearu Narbe
nebb Schnabel
nefa Neffe
nêhgebûr Nachbar
nemnan nennen
neod nieblich
neotan genießen
neoþan nieden
nergend Heiland
nerigan nähren
nest Nest
net Netz
netele Nessel
nêxt nah
nicor Nix
nifol Nebel
nift Nichte
nigun neun
niht Nacht
nihtegale Nachtigall
niman nehmen
nipele nippen
nistlian nisteln
níþ Neid
niþer nieder
niwe neu
nixtnig nüchtern
noma Name
nôn None
norþ Nord
nosþyrl Nüster
nosu Lab, Nase
nu, nû nun
nunne Nonne
nýd Not
nytt nütze

ôcusla Achsel
of ab
ofdûne Düne
ofelête Oblate
ofen Ofen

ofer ober 2, über
ôfer Ufer
oferhragian ragen
oferwinnan überwinden
ofet Obst
offrian opfern
ofnet Ofen
ôfost dienen
oft oft
ofteon zeigen
ofþryce Druck
ôht Acht
olfend Kamel
ombor Eimer
ompre Ampfer
on an
oncleow Enkel 1
oncor Anker 1
ond- ant=
ondcleow Enkel 1
ondettan anheischig
onefn neben
Onela Ahn
onemn neben
oneþa ahnden
onga Angel
ongean entgegen, gegen
ongel Angel
ongiunan beginnen
ongul Angel
onhagian behagen, hagen
ouwæcnan Wucher
onweg Weg
open offen
orceard Garn
ord Ort 2
ordâl Urteil
orlege Orlogschiff
ordian ahnden 1
oruþ —
ôsle Amsel
ôst Ast
ôstre Auster
otor Otter
ôðer ander
ôðer healf halb 1
oþþe ober
oxa Ochse
Oxenaford Furt
ôxn Achsel

pægel Pegel
pæþ Pfad

pâl Pfahl	râd reiten	roccettan räuspern
pâpa Papst	ræcan reichen	roccian Ruck
pâwa Pfau	ræce Bracke	rôd Kreuz, Rute
pea —	rædan Rat, leſen	rond Rand
pearroc Pferch	ræde raſch	rose Roſe
pending Pfennig	ræde bereit	rotian röſten 2
pennig, penning —	rædels Rätſel	rôþer Ruder
peosa Erbſe	rædic Rettich	rodhund Rüde
persa Preſſe	ræge Bleiche, Reh	rôw Ruhe
persoc Pfirſich	ræs raſen	rôwan Ruder
peru Birne	ræsan —	rud rot
pic Pech	ræscetung raſcheln	rudduc —
pîc picken	rætt Ratte	rûde Raute 1
pician —	rædle gerade 2	rudu rot
pîl Pfeil	râh Reh	rûh rauh
pîn Pein	ramm Ramme	rûm Raum
pîpe Pfeife	râp Reif 1	rûn rannen
pipor Pfeffer	râradumbla Rohrdommel	rûnian —
pisa Erbſe	rârian röhren	rûnstafas —
plant Pflanze	râsettan raſen	rûst Roſt 2
plegian pflegen	râw Reihe	ryge Roggen
pleoh Pflicht	read rot	ryne rinnen
pleon —	reaf Raub	rynele Rinne
pliht —	reafian —	rysce Rauſch 1
plôh Pflug	ream Rahm	ryþþa Rüde
pluccian pflücken	rêc Rauch	
plûme Pflaume	rêcan gernhen	sacan Sache
plûmfeþere Flaum	reccan —, rechnen	sacu —
poca Pocke	reconian rechnen	sâda Saite
pocc —	regenboga Regen	sadol Sattel
pohha —	regn —	sæ See
pôl Pfuhl	regul Regel	sæcc Sack
ponne Pfanne	reocan riechen	sæd ſatt
popig Mohn	reod rot	sæd Saat
post Pfoſten	reodan —	sæl Saal
preon Pfriem 1	reofan Raub	sælig ſelig
preost Prieſter	reohha Roche 1	sæp Saft
presse Preſſe, Kelter	reoma Rand, Riemen, Rinde	sæternesdæg Samstag
prician prickeln	rest Raſt	safine Sebenbaum
profast Propſt	ribb Rippe	sage Säge
prôfian prüfen	rîce reich, Reich	sagu Sage, Säge
pumicstân Bims	rîdan reiten	sâl Seil
pund Pfund	rîfter reif	salor Saal
pûr Star	riht recht	samnian ſammeln
pûrblind —	rihtwîs gerecht	sand Sand
pyffan puffen	rîm Reim	sâpe Seife
pylce Pelz	rima Rinde, Rand	sâr ſehr
pyle Pfühl	rind —	sâwan drehen, ſäen
pylwe -	rîpan reif	sâwl, sâwul Seele
pytt Pfütze	rîpe —	scâd Scheide
	risan Reiſe	sceabb ſchäbig
râ Reh	riscbed Beet	sceacere Schächer
racu Rechen, rechnen, Säge	rocc Rock	sceâda Scheitel

sceâdan ſcheiben
sceadu Schatten
sceaf Schaub
sceafa Schabe 2
sceafan ſchaben
sceaft Schaft 1
scealc Schalk
scealu Schale, Schar 2
sceâp Schaf
sceâphyrde Hirte
sceard Scharte
scearn Harn
scearp ſcharf
sceat Schoß 3
sceata Schote 2
sceatline —
sceatt Schatz
sceaþa Schabe
sceawian ſchauen
scencan Schenk
sceo Schienbein
sceofl Schaufel
sceoh Scheu
sceôh Schuh
sceolh ſcheel
sceolu Schar 2, Scholle 1
sceomu Scham
sceomul Schemel
sceonc Schenk
sceonca —, Schenkel
sceond Schande
sceoppa Schuppen
sceorf Schorf
sceorfan ſcharf, Scherflein
sceorian Schornſtein
sceorpan ſchürfen
sceort kurz, Schurz
sceot Schoß 2
sceotan ſchießen, Schoß 2
sceran ſcheren
sceþþan Schabe
sciâ Schienbein
sciccels ſcheckig
scîde Scheit
sciftan Schiefer
scilling Schilling
scîma Schemen
scîn Schein
scînan —
scinebân Schienbein
scinn ſchinden
scinu Schienbein
scip Schiff

scipincl Enkel 2
scîr ſchier 1
scîrgerêfa Graf
scîtan ſcheißen
scôl, scôlu Schule
scop beſchuppen
scræf Scharbe, ſchroff
scralletan ſchrill
screadian Schrot
screpan ſchröpfen, ſchürfen
scrîfan ſchreiben
scrift —
scrîn Schrein
scrîdan ſchreiten
scrincan ſchrumpfen
scrûd Schrot
scrudnian —
scûa ſchauen, Spiegel
scûfan ſchieben
sculdor Schulter
scûr Schauer 2
scurf Schorf
scutel Schüſſel
scylcen Schalk
scyld Schild 1, Schuld
scyldhâta Schultheiß
scyll Schale
scŷne ſchön
scypen Schuppen
scyppan ſchaffen
scŷte Schoß 3
scytta Schlitze
sealf Salbe
sealh Salweide
sealt Salz
sealtian Tanz
seam Saum 1, 2
seamere Saum 2
seamsadol —
seax Meſſer
sêcan ſuchen
secgan Sage, ſagen
sôfte ſanft
segel Segel
segen Segen
seldan ſelten
seldsêne —
sele Saal
sellan Salbuch
sendan ſenden
senep Senf
seoc ſiech
seofon ſieben

seolc Seide
seolfor Silber
seolh Robbe
seoloc Seide
seolofer Silber
seon ſehen, Seihe
seoðan ſieben
seowian Säule 2
sester Sechter
setl Seſſel
settan ſetzen
sibb Sippe
sicerian ſickern
sicol Sichel
sicor ſicher
sîd Seite
sîde —
sidu Sitte
sife Sieb
siftan —, ſichten
sîgan Seihe
sige Sieg
sigor —
sigðe Senſe
sîma Saite
sincan ſinken
sind ſein 2
sinder Sinter
singan ſingen
singrêne Singrün
sinu Sehne
sîpan Seife
sittan ſitzen
sîð Geſinde
sîðe Säge, Senſe
sîððâm ſeit
six ſechs
slâ Schlehe
slæp Schlaf 2
slæpan —
slâhæ Schlehe
slâw —
slean Schlag 2
slecge Schlegel
slîdan Schlitten
slîm Schleim
slingan Schlinge
slîtan ſchleißen
slîw Schleie
slumerian ſchlummern
slûpan Schleife
smæc ſchmecken
smæl ſchmal

smealíc Schmach	spere Speer	sticca Stecken
smêc Schmauch	spermágas Mage	stif steif
smeccan schmecken	spic Speck	stigan steigen
smeocan Schmauch	spilian Spiel	stigeráp Steg
smeoro Schmeer	spinelmágas Mage	stihtan Stift 2
smeortan Schmerz	spinnan spinnen	stille still
smicere Schminke	spitu Spieß 2	stincan stinken
smítan schmeißen	spíwan speien	stocc Stock
smiþ Schmied	spôn Span	stocu Stauche
smiþþe —	spora Sporn	stôd Stute
smocc Schmuck	spôwan sputen	stofa Stube
smocian Schmauch	sprǽc Sprache	stôl Stuhl
smorian schmoren	sprǽdan spreiten	stôpol Stufe
smorþer —	sprecan Sprache	storc Storch
smúgan schmiegen	spreot sprießen, Spieß 1	storm Sturm
snacu Schnake	springan springen	strǽl Strahl
snægel Schnecke	sprota Sprosse	strǽt Straße
snáw Schnee	sprott Sprotte	strand Strand
snel schnell	sprútan sprießen	stream Strom
sneome schleunig	spryttan —	streaw Stroh
sneowian —	spura Sporn	streccean strecken
sníte Schnepfe	spurnan —	streng Strang
sníþan Schneide	sputtan speutzen	streowian Streu
snofl schnüffeln	spyrian Spur	strícan streichen
snoru Schnur 2	staca Staken	strong streng
snot schneuzen	stæf Stab	strútian Strauß 1
snúde schleunig	stæfn Stamm	strýta Strauß 3
sô sonst	stǽgl steil	studu stützen
sôfte sanft	stǽne Stein	stund Stunde
sôl Sonne	stær Star	stunian stöhnen
solor Söller	stærblind —	stuðu stützen
sorh Sorge	stæþ Staden	stycce Stück
sot Bote	stamor stammeln	stýle Stahl
sôt Ruß	stán Stein	styra Stör
sôþ wahr	standan stehen	stýran Steuer 2
spáce Speiche	stapol Stapel	styria Stör
spada Spaten	steall Stall	styrian stören
spǽc Sprache	stearc stark	sú Sau
spær sparen	stearn Star	súcan saugen
spærhende —	steartlian stürzen	súgan —
spange Spange	stêda Stute	sugu Sau
spannan Spanne	stefn Stimme	sulh Pflug
sparian sparen	stelan stehlen	sumor Sommer
spearhafoc Sperber	stéli Stahl	sund Sund
spearwa Sperling	stemn Stamm, Stimme	sundor sonder
specan Sprache	steop- (fæder, sunu) Stief-	sunnanǽfen Sonne
specca Specht	steor Steuer 2, Stier	sunne —
spêd sputen	steorfan sterben	sunu Sohn
spela Kirchspiel	steorn Steuer 2	súpan saufen
spelian —	steornêde Stirn	súr sauer
spélan spülen	steorra Stern	súd, súdan Süden
spell Beispiel	steort Sterz	swá als, so, solch
spelt Spelt	steppan Stapfe	swǽr schwer

swâpan ſchweifen	tæppa Zapfen	treow treu
swâr ſchwer	tahæ Zeh	treowe —
swât Schweiß	talu Zahl	trog Trog
swatan ſüß	tam zahm	trŷwe treu
swaðul Schwaben	targa Barge	tû zwei
swealwe Schwalbe	teafor Zauber	tûn Zaun
sweard Schwarte	tealtrian Zelter	tunge Zunge
swearm Schwarm	team Zeug	tunne Tonne
sweart ſchwarz	tear Zähre	tunuce tünchen
swebban Schwefel	tearflian Zirbel, zwirbeln	tûr Turm
swefl —	tellan Zahl	turf Torf
swefn —	teoder Zitter	turtle Turteltaube
sweger Schwäher, Schwieger	teogan Zeche	twâ zwei
swelan ſchwelen	teoh (hh) —	twegen —, zwanzig
swelgan ſchwelgen	teohhian —	twelf zwölf
swellan ſchwellen	teon ziehen	twentig zwanzig
swencean ſchwenken	teontig Hundert	tweo Zweifel
sweor Schwäher	teoro Teer	twi- zwie=
sweord Schwert	teran zehren	twiccian zwicken
sweoster Schweſter	tergan zergen	twig Zweig
sweotol Schwibbogen	teter Zitteroch	twîn Zwirn
swer Humpe	ticcen Küchlein, Zicke, Ziege	twinclian zwinken
swerian ſchwören	ticia Zecke	twispræce Zwieſprache
swête ſüß	tîd Zeit	tyge Zug
swift ſchweifen	tifer Ungeziefer	tygel Bügel
swîgian ſchweigen	tigel Ziegel	tyht Zucht
swîma ſchwinden	tilian Ziel	tŷn zehn
swimman ſchwimmen	tîma Zeit	tŷnan Zaun
swîn Schwein	timber Zimmer	tyndan zünden
swincan ſchwingen	tin Zinn	tynder Zunder
swindan ſchwinden	tîr Zier	tyrwe Teer
swingan ſchwingen	tit Bitze	
swið geſchwind	Tiwesdæg Dienſtag	þæc Dach
swon Schwan	tô zer=, zu	þæcele düſter, Fackel
swoncor ſchwanger, ſchwank	tôeacan auch	þænne bann
swongor ſchwanger	tôgædere Gatte	þær da
swylc ſolch	tôgînan gähnen	þanc Dank
sŷfre ſauber	tôh zäh	þanon dannen
sŷl Säule 1	tol Zoll 2	þâwan tauen
sylf ſelb	tollêre tolnêre —	þeah doch
sylian beſulbern	tonge Zange	þearfian darben
syll Schwelle	top Zopf, Topf	þearm Darm
syllic ſelten	torn Zorn	þeccan decken
symble Sünd*flut.*	torr Turm	þegen Degen 1
synn —	tôslîpan ſchleifen	þel Diele
	tôþ Zahn	þencan denken, dünken
tâ Zeh	tracter Trichter	þenian dehnen
tâcn Zeichen	træglian treibeln	þennan —
tâdie Kröte	trâg träge	þeo Degen 1
tâcnan Zeichen	trahtian trachten	þeod deutſch
tægel Rübe	tredan treten	þeof Dieb
tæhher Zähre	trem —	þeorf derb
tælg Talg	trendel trendeln	þeostre düſter

þeow Degen 1, bienen	þyan Zwang	wás Wieſe
þerscan breſchen	þýfþ Dieb	wascan waſchen
þes bieſer	þýmel Daumen	wât wiſſen
þicce bicf	þyncan bünken, benken	wáð Weide 2
þín bein	þynne bünn	wáwan brehen, wehen
þing Ding	þyrel burch	we wir
þingan —	þyrre bürr	weahs Wachs
þingian —	þyrst Durſt	weahsan wachſen
þingung —	þýstre büſter, finſter	wealcan walken
þísl Deichſel		weald Wald
þistel Diſtel	úder Euter	wealdan walten
þíxl Deichſel	ufan oben	Wealh welſch) ..
þó Thon	ufeweard ob 1	wealh Kebſe, Schalk, Sklave
þóhæ —	úle Eule	wealhafoc Falke
þolian bulben	un un=	wealhhnutu Walnuß
þonne bann	under unter	weall Wall
þorn Dorn	unflid Unſchlitt	weallan wallen 1
þorp Dorf	unlæde lebig	weallian wallen 2
þræd Draht	unnan gönnen	weardian Wart
þráwan brehen	unslid Unſchlitt	wearp Werft 1
þrea brohen	úp auf	wearre Warze
þrean —	æpp —	wearte —
þreatian verbrießen	úr Auer	wecca Wieche
þreo brei	ús uns	weccean Waſen, wecken
þreostru büſter	út aus	wecg Weck
þrep Dorf	úton außen	wedd wett
þrí brei		weder Wetter
þridda britte	wá weh	wefan weben
þridda healf halb 1	wác weich	weg Weg
þringan bringen	wacian wachen	wegbræde —
þríste breiſt	wacor wacfer	wel wohl
þróp Dorf	wád Waid	weler (-as) Lefze, Erle
þrostle Droſſel 1	wadan waten	wén Wahn
þrotu Droſſel 2	wæccan wach	wénan —
þrúh Truhe	wæd Leinwand	wendan Wende
þrum Trumm	wæfs Weſpe	weóbed Altar
þryc Druck	wæg Wage, Woge	weoca Wieche
þryccan —	wægn Wagen	weorc Werk
þrysce Droſſel 1	wæl Wahlſtatt	weornian verweſen
þú bu	wælcyrie —	weorold Welt
þúma Daumen	wælstów —	weorpan werfen
þunian Donner	wæpn Waffe	weorþ Wert 2
þunor —	wæps Weſpe	weorðan werben
þunresdæg —	wær Werber	weosule Wieſel
þunwenge bünn, Schlaf 1	wæstmbære =bar	weotuma Wittum
þurfan bürfen	wæt Waſſer	wer Werwolf
þurh burch, Zwerch=	wæter —	werewulf —
þúsend tauſend	wagian wackeln	werian Weſte
þweal Zwehle	Walas welſch)	wermód Wermut
þwean --	walu Wurzel	wern Eichhorn
þwehlæ Zwehle	wánian weinen	wes hál heil
þweorh Zwerch=	waroð Werber	weſan Weſen
þý beſto	waru Ware	wesle Wieſel

wêste Wust
wêsten —
Westerfalena Falke
wice Woche
wicu —
wid —
widewe Wittib
wif Weib
wifel Wiebel
wigend Weigand
wihbed Altar
wiht Wicht
wilcumen Wille
wilde wild
wildeor —
wildor –
willa Wille
willan wollen
wimpel Wimpel
win Wein
wincel Winkel
wincian Wink
wind Wind
windan Winde
Windles ôfer Ufer
windwian Wanne
wine gewinnen
winnan —
winpel Wimpel
winter Winter
wis weis
wise Weise
Wistle Weichsel
wit Witz

witga weissagen
witig —
wið wider
wiðer —
wiðig Weide 1
wlacu welk
wlæc —
wlips lispeln
wlisp —
wôd Wut
Wôden —
wôdening König
wôl Wahlstatt, wühlen
wolcen Wolke
womb Wamme
wong Wange
wonge —
word Wort
wormôd Wermut
worold Welt
wôd Wut
wrecan rächen
wrecca Recke
wreccean Wasen
wrêgan rügen
wrenc Rank, renken
wrencan renken
wrist Rist
wrîtan reißen, schreiben
wrincle Runzel
wringan ringen
wrixl Wasen
wrôht Rüge
wrôt Rüssel

wrôtan —
wrôtian —
wucu Woche
wudu Wiedehopf
wulf Wolf
wulfes fist Bofist, Fist
wull Wolle
wund wund
wunian wohnen
wyhtel Wachtel
wylen Kebse
wylm Welle
wynn Wonne
wyrcean wirken
wyrnan warnen
wyrst Rist
wyrt Wurz
wyrtwalu Geisel 2, Wurzel
wŷscean Wunsch)

ŷean auch)
yfel übel
ŷg Au
yld Welt
ylde —
yldra (an) Eltern
ylfa gesceot Alp
ylpend Elfenbein
ylpendbân —
ymb, ymbe um
yrfe Erbe
yrre irre
ŷpe öde

Arabisch.

al Alchimie, Mütze
alkaravia Karbe
alkîmîâ Alchimie
alqobbah Alkoven
al'ûd Laute
assokhar Zucker

babaghâ Papagei
balasân Balsam
barrakân Barchent
burg Burg

çafar Ziffer

galang Galgant

kâfîr Kaffer

mât matt
matrah Matratze

nârang Pomeranze

qänd Zuckerkand

rizma Ries

sana Senesbaum
schâh matt (Schach)
sokkar Zucker

taquîm Almanach
tassah Tasse

záfarân Safran
zandal Sandel
zedwâr Zitwer
zendjebîl Ingwer

cfr. auch „Samstag".

Armenisch.

aiç heischen
am Sommer
amaŕn —
anjuk eng

barjr Berg
bazuk Bug
berj Berg

bok baar
buc Bock
burgn Burg

eln Hirsch

heri fern

herk Furche
hur Feuer

orb Erbe
ost Ast

tiz Zecke

Baskisch.

baccallaóa Kabliau.

Chaldäisch.

kâschêr koscher

Chinesisch.

the Thee

Churwelsch.

magún Magen

Cimbrisch.

mori Meer

Dänisch

(einschl. Altdänisch).

aborre Barsch
aften, aftenbakke Fleder=
    maus
agurke Gurke
ambolt Amboß
andrik Ente

ax Ähre

baglest Ballast
bark Borke
bisse Biese
blis blaß

bryske Bröschen
bulmo Bilsenkraut

daase Dose
digel Ziegel
dirk Dietrich

dodder Dotter 2
dolk Dolch
dräck Dreck
drude Drube
dverg Zwerg

ebbe Ebbe

farve Farbe
filt Filz
finke Fink
flag Flagge
flint Flinte
flokke Flocke
flundra Flunder
fok Focke
fyr Föhre

ga Gang, gehen
ganske ganz
gjæk Geck
grön-swærd Schwarte

här Heer
harv Harke
havn Hafen 2
hegle Hechel
himmel Himmel
hirse Hirse
höst Herbst
hoved Haupt
humle Hopfen
hummer Hummer
hvalros Walfisch
hvedebrödsdage Flitter

ild-kikkert Kieke

jern Eisen
jord-swærd Schwarte

kabeljau Kabliau
kane Kahn
kappe kappen
karse Kresse 1
kighoste keuchen

klöver Klee
knegt Knecht
knort Knorz
kors Kreuz
kost Quast
kousse Rausche
krig Krieg
kûre kauern

leeg Laich
lön Lehne 4
losse löschen 2
lunte Lunte
lykke Glück
lynd Lende
lyske Leiste 2

manke Mähne
marsk Marsch
matros Matrose
mave Magen

narhval Narwal

og auch
overtro Aberglaube
oxehoved Oxhoft

pause Pause
plump plump
pram Prahm

quiddre zwitschern

rotte Ratte
rund rund

semper zimperlich
simper —
sisgen Zeisig
skank Schenkel
skjär Schere 2
skrumpe schrumpfen
skulder Schulter
skure scheuern
slaaen Schlehe

smakke Schmacke
smigre Schminke
spøk Spuk
stylte Stelze
sukker Zucker
svedske Zwetsche
svible Zwiebel
svik Zwick

tænde zünden
tæt dicht
takkel Takel
tang Tang
tarm Darm
to zwei
toe Zwehle
tog Zug
töile Zügel
tolder Zoll 2
tolv zwölf
tønder Zunder
top Zopf
torsk Dorsch
tot Zotte
tran Thran
trind treudeln
tugt Zucht
tunge Zunge
tværs, -t Zwerch=
tvætte Zwehle
tvebak Zwieback
tvende zwei
tvetulle Zwitter
tvilling Zwilling
tvinde Zwirn
tvinge zwingen, Zwinge
tvinger Zwinger
tvist Zwist
tvivle Zweifel
tyr Stier

väsel Wiesel
vipstiert Bachstelze

zittre zittern
zobel Zobel

Finnisch

(einschl. Esthnisch und Lappisch).

ahjo Esse
airo Ruder
arka arg

juusto Käse

kakra Haber
kaltio Quelle
kangas Kanker 1
kaupapta kaufen
kuningas (f.=e.) König

lammas Lamm
lasku Flasche
laukka Lauch
leip, leipä (f.=e.) Laib
lines (lapp.) lind

mallas Malz

napakaira Näber

patja Bett
pelto Feld

raingo (f.=l.) Renntier

saippio Seife
sairas sehr
saltte (lapp.) Salz

teljo Diele
tupa Stube

wiika Woche

Friesisch.

(o. = ostfriesisch.)

âft echt
âk auch
aldera Eltern
âthum Eidam

bâken Bake
bold Bube

curt kurz

djunk dunkel
dole Dole
dwinga zwingen

ôm Oheim

fethe Base
fîra Feier
fiuchta fechten
frisle Fries
frucht Frucht

gans ganz
garda Garten

hâring Häring
halia holen
hasskerde Hase
helm Helm 1

hemethe Hemb
hêra Herr
hêrkia horchen
himul Himmel
hiudega heute
horn Horn
hotha Hobe
hôxene Hechse
hredda retten

iader Euter
ile eilen
inka Enke

kate Kote
kenep Knebel
kükken (o.) Kuß
curt kurz

lithmâta Gliedmaßen
logia Lug

mar Meer
môth Matte 1
mol Maulwurf
môther Mieder

pand Pfand

reth Rad
rian (nbfr.) rein
riust Rift
rok Rock

sâm Saum 1
sielden selten
sin Sinn
skâk Schächer
skal (nbfr.) Schale
skeel (nbfr.) —
skelda schelten
skeldata Schultheiß
skelta —
skenka Schenk
sket Schatz
skêtha scheiden
skiaf (nbfr.) schief
skîd Scheit
skriva schreiben
skunka Schinken
sliucht schlecht
slûta schließen
smok (nbfr.) Schmuck
snavel Schnabel
snore Schnur 2
sprian (nbfr.) Spreche
steka stechen

stiaren (nbfr.) stören
striam (nbfr.) stramm
stûpa Staupe
swarde Schwarte
sweth (nbfr.) Schwaben
swîgia schweigen

tâk (nbfr.) Zacken
tâp (nbfr.) Zapfe
tô zu

tohakia hacken
tolner Zöllner
top Zopf
tunge Zunge
twâ zwei
twêne --
twinga zwingen
twintich zwanzig
tzerl Kerl

therm Darm

ûrs (nbfr.) Lenz

wera gewähren
wêsa Waise
wiat (nbfr.) Wasser
wirst Rist
wos (nbfr.) Lenz
wretten (nbfr.) Rüssel
wrôte (o.) Rüssel

Gotisch.

(Krimgotisch ist durch einen * bezeichnet.)

ab ab
*ada Ei
af ab
afar aber, After
afgrundiþa Abgrund
afguþ Abgott
afhaims Heim
aflêtan Ablaß
aflêts --
aflinnan lind
afskiuban schieben
afstassais bôkôs Buch
aftana After
aftra --
agan zag
aggilus Engel
aggvus eng
agis Eidechse
aha achten
ahaks Belche 2, Gauch,
   Habicht, Kranich, Taube
ahana Ahne
ahjan achten
ahma Atem, Geist
ahs Ähre, Lefze
ahtau acht
ahwa =a, =aff, Au, Marsch,
   Wasser
aigan eigen
aihan --
aihts --
aihwa- Roß 1
aikklêsjô Kirche, Samstag
ainfalþei Einfalt
ainfalþs --
ainlif elf, zwölf

ains Eimer, ein 1, elf, ge=
   mein, nein
aipiskaupus Bischof
air eher, erste, früh
airis eher, erste
airiza erste
airþa Erde
airzei irren
airzeis irre
ais Erz, Lehm
aistan Ehre
aiþei Eidam, Mutter
aiþs Eid
aiþþau etlich, oder
aiws Ehe, ewig, je
aiz Eisen
aizasmiþa Schmied
akeit Essig
akran Ecker
akrs --, Acker
-aks Habicht, Kranich
alabalstraun Alabaster
alamans all
alan --, alt
aleina Elle
alêw Öl
alhs Tempel
aljis elend
alls all
alþeis alt
ams Amsel
ana ähnlich, an
-ana eigen
anabiudan bieten
anafilhan befehlen
anahaims Heim

anahamôn Leichnam
analeikô ähnlich
-anan f. usanan
and- ant=
andahait anheischig
andanahti Abend
andanêms angenehm
andawaurdi Antwort
andawleizn Antlitz
andbahti, -bahts Amt
andeis Ende
andniman angenehm
andsitan entsetzen
andstaurran Storren
andwairþs =wärts
ansts Gunst
anþar ander, elend
aqizi Axt, Brense, Hülse,
   Lünse
ara Aar
arbaiþs Arbeit
arbi Erbe
arbja --
arhwazna Pfeil
arjan Acker
arka Arche
arkaggilus Erz=
armahairtiþa barmherzig
armaiô --
arman --
arms Arm, arm
asans Ernte, Herbst
asilus Esel, Igel
asneis Ernte
asts Ast
at bis

-atjan gickfen, kauzen
atta Ätte, Vater, Mutter
atþinsan gedunsen (s. Tanz)
audahafts =haft
augadaurô Fenster
augjan Ereignis
augô Auge
auhns Ofen
auhs Ochsea
auk auch
aukan —, Wucher
aurkeis Krug 1
aurti- Wurz
ausô Ohr
auþida öde
auþs —
aweiþi Schaf
awistr —
awô Oheim
azgô Asche 1

badi Beet, Bett
bagms Baum
bai beide
baidjan bitten
bairabagms Birne
bairan Bahre, gebären, Ge=lage
bairgahei Berg
bairgan bergen
bairhts =bert
baitrs bitter, harsch
balgs Balg, Bulge
balsan Balsam
balþei balb
bandi Band
bandwa, -wô Banner
bansts Banse
baris Gerste
barms barmherzig
barn Geburt
-basi Beere, Besing
batists besser, meist
batiza mehr, besser
bauan bauen, faul
baurgja Bürge
baurgs Burg
baurgswaddjus Dienstag
baurþei Bürde
beidan bitten
beitan beißen
bi be=, bei, bis
bida bitten, beten

bidagwa bitten
bidjan —
bifaihôn Fehde
bigitan vergessen
bilaibjan bleiben
bilaigôn renken
bilaiban bleiben, leben
bindan binden
biraubôn Raub
birusnjan rot
bismeitan schmeißen
biudan Beute 2, bieten
biugan biegen
biuþs Beute 1, bieten
blandan Blendling
blauþjan blöde
blêsan blasen
bliggwan bläuen
blinds blenden, blind
blôma Blume
blôtan Opfer
blôþa- Blut
bôk Buch
bôka —, Brief
bôta Buße
braids breit
brannjan brennen
briggan bringen
brikan brechen
bringan bringen
brinnan brennen
brôþar Bruder
brûhts brauchen
brûkjan —
brunjô Brünne
brunna Brunn
brunsts Brunst
brusts Brust
brûfaþs Braut
brûþs —

dags Tag (s. heute)
daila Teil
dails —
dal Thal
dalaþ —
dalaþa dort
daufs taub
dauhtar Tochter
daupjan taufen
daur Gatter, Thor
daurôns Thür
dauþjan tot

dauþs —
dauþus Friede, Tod
deigan Teig
dêþs That
diabaulus Teufel
diups tief
dius Tier
-dja dritte
dôjan Tod
-dra Reiter
dragan tragen
dreiban treiben
-dri Leiter
drigkan trinken
driusan Trauer
drôbjan trübe
drugkans trunken
drunjus Drohne, bröhnen
du zu
dûbô Taube
dugan taugen
duginnan beginnen
dulþs Dult, Fest
dumbs dumm
dwals toll

eisarn Eisen
fadar Vater, Mutter
fagrs fegen, fügen
fâhan fangen
faian Feind
faih Fehde
faihs —, feige
faihu frech, Geld, Vieh
faihufriks frech
faihugairns gern
faihuþraihns bringen
fair- ver=
fairguni Berg, Forst
fairhwus Leib
fairneis firn, fern
fairra fern
fairweitjan Verweis
fairzna Ferse
falþan falten
-falþr =falt
fana Fahne
faran fahren
farjan —, Ferge
fastan fasten, fest
fastubni fasten
fata Fetzen
faþa Faden

-faþs Braut
fauhô Fuchs
faur vor
faur- ver=
faura vor, vorder
faurafilli Fell
fauragaggja Verweser
faurbiudan bieten
faurdammjan Damm
faurhtei Furcht
faurhtjan —
faurhts —
faurmûljan Maul 1
faurþis fort, fürder
fêrja Gefahr
fêtjan Gefäß
fidur- vier
fidwôr —, Fehme
figgrs Finger
fijan Feind
fijands —
filaus viel
filhan befehlen
filu viel
fimf, fimfta fünf
finþan finden
fisks Fische, Finne 1
flahta flechten
-flaugjan fliegen
flautjan flößen
-flêd Unflat
flêkan fluchen
flôdus fließen, Flut
flôkan fluchen
fôdjan Futter
fôdr —, Scheide
fôn Feuer, Funke
fôtubaurd Bord, Bort
fôtus Fuß
fra- fressen, Frevel, ver=
frabauhtabôka Buch
fragildan gelten
frahunþans Hand 1
fraïtan fressen
fraliusan verlieren
fram fremd
framaldrs Alter
framaþs fremd
franiman Vernunft
fraquistjan verquisten
fraslindan schlingen 2
frauja frohn, dienen
fraujinassus dienen

fraujinôn —
frawairþan verwesen
fraweitan Verweis
frawisan verwesen
freidjan frei, Friedhof
freihals frei
freis —
fri- Frist
frijaþwa frei
frijôn —, Freund
frijônds Freund
frisahts Frist, Rätsel
Friþareiks Friede
frius frieren
fruma Fürst
fugls Fuchs, Vogel
fula Fohlen
fulljan füllen
fulls voll
fûls faul

ga- Ganerbe, gar, ge=, gehen,
  gleich, grob
gabairan gebären
gabairgan bergen
gabaur Gelage, Urbar
gabaurjaba Gebühr
gabaurjôþus —
gabaurþs Geburt
gabruka Brocke
gadaban deftig
gadauka Tuch
gadiliggs Gatte, gut
gafilhan befehlen
gafriþôn Friede
gaggan Gang
gaggs —
gagrêfts Graf
gaguþs Abgott
gahamôn Leichnam
gahlaiba Kumpan, Laib
gaidw Geiz
gailjan geil
gairdan Gurt
gairnjan gern
gaitein Geiß, Küchlein
gaits Geiß
gajukô Gespan
gakrutôn kratzen
gakusts Kost 2
galatjan letzen
galaubjan Glaube
galaufs Lob

galaugnjan läugnen
galeiks gleich
galga Galgen, Kreuz
galisan lesen
galufs Lob
gamains gemein, Meineid
gaman manch
gamôtan müssen
ganah genug
ganauha —
ganisan genesen
ganiutan genießen
ganôhs genug
gaqimiþ bequem
gaqumþs Kunft
garaids bereit
garaihts gerecht
garaþjan gerade 1, Rede
garda Garten
gards —
gards bidô Kirche
gariudjô rot
gaskapjan schaffen
gasmeitan schmeißen
gasmiþôn Schmied
gastaurknan stark
gastigôds Gast
gasts Gast
gasuljan Schwelle
gatairan zehren, Zorn
gatamjan zahm
gateihan zeigen
gatêwjan Zeche
gatilôn Ziel
gatils —
gatiman ziemen
gatwô Gasse
gaþarban darben
gaþaursnan dörren
gaþeihan gedeihen
gaþlaihan flehen (fliehen)
gaþlaihts —
gawi Gau
gawigan wegen
gawinnan gewinnen
gawrikan rächen
gazds Gerte
giba Gabe
giban gäbe, geben, Gift
gibla Giebel 1
gifts Gift
gild Geld, gelten
gilstr gelten

8*

gilþa gelt 2
gistradagis geſtern
giutan gießen
glitmunjan gleißen
gôds gut
graban graben
grana Granne
gras Gras
greipan greifen
grêtan gräßlich
grôba Grube
grunduwaddjus Grund
gudhûs Dom, Haus, Kirche
gulþ Gold
guma Braut
gunds Gundelrebe
guþ Gott¹
guþaskaunei ſchön

-h noch 1, 2
habaiþ beben
haban haben
hafjan heben, Hebamme
-hafts =haft
hâhan Haken, hangen
haidus =heit, heiter
haifsts haſchen, Haſt, heftig
haihs blind
hailag heilig
hails heil
haimôþli Heimat
haims —, Dorf
hairda Herde
hairdeis Hirte
hairtô Herz
hairus Schwert
hais hehr
haitan heißen
haiþi Heide 1, 2
haiþiwisks Heide 2
haiþnô —
hakuls Hechel
halba halb 1
halbs —
haldan halten
haldis halt
halja Hölle
hallus Halbe, Halle 1
hals Hals
halts lahm
-hamôn Scham
handus Hand 1
hansa Hanſe

hardus harſch, hart
harjis Heer
hatis Haß
haubiþ Haupt
hauhei Höhe
hauhiza mehr
hauhs hoch
hauneins Demut, höhnen
haunjan höhnen
hauns —, Hohn
haurds Hürde
hauri Herb
haurja -
haurn Horn
hausjan hören
hawi Heu
heiwafrauja Heirat
hi- hier
hilms Helm 1
hilpan helfen
himinakunds Kind
himins Himmel
himma daga heute
hina dag —
hiudana hinten
hinder hinter
hindumists —
hinþan Hand 1, Hinde, Hund
hiri her
hiufan Hifthorn
hiuhma hoch
hlahjan lachen
hlaifs Brot, Laib
hlains lehnen 1
hlaiw —
hlaþan laden 1, Laſt
hlaupan laufen
hlauts Los
hleiþra lehnen 1, Leiter
hlifan Gelichter, ſtehlen
hliuma laut, Leumund
hlûtrs lauter
hnaiwjan neigen
hnasqus naſchen
hneiwan neigen
hnutô Nuß 2
hôha Pflug
hôrs Hure
hrains rein
hramjan Rahmen
hrisjan Reis 2, rühren
hrôpjan Ruf
hrôps —

hrôt Dach, Ruß
hrôþeigs Ruhm
hrugga Runge
huggrjan Hunger
hûhrus —
hulistr Holſter
hulþs hold
hulundi hohl
-hun irgend
hund Hundert
hunds Hund
hunslastaþs Altar
hups Hüfte
huzd Gerte, Hort, Haus
hwairban werben
hwairni Hirn, Kopf
hwaiteis weiß, Weizen
hwaiwa wie
hwar irgend, wo
hwarbôn werben
hwas wer
hwass wetzen
hweila Weile, Zeit
hweits weiß
hwêleiks welch
hwileiks —
hwilftri Holſter, wölben

iba ob 2
ibai —
ibnaskauns ſchön
ibns eben, Ebbe
ibuks —
iddja gehen, Jahn
ik ich
in in
inna inne
innana —
insailjan Seil
inu ohne
is er
-isl drängen, Füllſel, ſelig
ist ſein 2
-ist meiſt
ita er
itan eſſen
iþ oder
iup auf, offen
-iza mehr
izê ihr
izwar euer
izwis euch

ja ja
jai —
jains jener
jêr Jahr
jiuleis weihen
juggalaups Jüngling, Leute
juggs jung
juk Joch, Bremse
jukuzi Bremse, Hülse, Lünse
junda Jugend
jungs jung

kaisar Kaiser
kalbô Kalb
kalds kalt
kalki Hure
kann kennen, können
kannjan kennen
kapillôn kahl
kara Karfreitag
karkara Kerker
kas Kanne, Kasten
kasja Kasten
katils Igel, Kessel
kaupôn kaufen
kaurn Korn
kaurnô —, Kern
kinnus Kinn
kiusan kiesen
kniu Knie
knussjan —
Krêks Kaiser
kukjan Kuß
kuni Kind, König
kunnan kennen, können
kunps kund
kustus Kost 2

laggs lang, Lenz
lagjan legen
laigôn Knappe, lecken 1
laikan Laich, lecken 2, Leich
laiks Leich
lais lesen, List, lernen, lehren
laisjan lehren, lesen
laistjan leisten
laists —, Leisten
lamb Lamm, Schaf
land Land
lasiws leer
latjan letzen
lats laß, schlaff
lapaleikô laben 2

lapôn —
lapôns —
laufs Laub
laugnjan läugnen
lauhatjan Blitz, Licht
lauhmuni Licht
laun Lohn
laus los, lösen
lausjan lösen
-laups Leute
leihts leicht, dicht
leihwan leihen
leik Fleisch, Leiche
-leiks -lich
lein Leinen
-leis lernen, leise
leipan leiden
lêkeis Arzt
lêkinôn Arzenei
lêtan lassen
liban leben
-lif elf, zwölf
ligan liegen
lisan lesen
lists List
lipus Glied
liudan Leute
liufs lieb, Lob
liugan Lug
liugn —
liuhap Licht
liuhtjan licht, leuchten
liuta heucheln
liupareis Lied
liupôn —
lubja Gift, Lab
lubjaleis, -ei lehren
ludja Antlitz
luftus Luft
lûkan Block, Loch, Locke
lukarna Kalk
luns verlieren
lustus lieb, Lust
lustusams lang

magan mögen, Macht
magaps Magd
magus —
mahts Macht
maihstus Mist
mail Mal
maists mehr, meist
maitan Meißel

maiza mehr, meist
malan mahlen, mahnen
malma malmen
malô Milbe
mana- manch
managei Menge
manags manch, viel
manasêps manch, Saat
manleika Leichnam
manna man, Mann
manniskôdus Einöde
mannisks Mensch
marei Marsch, Meer, Moor
marikreitus Perle
marisaiws Meer
marka Mark 1
marzjan Mahr
mats Messer, Mettwurst, Mus
mapa Made
mapl Gemahl
mapljan —
maurgins Morgen 1
maurgjan —
maurpr Mord
maurprjan —
mawi Magd
mêgs Eidam, Mage
mêl Mal, mal
mêla malen
mêljan —
mêna Mond
mênôps —
mêrs Märchen, mehr, meist
mêsa Speise
mid mit
midjis mitte
midwissei Gewissen
*miera Ameise
mik mein
mikils groß, meist
mildeis mild
milds —
milip Honig, Mehltau
miluks Milch
mims Fleisch
minnists minder
minniza —
mins —
mis mein
missadêps miss=
missataujands —
mitan messen

mitaþs —, Metze 2
mitôn messen
miþ mit
mizdô Kien, Miete
môds Mut
môta Maul, Zoll 2
mûks Mauke, meuchel=
mulda Maulwurf, Mulm
munan mahnen
mundôn munter
mundrei —
muns Minne
munþs Mund 1

nadrs Natter
-nagljan Nagel
nahts Nacht
namnjan nennen
namô Name, nennen
naqaþs nackt
nasjan nähren
nasjands Heiland
nati Nessel, Netz
natjan naß, netzen
naudiþaurfts Not
nauh noch 1
nauþs Not
nê nein
nêhw, nêhwa nach
nêhws -, nah, genau
nêhwundja Nächste
neiþ Neid
-nêms gäbe
nêþla Nadel
ni ohne, nein, nie, nicht, noch 2
ni aiw je, nie
ni manna man
ni waihts nicht, Wicht
niba ob 2
nibai —
nidwa Rost 2
nih noch 2
niman gäbe, nehmen
niþan Gnade
niujis neu
niun neun
niutan genießen
nu nun, noch 1
nû nun
nuta genießen

-ôdus Einöde

papa Pfaffe
-praggan Pranger
puggs Börse
pund Pfund

qainôn weinen
-qairnus Mühle
qairrus kirre, Köber
qêns Kind, Weib
qiman Kunft, bequem, kommen
qinakunds Kind
qinô Braut, kommen, Weib
qiþus Köber, Kutteln
qius Biene, keck, Knochen, kommen

rahnjan rechnen
rahtôn recken, reichen
raihts recht
rakjan reichen (s. recken)
-rannjan rennen
rasta Rast
-raþjan Hundert
raþjô gerade 1, Rede
raþs gerade 2, harsch
raupjan raufen
raus Reuse, Rohr
rauþs rot
razn Rast
razn bidô Kirche
rêdan Rat
reiki Reich
reikinôn dienen
reiks —, Reich, reich
reiran zittern
rign Regen
rikan Rechen, recken
rimis Rinde
rinnan rinnen
rinnô Rinne
Rûmôneis Kaiser
rûms Raum
rûna Alraune, raunen
runs rünstig
runs blôþis —

sabbato dags Samstag
sagqjan Senkel
sagqs Abend
saian drehen, säen
saihs sechs
saihwan sehen
sair sehr

saiwala Seele
saiws Brei, See
sakan Sache
sakjô —
sakkus Sack
salbôn Salbe
saliþvôs Saal
saljan —
salt Salz
sama gleich
samalauþs Leute
samjan sanft
sandjan senden
satjan setzen
saþs satt
sauhts Sucht
sauil Sonne
sauljan besudeln
sauls Säule 1
saurga Sorge
sauþs sieden
seins sein 1
seiþus seit
sêls selig
sibja Sippe
sibun sieben
sidus Sitte
siggwan lesen, singen
sigis Sieg
sigljô Siegel
sigqan sinken
sijau sein 2
sik sein 1, sich
silba selb
sildaleikjan selten
sildaleiks —:
silubr Silber
sinap Senf
sind sein 2
sinista Seneschall
sinteins Sünde, Tag
sinþs Gesinde
sitan sitzen
sitls Nest, Sessel, siedeln
siujan Säule 2
siukan siech, Sucht
siuks siech
skaban schaben
skadus Schatten
skaidan scheiden
skalja Schale
skalks Schalk
skaman Scham

skanda Schande	standan stehen	tiuhan Herzog, ziehen
skatts Geld, Schatz	staþs Staden	trauan treuen, traut
skaþjan Schade	stautan stoßen	traust Trost
skaudaraip Reif 1	*stega Stiege 2	triggwa treu
skaurô schüren	steigan Steig	triggws —
skauts Schoß 3	stibna Stimme	trigô träge
skeima Schimmer	stigqan stinken	trimpan trampeln
skeinan Schein	stikr Stich	triu Teer
skeirs schier 1	stilan stehlen	trudan treten
skôwjan schicken, Schuh	stiur Kiel 2, Stier, stinken	tuggô Zunge
skildus Schild 1	stiurjan Steuer 2	tulgus Talg
skilja Scholle 1	straujan Streu	tundnan zünden
skillings Schilling	striks streichen	tunþus Zahn
skip Schiff	-stu- Mist	tuz zer-
skôhs Schuh	stubjus Staub	tuzvêrs wahr
skuft Haar 2, Schopf	sulja Sohle 2	twa, twai zwei
skuggwa schauen, Spiegel	sundrô sonder, Sund	twalif elf, zwölf
skulan sollen	sunjis wahr	tweifls Zweifel
skûra windis Schauer 2	sunnô Sonne, Stern, Süden	twis- zer-
slahan Schlag 2	sunus Biene, Sohne	twisstandan —
slaíhts schlecht	suts süß	twôs zwei
slaupjan Schleife, Schlupf	swa so, solch	þa doch
slawan schlummern	swaggwjan schwinden	þa- der
slêpan Schlaf 2	swaihra, -ô Schwäher	þagkjan denken
slêps —	swalaups Leute	þagks Dank
sliupan Schleife, Schlupf	swaleiks solch	þahan Mohn
smairþr Schmeer	swammr Schwamm, schwimmen	þâhô Thon
smakka Feige	swaran schwören	þairh durch
smals schmal	swarts schwarz	þairkô durch
smarna Schmeer	sweiban beschwichtigen	þanaseiþs seit
smuzôn schmoren	swein Sau, Schwein	þanjan dehnen
snaiws Schnee	swêrs schwer	þankjan denken
snêiþan Schneide	swês eigen	þanks Dank
sniumjan schleunig	swibls Schwefel	þar da
sniumundô —	swikunþs Schwibbogen	þata daß, doch
sniwan —	swinþs geschwind	þaþrô dannen
snôrjô Schnur 1	swistar Schwester	þau oder
sôkjan suchen	swumfsl schwimmen	þauh doch
sôþjan satt		þaurban dürfen
sôþs —	tagl Haar 2	þaurnus Dorn
sparwa Sperling	tagr Zähre	þaurp Dorf
spêdists, -iza spät	taihswa fahl, recht	þaurseip Durst
speiwan speien	taihun zehn, -zig	þaurstei —
spilda spalten	taihuntêhund Hundert	þaursus dürr
spill Beispiel, Kirchspiel	talzjan Zahl	þê desto
spinnan spinnen	tandjan zünden	þeihan gedeihen
-ssus Knie	taujan Tafel, Ihun	þeihs Ding
stafs Stab	têwa Zeche	þeins dein
stains Stein	têwi —	-þinsan Tanz
staira Stärke	tigus -zig	þishwazuh etlich
stairnô Stern	-tilr Ziel	þiubi Dieb
staldan Hagestolz	timrjan Zimmer	þiubjô —
stamms stammeln		

þiuda beuten,beutſch(Heide2)
þiudinassus dienen
þiudiskô deutſch
þiudôs Heide 2
þiufs Dieb
þius Degen 1, Demut, dienen
þiuþjan beuten
þiwi bienen
þlaihan fliehen
þlaqus —
þliuhan —, flehen, fliegen
þramstei Heuſchrecke
þreihan dringen
þreihsl drängen
þreis drei
þridja dritte
þriskan dreſchen
þrutsfill Ausſatz, Fell
-þu Friede
þugkjan dünken
þulan dulden
þûsundi tauſend
þwahan Zwehle
þwahl —
þwairhei Zwerch=
þwairhs —

ubils übel
ufar über
ufarfullei füllen
ufbauljan Beule
ufjô üppig
ufrakjan recken
ufta oft
-uh doch, noch 2
ulbandus Kamel
und bis
undar unter
undaurns Morgen 1
unhulþôns hold, Teufel
unlêds ledig
unnuts nütze
uns uns
unwêrjan albern
unwêrs wahr
unwisa- gewiß
urreisan Reiſe
us ur=
usanan ahnden 1
usfarþô Fahrt
usfilhan befehlen
usflaugjan fliegen
usgaisjan Geiſt

usgildan gelten
uskannjan kennen
uskeinan Keim
uskijans —
uslaubjan erlauben
usluka- Loch
uslûkan Locke
usqistjan verquiſten
ussiggwan leſen
usskawjan ſchauen
ustauhts Zucht
uspriutan verdrießen
nswakjan wecken
ût aus
ûtana außen
uz- ur=
uzêta Krippe

-wa fahl
waddjus Wand, Mauer
wadi wett
wadjabôkôs Buch
waggareis Wange
waggs —
wahsjan wachſen
wai weh, weinen
waian drehen, wehen
waihsta Winkel
waihts nicht, Wicht
waila wohl
wainags wenig
waips weifen
wair Werwolf
wairaleiks =lich
wairdus Wirt
wairilôs Erle, Lefze
wairpan werfen
wairsis wirſch
wairsiza wirr
wairþan werden
wairþs Wert 2
wait wiſſen
wakan wachen, wecken
waldan walten
walus Geiſel 2, Wurzel
wamba Wams, Wamme
wandjan Wende
wanjan gewöhnen
wans Wahnſinn
-wards Wart
warjan Wehr
wasjan Waſen,Weſte
watô Waſſer

waurd Wort
waurkjan wirken
waurms Wurm
waurstw forſchen, haſchen
waurts Wurz
wêgs Woge
weihan —
weihs heilig, weihen
wein Wein
weinabasi Beere
weipan weifen
weis weiß, wir
wênjan Wahn
wêns —
wêpna Waffe
widuwairna Waiſe, Dirne Eichhorn
widuwô Wittib
wigadeinô Diſtel
wigs Weg
wikô Woche
wilja Wille
wiljan wollen
wilþeis wild
windan Winde
winds Wind (ſ. Schauer 2)
winja Wonne
winnan gewinnen, wund
winnô gewinnen
wintrus Winter
winþjan Wanne
wisan Weſen
witan gewiß, Verweis, wiſſen
wiþra wider
wiþrus Widder
wizdila Waid
wlaitôn Antlitz
wlits —
wôds Wut
wôkrs Wucher
wraiqs Reif 1
wriakn rächen, Recke
writs reißen, Riß
wriþus Rudel
wrôhjan rügen
wrôhs —
wruggô ringen
wulfs Wolf
wulla Wolle
wunan wohnen, Wonne
wunds wund
wunns gewinnen

Griechisch.

(Alt-, Mittel- und Neugriechisch.)

α- un=
ἄατος satt
ἀβρότονον Aberraute
ἀγαθός gut
ἄγγελος Engel
ἀγγούριον Gurke
ἄγκιστρον Angel
ἁγνός keusch
ἁγνός —
ἀγρός Acker
ἄγχω eng
ἄγω Acker, Achse
ἀδελφός Kalb
ἄδην satt
ἄεθλος wett
ἀεί s. αἰεί
ἄξω wachsen
ἄημι wehen
ἀήτης Wind
ἀθρέω Wunder
αἰεί je, Ehe
αἶθος Esse
αἴθω eitel
αἷμα Seim
αἰόλος See, Seele
αἰών Ehe, ewig, je
ἄκαινα Ähre
ἄκανος —
ἄκαστος Ahorn
ἀκαταλίς —
ἀκή Axt
ἀκίς Eck
ἄκμων Hammer
ἀκούω hören
ἄκρος Ähre
ἀκτέα Attich
ἀκτή —
ἄκων Ähre
ἀλάβαστρον Alabaster
ἀλείφω Salbe
ἀλεύω verlieren
ἀλκυών Schwalbe
ἄλλος elend
ἀλμενιχιακά Almanach
ἄλοχος liegen
ἅλς Salz

ἄλσος Wald
ἄμαθος Sand
ἁμάρα Meer
ἀμάρακον Majoran
ἀμάω mähen, Mahd
ἄμβροτος Mord
ἀμέλγω melken
ἄμεναι satt
ἄμη Ohm
ἄμητος Mahd, mähen
ἀμητός Mahd
ἀμυγδάλη Mandel 2
ἄμυλον Amelmehl
ἀμφί bei, um
ἀμφιλύκη Licht
Ἀμφίμαρος Meer
ἀμφορά Eimer
ἄμφω beide
ἀνά an
ἀναχωρητής Einsiedler
ἀνδάνω süß
ἀνδράποδον Kebse
ἄνεμος ahnden
ἀνεψιός Neffe
ἄνευ ohne
ἀνθρηδών Drohne
ἀνθρήνη —
ἄνισον Anis
ἀντί ant=
ἄνυδρος Otter
ἀξίνη Axt
ἄξων Achse
ἄπελος Fell
ἀπηνής gönnen
ἀπό ab
ἀποθήκη Bottich
ἀπολαύω Lohn
ἀργός flink
ἄργυρος Silber
ἀρήν Ramme
ἄρκτος Bär 2
ἁρμός Arm
ἀρόω Acker, Art
ἅρπη scharf
ἀρχι- Erz=
ἀρχιατρός Arzt
ἀσκηθής Schabe

ἀστήρ, ἄστρον Stern
ἄτερ sonder
ἄτη Sünde
ἀτμός Atem
ἄτρακτος Drechsel
αὖ γε auch
αὐξάνω wachsen
ἀχάτης Achat
ἄχνη Ahne
ἄχος Eidechse, zag
ἄχυρον Ahne
ἀψίς Abseite

βαίνω kommen, Kanz, keck
βαλλίζω Ball 2
βάλλω Armbrust
βάλσαμον Balsam
βάρανσος Böhnhase
βάπτω Bad
βδέω Fist
βεῦδος Kotze
βήρυλλος Beryll, Brille
βίβλια Bibel
βίος keck, kommen
βίοτος, βιόω keck
βλέπω pflegen
βλέφαρον —
βλῆρ Köder
βλίτον Melde
βολβός Bolle 1, Zwiebel
βόμβυξ Bombasin, Bombast
Βόσπορος Furt
βούβαλος Büffel
βουκάλιον Pokal
βουκόλος halten
βούλομαι wollen
βοῦς Kuh
βούτυρον Butter
βρέμω brummen
βρέχω Regen
βρόχος Kragen
βροτός Mord
βρόχθος Kragen
βρόχος Kring
βρύον Kraut
βρύτον brauen
βρύω Kraut

βύας Kauz
βῖζα —
βύρσα Börse, Kürschner
βύσσος Kauz
βωλίτης Pilz

γάγγραινα Kanker 2
γαῖσον, γαῖσος Ger
γάλα Milch
γαλάγγα Galgant
γαμφραί Kamm, Kiefer 1
γαμφηλαί —
γαῦλος, γαυλός Kiel 2
γε auch, da
γενειάς Kinn
γένειον —
γένος Kind, Knecht, Knabe, Heil
γένυς Kinn
γέρανος Kranich, Krahn
γεύω kiesen, kauen
γηράσκω Kranich
γίγνομαι Kind, Knabe
γιγνώσκω können
γλαύκωμα Star
γλαύξ —
γλήνη klein
γλῆνος —
γλιά Klei
γλίνη —
γλοιός Klei, klein, Leim
γλυκύρριζα Lakritze
γλύπτης klieben
γλύφανος —
γλύφω
γλώσσω Klucke
γνύξ Knie
γνυπετεῖν —
γνῶσις können
γνωτός —
γόγγρος Kanker 2
γόμφος Kamm, Kegel 1, Knebel
γόνυ Knie
γράφω kerben, Grab
γράω Kralle
γρύζω grunzen
γρύλλος Grille
γρυμέα Krume
γρυπός Kropf, krumm, Krüppel
γρύτη Kraut
γρύψ Greif

γυνή Kind, Knecht, kommen, Brant, Weib
γυρόω Geier
γύψος Gips

δάκνω Zange, Kleister, rinnen
δάκρυ Zähre
δάκτυλος Dattel, Zeh
δαμάω zahm
δαμάσκηνον Zwetsche
δαυλός dürr
-δε zu
δεῖγμα Zeichen
δείκνυμι zeigen
δεῖπνον Zeche
δέκα zehn
δέλεαρ Köder
δέλετρον —
δέλφαξ Kalb
δελφύς —
δέμας Zimmer
δέμω —
δεξιός fahl
δέρκομαι trachten, Drache
δέρω zehren
δι- zwie=
διάβολος Teufel
δίπαλτος =falt
διπλάσιος —, falten
δίπταμνος Diptam
δίσκος Tisch
δίφρος Zuber
διώκω Jagd
δοιή Zweifel
δοκός Zacken
δολιχός lang
δολφός Kalb
δόμος Gaden, Zimmer
δόρυ Teer
δοχή Daube
δράκων Drache
δρόμος treten
δρῦς Eiche, Teer
δύο zwei
δυς- zer=

ἕ sich
ἔαρ Lenz
ἔβενος Ebenbaum
ἐγγύς nah
ἔγχελυς Aal
ἐγχείμωρος Märchen

ἐγώ ich
ἐδανόν essen
ἔδνον Wittum
ἔδομαι essen
ἕδρα Sessel
ἔεδνα Wittum
ἕζομαι sitzen, Sessel
ἐθέλω wollen
ἐθνικῶς deutsch
ἔθος Sitte
εἴκω weichen
εἰλίω Welle
εἰμί (ἐστί) sein
εἶμι gehen, eilen, Gasse
εἴργω rächen
εἶρος Wolle
ἑκατόν hundert
ἐκλειγμα Latwerge
ἐκλεικτόν —
ἑκυρά, -ός Schwäher
ἐλάτη Linde
ἔλαφος Hirsch
ἐλαφρός gelingen, leicht, lungern
ἐλαχύς leicht
ἐλεημοσύνη Almosen
ἐλεύθερος liederlich
ἔλεφας Elfenbein, Kamel
ἐλίκη Salweide
ἕλκω Wolf
ἕλμις Wurm
ἕλπος Salbe
ἔλφος —
ἔμβρυον Kraut
ἐμπίς Imme
ἔμπλαστρον Pflaster
ἐμφυτεύω impfen
ἐμφύω —
ἐν, ἐνί in
ἐνέπω sagen
ἐννέα neun
ἔννυμι Weste
ἕξ sechs
ἐξάμιτον Samt
ἑός sich
ἐπίπλοος Fell
ἐπίσκοπος Bischof
ἐπίσταμαι Verstand
ἕπομαι Heu, sehen
ἔπος erwähnen
ἑπτά sieben
ἔραζε Erde, Ähren
ἔργον Werk, wirken

ἐρέβινϑος Erbse
ἐρέτης Ruder
ἐρετμός —
ἐρεύγω räuspern
ἐρευϑος rot
ἐρεύϑω —
ἐρεννάω raunen
ἐρέω Wort
ἔριϑος reiten
ἔριον Wolle
ἐρυγή räuspern
ἐρυϑρός Lende, rot
ἐρυσίπελας Fell, rot
ἐρύω Riemen
ἐρωή Ruhe
ἑσπέρα Westen
ἕσπερος Abend
ἔσπετε sagen
ἔτος Widder
ετυμος Sitte
Εὐμενίδες Drude
ἐχῖνος Igel
ἔχω (ἔσχον) Sieg

ζέσμα gären
ζεστός —
ζεύγνυμι Joch
Ζεύς Dienstag
ζέω gären
ζητέω gäten
ζιγγίβερις Ingwer
ζυγόν gären, Joch
ζώνη Zone

ἦ ja
ἡγέομαι suchen
ἥδομαι süß
ἡδονή —
ἡδύς —
ἤϊϑεος Wittib
ἥλιος Sonne
ἡμεῖς uns
ἧπαρ Leber
ἦρι erst
ἦτορ Ader, Atem
ἦτρον Ader
ἠώς Osten

ϑαιρός Thür
ϑάλλω Dolde
ϑάλος —
ϑάμνος Tanne
ϑέλω wollen

ϑερμός Wärme, warm
ϑήκη Zieche
ϑηριακόν Theriak
ϑίς Düne
ϑόλος Dolde, Thal
ϑοῆνος dröhnen
ϑρόνος Thron
ϑοῦλος Traum
ϑρώιαξ Drohne
ϑυγάτηρ Tochter
ϑύννος Thunfisch
ϑύρα Thür
ϑύραξι Düne
ϑύρετρον Thür
ϑίρσος Dorsche
ϑυρών Thür

ἰβίσκος Eibisch
ἰγνύα Knie
ἰδεῖν wissen, Verweis
ἰδίω schwitzen
ἰδρύω sitzen
ἰδρώς schwitzen
ἰέναι f. εἶμι
ἰκμάς Seihe
ἱμάς Saite, Seil
ἱμονιά Seil
ἴνες Sehne
ἰός Gift, verwesen
ἰπνός Ofen
ἵππος Heu, Roß 1
ἵστημι stehen
ἰτέα Weide

καγχάζω kichern
καγχαλάω, καγχλάζω —
καδμεία Galmei
καϑαρός Ketzer
καιρός weil
κακκάω lacken
κακός —
κάλαμος Halm
καλέω holen, laden 2
κάλλος, καλός heil
καλύβη hehlen
κάλυξ Kelch
καλύπτω hehlen
καμάρα Kammer
κάμαρος Hummer
κάμηλος Kamel
κάμινος Himmel
κάμμαρος Hummer
κάμνω (καμόντες) sterben

κάναστρον Knaster
κάνϑαρος Kanne
κάνϑος Kante
κάνναβις Hanf
κάπρος Haber, Habergeiß, Bock
κάπων Kapaun
κάρα Hirn
κάραβος Krabbe, Krebs
κάρδαμον Harz
καρδία Herz
κάρηνον Hirn
καρχαίρω Furcht
κάρνον Horn
κάρον Karbe
καρπός Herbst
κάρτα hart
κάρταλος Krätze 1, Hürde
καρτερός hart 1
κασσύω Säule 2
Κάστανα Kastanie
καστανέα (-νεια, -νηιον, -νον) Kastanie
καυκίον Gaukler
καφυρά Kampfer
καχάζω kichern
κάχληξ Hagel
κάχρυς Haber
κέγκει Hunger
κέδρος Zeder
κεῖμαι Nest
κείρω scheren
κεμάς Hinde
κενταύριον tausend
κέντρων Hader 2
κεραός Hirsch
κέρας —, Horn, Rind
κερασέα, -ία Kirsche
κράσιον
κέρμα Scherflein
κέρνον Hirn
κεύϑω Hort, Hütte
κεφαλή Giebel, Kopf, Schädel
κῆπος Hof, Hufe
κῆρ Herz
κιϑάρα Zither
κιννάβαρι Zinnober
κίνναμον Zimmet
κίσσα Häher
κίστη Kiste
κίτρον Zitrone
κιχώριον Kicher

κλαγγή Klang, klingen
κλάδος Holz
κλέος Leumund, laut
κλέπτω stehlen, Gelichter
κλητός laden 2
κλῖμαξ lehnen 1, Leiter
κλίνη Lehne 1, lehnen 1
κλίνω lehnen 1
κλισία —, Leiter
κλῖτος, κλίτος lehnen 1
κλιτύς —
κλοιός Hals
κλύδων lauter
κλύζω —
κλυτός laut
κλύω —
κνίδη Nessel
κοᾶ hören
κοέω schauen
κοίτη Nest
κόλπος Golf, wölben
κόλφος Golf
κόμη Haar 2
κονίλη Quendel
κόνις Honig
κονίς, κονίδες Niß
κοπίς Hippe 1
κόπτω hauen
κορακῖνος Karausche
κόραξ Rabe
κόρυζα Rotz
κόρυς rüsten
κορίσσω —
κορώνη Rabe
κότερος wer
κοτέω Hader 1
κότος —, naß, Haß
Κότυς Hader 1
κραδαίνω rasseln
κραιπνός laufen
κρανίον Hirn
κρατερός hart
κρατύς —
κρέας roh
κρεμάννυμι Rahmen
κριθή Gerste
κρίνω rein
κριός Rind
κρόκη Rocken
κρυμός Reif 2
κρυπτάδιος einzig
κρύπτη Kluft, Gruft
κύβος Hüfte

κυδώνεα Quitte
κίκλος Rad
κυμάτιον Sims
κύμβος Humpe
Κύπρος Kupfer
κυριακά f. κυριακόν
κυριακή Kirche
κυριακόν Almosen, Sams-
    tag, Kirche
κύριε ἐλεῖσον Leiß
κύρτη Hürde
κυρτία —
κύρτος —
κύσθος Hort
κύτος Haut
κυφός Höcker
κύων Hund
κώμη Heim
κώπη heben, Hippe 1

λᾶας Lei
λάγδην lecken 2
λάγηνος, -υνος Legel
λακίζω Schlag 2
λαλέω lallen
λαμπάς Lampe 1
λάξ lecken 2
λαπάρα Leber
λέγω lesen
λεῖος leise, Schleim
λείπω leihen, bleiben, Leib
λείχω lecken 1
λέκτρον liegen
λέπος Laub
λευκός Licht
λέχος liegen
λεχώ —
λιαρός leise
-λίκος -lich
λιλαίομαι Lust
λιμήν Leim
λιναία, -έα Leine
λίνον Leinen
λίπα klein, Leber
λιπαρέω bleiben, leben, Leib
    klein
λιπαρής leben
λιπαρός bleiben, klein, Leber,
    leben
λίπος bleiben, klein
λῖτα Leinen
λιχνεύω lecken 1
λίχνος —

λοβός Lappen
λοιπός leihen
λούω laben
λοχέω, λόχος liegen
λυγγάνομαι schlucken
λύγδην —
λυγίζω Locke
λύγξ Luchs, schlucken
λύγος Locke, Lauch
λυγόω Locke
λύζω schlucken
λυκάνθρωπος Werwolf
λυκόπερδον Bofist
λύκος elf, Schaum, werfen,
    Wolf
λίρα Leier
λύω verlieren

μάγγανον Mange
μαῖα Muhme, Mutter
μαίομαι Mut
μακεδνός mager
μακρός —
μάκων Mohn
μαρδύας Mantel
μανιάκης Mähne
μάννος, μάνος —
μαραίνω mürbe
μάρτυς, -υριον Marter
μάτηρ Mutter
μέ mein
μέγας groß
μέδιμνος messen
μέδομαι —
μέδων —
μέθη Met
μέθυ, μεθύω —
μειόω, μείων minder
μέλδω schmelzen
μέλι Mehltau, Honig
μένος mahnen, Minne
μεσόδμη Gaden
μέσος mitte
μέσπιλον Mispel
μετά mit
μέτρον Mal, Mond
μήδομαι messen
μηκάομαι meckern
μήκων Mohn
μῆλα schmal
μῆλον Apfel
μήν Mond
μήτηρ Mutter

μήτρα Mieder
μητρυιά Muhme
μίγνυμι mischen
μακρός Schmach
μίλτος Mehltau
μιμνήσκω mahnen, Minne
μίνθα Minze
μίνυνθα minder
μινύω —
μίσγω mischen
μισθός Miete
μίτος Samt
μοιχός Hure
μοναστήριον Münster
μοναχός Mönch
μόννος Mähne
μύαξ Moos
μυδών Moder
μυῖα Moos, Mücke
μυκάομαι mucken, muen
μύλη, ῖται mahlen
μύλλω —
μύλος —
μύρια tausend
μύρον Schmeer
μύρω —
μῦς Maus 1, 2
μυών Maus 2
μῶλος, μῶλυς mühen
-μωρος Märchen

νάρδος Narde
ναῦς Kiel 2, Nachen, Naue
νέμομαι nehmen
νέμος, νέμω —
νέομαι genesen
νέος neu
νέποδες Neffe
νέρτερος Nord
νεφέλη Nebel
νέφος —
νεφρός Niere
νέω nähen
νη- (νηκερδής) nein
νῆμα nähen
νήπτης nüchtern
νῆτρον nähen
νηῦς Naue
νηφάλιος nüchtern
νήφω —
νίπτω Nix
νίφα, νίφει Schnee
νομος nehmen

νόννα Nonne
νόστος genesen
νοτερός, νοτέω naß
νύ nun
νύμφη Braut
νῦν nun
νύξ Nacht
ντός Schnur 2

ξερός sauer
ξύω —

ὄγκινος Angel
ὄγκος
ὀδούς Zahn
ὄζος Ast
οἴ weh
οἶδα wissen
οἰδάω Eiter
οἶδμα, οἶδος —
οἴνη ein
οἰνός —
ὄϊς Aue, Schaf
οἴγω Weib
ὀκτώ acht
ὀλίγος schlecht
ὁλκάς Holk
ὅλος selig, all
ὄλπη Salbe
ὀμιχέω Hure, Mist
ὀμίχλη ὀμίχλη Mist
ὁμός gleich
ὀμφαλός Knebel, Nabe, Nabel
ὀμφή singen
ὀνίνημι gönnen
ὀνίσκος Assel
ὄνομα Name
ὄνος Assel
ὄνυξ Nagel
ὀξύη Esche
ὅπλον Waffe
ὀπός Saft
ὀράω wahren, Wehr
ὄργανον wirken
ὄργιον —
ὀρέγω Rechen, recken
ὁρμή Sturm
ὄρνις Aar
ὄροβος Erbse
ὄρρος Arsch
ὄρτυξ Habicht, Wachtel
ὀρυγμός röcheln

ὄρυζα Reis 1, Roggen
ὄρυζον Reis 1
ὀρφανος Erbe
ὅς sich
ὄσδος (lesb.) Ast
ὄσσα erwähnen
ὄσσε Auge
ὀστέον Bein
ὄστρεον Auster
οἶθαρ Euter
οὖλε, οὖλος selig
οὐρανός Himmel
οὖς Ohr, Öhr
ὀφθαλμός Auge
ὀφρύς Braue
ὄχος Wagen
ὄψ erwähnen

πᾶ Vater
πάγη Fach
παιδεύω Pedant
παλάμη fühlen
πάπας, παπᾶς Pfaffe
πάππα Vater
πάππας Papst
πάπυρος Papier
παρά ver-, Pferd
παράδεισος Paradies
πάρδαλις Pardel
πάρος vor
πατέομαι Futter
πατήρ kneten, Vater
πάτος Pfad
πάτρως Vetter
πᾶχυς Bug
παχύς Bachbunge
πέδη Fessel 1
πέδιλον Fuß
πέζος —
πείθω bitten
πεῖρα Gefahr
πεῖσμα binden
πέλεια Taube
πελιός —
πέλλα Fell
πέλμα —
πέμπε fünf
πέμπτη s. πέμπτος
πέμπτος fünf, Donner, Pfinztag, Samstag
πενθερός binden
πέντε fünf

πεντεκοστή Pfingsten	πομπή Bombast, Pomp	ῥήτρα Wort
πέπλος Fell	πορεύω fahren	ῥήτωρ —
πέπων Pfebe	πορθμεύς, πόρθμος —	ῥίζα Wurz, Rist
πέρα, πέραν fern	πόρις Farre	ῥόμβος renken
πέρδω farzen	πόρκος Ferkel	ῥόμοξ, ῥόμος Wurm
περί ver=	πόρος fahren, Furt	ῥῦμα Riemen
πέρκη Forelle	πόρτις Farre	ῥύσις Strom
περκνός —, Sprenkel 2	πόσις Braut	
πέρυσι, πέρυτι firn	πότερος wer	σάββατον Samstag
πέταλος Faden	πότνια Braut	σάγμα Saum 2
πιτάννυμι —	ποίς Fuß	σάκκος Sack
πέτομαι Feder	πρεσβύτερος Priester	σάκχαρ, -ον Zucker
πετροσέλινον Petersilie	πρήθω braten	σάνταλον Sandel
πεύκη Fichte	πρό ver=, vor	σάρδιον Sarder
πέφτη Pfinztag	πρόμος Fürst	σαρκοφάγος Sarg
πηγή Bach	προσηνής gönnen	σεισοπυγίς Bachstelze
πηδόν Pilot	πρωΐ, -ΐα, -ΐος früh	σήμερον heute
πηλίκος =lich	πτέρις Farn	σηρικός Seide
πηνίον Fahne	πτέρνα Ferse	σιγάω, σιγή beschwichtigen,
πῆνος —	πτερόν Feder, Farn	schweigen
πῆχυς Bug	πτέρυξ Flosse	σίναπι Senf
πῖδαξ feist	πτίλον Feder	σίνδων Zindel
πιδύω ..	πτύω speien	σίνομαι schwinden
πῖλος Filz	πύγμαχος, πυγμή Faust	σκάζω hinken
πίμπλημι voll	πυθμήν Boden	σκαπάνη schaben
πίνω (πέπωκα) trinken	πύθω faul	σκᾶπτον Schaft 1
πιππίζω piepen	πῦϊρ Feuer	σκάπτω schaben
πίσυρες vier	πυνθάνομαι bieten	σκάφιον Scheffel
πίων Speck, Bier	πύξ Faust	σκαφίς, σκάφος Schiff
πλάθανον Fladen	πυξίς Büchse	σκέπτω spähen
πλακοῦς flach	πύξος —, Buchs	σκῆπτρον Zepter, Schaft 1
πλάξ —	πίον faul	σκήπων Schaft 1
-πλάσιος =falt, falten	πυός Biest	σκιά Schemen, Schein
πλατεῖα Platz	πῦρ Feuer	σκίμπτω schief
πλατύς Flaben, platt	πύργος Burg	σκίουρος Eichhorn
πλέκω flechten	πύρεθρον Bertram	σκίπων Scheibe
πλέω fließen	πυρσός Feuer	σκίρον schirmen, Schein
πλήγνυμι Flegel	πωλέομαι feil	σκοῖπος Scheibe
πλήσσω fluchen	πῶλος Fohlen, foltern	σκολιός scheel
πλίνθος Flinte	πώς Fuß	σκότος Schatten
πλοκή, πλόκος flechten		σκύλον Scheuer, Haut
πλύνω Flut	ῥάδαμνος Wurz	σκῦτος Haut
πλωτός, πλώω —	ῥάδιξ --	σκώπτω Schimpf
πόα Heu	ῥαιβός Reif 1	σκώρ Hure
ποίη —	ῥαμφή, ῥάμφος rümpfen	σμερδαλέος Schmerz
ποικίλος Specht	ῥάπυς Rübe	σμερδνός —
ποίνη Fehme	ῥαφάνη, ῥάφανος —	σμίλη Schmied
πολιός fahl	ῥάφυς —	σμινύη —
πόλις Felsen	ῥάχις Rücken	σμύχω Schmauch
Πολυκράτης Mangold	ῥέζω wirken	σόβη Schweif
πολύς viel	ῥέμβομαι rümpfen	σομφός Schwamm
πολύτλας dulden	ῥέμβω renken	σπάθη Spaten, Span
πολύτρητος drehen	ῥέω Strom	σπαίρω Sporn

σπαρνός sparen
σπάω Gespenst
σπείρω sparen
σπερχνός springen
σπέρχομαι —
στάμνος Stamm
σταυρός Steuer 2
στέγη Dach
στέγω —, decken
στεῖρος Stärke
στείχω Steig
στελεόν Stiel
στέλεχος —
στέλλω Stelle
στέμβω stampfen
στένω stöhnen
στερεός starr
στερίσκω stehlen
στέριφος Stärke
στέρνον Stirn
στήλη Stuhl
στία Stein
στίγμα stechen
στίζω —
στῖον Stein
στόλος Stelle
στόμα Stimme
στορέννυμι f. στρώννυμι
στόρθη Sterz
στραγγάλη Strang
στρεύγομαι straucheln
στρουθίον Strauß 3
στροῖθος —
στρυφνός sträuben
στρώννυμι Streu, Stirn
στῖλος. στύω Staude
σύ du
συλλαβή Silbe
συντρῆσαι drehen
σῦς Sau
σύφαρ sauber
σφάλλω (σφάλλομαι)
  fallen, falsch
σχέδη Zettel
σχέδος Schatz
σχίζα Scheit, scheiden
σχίζω scheiden
σχινδαλμός Schindel

ταγγός stinken
ταινία dehnen
ταχερός tauen
ταναός dünn

τάνυμαι —, dehnen
ταρσιά, ταρσός Darre
τάσις dehnen
ταῦρος Stier, Kiel 2, stinken
τε noch 1, 2
τέγγω tunken, Zwehle
τέγος Dach
τείνω dehnen
τεῖχος Teig
τέκνον Degen 1, gedeihen
τέκτων Dachs
τίλθος gelten
τελώνιον Zoll
τενθρηδών Drohne
τενθρήνη —
τένων dehnen, Dohne
τέρετρον drehen
τερέω —
τέρμα Trumm
-τερος hinter, vorder
τερσαίνω Darre
τέρσομαι —
τέσσαρες vier, Fehme
τετραίνω drehen
τήκω tauen
τηλίκος =lich
τίθημι (ἔθηκα) thun
τίκτω Degen 1
τίνω Fehme
τῖφος Teich
τλήμων, τλῆναι dulden
τό der
τοῖχος Teig
τοκεύς, τόκος Degen 1
τολμάω dulden
τόνος Donner, Ton
τόξον Dachs
τοπάζιον Topas
τόπαζος —
τόργος Storch
τόρνος drehen
τορύνη Quirl
-τος laut
-τρα Blatter
τράμις Darm
τραυλός dürr
τρεῖς drei
τρέπομαι drechseln
τρῆμα drehen, Darm
τρῆσις Draht
-τρια Leiter
τριήρης Ruder
τρυγών Drossel 1

τρύξ Dreck
τύ du
τυγχάνω taugen
τύλη, τίλος Daumen
τύπτω stopfen
τύρβη Dorf
τυφλός dumm, taub
τύχη taugen
τωθάω Tadel

ὕδρα Otter
ὕδωρ Wasser, Otter
υἱός, υἱύς Sohn
ὑλιά Sohle 2
ὑπείρ, ὑπέρ über
ὕπνος Schlaf 2, Schwefel
ὗς Sau
ἵσσωπος Isop
ὑφαίνω weben
ἴφος —

φαγεῖν Buche, Bauch
φαγός Buche
φαίνω bohnen
φακός Bohne
φάλαγξ Balken, Bohle
φαράω bohren
φασιανός Fasan
φάσκω Bann
φαῦλος böse, faul
φέβομαι beben
φέρω Bahre, bohren
φεύγω biegen
φηγός Buche
φημί Bann
φθείρ, φθείρω Laus
φιτρός Wiedehopf
φλεβοτόμον Fliete
φλέγω blecken, bleichen, Blitz
φλόξ blecken, Blitz
φράτηρ Bruder
φρέαρ Brunn
φρίσσω Brei
φρύγω brauen
φρύνη, φρῦνος braun
φυλή bauen
φύλλον Blatt
φῦλον bauen
φῖμα —, Baum
φύσις bauen
φύσκα Bauch
φύω bauen, sein
φώγω backen

χαῖος Ger	χέω gießen	χρόμαδος —
χαιρέφυλλον Kerbel	χήν Gans	χρυσός Gold
χαίρω gern	χθές gestern	χῦμα gießen
χαμαίδρυς —	χίλιοι tausend	χυμός Alchimie
χαμαίδρυον Gamander	χιτών Gaden, Kittel	
χαμαίμηλον Kamille	χλωρός gelb	ψίττακος Sittich
χανδάνω vergessen, ganz	χλιαίνω glimmen	ψύλλα Floh
χανδός ganz	χλιαρός —	
χάος Gaumen	χλόη, χλωρός gelb	ὠλένη Elle
χαῦνος —	χολέρα Koller ?	ὠόν Ei
χειά gähnen	χολή, χόλος Galle 1	ὦπα Auge
χεῖμα Winter	χορδή Korbe	ὥρα, ὥρος Jahr
χειμών —	χόρτος Garten, Gras	ὠτειλή wund
χελιδόνιον Schellkraut	χρεμέθω gram	ὤχρα Ocker

Hebräisch.

(Jüdisch s. u.)

âkhal achseln	kappârâh kapores	schickzah Schicksel
	kôpher Kampfer	schikkûz —
bachûr Bocher		schôtèh Schote
bâtûach betuchen	mazzôth Matzen	suchar schachern
besem Bisam	meschuggâ meschugge	
	Môschâh mauscheln	táchath Dokes
dallût Dalles		tâfàs Donfes
dibbèr bibbern	sak Sack	talith Dalles
	schâfêl schofel	
jânâ Ganner	scheker schäkern	
Jizchâk Itzig	schemûôth Schmus	

Indisch.

(Altindisch unbezeichnet; p. = prakritisch, b. = bengalisch.)

a wie	adhas —	amla Ampfer
a- un=	an ahnden 1	ayas Erz, Lehm
aṅhas eng	an- un=	ar Ruder
aṅhu —	anudras Otter	aratni Elle
akša Achse	antaras ander	aritras Ruder
akši Auge	antas Ende	ava hinter
aṅka Angel	anti aut=	avataram —
aṅga Enkel 1	anyas ander	avis Schaf
aṅguri —	ap Ufer	açman Hammer
ajras Acker	apa ab	açmâ Himmel
aṅj Aufe	apara, aparam —	açri Art
atha und	aparî —	açru Zähre
ad essen	apas üben	açwas Roß 1
adana --	abhi um	aštâu acht
aditi, Aditi Zeit	abhijñu Knie	as Stern
adhara unter	amṛtam, -tas Mord	asti sein 2

asthan Bein
asthi —
aham ich
ahar Tag

âjya Anke
âtis Eider, Ente
âtman Atem
âdṛ zart
âpas üben
âyus Ehe, Seele
ârâ Ahle

i gehen, eilen (f. Jahu)
i- er
icch, icchati heischen
idh citel, Effe
irasy irre
iś Ehre

ṛrmac Arm
ṛç eigen
îçânas —

ukš Ochse, wachsen
ukšan Ochse
ukhâ Ofen
ugras auch
uc oft
ud aus, Wasser
udan Otter, Wasser
udra Otter
udrin Wasser
upabarhaṇa Polster
upari über
ubh weben
ubhau beide
ušâs Osten
usras Auer
usrâ Osten

ûdhar Euter
ûna Wahn
ûrṇavâbhi weben
ûrṇâ Wolle
ûrṇômi —
ûrmi Welle

ṛkšas Bär 2
ṛju recht
ṛta Art
ṛṇômi, ṛṇvâmi rinnen
ṛbhu Alp
ṛbhukšan —

ṛçya Reh

êka ein 1, eben
êj Eiche
êmi gehen
êva wie
êvas Ehe
êvâ wie
êša Eisbein

ôjas auch

kakšas Hechse
kakšyâ —
kakh kichern
kaṭhina Kessel
kad was
kanthâ Hader 2
kanpûra Kampfer
kapâla Haupt
kapi Affe
kapûr Kampfer
kar hart
karpûra Kampfer
karhi da, wo
kalamas Halm
kalyas heil
kalyâṇas —
kavis schauen
kas wer
kâs Husten
kir Ruhm
kîrti —
kubja Höcker
kumbha Humpe
kûrca wölben
kûrd Roß 1
kṛt Hürde
kṛmi Wurm
klp helfen
kêt heiter
kêtus —, hehr
kôkilas Gauch
kratus hart
krayis roh
kruñc Rücken
krûras roh
kši Heim
kšitis —
kšud schießen
kšuras scheren
kšêtram Heide 1
kšêmas Heim

khañj hinken
khand Zuckerkand
kharj Harke
khalvâṭa kahl
khôḍa lahm

gabhasti Gabel
gam kommen
gargara Kolk
garj krachen
garbha Kalb
gal Quelle
gala Kehle
gu Kot 2
gûtha —
gṛg krachen
gṛbh Garbe 1, grapfen
gôlam Kiel 2
gôlâ —
gâus Kuh
gnâ Braut, kommen, Weib
granth Kranz
granthis —
gras Kralle
grâbha Garbe 1
glâus Knäuel

gharma warm
ghas Gast
ca noch 1, 2
cakra Rad
catur vier
-cana irgend
candana Sandel
cit heiter
citras —
cud wetzen
cṛt Hürde

châga Schaf
chits (b.) Zitz
chid scheiden
chup schieben

jañg Kampf (? f. jañj)
jañgha Gang
jañj Kampf
jatu Kitt
jan Kind
janas —
jani —, Knie
janu —
jantu Kind

jabh gaffen, Kiefer 1	tṛšṇaj Durst	dhûr toll
jambh Kiefer 1	tṛšṇâ —	dhru —
jambha Kamm	trayas drei	dhvaṅs Dunst, Dust
jambhya —	tvam du	dhvas Dust
jala Quelle		dhvasti Dunst
jâta Kind	danç Zange, Zunge	dhvṛ toll
jânâmi können	dat Zahn	
jâra Kerl	dadhâmi thun	na nein
jihvâ Zunge	dadru Zitteroch	nakta-, naktan-Nacht
jîvathas leck	dadruka —	nakti- —
jîvas —, Biene, kommen	dan Zahn	nakha Nagel
jîvâtu leck	danta Zahn	nagna nackt
juš kiesen	dama Zimmer	nad naß
jiuhû Zunge	damay zahm	nadî —
jû Kette 1	damany —	napât Neffe, Nichte
jñâ können	dar zehren	naptî Nichte
jñâta —	darbha Torf	nabhas Nebel
jñubâdh Knie	daç Zange	nabhya Nabe
	daçan zehn	navan neun
ta- der	daçâ Zacken	navas neu
takman Degen 1	dah Tag	navyas -
takš Dachs	dâru Teer, Trog	naç genug
takšan —, Deichsel 2	dina Tag	nas uns, genesen, Nase
tan dehnen, Donner	diç zeigen	nasâ Nase
tanayitnus Donner	dih Teig	nah Nestel
tanu dünn	dîrghas lang	nahuša nah
tanus —	dugh Tochter	nâth Gnade
tantis dehnen	dur Thür	nâtha —
tantus —, Dohne	dus- zer=	nâbhi Nabe
tantrî Dohne	duh f. dugh	nâbhîla Nabel
tans gedunsen	duhitar Tochter	nâman- Name
tam dämisch	dṛ f. âdṛ	nâraṅga Pomeranze
tamas dämmern, düster	dṛç trachten	nâsâ Nase
-tamas hinter	dêva Gott	nâhuša nah
tamisrâ dämmern	Dyâus Dienstag	ni Nest nieder
tamras —	dram treten	nij Niz
-taram hinter	drâgh träge	nitarâm nieder
tarhi da	dru Teer, Trog	nisad Nest
talam Diele	druh Trug	nîḍas —
-tas kalt, laut	dva zwei	nu, nû nun
tigma stechen	dvaya zweifeln	nûnam —
tij —	dvâr Thür	nâus Kiel 2, Nachen, Naue
-tu- Tod	dvi- zwie=	
tuj Stock	dviš Zwist	
tud stoßen		pakvas feige, gar
tump stopfen	dhanus Düne	pac gar
tumras Daumen	dhav Tau 2	pañcathas fünf
tûtumas —	dhâ thun	pañcan —
tṛṇa Dorn	dhâtṛ —	paṇ feil
tṛtîyas dritte	dhâman =tum	pat Feder
tṛš Durst	dhâra Thal	patatra —
tṛšus —, dürr	dhâv Tau 2	patara —
tṛšṇas dürr	dhû Taumel	patis Braut, selb
		path Pfad

pada Fuß
padi —
panthan Pfad
par fahren
paramas fern
páras, parás —
parâ ver=
pari —
parut firn
parṇam Farn
pard farzen
parvata Felfen
palitas fahl
paçu Vieh, Mann
pâ trinken, Vater
pâjas Funke
pâṇi fühlen
pâtram Futter
pâršṇis Ferfe
pâvaka Feuer
pâças fangen
pâšâṇa Felfen
pitṛ Vater
pitṛvya Vetter
pibâmi Bier
pî Feind
piy —
piyûša Bieft
pîvan Speck
pîvas Bier
puccha Fuchs
puṭa falten
pur Felfen, voll
pura ver=
puras vor, vorder
pura --
puru viel
puruhûta Gott
pû faul, Feuer
pûy faul
pûrus man
pûrṇa voll
pûrva frohn (Nachtrag),
  Fürft, vorder
pûrvya frohn (Nachtrag)
prch forfchen, fragen
prth Feld
prthivî —, Flaben
prthus Flaben
prçni Forelle
pršat Farre
pršatî —
pršṭham Firft

pra ver=, vor, hinter
prataram hinter
prati varam wohl
prathas Flaben
praçna fragen, flechten
prâ voll
prâtar früh
priyas lieb, frei
priyâ frei, Freitag
prî frei
pru fließen
pruš frieren
prušvâ —
plu fließen

phala fallen
phêna Farn, Feim

bandh binden
bandhu —
babhrus braun, Biber
barh Balg
bahu Bachbunge
bâhus Bug
budh bieten
budhna Farn, Boden
bṛh Polfter
bṛhant Berg

bhaṅga Bach
bhaj Bauch
bhadras beffer
bhand —
bhar gebären
bharga(s) Blitz
bhaš bellen
bhas Beere, Bemme
bhânu bohren
bhâš bellen
bhid beißen
bhî beben
bhîma —
bhîru beilen
bhuj Bauch, biegen
bhurij bohren
bhurijâ Schere 1
bhû bauen, fein 2
bhûtis bauen
bhûmis —
bhûrja Birke, Borke
bhṛ gebären
bhṛgu Blitz
bhṛtis Geburt

bhṛmi brummen
bhṛštis Borfte
bhram blind, brummen
bhrama brummen
bhramara Breme
bhrâj blecken, Blitz
bhrâtar- Bruder
bhrântas blind
bhrû Braue

ma mein
majj Mark 3
majjan —
maṇi Mähne
matsya Fifch
madhu Met
madhyas mitte
man mahnen, Mann, Minne
Manu Mann
manu- Menfch, man, Mann
manuša Mann
manušya Menfch
manus —, Mann
manth Mange
manyâ Mähne
mar Meer (f. mṛ)
marus —
martas Morb
mâ Mond
mâtṛ Mutter
mâtram Monb
mârj melken
mâs Monb
mâsa —
mi minder
minâ- —
minu- —
miç mifchen
miçras —
mih Mift
mî minder
mîdha Miete
mîdhvas —
mukha Mund 1
muš Maus 1
mušây —
muška Maus 2
mûš Maus 1
mṛj melken
mṛ Morb (f. mar)
mṛtam, mṛtas, mṛtis Morb
mṛtyus —
mêgha Mift

mêday, mêdas Maſt 2	vakš wachſen	çakuna Häher
mrit breit	vac erwähnen	çaknômi behagen
mlâ mürbe	vat Wut	çakra —, geheuer, hagen
	vatsa Widder	çac —
yakṛt Leber	vatsara –	çatam Hundert
yaviṣṭha jung	van Wahn, gewinnen, wohnen	çatrus Hader 1
yas gären	vanas wohnen	çapha Huf
yahu jagen	vaniṣṭhu Wanſt	çamay hemmen
yâ Jahn	vap Waffe	çamulya Hemd
yuga Joch	vabh weben	çaru Schwert
yuj —	vayam wir	çarkara Rogen
yuvan jung	var wollen	çarkarâ Zucker
yuvaças —	vara wohl	çardhas hart, Herde
yûšan Jauche, Käse	varam â —	çarman Helm 1
yôšâ jung	varâhas Barch	çaça Haſe
	vartikâ Wachtel	çâlâ Halle 1
raṁh gelingen	valg walken	çi Neſt
rajata Silber	vas Weſen, Weſte	çithira Hader 2
rajiṣṭha recht	vasar Lenz	çiras Hirn
rajju Strick	vasti Wanſt	çirma Harm
rathas Rad	vah wegen	çîršâ Hirn
ram Rinde	vâ wehen	çuš Saus
râjan Reich	vâja Wucher	çṛṅga Horn
râdh Rat	vâjay wecken	çṛṅgavêra Ingwer
riktas leihen	vâñch Wunſch	çravas laut, Leumund
riktham ··	vâñchâ —	çrutas laut
ric leihen	vâta Wind	çruṣṭis lauſchen
rih lecken 1	vâṭa Wald	çrômatam Leumund
rukmas Licht	vâr Werber	çvaghnin Hund
rukša —	vâra zwier	çvaçuras Haſe, Schwäher
ruc —, Lohe 1	vi Ei, hinter, Vogel, wider	çvaçrû Schwäher
ruj Loch	vigra wacker	çvas geſtern
rudhiras rot	vij weichen	çvâ Hund
rêkus leihen	vitaram hinter, wider	çvit weiß
rêknas —, Lehen	vid wiſſen	çvitna —
rêkhâ Rain, Reihe	vidh Waiſe, Wittib	çvitnya Weizen
rôkas Licht	vidhavâ Wittib	çvitra weiß
rôcana —	vip Weib, Wippe	çvêta —, Weizen
rôcâmi —	viša Gift, verweſen	
rôcis —, Lohe 1	vî Weibe 2	šaš ſechs
rôma Rum	vîta weit	šṭhîv ſpeien
rôhita rot	vîras Werwolf	
	vṛ Wehr, Wolle, wollen	sakkara (p.) Zucker
laṅgh gelingen	vṛka Wolf	sac ſehen
laš Luſt	vṛj rächen, werfen	sad ſitzen (cfr. nisad)
lip bleiben	vṛt werden	sanas Seneſchall
lih lecken 1	vṛšan Rieſe	santi ſein 2
luḍ Luſt	vêda wiſſen	saptan ſieben
lup Raub	vêlûriga (p.) Beryll	sabar Saft
lubh lieb, Lob	vâiḍûrya —	sabhâ Sippe
lû verlieren	vrîhi Reis 1, Roggen	sam vṛt werden
lôḍ Luſt		sama- gleich
lôpâças Fuchs	çak hagen	samana ſammeln

samâ Sommer
sarpis Salbe
sarvas all, jelig
sah Sieg
sahas —
sahasra tausend
si Saite, Seil
sic Seihe, sinken
siñcâmi sinken
singabêra(p.)Ingwer
sîv Säule 2
su Sau
sû Sohn (j. su)
sûkara Sau
sûtra Saum 1
sûnus Biene, Sohn
sṛ Sturm
sêtu Seil
sku Scheuer
skund schießen
stan stöhnen
stamba stampfen
star Stern
starî Stärke
stigh Steig
stump stopfen
stṛ Streu
sthagâmi Dach, decken

sthal Stelle
sthâ Stadel, stehen
sthâtra Stadel
sthâṇu still
sthâpay Stab
sthira starr
sthûṇâ Stelle, Stolle
sthûra Stier
snâvas Sehne
snih Schnee
snuśâ Schnur 2
spaç spähen
sphaṭ spalten
sphal fallen
sphâ sputen
sphuṭ spalten
sphur Sporn
shûrj Sprache
smi schmeicheln
smêras schmeicheln
sraj Strick
sridh Schlitten, Streit
sru Strom
sva Schwester, sich
svad süß
svan Schwan
svapnas Schwefel
svar Schwarm, Sonne

svarus Humpe
svasâ Schwester
svâd süß
svâdu --
svid, svidyâmi schwitzen
svṛ Schwäre

haṅsas Gans
haṅsî --
hanavya Kinn
hanus
hari gelb, Gold
hary gern, wollen
hi Ger
-hi da
hiraṇya Gold
hirâ Garn
hîḍ Geist
hu gießen
hû Gott
hṛd Herz
hṛdayam —
hṛś Gerste
hêḍas Geist
hêmanta Winter
hêśas Ger
hyas gestern
hrî greinen

Italienisch.

abate Abt
aceto Essig
agosto August
albaro Alber
albergo Herberge
alchimia Alchimie
alenare Essig
allarme Alarm, Lärm
alna Elle
amascino Zwetsche
ambasciata Amt
ancora Anker 1
aprile April
araldo Herold
arancia Pomeranze
arciere Hatschier
argento vivo Quecksilber
aringo Ring
arlecchino Harlekin
arnese Harnisch

arraffare raffen
arrappare —
arrostir Rost 1
asello Assel, Esel
asino Esel
aspo Haspe
astracu (fic.) Estrich
astregh (mlb.) --
astuccio Stauche
avorio Elfenbein

babbeo Bube
babbole —
babbuino Pavian
bacinetto Pickelhaube
bacino Becken
baja Bai 2
baldacchino Baldachin
baldo bald
balestra Armbrust

balsamo Balsam
banca Bank
banco —, Bankett
banda Bande
bara, barella Bahre
baracane Berkan
barbio Barbe
barca Barke
basso Baß
basta Bast
bastione Bastei
bastire —
basto Bast, Bastard
beccare Bicke
becco —
benda binden
bendare —
bevero Biber
bezzo Batzen
bianco blank

biavo blau
bica Beige
bicchiere Becher
bidello Pedell
bieta Beete
biondo blond
biscotto Zwieback
boccale Pokal
bordo Borte
borgo Burg
borragine Boretsch
borsa Börse
bosco Busch
bosso Buchs
bossolo Büchse
bottega Bottich
bozzetto Posse
bozzo —
bracciatello Bretzel
bracco Bracke
brache Bruch 3
brando Brand
brodo Brot
bruno braun
brusco barsch
bucare bauchen
buccina Posaune
buffettare puffen
buffo —
burro Butter

cacio Käse
cadenza· Schanze
cadòm (bol.) Kalbaunen
cafura Kampfer
camamilla Kamille
camello Kamel
camera Kammer
camerata Kamerad
camicia Hemd
camminata Kemenate
camozza Gemse
campana Glocke
canella Kanel
canfora Kampfer
cantaro Zentner
canto Kante
capuccio Kappes, Kapuze
carato Karat
cardo Karde
carpione Karpfen
carvi Karbe
castagna Kastanie

cavezzone Kappzaum
cavoli rape Kohlrabi
cavolo Kohl
cece Kicher
cedola Zettel
censo Zins
cerceta Kriekente
cerfoglio Kerbel
cesoje Schere 1
cetera Zither
chioccia Glucke
chiocciare —
chiostro Kloster
chiusa Klause
chollera Koller 2
cifra Ziffer
cinta Zent
ciovetta Schuhu
cipolla Zwiebel
circo Zirkel
circolo —
ciriegia Kirsche
citra Zither
cizza Zitze
coccio Kutsche
codatremola Bachstelze
coltra Koller 2
composto Kumpest
compra Grempelmarkt
comprare —
coniglio Kaninchen
conocchia Kunkel
contrada Gegend
coppa Kopf
coracino Karausche
corniolo Kornelle
costo Kost 1
cotogna Quitte
cotta Kot 1, Kotze, Kutte
crescione Kresse
creta Kreide, Seide
croccia Krücke
crocco —
crompare Grempelmarkt
cucina Küche
cucuzza Kürbis
cuffia Kopf
cuocere kochen
cuoco Koch
cupola Kuppel
cuscino Kissen
cutretta Bachstelze

damasto Damast
dannare verdammen
danzare Tanz
dar presa Preis
dattilo Dattel
decano Dechant
desco Tisch
diamante Demant
digrignare greinen
donna Frau
dozzina Dutzend
droga Droge
druda, drudo traut

elmo Helm 1
empiastro Pflaster
ermellino Hermelin

fagiano Fasan
falbala Falbel
falbo fahl
falcone Falke
faldistorio falten
fallire fehlen
falso falsch
fata Fee
favonio Föhn
feltro Filz
festa Fest
fiadone Flaben
fianco Flanke, Gelenk
fiasco Flasche
fico Feigwarze
fiera Feier
figa Feige
fino fein
finocchio Fenchel
finta Finte
fiore Florin
flauto Flöte
forbici Schere 1
formaggio Käse
franco frank
frangia Franse
frasche Fratze
frosco frisch
fuga Fuge
furetto Frettchen

gabbia Käfig
gabbiuolo --
gaggia —
gaggio wett

galanga Galgant
galea Gelte
galeotta —
galla Galle 2
gatto Katze
Gazari Ketzer
gazza Elster
gherone Gehren
ghindare Winde
giaco Jacke
giga Geige
girfalco Geier
giubba Joppe
giubilare jubeln
giuoco Juks
giuppa Joppe
golfo Golf
gonfalone Fahne
gramo gram
grappa Krapfen 2
grattare kratzen
greppia Krippe
greto Grieß
griffo Greif
griffone —
grigio greis
grillo Grille
grimaldello Dietrich
griso greis
grosso Groschen
grotta Gruft
gruzzo Grütze
guadare waten
guado Waid, waten
guai weh
guajo —
gualcare walken
gualchiera walken
guancia Wange
guardare Wart
guarentire gewähren
guarento —
guarnire wahren
guerra wirr
guisa Weise
guitarra Zither

incanto Gant
inchiostro Tinte
ingombro Kummer
insalata Salat
intonicare tünchen
intonicato —

intonico —
isola Insel
isopo Isop
izza Hitze

lacca Lache
laccio Latz
laido Leid
lancia Lanze
landa Land
lasco Asche 2, lasch
lasso laß
lasto Last
lastrico Estrich
latta Latte
lattovaro Latwerge
lauro Lorbeer
lavagna Lei
lavendola Lavendel
leccare lecken 1
lega Meile
lesina Ahle
lesto Lift
levistico Liebstöckel
limosina Almosen
lira Leier
lista Leiste 1, Liste
liuto Laute
loggia Laube
loja Lauer
lotto Los
luchina Lug
luna Laune
luna di miele Flitter
lunedi Montag

madreperla Perlmutter
maestro Meister
Maggio Mai
magon Magen
magone —
magro mager
magun Magen
majo Maie
majorana Majoran
maledire maledeien
malva Malbe
mandola Mandel 2
mangano Mange
mantello Mantel
marca Mark 1
marese Marsch, Morast
marga Mergel

mariscalco Marschall
marmotta Murmeltier
martirio Marter
martora Marder
maschera Maske
mattino Mette
matto matt
medico Arzt
mercato Markt
mescere mischen
messa Messe
mezzana Besanmast
miele (luna di m.) Flitter
miglia Meile
miglio —
milza Milz
monaco Mönch
moro Mohr
mostarda Mostert
mosto Most
mostra Muster
muffo Muff 2
mulinaro Müller
mulino Mühle

nabisso Nobiskrug
nappo Napf
nastro Nestel
nespola Mispel
niffo Schnabel
nona None
nonna Nonne
nonno —
norte Nord

ocra Oder
oleandro Oleander
ora Uhr
orda Horde
organo Orgel
ostrica Auster
ovate Watte

pacco Pack 1
pagano Heide 2
palafreno Pferd
palco Balken
palizzata Pallisade
panca Bank
pancia Panzer
panciera —
pantofola Pantoffel
papa Papst

pappa Pappe	pozzo —	ruca Raute
pappagallo Papagei	prebenda Pfründe	ruchetta —
parco Pferch	predicare predigen	rullare Rolle
parrochia Pfarre	prence Prinz	rullo —
parroco —	presa Preis	ruta Raute
partita Partei	prete Priester	
passare paschen	prevosto Propst	sabbato Samstag
pasta Pastete	prezzare preisen	sacco Sack
patata Kartoffel	prezzo Preis	sagire setzen
patrino Pate, Vetter	propaggine pfropfen	sagrestano Sigrist
pausa Pause	prova Probe	sala Saal
pavone Pfau	provare prüfen	salata Salat
pece Pech	provenda Pfründe	salma Saum 2
pedante Pedant	prugna Pflaume	sandalo Sandel
pellegrino Pilger	pulpito Pult	sapone Seife
pelliccia Pelz	punto bunt	sardella Sardelle
peluzzo Plüsch	punzone Bunzen	sardina —
pena Pein		satureja Saturei
pentecoste Pfingsten	quadrello Quader	scabino Schöffe
pepe Pfeffer	quadro —	scacchi (a sc.) scheckig
pera Birne	quaglia Wachtel	scacco Schach
perla Perle	quartana Kartaune	scaffale Scheffel
pesca Pfirsich	quarto Quart	scaglia Schale
piaga Plage	quarzo Quarz	scalco Schalk
pianca Planke	quintale Zentner	scandola Schindel
pianta Pflanze		scaraffare schröpfen
piastrello Pflaster	rabarbaro Rhabarber	scarmuccia Scharmützel
piatto platt	racimolo Rosine	scarlatto Scharlach
piazza Platz 1	rada Rhede	scarpa scharf
picca Pick	raja Roche 1	scartata Scharteke
piè d'oca Gänserich	ramponzolo Rapunzel	scatola Schachtel
piliere Pfeiler	rancare renken	scellino Schilling
pillola Pille	ranco —	schermire schirmen
piluccare pflücken	rangifero Renntier	schermo —
pincione Fink	raspo Rapp	scherzare Scherz
piò (lomb.) Pflug	ratto Ratte	schiaffo Schlappe 2
pioppo Pappel 2	razza Rasse	schiarea Scharlei
pipillare piepen	recare recken	schiavo Sklave
pipita Pips	rendita Rente	schiena Schienbein
pisciare pissen	ricco reich	schiera Schar 2
piva Pfeife	riga Riege	schifo Schiff
poleggio Polei	rigoletto —	schinco Schinken
polso Puls	risma Ries	schiniere Schienbein
polvere Pulver	riso Reis 1	schippire schleifen
pomice Bims	roba Raub	schiuma Schaum
pomo Pomeranze	rocca Rocken	schivare scheu
porcellana Porzellan	rodomontata Rodomontade	schizzo Skizze
porto Port	Rodomonte —	sciabla Säbel
posta Post	rosa Rose	sciamito Samt
posto —	rosso Rauschgelb	sciarpa Schärpe
potare impfen	rotolo Rolle	scito scheißen
potassa Pott	ruba Raub	scodella Schüssel
pozza Pfütze	rubare —	scorbuto Scharbock

scoss (lomb.) Schoß 3	spendere Speise, Spende	stufare —
scotolare Schutt	spesa Speise	suolo Sohle 2
scotta Schote 2	spezieria Spezerei	
scotto Schoß 2	spiare spähen	tabacco Tabak
scrigno Schrein	spillo Spilling	taccola Dohle
sdrajarsi Streu	spione spähen	taccuino (mlb.) Almanach
secchia Seidel	spito Spieß 2	taglia Teller
secco Seft	sportula Sporteln	tagliare —
seda (ubit.) Seide	springare springen	tagliere —
segno Segen	sprizzare spritzen	talero Thaler
segolo Sichel	sprone Sporn	tanghero Zange
semola Semmel	spruzzare spritzen	tappeto Teppich
sena Genesbaum	spuntare Spund	tappezzare —
senno sinnen	spuntone —	targa Zarge
sestiere Sechter	spuola Spule	tartufo Kartoffel, Trüffel
seta Seide	squadrone Schwadron	tartufolo Kartoffel
settimana Woche	squassacoda Bachstelze	tasca Tasche
sgabello Schemel	squilla Schelle	tasso Dachs
sghembo schlimm	squillare Schall	tastare tasten
sgneppa Schnepfe	stacca Staken	tattera Zotte 1
sgraffiare schraffieren	staffa·Stapfe	tavola Tafel
sguancio schwank	staffetta —	tazza Tasse
sgurare scheuern	stagno Zinn	tegghia Ziegel
sicuro sicher	stalla Stall	tegola —
signora, -e Herr	stallo —	tenda Zelt
siniscalco Seneschall	stallone —	terno Terne
slitta Schlitten	stampa stampfen	terrazzo Traß
smacco Schmach	stampare —	tetta Zitze
smalto Schmalte, schmelzen	stanga Stange	tettare
smalzo Schmalz	stato Staat	tinta Tinte
smeriglio Schmergel	stecca stecken	titolo Titel
smeriglione Schmerl	stecco —	tonfano Tümpel
smerlo —	stendardo Standarte	tonica tünchen
snello schnell	stinco Schinken	tonno Thunfisch
socco Socke	stivale Stiefel	toppo Zopf
soglia Sohle 1, 2	stocco Stock	torba Torf
solajo Söller	stoffa Stoff	torre Turm
solare —	stolto stolz	torso Dorsche
soldato Sold	stoppare Stöpfel	tortora Turteltaube
soldo —	stoppio Stoppel	tovaglia Zwehle
solzio Sulze	storione Stör	tratta Tratte
sorta Sorte	stormo Sturm	trattare trachten
spada Spaten	straccare strecken	tregua treu
spanna Spanne	strada Straße	trescare dreschen
sparagio Spargel	strale Strahl	trillare trillern
sparaviere Sperber	strappare straff	trincare trinken
spasso Spaß	stregghia Striegel	trionfo Trumpf
spato Spat	streglia —	tromba Trommel
spaziare spazieren	strozza Drossel 2	trombetta —
specchio Spiegel	strozzare —	trono Thron
speglio Spiegel	struzzo Strauß 3	trotto Trott
spelda Spelt	stucco Stück	truogo Trog
spelta —	stufa Stube	truppa Trupp

Janssen, Vinc. Fr., Inder.

tufo Tuff
tulipa Tulpe
tulipano —

uracano Orkan
urto hurtig

varsa f. versa
veccia Wicke 1
vernice Firnis
versa (lomb.) Wirsching
verzotto —
vescovo Bischof
vespro Vesper

viola Fiedel
violetta Veilchen
visciola Weichsel
visiera Visier
vivajo Weiher

zaffo Zapfe
zafferano Safran
zatta Zotte 1
zattera —
zazza —
zazzera —
zecca Zecke
zendado Zindel

zendale —
zenzero Ingwer
zenzovero
zettovario Zitwer
zezzolo Zitze
zibellino Zobel
zitta Zitze
zoticacco Zote
zotichezza —
zotico —
zucchero Zucker
zucchero candito Zuckerkand
zuppa Suppe

Jüdisch.

(Hebräisch f. o.)

käscher koscher

mazzo Matzen

scheker schäfern
schickzah Schicksel

zores Zores

Keltisch.*

(Irisch ist unbezeichnet; cymrisch = cy., cornisch = co., gaelisch = g., bretonisch = b., welsch = w., armorisch = a.)

aball Apfel
abb Abt
acat Essig
adagur zag
adgéin können
ail Felsen
aile elend
aingel Engel
ainm Name
aite Ätte
alim alt
almsan Almosen
apa (ir. u. g.) Affe
assan Esel
athach Atem
auc Oheim

bacc (ir. g.) Wicke
bág bägern

bágim —
baitsim Taufe
bal Ballast
bán bohnen
bar Baron
bargen Bretzel
bech Biene
bedd (cy.) Bett
bele (cy.) Bilch
beo keck
berr bohren
biail Beil
bláth Blume
blawd (cy.) Mehl
bleud (b.) —
bocc Bock
bolg Balg
bolgaim —
borg Burg

both Bube
bothán —
boukat (b.) bauchen
bragal (cy.) prahlen
bre (cy., a.) Berg
breth Wort
bri Burg
brigh Berg
brissim bersten
brith gebären, Geburt
briva Braue, Brücke
bro (cy. co.) Mark 1
brogil Brühl
brú Mark 1
bruig —
bruinne Brust, Brünne
bruith brauen
bruth —
bruthe —

* Die kelt. Eigennamen f. am Ende.

bry (cy.) Berg
buaid Beute 2
buide bieten
bus (ir. g.) Kuß

cácch blind
caill Holz
caimmse Hemd
caise Käse
calath Held
calet (b.) —
calich Kelch
camra Kammer
cara Hure
caraim —
carcar Kerker
carp (w.) Karpfen
carr (g.) Karre
cass Haar 2
cat (ir., g.) Katze
cath Hader 1
cawl (cy.) Kohl
cél heil, heilig
celim hehlen
chwech (b.) sechs
cincgigais Pfingsten
cland Pflanze
cloc Glocke
cloch (cy.) —
clúm Flaum
cnocc Nacken
cnoch (b.) —
cnú Nuß 1
cog (cy. co.) Küchlein,
    Kuckuck
cóic fünf
coill Holz
coll Hasel
comarpi Erbe   •
combairt gebären
corn (ir., co., cy.) Horn
cot (g.) Kot 1
críathar Reiter
cride Herz
crith Ritten
crocen Rücken
cromm krumm
cruim Wurm
cruimther Priester
crwc (cy.) Krug 1
crwm (cy.) krumm
cu Hund
cúach Küchlein, Kuckuck

cúan Hafen 2
cuicel Kunkel
cuil Hellbank
cuire Heer
cuitho Pfütze
cumung eng

dá zwei
dacr Zähre
dér Zähre
dét Zahn
dia sathairnn Samstag
do zu
drucht triefen
drud (cy.) traut
drúth (g.) —
dub Taube
duibe —
dún Zaun
dùn Düne
dwfn (cy.) tief

écad Angel
ecclesia Kirche
elain (cy.) Hirsch
em nehmen
éo Eibe
epscop Bischof
er (co., b.) Aar
err Arsch
eryr (cy.) Aar
ét Ende, finden

fairsing Riese
faiscim waschen
fáith Wut
fás Wust
fedaim Wittum
fedb Wittib
fén Wagen
feraim gewähren
ffenester (cy.) Fenster
fichim Weigand
fid Wiedehopf
fín Wein
find Winter
fínime Wein
fír wahr
flaith walten
formúichdetu meuchel=
formúichthai —
formúigthe —
fudomain tief

gabim geben
gabhla Gabel
gabul —
gai Ger
garan (cy.) Kranich
gebel (cy.) Gabel
géd Gans
géin s. adgéin
géis Gans
gíall Geisel
gin gähnen, Kinn
glé glimmen
gnáth können
gnia Knabe (Nachtrag)
gort Garten
gorwydd (cy.) Pferd
grád Grad
greann (g.) Granne
grend —
gríf Greif
guoohi (b.) Wespe
gwasgu (cy.) wachsen

haf (cy.) Sommer
haiarnaez (cy.) Harnisch
halen (cy.) Halle 2
ham (cy.) Sommer
hebauc (cy.) Habicht
hefis (cy.) Hemb
hos (co.) Hose
hwrdh hurtig

íarn Eisen
iasc Fisch
il viel
imb Anke
imbliu Nabel

kaban (cy.) Kabuse
karr (b.) Karre
kelen Hulst

lám fühlen
lan (co. b.) Land
lán Korn, voll
lár Flur
laz (b.) Latte
legaim lechzen
léicim leihen
lethar Leder
lia leer (Nachtrag)
lland (cy.) Laub
lledr (cy.) Leder

11*

loch Meer	óen ein 1	sebocc Habicht
lóche(t) Licht	oeth Eid	secht sieben
locht Laster	og Ei	sechtman Woche
lón Licht	oged (cy.) Egge	segaim Sieg
lúag Lohn	oll (cy.) all	selb selb (vgl. Nachtrag)
lúaide Lot	onnurid firn	sen Seneschall
luige Lug	orc Ferkel	sén Segen
luss Lauch	oxal Achsel	senister Fenster
		serc Sorge
macc Magd		sét Gesinde, Sinn
maite Mast 1	pac (ir., g.) Pack 1	síl Same
manach Mönch	pâirc (g.) Pferch	síric Seide
manister Münster	pairche Pfarre	síta —
már Märchen	pak (b.) Pack 1	sithal Seidel
marb Mord	parc (cy.) —	slath Latte
marc Marschall	parwg (cy.) —	slechtaim Schlag 2
march (w.) —	peten Pfütze	sligim —
marg (b.) Mergel	pían Pein	slug schlucken
marka- (altkelt.) Marschall	pimp (cy.) fünf	snáth Schnur 1
marl (cy.) Mergel	pinc (cy.) Fink	snáthat nähen
matan Mast 1	plant (cy.) Pflanze	snáthe —
maten Mette	plumauc (cy.) Flaum	snechta Schnee
máthir Mutter	poit (g.) Pott	sóeth sehr
meirb mürbe	pot (cy.) —	sotaire Zote
meithel mähen	pridchim predigen	sráth Straße
meldach mild		sról Schleier
melim mahlen	radan (g.) Ratte	sruaim Strom
menicc manch	rám Ruder	sruth —
mí mis=, Mond	rech Furche	súgim saugen
míl schmal	rêda Pferd, reiten	suthan Zote
mláith mild	rhych (cy.) Furche	
modryb Muhme	ríad bereit, reiten	
mong Mähne	ríadaim —	tamon Stamm
mór Märchen	ridd (cy.) frei	tarb Stier
muin Mähne	ríg- ;Reich	temel dämmern
muince —	roth Rad	temen —
muinél –	rún rauen	tíach Zieche
muir Meer		tinne Zinne
múl Maul 2	sac Sack	tiug dick
mulen Mühle	sáeth sehr	tocad gedeihen
munter Münster	sagim sagen	tref (cy.) Dorf
múr Mauer	sáigim suchen	túath deutsch
	sáith satt	tunna (ir., g.) Tonne
nél Nebel	salann Salz	tynged (cy.) gedeihen
nenaid Nessel	sam Sommer	
net Nest	samrad —	uall übel
nia Neffe	sapait Samstag	uball Apfel
nocht nackt	sásaim satt	uile Elle, all
nói neun	suthach —	ule all
	sathairnn (dia s.) Samstag	-ung eng
	scáil Schatten	usce waschen
ocet (co.) Egge	scáth —	
ocht acht	scuchim geschehen, schicken	yw (cy.) Eibe

Kelt. Eigennamen

Alpes Alpe
Atrebates Dorf
Augustodûnum Zaun
Augustoritum Furt

Bibracte Biber

Brigantes Berg
Brigantia —
Brigiani —

Caturiges Haber

Lugdûnum Zaun

Mac Carthy Magd
Macaulay —

Vindobona Winter
Vindomagus —
Vindonissa —
Volcae welsch

Langobardisch.

arga arg

campus Kamp

Falco Falke
fereha Föhre

thinx Dienstag, Ding

Lateinisch

(einschl. Altlat., Bulgärlat. u. Mittellat.; die ital. Dialekte s. besonders).

abbas Abt, Essig, Kette 2
abbatia Abtei
Abollanum Apfel
abrotonum Aberraute, Ebritz
absida Abseite
abyssus Nobiskrug
accipere Habicht
accipiter —
acer Ahorn
acetum Essig
achates Achat
acies Eck, Egge, Ähre, Axt
acre (vinum) Essig
acte Attich, Lattich
aculeus Ähre
acus —
ad bis
adamas Demant
adspectus spähen
advenire Abenteuer
adventura —
advocatus Vogt
aequus eben, Ehe
aes Erz, Eisen
aesculus Esche
aestivale Stiefel
aestumare Ehre
aeternus Ehe
aevum —, ewig, Seele
ager Acker
agere —, Achse

agnus castus keusch
agrimonia Odermennig
ala Achsel, Deichsel
alabastrum Alabaster
alba Albe 1
albula Albe 2
albus Alber
alces Elentier
alere alt
Alisatia elend
alius —
allodium Allod
almutia, -um Mütze
alnus Erle
Alpes Alpe
altare Altar
alter ander
altum Haff
alumen Alaun
ama Ohm
amandola Mandel 2
amaracus Majoran
amare gönnen
amarellus Ammer
amarus Ampfer
ambactus Amt
ambi- bei
ambire werben
ambo beide
amittere meiden
amnis Ufer

ampulla Ampel
amputare impfen
amylum Amelmehl
an- an
anachoreta Einsiedel
anas Ente
anas crecca Krickente
anas querquedula —
anceria Anker 2
ancheria —
ancilla Enke
ancora Anker 1
angelus Engel
angere eng
anguilla Aal
angulus Angel
angustiae Angst, eng
angustus eng
anhelare an, Essig
anima Tier, ahnden
animadvertere Verweis
animal Tier
animus ahnden
anisum Anis
annona Ernte
ansa Öse
anser Gans
ante ant-
antiae Stirn
anus Ahn, Hebaumme, Mann
aper Eber

apium Eppich
apostolus Bischof
apotheca Bottich
apricus aber 2
Aprilis April
aqua -aff, Au, Wasser
Aquae Bad
aquaeductus Abzucht, An=
   bauche
aquilegia Aglei
arare Art, Acker
arbalista Armbrust
arbor Alber, Espe
arca Arche
archangelus Erz=
archi- —
archiater Arzt
Archigenes —
arcora Erker
arcubalista Armbrust
arcus Erker, Pfeil
area Ar, Ähren
argentum Silber
argentum vivum Quecksilber
aries Krahn
aristolochia Osterluzei
armenius Hermelin
armus Arm
armutia Mütze
ars Art
artista Arzt
arvum Ähren, Erde
as Aß
ascalonium Aschlauch, Scha=
   lotte
ascia Axt
asellus Esel, Assel
asinus Esel, Igel
asparagus Spargel
assis Aß
astracus, astricus Estrich
atramentum Tinte
Atrebates Dorf
-atus Einöde
audire hören
augere auch, Wucher
augia Au
Augustodunum Düne, Zaun
Augustoritum Furt
augustus August, auch
auris Ohr
aurora Osten
auscultare hören, Ohr

avena Haber
avis Vogel, Ei, Strauß 3
avunculus Enkel 2, Oheim
avus Oheim
axilla Achsel
axis Achse

babuinus Pavian
baburrus Bube
bacar Becher
bacca Beere, Becken
baccalaureus Hagestolz
baccinum' Becken
bacilletum Pickelhaube
bacinetum —
baco Bache
bajulus Ballei
ballia, ballivus —
balneum Bad
balsamum Balsam
balteus Belt
bandum Banner
barba Bart, Barte 1, 2, Backe
   2, Barbe, Barbier, Lende
barbarius Barbier
barbarus brav
barbellus Barbe
barbus —
barca Barke
barcanus Barchent
barica Barke
baro Baron
barracanus Berkan
Batavia Au
Baunonia Bohne
bedellus Büttel, Pedell
bellum Zwist
benna Benne
bersare birschen
beryllus Beryll, Brille
beta Beete
betonica, -ula Bathengel
bi- zwie=
biber Biber
bibere Bier
biblia Bibel
Bibracte Biber
bicarium Becher
bidellus Pedell
bilix Zwillich
billa Bill
birretta Barett
birrum, -us —

bisamum Bisam
biscopus Bischof
bitumen Kitt
blaterare plaudern
blundus blond
boja Boje
boletus Pilz
bombyx Bombasin, Bombast
bos Kuh
boscus Busch
braca Bruch 3
bracellum Bretzel
brachiolum —
brachium —, Brasse
breve, brevis Brief
Brigantes, -ia Berg
Brigiani —
-brum Reiter
bubalus Büffel
bucca Backe 2
buccina Posaune
buccula Buckel 1
bucina Posaune
bulbus Bolle 1, Zwiebel
bulga Balg, Bulge
bulla Bill, Bulle 3
Burgundiones Berg
burgus Burg
buscus Busch
bussa Büse
butina Bütte
butyrum Butter
buxus Buchs
buza Büse

caccare kacken
cadena Kette 2
cadmia Galmei
caecus blind
caedere scheiden
caepulla Zwiebel
caerefolium Kerbel
Caesar Kaiser
caesaries Haar 2
cafura Kampfer
calamancus Kalmank
calaminaris Galmei
calamus Halm, Schalmei
calare holen
calcare Mahr, Kelter
calentorium Kelter
calcatura —
caldumen Kaldaunen

caldus —
calendae Kalender
calendarium —
calidus Kalbaunen
calix Lärche, Kelch
calvus kahl
calx Kalk
camamilla Kamille
camelus Kamel
caminata Kamin, Kemenate
caminus Kamin
camisia Hemd, Kamisol
camphora Kampfer
campus Kamp, Kampf, Hof
cancelli, -us Kanzel
cancer Kanker 1, 2
canere Hahn, Schwan
caniculus Kaninchen
canis Hund
canistrum Knaster
canna Kanel, Kanne
cannabis Hanf
cannetta Kanne
cantharus Kanne
capa Kapelle 1, Kappe
capella Kapelle 1, 2
capellanus Kaplan
caper Bock, Haber, Habergeiß
capere heben, haben, Habicht, haschen
capillare kahl
capillus Haupt
capito Quappe
capitulum Kapitel
capo Kapaun
cappa Kappe
cappo Kapaun
captivus Haft 2
captus —, =haft
capucinus Kapuze
capucium —
capulum Kabel
capus Habicht
caput Haupt, Kappes, Laub
carabus Groppe, Krabbe
carbunculus Karfunkel
carcer Kerker
cardus, carduus Karbe
carere Haar 2
careum Karbe
carpere Herbst, Karpfen
carra Karren
carruca Karch

carrus —, Karre
Cartusia Karthause
carus Hure, zart
caseus, -ius Käse
cassis hüten
castanea Kastanie
castigare kasteien
castus keusch
catapulta Bolz
catena Kette 2
catillus Kessel
catinus —, Igel
cattus Katze
Caturiges Haber 1
caulis Kohl
caupo kaufen
causa kosen
causari —
cavea Käfig, Kaue
cavere schauen
cavia Käfig
cedrus Zeder
celare hehlen
cella Zelle
cellarium Kalk, Keller
cellarius Kellner
cellenarius —
celsus Halde
cendalum Zindel
census Zins
centa Zent=
centaurea tausend
centenarius Zentner
cento Haber 2
centum Hundert
cera Kerze
ceraseus Kirsche
cerasum —, Pflaume
cerata Kerze
cerebrum Hirn
cernere Räder
cervus Hirsch
chamandreus Gamander
chelidonia Schellkraut
cholera Koller 2
chorda Korbe
chorea S. Viti Veitstanz
cicer, -a Kicher
cichoria Kicher
ciconia Häher
cicoria Kicher
cinamonium Zimmet
cingere Zingel

cingulus —
cinnabaris Zinnober
circulus Zirkel
circus —, Bezirk
cirrus Hirse
cis heute
cisimus Ziesel
cista Arche, Kiste
cithara Zither
citra heute
citrus Zitrone
civis Heirat
clangor Klang, klingen
clarus klar
claudere Klause, schließen
claudus lahm
clausa Klause
clausarius —
claustrum Kloster
clausula Klausel
clausum Klause
clericus Pfaffe
clinare lehnen 1
clivus —
clocca Glocke
closum Klause
cluere laut
clusa Klause
clusinaria —
clusus —
cochlear Löffel
cofea Kopf
cognomentum Leumund
cohors Garten
coleus Hode
coliandrum Koriander
colis Kohl
collarium Koller 1
collis Halde, Holm
collum, collus Hals
colus Kunkel
coma Haar 2
combrus Kummer
comes stabuli Marschall
commendator Komtur
communis ein, Meineid, gemein
companio Kumpan
compater Gevatter
compes Fessel 1
complere voll
con- ge=, Ganerbe
conila Quendel

conivere neigen	croccia —	defrutum brauen
conscientia Gewiſſen	crocea, -us --	delere tilgen
consolida Günſel	crucca —	delirare irre, Gleiſe, lehren
conspicere ſpähen	crucea, -ia —	dens Zahn
constare Koſt 1, koſten 1	crudus roh, Räude	densus dürr
contra Gegend	cruentus Räude	derbiosus Zitteroch
contrafactus kunterbunt	cruor —, roh	deus Gott
conucula Kunkel	crusina, -inna Kürſchner	dexter recht
convenire bequem	crusna —	diabolus Teufel
copa Kufe 2	crusta Kruſte	dicere zeigen
copula Koppel	crux Binz, Kelch, Kreuz, Küſter	dictare bichten
copulare kuppeln	crystallus Kryſtall	dies Morgen 2, Tag
coquere kochen, Kuchen	cucina Küche	dies Lunae Montag
coquina Küche	cuculus Kuckuck, Gauch	digitus Zeh
coquus Kuchen, Koch	cucurbita Kartoffel, Kürbis	dignus Zeichen
cor Herz	cucurum Köcher	discus Tiſch
coracinus Karauſche	culcita Kiſſen, wölben	diurnalis Morgen 2
corallium, -us Koralle	culleus Kelle	-do zu
corbis Korb, Reff 1	culmen Halm, Holm	doceo, doctus gelehrt (S.206)
coriandrum Koriander	culmus Halm	domare zahm
cornix Rabe	cum ge=	domina Dambrett, Frau
cornolium Kornelle	cumba, cumbus Kumpf	Dominica in Albis Pfingſten
cornu Horn	cuminum Kümmel	dominus Frau
cornus Kornelle	cunctari hangen	domus Dom, Zimmer
corona Krone	cuniculus Kaninchen	draco Drache, Ente
coronare krönen	-cunque irgend	ducatus Dukaten
corpus Körper, mitte	cupa Kopf, Kuppe, Kapelle 2,	ducere ziehen
cortex Kork	Kiepe, Kübel, Kufe 2	ductile Tülle
corulus Haſel	cupella Kapelle 2, Kübel	dumus zauſen
corvus Rabe	cupellus Kübel	duo Daus, zwei
costa Koſt 1, Küſte	cuper Kupfer	duodecim Dutzend
costare koſten 1	cupere hoffen	durare bauern 1
costurarius Küſter	cupla Koppel	
costus Koſt 1	cuppa Kopf	ebenus Ebenbaum
cotagium Kot 1	cuprum Kupfer	eboreus Elfenbein
cotonea Quitte	currere Roß 1	ebur —
cotta Kotze, Kutte	curtus kurz, Schurz, mager	ecclesia Kirche
cottanum Quitte	curvus Kurbe	edere eſſen
cottus Kutte	cussinus Kiſſen	ego ich
coxa, coxim Hechſe	custor Küſter	electuarium Latwerge
crabro Horniſſe	custos —, Haus	eleemosyne Almoſen
cras geſtern	cutis Haut	emere nehmen
crates Korn, Hürde	cyprium Kupfer	emplastrum Pflaſter
crecca Kriekente		encaustum Tinte
crecopulus Rohrdommel	dactylus Attich, Dattel	endivia Endivie
cremare Herd	dama Dambock	episcopus Bottich (Biſchof)
creta Kreide, Seide	damascena Zwetſche	equo vehi reiten
creteus Räder	damnare verdammen	equuleus foltern
cretobulus Rohrdommel	decanus Dechant	equus —, Heu, Roß 1
cribrum rein, Reiter	decem zehn	errare, error irre
crimen Leumund	decorus Zier	eruca Rauke
crispus kahl	decuria Decher	erugero räuſpern
crocca Krücke	decus Zier	ervum Erbſe

esse (est) sein 2
esus essen
et oder
examitum Samt
excellere Halm, Hals
exclusa Schleuse
excurare scheuern
exoticus Zote
expendere Speise, Spende
extendere Staubarte

faba Bohne
fabula Fabel
facere heben, thun
facula Fackel
fagus Buche
falco Falke
faldistolium falten
faldistorium -
fallere fallen, falsch, fehlen
falsus falsch
falx Falke
far Barn
fari Bann
fasianus Fasan
fastidium garstig
fastigium Borste
fatum Fee
faux Schlauch
favonius Föhn
favus Wabe
fax Fackel
febris Essig, Fieber, Bieber
fel Galle 1
felix Bilsenkraut
fenestra Fenster
feniclum, -culum Fenchel
fenuclum -
feria Feier
feriae -, Beete
feriari Feier
ferire Bär 1
fermentum Bärme
ferre Bahre, gebären, bohren
fertilis gebären
ferula Besen (Nachtrag)
festum Fest
fiber Biber
ficus Feige, Feigwarze
fidere bitten
fieri sein 2
figulus Teig
figura -

filix Bilsenkraut
filtrum Filz
fimbria Franse
findere beißen, Beil
fingere Teig
finire fein
fistula Fistel
fixus fix
flado Fladen
flagellum Flegel
flagrare blecken, flackern
flamma Flamme
flare blähen
flasca, -o Flasche
flavus blau
flere bellen
flexus Flechse
fligere bläuen
floccus Flocke
florere Blume, Blust
florinus Florin
flos Blume, Florin
floscellus Flöskel
focare Fächer
focarius -
foculare -
focus -, backen
fodere Bett
foeniculum Fenchel
folium Blatt
follis Balg
forare bohren
fores Thür
foresta Forst
foris -
forma Form
formica Ameise
formula Formel
formus Bärme, warm
fotrale Futteral
fraces Treber
fragrare Bracke
framea Franse
frangere brechen
frater Bruder
fremere Bremse, brummen, gram
frendere Grand, Gerste
frigĕre braten
frigēre frieren
frons Brane
fructus Frucht
fruges brauchen

frui -
fugere biegen
fuisse bauen
fulgur Blitz
fulica Belche 2
fulmen Blitz
fundere gießen
fundus Beunde, Boden
fungi Bauch
fur Frettchen
furca Furke
furere Thor 1
furetum, -us Frettchen
furo -
furvus Bär 2
fusilis Fusel
fustis Bausch
futurus bauen

gabalus Gabel
gaesum Ger, Kaiser
galanga Galgant
galatina Gallerte
galeta Gelte
galla Gallapfel, Galle 2
gamandraea Gamander
ganta Gans
gelare Gallerte, kalt
gelidus kalt
gelu -
gena Kinn
genista Ginst
gens Kind
gentilis Geschlecht
genu Knie
genuini (dentes) Kinn
genus Kind, Knabe, Knecht, Heil
gignere -
glaber glatt
gladius Kloß
glesum Auer, Glas, Bernstein
glis Klette
globus Kolben, Knäuel
glocire Glucke, Klucke
glomus Knäuel
glubere klieben
gluere Knäuel
gluma -
glus Klei
gluten -
(g)noscere können
gradus Grab

Graecus Kaiser
gramen Gras
grandis groß
granum Korn, Gran
graphium Griffel
griphus Greif
griseus Greis
grossus Groschen
grunnire grunzen
grupta Gruft
grus Kranich, Krahn
guasdium Waid
gubernare schalten
guerulfus Werwolf
gula Kehle
gurges Kolk
gurgulio Gurgel
gustare kiesen, kosten 2
gustus kiesen
gypsum Gips
gyrare Geier

habere haben, =haft, heben, hinten
haedus Geiß
halec Häring
hamus Hamen
hariolus Garn
haruspex —
hasta Gerte
hederacea Hederich
helvus gelb
heraldus Herold
Hercynia Berg
heri gestern
hiare gähnen
hic nun
hiems Winter
hilla Garn
hira —
hiscere gähnen
Hispanum (viride) Grün-span
hoc enim est corpus meum Hokuspokus
hodie heute
holeas Holz
homicida Papst
homo Braut, man
hora Uhr
hordeum Gerste
horrere —
horridus garstig

hortus Garten
hospes Gast
hospitale Spital
hostia Gast
hostis —
humlo Hopfen
humulus —
hupa —
hysopum Isop

ibiscum Eibisch
id er
imperator Kaiser
implere voll
imputare impfen
in in
in abysso Nobiskrug
in- un=
incensorium zünden
inclutus laut
incubo Haufe
incus Amboß
inferior unten
infra —
infula Insel
infundibulum Trichter
ingimus Winter
insece sagen
insectiones —
insistere instäudig
instigare stechen
insula Insel
intibus Endivie
intrare entern
invenire finden
ire Gasse, gehen, eilen
is er
ivus Eibe

Januarius Jänner
jecur Leber
joculari Gaukler
jocus Jucks
jubilare jubeln
jugerum Jauchert
jugum Joch
jungere —
juniperus Einbeere
Jupiter Dienstag
jus Käse, Jauche
juvencus jung
juvenis jung
juventa —

labare schlaff
labi —
labina Lawine
labium Lippe
labor Arbeit
Laburdanus Labberdan
Laburdum —
lac Milch
lacerare Schlag 2
lacruma Zähre, Zunge
lactuarium Latwerge
lactuca Attich, Lattich
lacus Lache, Meer
lagena, -oena Legel
lagona —
laicus Laie
laisius Leiste 2
lallare lallen
lambere Lippe, Löffel
lampetra Lamprete
lampreda —
lancea Lanze
lapatica Lattich
lapatium —
laptica —
laqueus Latz
larix Lärche
larva Larve
lassus laß, lassen
laterna Laterne
latinus lateinisch
lattica, -uca Lattich
laubia Laube
laurus Lorbeer
lautus lauter
lavare laben, Lauge
lavendula Lavendel
lectus liegen
lefa Lehne 2
legere lesen, Rechen
lenis lind
lens Linse
lentus lind, Linde
leo Löwe
levis leicht, leise, Lunge, Schleim
libens lieb
liber ledig
liberare liefern
libido lieb, Lob
libum Lebkuchen
licium Drillich, Lilie, Litze
ligusticum Liebstöckel

lilium Lilie, Rose
lima Schleim
limare —
limus —, Lehm, Leim
— linea Lilie, Linie, Leine
linere Kleister, Leim
lingere lecken 1
lingua —, Zunge
linquere leihen, bleiben, Leib
linum Leinen, Leine
liquiritia Lakritze
lira lehren, irre, Gleise
lolium Lolch
longus lang
lora Lauer
lubere Lieb, Lob
lubido —
lubricus Schleife, Schlupf
lucere Licht, Lohe 1
lucerna Kalk, Licht
lucidus Licht
lucrum Lohn
Lugdunum Düne, Zaun
lumbus Lende
lumen Licht
luna Laune, Licht, cfr. Montag
lupus Wolf, Schaum
lutum Letten
lux Licht, Lohe 1
lycoperdon Bofist
lycopodium Bärlapp
lyra Leier

macarellus Makrele
macellarius Metzger
macellum —
macer mager
macula Makel
magister Meister
magistratus Einöde
major Majoran, Meier
major domus Meier
majoracus Majoran
majorana —
Majus Mai
maledicere maledeien
malum Apfel
malus Mast 1, Nest
malva Malve
mancipium Kebse
mancus mangeln
mandala Mandel 1
mane Morgen 1

manipulus voll
Mannus Mann
mansio Metzner
mansionarius —
mantellum Mantel
manus Mund 2
maquerellus Makrele
maragium Morast
marca Mark 2
mare Mast 1, Marsch, Meer
marga, margila Mergel
margo Mark 1
mariscalcus Marschall
mariscus Marsch
marmor Marmel
marscallus Marschall
martes Marder
Martius März
martus Marder
martyr Marter
martyrium —
maserini (scyphi) Maser
massa Masse, Messing
mater Mutter
matratium Matratze
matrina Pate
matrix Mieder
matta Matte 2
mattina Mette
mattus matt
matutina Mette
matutinum —
Maurus Mohr
medicus Arzt
medius Besaumast, Mitte
medix deutsch
mejare Mist
mel Mehltau, Honig
meminisse mahnen, Minne
mens —,
mensa Speise
mensis Mond
menta, mentha Minze
mentiri Meineid
mentum Mund 1
-mentum Leumund
mercatus Markt
mergere Mark 3
merula Amsel, Schmerl
mespila Mispel
metere Matte 1
metiri Mal 1, messen
meus mein

mihi
milia Meile, tausend
miliarium Meiler
mille tausend
mingere Mist
minimus minder
minium Mennig
minor minder
ninuere —
miscere mischen
miser barmherzig
misereri —
misericordia, -cors —
modius messen, Metze 2
modus Maß, messen
moenia Mund 2
mola Mühle
molere mahlen, mahnen
moles mühen
molina Mühle
molinarius Müller
moliri mühen
mollis mild
monachus Mönch
monasterium Münster
monere mahnen, Minne
moneta Münze 1
monile Mähne
monstrare Muster
mopsus Mops
mordere Schmerz
mordrum Mord
mori —, Meer
mors Mord
mortarium Mörser, Mörtel
mortuus Mord
morum, morus Pflaume,
  Maulbeere
Mosaetrajectum Trichter
muffula Muff 1
mulctra Mulde
mulgere melken
mulus Maul 2
munire Mund 2
murmurare murmeln
murus Mauer
mus Maus 1
mus montanus Murmeltier
mus montis —
musculus Maus 2, Muschel,
  Muskel
muscus Moos, Rohr
mustum Most, Mostert

12*

muta Mauſe, Maut
mutare Mauſe, Mutter
mutilus Hammel

nancisci genug
nardus Narbe
nare Natter
nares Naſe
nario Narr
nassa Netz
nasus Naſe
natare Natter
natrix —
natus alt
navis Kiel 2, Nachen, Naue
ne noch 2, un=, nein
ne- nein
nebula Nebel
nectere Neſtel
nefas nein
nefrones Niere
nemus nehmen
nepos Neffe, Nichte
neptis Nichte
neque noch 2
nere nähen
nervus Nerv
nicere neigen
nictare —
nidus Neſt, Neſtel
ningere Schnee
niti Neid
nitidus nett
nix Schnee
nocturnus nüchtern
nodus Neſtel
nomen Name
nona None
nonna Nonne
nos uns
noscere können
noster uns
nota Note
notio können
notus —
novem neun
novicius Novize
novus neu
nox Nacht
nudus nackt
nunc nun
nurus Schnur 2
nux Nuß 1

oblata Oblate
oblongus ablang
obscurus Scheuer
occa Egge
occulere hehlen
ochra Ocker
octo acht
oculus Auge
offendimentum binden
offerre opfern
oleum Öl
oliva Olive
onocrotalus Rohrdommel
operari üben
opus —
orbus Erbe
ordalium Urtel
ordinare Orden
ordo —
organa, -um Orgel
oryza, -on Reis 1
os Bein
ostrea, ostreum Auſter
ovis Aue, Schaf
ovum Ei

pactum, -us Pacht
paganus Heide
palafredus Pferd
palafrenus —
palantia, -um Pfalz
palatinus —
palatium —, Palaſt
palenca, -um Pfalz
palitium —
pallere fahl
pallidus —
palma fühlen, Palme
palus Pfahl, Pfuhl
pancerea Panzer
pangere fangen
pannus Fahne, Pfand
panther, -a Panther
papa Papſt, Pfaffe
papaver Mohn
papio Pavian
pappa Pappe
pappare —
papula Pappel 1
papulus Pappel 2
papyrum Papier
par Paar
paradisus Paradies

paraveredus Pferd
parcus Pferch
pardalis Parbel
pardus —
parifredus Pferd
parochia Pfarre
parochus —
paroecia —
parra —
parricus Pferch
pars wider
passer Spatz
pastata Paſtete
pater kneten, Vater, Pate
patere Faden
patina Pfanne
patrinus Pate
patruus Vetter
pausa Pauſe
pavo Pfau
pax fangen
pecu Vieh
peculium —
pecunia —, Schatz
pecus —
pedellus Pedell
pedere Fiſt
pedica Feſſel 1
pelicanus Pelikan
pellicia Pelz
pellis Fell, belzen
pena Pein
penicillus Pinſel
penna Feder, Finne 1
pennale Pennal
pentecoste Pfingſten
pepo Pfebe
perca Barſch
peregrinus Pilger
perferre dulden
periculum Gefahr
peritus fahren
perna Ferſe
pernix —
persicum Pfirſich
perula Perle
pes Fuß
pesna Finne 1
pestilentia Peſt
pestis —
petrosilium Peterſilie
Petrus Beete
phlebotomum Fliete

pictor Feile
pictus Specht
picus –
pila Pfeiler
pilare, pilarius –
pileus Filz
pilula Pille
pilum Pfeil
pilus Filz
pimpinella Bibernelle, Pimpernelle
pingere Feile, Finger, Specht
pinna Finne 1, Floße, Pinn
pinsellus Pinsel
pipa Pfeife
pipare –, piepen
piper Pfeffer
pipinella Bibernelle
pipita Pips
pirum Birne, Pflaume
piscis Fisch, Finne 1, Mast 1
pisum Erbse
pituita Pips
pix Pech
placenta flach
plaga –, Plage, Placken
planca Planke
plangere Flegel, fluchen
planta Pflanze
planus flach, Flur
plastrum Pflaster
platea Platz 1
platessa Platteise
Plautus Flaben
plectere flechten
plegium pflegen
plenus Korn, voll
plicare flechten
plorare flennen
Plotus Flaben
pluere fließen
pluma Flaum, fliegen
poena Pein, verpönen
poeta Papst
poledrus foltern
pollere viel
pomarancia Pomeranze
pompa Pomp
pomum Pflaume
pondo Pfund
pondus –
ponticus(mus) bunt
populus Pappel 2

porca Furche, Gleise
porculetum Furche
porcus Ferkel, Barch
porrigere recken
porta kurz, Pforte
porticus Pforte
portulaca Burzel
portus Furt, Port
poscere forschen
posita, -us Post
postellus Pfosten
postis –
potio Gift
potus trinken, trunken
praeambulum Priamel
praebenda Pfründe
praedicare opfern, predigen
praehendere vergessen, Preis
praepositus Probst
precari fragen
preces –
presbyter Priester
pressa Kelter, Presse
pretiare preisen
pretium Preis
princeps Prinz
prior frisch
priscus –
prius –
pro vor
probare prüfen
procax fragen
procus –
prodigium Zeichen
propago propfen
propheta Papst
proponere Propfen
propositus Propst
provenda Pfründe
pruina frieren
prunum Pflaume
prurire frieren
psittacus Sittich
pugil Faust
pugio –
pugna –, fechten
pugnare, pugnus –
pulejum Polei
pulex Floh
pulletrus foltern
pullus Fohlen
pulpito Pult
pulpitum –

pulsare Puls
pulsus –
pulver Pulver
pulvinar Pfühl
pulvinus –
pumex Bims
puncta Spund
punctio Bunzen
punctum Spund
punctus bunt
puntus –
pupa Puppe
purgatorium Fegefeuer
purus pur
pus faul
putare impfen
puter, putere faul
puteus Pfütze, Brunn
pyrethron Bertram

quaccila Wachtel
quadrum, -us Quader
quantum Gant
quartana Kartaune
quarto Ort 3
quattuor Föhre, vier, werfen
que noch 1, 2
quercus Föhre
querquedula Kriekente
querquerus Furcht
quietare quitt
quietus weil
quinquagesima Pfingsten
quinque fünf, werfen
quintinus Quentchen
quintus fünf
quod wer, was

rabarbarum Rhabarber
racemus Rosine
radius Roß 2, Rute
radix Rettich, Wurz
radix barbara Rhabarber
radix pontica –
raja Roche 1
rancidus ranzig
rapa Rapunzel, Rübe
rapicium Raps
rapidus Ratte
raponticum Rhabarber
raptus Ratte
rapum Rübe
rapuncium Rapunzel

rapunculus --	rupicapra Gemse	scabinus Schöffe
rarus rar	rupta Rotte	scalmeia Schalmei
ratio Rede	ruptarius Reuter	scamellum Schemel
ratis Ruder	rus Raum	scancio Schenk
raudus groß	ruscus Rausch 1, Rohr	Scandinavia Au
rebus Rebus	russus Rauschgelb	scandula Schindel
rectus recht	ruta Raute 1	scapellus Scheffel
reda reiten	rutarius Reuter	scaphium —
regere recht	rutilus rot	scaphum —
regius reich	rutta Rotte	scapus Schaft 1
regula Regel		scarlatum Scharlach
relinquere leihen	sabbati dies Samstag	scarleia Scharlei
reliquus	sabellinus Zobel	scedula Zettel
reminisci mahnen, Minne	sabellum —	scelus Schuld
remus Ruder	sabinus Sebenbaum	sceptrum Zepter
renta Rente	sabulum Sand	schedium Skizze
reri Rat	saccellum Seckel	scindere scheiden
res Rebus	saccharum Zucker	scindula Schindel
respondere schwören	saccus Sack	scirpus Schilf
reubarbarum Rhabarber	sacramentum sackerlot	sciurus Eichhorn
reuponticum —	sacrista Sigrist	sclareia Scharlei
rex Reich	saeculum Seele	Sclavus Sklave
Rhaetia Rießling	saevus See	sclusa Schleuse
rhopalici (versus) Knüttel=	sagire suchen	scola Dom, Rose, Schule
vers	sagma Saum 2	scorbutus Scharbock
rhythmus Reim	sagmarius —	scribere schreiben
rigare Regen	sagulum Segel	scrinium Schrein
risma Ries	sal Salz	scriptum Schrift
risus Reis 1	salamandra Salamander	scrupulus Skrupel
-ritum Furt	salix Salweide	scrutari Schrot
robigo Rost 2	sallere Salz	scurare scheuern
roccus Rock	salmo Salm	scutella Schüssel
rodere Rüssel	saltare Tanz	scutula —
rosa Rose	salvator Salbader	scutum Scheuer, Haut
rosina Rosine	salvegia Solbei	se sich
rosmarinus Roßmarin	salvia —	sebum Seife
rota Rad, gerade 2	sambuca Pauke	secare Säge, Sense, sehen
rotula, -us Rolle	samitum Samt	secula Sichel
rotundus rund	sanus Sühne, gesund	securis Säge, Sense
ruber Lende, Reiter, rot	sapa Saft	securus kurz, sicher
rubere rot	sapere —	sedere Sessel, sitzen
rubeta Aalraupe	sapo Seife	sedile Sattel
rubidus rot	sapor Saft	Segestes Sieg
rubigo Rost 2	sarda Sardelle, Sarder	Segimundus —
rubrica rot, Rubrik	sat, satis satt	Segiomerus —
ructare räuspern	satur —	segrista(nus) Sigrist
rudis groß	satureja Saturei	sella Sessel, sitzen
rudus --	Saturni dies Samstag	semen säen, Same
rufus rot	satus säen	semiplotia Fladen
ruga Runzel	sauma Saum 2	semper Singrün, Sünde
rugire röcheln	saxum Messer	senatus Einöde
ruminare räuspern	scabellum Schemel	senex Seneschall
rumpere Raub	scabere schaben	senior —, Herr

sensus Sinn
sentire -
sepelire befehlen
septem sieben
sequi Heu, folgen, sehen
sericus Seide
serere säen
seta Seide
sex sechs
sextarius Sechter
sibi sich
sidere sitzen
sigillum Siegel
signare Segen
signum —
silva wild
silvaticus --
sim sein 2
sima Sims
simila Semmel
similis Gleißner
simulare
sinapi Senf
siniscalcus Seneschall
situla Seidel
Slavus Sklave
smaragdus Smaragd
sobrius sauber
socculus Sockel
soccus Socke
socer Schwäher
socrus —
sol Sonne
solarium Söller
solea Sohle 1, 2, Schwelle
solidus Gold
sollus selig
solum Saal
solvere verlieren
somnus Schlaf 2, Schwefel
sonare Schwan
sons Sünde
sonticus —
sordes schwarz
soror Schwester
sparus Speer
spatium sputen
speculum spähen, Spiegel
spegulum Spiegel
spensa Speise
spernere Kleister, rinnen, Sporn
spesa Speise

spicarium Speicher
spina Spilling
spondere schwören
spuere speien (Spott)
spuma Schaum
sputum Spott
squiriolus Eichhorn
stabulum Marschall, Stadel
stannum Zinn
stare Stadel, stehen
status Staat
stella Stern
sterilis Stärke
sternere Streu, Stirn, Sturm
stilus Stiel
stipes steif, Stift 1
stipula Stoppel
stiva Steiß
strata Straße
stridere Strudel
striga streichen
strigilis Striegel
stringere Strang, streichen
struthio Strauß 3
stultus stolz
stupila Stoppel
stuppa Stöpfel
stuppare —
sturio Stör
sturnus Star
suadere süß, schwätzen
suasum schwarz
suavis mild, süß
subula Säule 2
sudare schwitzen
sudor Schweiß
suere Säule 2
sugere saugen
sulcus Pflug
sulpur Schwefel
sunt sein 2
super über
superstitio Aberglaube
surdus schwarz
sus Sau
sutor Schuster, Säule 2
suus Schwester, sich
syllaba Silbe
synodus semperfrei

tabella Tafel
tabula —, Schach

tacere Mohn
tapetum Teppich
taurus Stier
taxare tasten
taxus Dachs
tegere Dach, dehnen, Gewand, decken
tegula Ziegel, Tiegel
tellus Diele
telonium Zoll 2
temo Deichsel 1
templum Tempel
tempora Schlaf 1
tempus Ding
temulentus dänisch
tendere dehnen, Zelt
tenebrae dämmern, düster
tenere dehnen
tenuis dünn
tenus dehnen, Dohne
terebra brehen
terminus Trumm
tertius dritte
testa Kopf
textus Text
theca Zieche
Theodisci deutsch
theodiscus —
theriacum Theriak
thronus Thron
thunnus Thunfisch
thyrsus Dorsche
tincta Tinte
tingere tunken, Zwehle
titulus Titel
-tius dritte
toga Dach, Gewand
tolerare dulden
tollere —
tonare Donner
tongere dünken
tongitio —
tonitru Donner
tonus Ton
topazius, -us Topas
tophus Tuff
torcula Torkel
torcular brechseln
torculum Torkel
torquere brechseln, Zwerch=
torrere dörren, Darre, garstig
torridus Darre
torris —

tractare trachten	uva Ecker	vicedominus Vizdom
tractarius Trichter		vices Wechsel, weichen, Woche
tractorium —	vacca Ochse	vicia Wicke
trahere treideln	vadere waten	videre wissen, Verweis
trajectorium Trichter	vadimonium wett	vidua Wittib
trajicere —	vadum waten	vigere wecken
trames Darm	vae weh	vigil —
tranquillus weil	valere walten	villa, villare Weiler
trans durch	valeriana Baldrian	villus Wolle
tres drei	vallum Wall	vincere Weigand
tribus Dorf	vallus —	vindemia Franse, Wein
trifolium Treff	vambasium Wams	vindemiare Wein
trilix Drillich	vannus Wanne	Vindobona Winter
tripudium Fuß	vas wett	Vindomagus, -nissa —
tristis dreist, tapfer	vasculum Flasche	vinitor Winzer
triumphus Trumpf	vastus Wust	vinum Essig, Wein
trua Quirl	vates Wut	vinus Wein
trucca Truhe	vehere Weg, wegen	viola, -etta Veilchen
trudere verdrießen	vehi (equo) reiten	vir Werwolf, Wirt
-trum Malter	vehiculum Wagen	virga Wisch
truncus Truhe	velle wollen	viride Hispanum Grünspan
tu du	vellus Wolle, Fließ	viridia Wirsching
tugurium Dach	venari Weide 2	virus verwesen, Wiesel. Gift
tumere Daumen	venerari Wahn	viscus Mistel
tundere stoßen	venire kommen	Visegothae Westen
tunica tünchen	venter Wanst	Vistula Weichsel
turba Dorf	ventilare Wanne	vitis Weide 1
turdela Drossel 1	ventus Wind	vitrum Firnis, Waid
turdus —	Venus wohnen	vitulus Widder
turris Turm	ver Lenz	Vitus Veitstanz
turtur Turteltaube	verbum Wort	vivarium Weiher
-tus kalt, Tod	veredus Pferd	vivere keck
tuticus deutsch	vermis Wurm	viverra Eiche
	verrere wirr	vivus keck, kommen
uber Euter	verres Barch	vocare erwähnen
ulmus Ulme	verruca Warze	vocatus Vogt
ulna Elle	versus Vers	Volcae welsch, Falke
Ultrajectum Trichter	vertere werden	volvere Welle
umbilicus Nabe, Nabel	verus wahr	vorago Schlauch
umbo Nabe	vesica Wanst	vorare —
uncia Unze	vespa Wespe	vos euch
uncus Angel	vesper Westen, Abend	vox erwähnen
unda Wasser	vespera Vesper	vulgus Volk
unguere Anke	vester euch	vulpes Fuchs, Wolf
unguis Nagel	vestigium Steig	
unus ein, gemein	vestis Weste	wambasium Wams
urceus Krug 1	vetula Vettel	
urgere rächen	vetus Widder	zeduarium Zitwer
ursus Bär 2	via Weg	zona Zone
urus Auer=	vibrare weifen, Wippe	zucara Zucker

Lettisch.

bruklene Preiselbeere	kupt Haufe	skaida Scheit
	kutêt kitzeln	slidas Schlitten
darwa Teer		smêt schmeicheln
druska Salz	lasis Lachs	sprangât Sprenkel 1
	laudis Leute	stringt streng
ë in		sûzu (sûkt) saugen
	mit Meineid	swelt schwül
gâju gehen		swidrs schwitzen
gliwe Klei	naba Nabe	
grabas Garbe 1		schkerpele Scherbe
griba greifen	pludêt fließen	schkibs schief
gribêt —	plûdi —	schkirpta Scherbe
grûdi Kranz		
gûws Kuh	rakt röcheln	tauta deutsch
	rûsa Rost 2	treekt bringen
kauns höhnen	rusta —	tulks Dolmetsch
klaipas Laib		
kresse Kresse 1	sâls Salz	wâlgans welk
kungs König	sinu Seil	wélgans —

Litauisch.

abù beide	bajùs —	dagà Tag
akéczos Egge	bàlsas bellen	dágas —
akéti —	barzdà Bart	dantìs Zahn
akìs Auge	basas baar	darva Teer
akmü Hammer, Himmel	baústi bieten	daubà Döbel, Tobel
alunas Alaun	bébrus Biber	dauburà Tobel
anksztiraí Engerling	béras Bär 2, braun	daúg taugen
ántis Ente	bérzas Birke	daúksinti —
àntras ander	bezdù, bezdéti Fist	dederviné Zitteroch
aszìs Achse	bildéti poltern	dègti Tag
asztûnì acht	byótis beben	dóvyti Tod
aszvà Roß 1	bitìs Biene	druskà Salz
atrûgas räuspern	blaivýtis bleichen	dù zwei
augti Wucher	blandýti blinzeln	dùbti Döbel
ausis Ohr	blindo, blìsti blind	dubus tief
auszrà Osten	brùkné Preiselbeere	dúkis toben
avynas Oheim	brunas braun	duktë Tochter
avìs Aue, Schaf	buda Bude	dùkti toben
aż ich	budéti bieten	dumbu Tümpel
	budrùs —	dùrys Thür
baile beilen	bullus Bulle 1	durnas Zorn
bailùs —		durnûti —
baimé beben	da- zu	dûbë Döbel
baisà —	dábras Biber	

ёdmi essen	jáunas Jugend	kuprà Haufe, Höcker
eiti eilen, gehen	jáuti Käse	kùpstas Hauste, Hübel, hoch
ólnis Elentier, Hirsch	jёskóti heischen	kùrva Hure
e'mi essen	jёvà Eibe	kuvètis Hohn
erélis Aar	jùngus Joch	kûdas Hut 1
ežýs Jgel		kvëtys Weizen
	kaímas Heim	
gabénti geben	kalnas Halde	lakas Legel
gadas gätlich	kámanos hemmen	lápas Laub
gaidýs Hahn	kanápёs Hanf	lasziszà Lachs
gailёti geil	kankà Hunger	láupsinti Lob
gailùs —	karálius Kaiser	lёkù leihen
gàndras Gans	káras Heer	lélas Glied
gàrdas Garten	karósas Karausche	lёmû --
gaujà Kette 1	kárpa Karpfen	lèngwas leicht
gёdoti Hahu	kartùs hart	lengwùs
geidžiù, geisti Geiz	kas wer	lènkti lenken
gёlà Qual	kasa Haar 2	lènszis Linse
gélia —	katё Katze	lèsti (lesù) lesen
gélti —	kátinas —	lёžiù, lёžti lecken 1
gentis Kind	kauju, kauti hauen	lёžùvis —
genù kunterbunt	kaukarà hoch	liaupsё Lob
gérwё Kranich	kaúkas —	-lika zwölf
gijà Geige	kaúpas Haufe	likti leihen
gývas keck	keltuvё Halfter	linaì Leinen
glaústi Klotz	kёmas Heim	lìpti kleben, bleiben
glёbýs Klafter	kèrdžus Hirte	lysё Gleise, lehren
glёbti –	kerpù Herbst	lìzdas Nest
glóbti —	kinkýti Hengst	lópas Lappen
glodùs glatt	kirmёlё Wurm	lópyti —
gludus Klotz	kirmis —	lugsti locken
gnýbis kneipen	kìrpti Herbst	lupinai Läufel
gnýbti --	klausà lauschen	lùpti —
gobínti geben	klausýti	lúszis Luchs
gomyris Gaumen	klegёti lachen	lúžu, lúžti Loch
grandis Kranz	klёpas Laib	
greibiu, greibti greifen	klёvas Lehne 4	maínas Meineid
grёpti Garbe 1	klupti laufen	máisztas mischen
gręžiù, gręžti Kring	knёbti kneipen	malù, málti mahlen
gróju, gróti krähen	knìbti	mandrùs munter
grópti Garbe 1, grapsen	kósiu, kóséti Husten	márёs Meer
grúdas Grütze	kovà hauen	márgas Marke
gùiti Kette 1	kraújas roh	mázas mager
gurti kirre	kreczù Räder	mázgas Masche
gurus —	krótalas —	medùs Met
gûtas Kette 1	krómas Kram	mёgsti Masche
	kùbilas Kübel	mёlžu melken
į in	kúgis Haufe, Hocke 1	mёnesis Mond
inkaras Anker 1	kuilýs Keiler	mёnû —
	kùmpas Hüfte	mezgù Masche
ja ja	kùmpis —	mežlaı Mist
jalmušnas Almosen	kùningas König	mёžti --
jáuju Käse	kùpczus kaufen	mёžu —

midùs Met
miglà Mist
milsti melken
minkau, minkyti mengen
minklas —
mirti Mord
mirtìs —
misti mischen
momà Muhme
môtė Mutter
mundrùs munter
mùsai Moos

nagà Nagel
nágas —
naktìs Nacht
narvà Narbe
nasraì Nüster
naudà genießen
naújas neu
ne nein
nèrti Narbe
noterė Nessel
nu nun
nùgas nackt

obůlys Apfel
ólektis Elle

paíkas Fehde, feige
paklùsti lauschen
pálaikas leihen
páltis Fleisch
palugnas Locke
pàlvas fahl
pametù meiden
pántis spinnen
panùstu, -nùdau, -nùsti genießen
papártis Farn
pàrszas Ferkel
parwas Farbe
pastolas Stuhl
paszalpà helfen
pats selb
pavaitìnti verwittern
pavildėti walten
pažintis können
pėdà Fuß
peíkti Fehde
penkì fünf
pènktas —
pérdžu, pérsti farzen

pernai firn
pìktas Fehde
pýkti —
pìlnas voll
pìnti spinnen
pýpti piepen
pirmas Fürst
plakù, plàkti Flegel
platùs Fladen
plėvė Fell
pliugas Pflug
plónas Flur
plůdìs fließen
pluditi —, Floß
plùsti fließen
prýblinde blond
púlei Eiter
pulkas Volk
puszìs Fichte
púti (pùvù) faul
pű̆das Faß
pů̆lu, pùlti fallen

rátas Rad
raudà rot
raúdas —
raudónas —
raúkas rauh, Runzel
ražau, ražyti recken
rópė Rübe
rùdas rot
rudėti Rost 2
rûdìs —
rugei Roggen
rugýs —
rùkti rauh, Runzel
rùmbas Rand
rùsvas rot

saítas Saite
sakýti sagen
saldùs Salz
sėju säen
sėklà Same
sekti sehen
sėmů Same
sėnas Seneschall
sergėti Sarg, Sorge
sesů Schwester
sėti säen
sidabras Silber
skabùs schaben
skáptas —

skarà scheren
skėdrà Scheit
skė'džu scheiden
skelėti Schulb
skélti Schale
skèrdžus Hirte
skìlti Schulb
skìrti scheren
skolà Schulb
skópti schaben
skrentu, skręsti Schrunde
skubrùs schieben
skùbti —
skubùs —
slidus Schlitten
slìnkti Schlinge
slýsti Schlitten
slýwas Schlehe
slùbnas Schleife
smagùs schmecken
smùkti schmiegen
snápas Schnabel
snarglýs schnarchen
snėgas Schnee
snìgti —
sôtas satt
sôtus —
spenýs Spanferkel
spiáuju speien
spìrti Sporn
sprangùs Sprenkel
sprìngti —
spû̆gulas Spuk
stábas Stab
stàmbas Stummel
stambras Stumy
stàmbras Stummel
stambùs —
stėgti Dach
stėmbras Stummel
stembrýs —
stìmbras —
stiprùs steif
stìpti —
stóbras Stab
stodas Stute
stógas Dach
stonė Stute
strázdas Droſſel 1
strėgti starf
stubà Stube
stùgti Stauche
sûnùs Sohn

súras ſauer	tenkù gedeihen	vēnólika elf, zwölf
sváras ſchwer	tęsti gedunſen	verpti Werft 1
swarùs —	tilė Diele	verszti würgen
sweriù, svèrti -	tìnklas dehnen	vertas Wert 2
svilmis ſchwül	tránksmas dringen	verzu würgen
svìlti —	trasketi dreſchen	vikrus Weigand
svilus —	trènkti bringen	vìlgyti welk
svóras ſchwer	trobà Dorf	vilkas Wolf
szálmas Helm 1	tulkas Dolmetſch	vilna Wolle
szankus Hengſt	tukstantis tauſend	vilnìs Welle
szeima Heirat	tupeti Ducht	vìrti warm
szeimýna —	túpti —	výstu, výsti verwittern
szèlpti helfen	tvylika elf, zwölf	vyszna Weichſel
szermū̃ Hermelin		výti Weide 1
szészuras Schwäher	údra Otter	voverē Eichhorn
szimtas Hundert	ū̃ga Ecker	
szirdìs Herz	ū̃lektis Elle	zágaras Kufe 1, Kegel 1
szirszone Horniſſe	ū̃sis Eſche	żaginýs —
szirszū̃ —		żágrė Kufe 1
szlaítas lehnen 1	vabalas Wiebel	żalga Galgen
szlėti —	vadū̃ti wett	żálias gelb
szlýti —	vagis Weck	żarnà Garn
szů Hund	valdýti walten	żąsìs Gans
szvaitýti weiß	valdóvas —	żélti gelb
	vapsà Weſpe	żengiù, żèngti Gang
tamsà dämmern	vardas Wort	żeriu, żèrti kehren 2
tamsùs -	vàrgas rächen	żilwytis Weide 1
taszýti Deichſel 2	vàrgti —	żinaú können
tautà deutſch	váskas Wachs	żióti gähnen
tèkti gedeihen	veldėti walten	żléjà glühen
tèmti dämmern	vėnas ein 1	

Mittelenglisch.

æm Oheim	bergen bergen	brache Brache
aisil Eſſig	bihalfe halb 2	braeinpanne Kopf
alone allein	biker Becher	brêie Brühe
awene Ahne	bilewit billig	brim brummen
	bilge Bulge	brimmen Breme
babe Bube	bismitten Schmutz	brimse —
babelen pappeln	bismoteron —	buffen puffen
bacche backen	bismudden —	bulge Bulge
backe Fledermaus	blew blau	
baffen baf	bliken bleichen	caul Kohl
baie Bai 2	blinken blinken	cheeste koſen
balle Ball 2	bobbien puffen	cheorl Kerl
balled baar	boght Bucht	chiche Kicher
barbe Barte 1	bópe Bube	chiken Küchlein
barewe Bahre	bôthe beide	chine Keim
bast Baſtard	bouken bauchen	chisel Kies
bendel Bendel	bousprêt Bug	chitte Kitze 2

cîve Kübel
cleewe Knäuel
clêr klar
clîve Klette
cnak knacken
cneden kneten
cnee Knie
cnêlien —
code Kitt
coker Köcher
coning Kaninchen
côpe Kappe
copp Kopf
corûne Krone
coste Küste
costen Kost 1
cote Kotze
coughen keuchen
coul Kohl
couren kauern
crache Krippe
cranke Kring
crawe Kragen
crimpil Krampf
crokke Krug 1
crouke —
croune Krone
crûchen kriechen
crûdewain Kraut
crul kraus, Krolle
crullen Krolle
crumbe, crumpe Krampf
crumplen krumm
crûs kraus
crûse Krause
cryppel Krüppel
cumbren Kummer
cûpe Kiepe
cwêd Kot 2
cwême bequem

doder Dotter 2
drauk Trespe

eaxel-tree Achse
eielid Lid

falge Felge
fasil Faser
fetlak Fuß
firre Föhre
flakeren flackern
flaþe Fladen

fliteren flattern, Flitter
floteren flattern
fnêsen niesen
froute Frosch
frûte —
funke Funke

galingale Galgant
gilde Gilde
greife Graf
grillen grollen
grunten grunzen

hacche Hecke 2
hacchen —
hagger hager
hal Heilbank
halme Halfter
halsien halsen
harnez Harnisch
haspe Haspe
haste Hast
haver Haber
hechele Hechel
hegge Hecke 1, 2
hei Heu
hereberge Herberge
hernepanne Kopf
hîred, hîreden Heirat
holt Holz
hoppe Hopfen
hôre Hure
hôrse heiser
hôse —
houghsene Hechse
hrip Reff 1
huckstere Hocke 2
humbelbee Hummel
hurst Horst
hyppen hüpfen
hyrde Hürde

iewême bequem
ilæred gelehrt (S. 206)
ilêre leer

kêchel Kuchen
keiser Kaiser
kidenêre Niere
kime kann
kitlung Kitze 2
knap Knopf
knarre Knorre

knobbe Knopf
knokel Knöchel
knorre Knorre
knueche Knocke

lake Lache
last Laster
laþe Lade
laþþe Latte
leit Licht
lêske Leiste 2
lêthe ledig
lêthen —
leþi —
leþin —
lûren lauern
lurken —

mêl Mahl 2
mangonel Mange
mantel Mantel
marc Mark 2
marche März
mareis Morast
mâschien Meisch
market Markt
maþek Made
mawe Magen
mègre mager
mengen mengen
micher meuchel=
midwif Hebamme
milche melk
mix, mixen Mist
moldwerp Maulwurf
mole —
molle Molch
mône Muhme
moppe Mops
môrberie Maulbeere
moughþe Motte
moutin Mause
mudde Moder
mulberie Maulbeere
mummen Mumme 2
mûrberie Maulbeere
must Most
mustard Mostert

nauger Näber
nauvegôr —
nêre Niere
uêsiu niesen

nipen kneipen
nirvel Knirps
nurvel —

oblê Oblate
oile Öl
onhalfe halb 2
ord Ort 2

packe Pack 1
paradise Paradies
pinne Pinn
pliechen pflücken
plouhschare Pflug
pôpejai Papagei
popler Pappel 2

quille Kiel 1
quiver Köcher
râde Rhede
rappien rappeln
reihe Roche 1
reule Regel
rîme Reim
rock Roche 2
rocke Rocken
romblen rumpeln
rosmarine Rosmarin
rôsten Rost 1
rother Rind
rouhe Roche 1
route Rotte

rumpe Rumpf
ruschen rauschen

scarlat Scharlach
schêre Schere 1
schimeren Schimmer
schinebône Schienbein
schingel Schindel
schîve Scheibe
schivere Schiefer
schokke Hocke 1
schrapien schrappen
schrenchen schränken
schrillen schrill
schudderen schaudern
scouren scheuern
scropien schrappen
siker sicher
singrêne Singrün
sithen, sithens seit
skinne schinden
slappe Schlappe 2
slede Schlitten
sleigh schlau
sleir Schleier
slenten schleudern
slight schlecht
slîken schleichen
smerte Schmerz
smorþer schmoren
snêsen niesen
snibbin Schnippchen

snîpe Schnepfe
snore Schnur 2
snorin schnarchen
snoute Schnauze
snurten schnarchen
sobbin seufzen
sprôþe spröde
stott Stute
sucre Zucker
suge Sau
sward Schwarte

tenden zünden
thight dicht
thrâwen drehen
tiht dicht
tikelen kitzeln
tubbe Zuber
tuft Zopf
twicchen zwicken
twingen zwingen
twist, twisten Zwist
twitesen zwitschern

þ f. als th unter t.

welken welk
wêr (schott.) Lenz
widren verwittern
windôge Fenster
wrang ringen

Mittelhochdeutsch.

(v ist mit f vermengt.)

â- Ameise
ab ab
abbât Abt
abbet —
abbetei Abtei
abe ab, aber, Aberwitz, draus
abegunst Aberwitz
âbent Abend, Sonne
aber aber, abermal
aberelle April
aberwitze Aberwitz
abetrünne, -e abtrünnig
abewitze Aberwitz
abgot Abgott

abgründe, -unt Abgrund
abis Nobiskrug
ablâz Ablaß
âbunt Abend
abyss Nobiskrug
ach och
-ach Gesindel
achât, -es Achat
acker Acker
ackes Axt, Hülst
adel Adel
adelar, -arn Adler
âder Ader
adermonie Odermennig

æferen äfern
-æhe Gesindel
æhte Acht
ave aber
aventiure Abenteuer
aver aber
affe Affe
after After
aftermuntig (schwäb.) —, Dienstag
aftersprâche After
afterwort —
agelster Elster
agene Ahne

aglaster Elster
agleie Aglei
ahorn Ahorn
ahse Achse
ahsel Achsel
ahte acht
âhte Acht
ahten achten, eichen
âhten eichen
al all
âl Aal
alabaster Alabaster
alant Alant 1, 2
albe Albe 1, Alpe
albel Albe 2
alber Alber
alchemie Alchimie
âle Ahle
alevanz Alfanzerei
âleibe Ohmet
alein, -e allein
alene all
alfanz Fant
algemeine Allmende
almechlich allmählich
almeinde Allmende
almende —
almuosen Almosen
almuz Mütze
alp Alp
alrûne Alraune
als, alse, alsô als
alt alt
altâre, -âre Altar
alter —, Alter
altern Eltern
altvater Altvordern
altvordern —
altriuze Riester
alûn Alaun
alwære albern
âmaht ohne
âmât Ohmet
ambet Amt
ambetman Ammann
ambetmeister Ammeister
âme ahmen, Ohm
ameize Ameise
amel Amelmehl
âmen ahmen
amer Amelmehl, Ammer
amerinc Ammer
amman Ammann

ammanmeistar Ammeister
amme Amme
ammeister Ammeister
ammet Amt
ampel Ampel
ampfer Ampfer
ampulle Ampel
amsel Amsel
ân ohne
âname Eselname
andâht Andacht
anden ahnden 1
ander ander, zweite
anderes einst
andersît Seite
anderst einst
andorn Andorn
ane Ahn, an
âne Ahne, ohne
anebôz Amboß
anelîch ähnlich
anen ahnen
ange Angel, bange
angel Angel
anger Anger, Engerling
angesiht Angesicht
angest Angst
anîs Anis
anke Anke, Enkel 1
anker Anker 1
anlêhen Anlehen
anstalt Anstalt
ant Ente
ant- ant=
antheiz anheischig
antheize, -e —
antlitze, -lütte Antlitz
antreche Ente
antwerc Handwerk
antwurt, -würte Antwort
apfel Apfel
aprille April
apsîte Abseite
apt Abt
aptei Abtei
ar Aar
arbeit Arbeit
arc arg
arche Arche
arclist Argwohn
arcwænen —
arcwân —
arebeit Arbeit

areweiz Erbse
arke Arche
ärker Erker
arlizboum Arlesbaum
arm Arm, arm
armbrust Armbrust
armuot, -e Armut
armuz Mütze
arn Aar
arras, -az Rasch
ars Arsch
arsbacke Backe 1
art Art
arzât Arzt
arzatîe Arzenei
arze Erz
arzenîe Arzenei
arzet Arzt
âs Aas
asch Äsch, Esche
asche Asche 1, 2
aschenbrodele brodeln
aschlouch Aschlauch
aschtac Asche 1
âsetze ohne
aspe Espe
ast Ast
aston Ernte
atech Attich
âtem, -en Atem
attech Attich
atte Ätte
axt Axt

bâbes, -est Papst
bach Bach
bache Bache, Backe 1, 2
bachen backen
backe Backe 2
backen backen, Pack
badære Bader
bæjen bähen
bæn —
bære =bar
baffen baf, paff
bâgen bägern, baxen
bal Ball 2
balc Balg
balche Bolch
balde bald
baldekîn Baldachin
baldrian Baldrian
balke Balken

balle Ball 2, Ballen	bedriezen verdrießen	besme Besen
ballen ballen	bevelen, -velhen befehlen	besmîzen schmeißen
balme Palme, Papst	beffen baf	besnoten schnöde
balsame, -sem Balsam	bevor bevor	best besser
balt bald, =bold	begern begehren	besten Bast
balze Balz	beginnen beginnen	bestendec ständig
ban Bann, Bahn	behaben behaupten	besunder sonder
banc Bank	behagen behagen	beswærde Beschwerde
banchart Bankert	behaupten behaupten	bet Beet, Bett
banc Bann, Bahn	behende behende	bete Bede
baner Banner	behœrn Behörde	betel Bettel
bange bange	behuof Behuf	betelære betteln
banier Panier, Banner	beide beide	betelen —
baniere Banner	beidez —	beten beten
bant Band	beidiu —	bett Bett
bapel Papst	beie Bai 1	bette —, Beet
bar baar	bein Bein	betz Batzen
barbe Barbe	beitzen beizen	bewarn wahren
barc Barch	beizen —	bewegen bewegen 1, 2
barchant, -ât, -et Barchent	bejehen Beichte	bewîsen Beweis
bâre Bahre	bekennen kennen	bezel (mb.) Betzel
barille Beryll, Brille	belangen verlangen	beziht bezichten
barkân Berkan	belche Belche 2	bezzer besser
barke Barke	belde bald	bezzist —
barm barmherzig	belgen Balg, balgen	bi biß
barmherzic —	bellen bellen	bi be=
barn Barn, (Geburt	belliz Pelz	bibel Bibel
baron (nbrrh.) Baron	belz -	biben beben
barragân Berkan	belzen belzen	bibenelle Pimpernelle
barre Barre	bendec bändigen	bibernelle —
bars Barsch	bendel Bendel	biber Biber
bart Bart	bengel Bengel	biblie Bibel
barte Barte 1	bensel Pinsel	bîbôz Beifuß
barûn Baron	benuomen Name	bicke, -el Bicke
base Base	berâmen anberaumen	bicken —
bast Bast	ber Bär 1, 2	bidemen bidmen
bastart Bastard	bêr Bär 3	biderbe bieder, berb
bastie Bastei	berc Berg, Düne	biebrôt Brot
basûne Posaune	bere Beere	biever Bieber, Effig, Fieber
bat Bad, mitte	bereit, -e bereit	biegen biegen
bate Pate	bergen bergen	bier Bier
batônje Bathengel	berht =bert	biest Biest
batze Batzen	beriht Bericht	bieten bieten
baz baß	berille Brille, Beryll	bieze Beete
be be=	berle Perle	bivanc Bifang
beben Pfebe	bern Bahre	bîge Beige
bech Papst, Pech	bern Bär 1	bîhel Beil
becher Becher	bersich Barsch	bîht Beichte
becke Beck, Becken	bescheiden bescheiden	bijiht —
beckelhûbe Pickelhaube	beschüten schützen	bil Beil, beilen
becken Becken	besom, -en Besen	bilen beilen
beckenhûbe Pickelhaube	besigelen Siegel	bil Wille
bêde beide		bilch Bilch)

bilde Bild
bilede Weichbild
bilegrîm Pilgrim
billich, -e billig, Weichbild
bilse Bilsenkraut
bin Biene, sein 2
bîn Biene
binden binden
bine Biene
binenkar Kasten
binez Binse
binnen binnen
binz Binse
bir Birne
birche Birke
birke —
birsen birschen
bischof Bischof
bischtuom Bistum
bîse Biese
bisem Bisam
biseu Biese
bispel, -il Beispiel, Bîfang
bissolange bis
bistuom Bistum
bitel Pedell
bitten bitten
bitter bitter
biule Beule
biunde Beunde
biute Beute 1, 2
biutel Beutel 2
biz beißen, bis
bîzen beißen
biziht bezichten
bizze beißen, Bissen
blâ blau, Blahe
blach blach
blâderen plaudern
blæjen blähen
blahe Blahe
blanc blank
blanden Blendling
blanke Planke
blas blaß
blâse Blase
blâsen blasen
blat Blatt
blate Platte
blatefuoz (nb.) platt
blâtere Blatter
blatzen platzen
blech Blech

blecken blecken
bleich bleich
bleiche Bleihe
blenden blenden
blepzen plappern
blêren plärren
blerren —
blesten platzen
blî Blei
blîben bleiben
blic Blick, Blitz
blîchen bleichen
blicz, -e Blitz
bliczen —
blint blind
blintslîche schleichen
blitze Blitz
bliuwen bläuen
bloch Block
blocken —
blôdern plaudern
blœde blöde
blôz bloß
blüejen blühen
blüen —
blunder Plunder
blunt blond
bluome Blume
bluost Blust
bluot Blut, Blüte
bluotruns, -ec rünstig
boc Bock
bochen pochen
bodem, -en Boden
bœse böse
bœsewiht
bovel Pöbel
boge Bogen
boie Boje
bole Bohle
boler Böller
bolle Bolle 2
bollern poltern
boln Bohle, Bolle 2, Böller, Bolz
bolster Polster
bolt =bold
bolwerk Bollwerk
bolz Bolz
bône Bohne
boppe Puppe
bor empor, empören
bôr empören

borgen borgen
born bohren
borst, -e Borste
bort Bord, Bort
borte Borte
bosch Busch
bôsheit böse
bosûne Posaune
bote bieten, Bote
botech, -e Bottich, Rumpf
boteschaft Bote
botschaft —
bouchen Bake
bougen beugen
boum Baum
boumgarte Baugerl
bôzen Amboß, Bausch, bosseln 1
brâ Braue
brâche brach
brâchmânôt
bracke Bracke
brâdem Brodem
bræch, bræchen prägen
bræzte Bretzel
brahsen Brassen
braht Pracht
brâmber Brombeere
brâme —
brangen prangen
branger Pranger
brant Brand
brasem Brassen
brasteln prasseln
brasten —
brâte Braten
brâten braten
brâwe Braue
brechen brechen
bredigât predigen
bredige —
bredigen —
brehen Pracht
breit breit
breitinc Fladen
brem verbrämen, Breme
breme Breme
bremen brummen
bremse Bremse
brennen brennen
bresten bersten, prasseln
bret Brett
brêze, -el Bretzel

brî, -e Brei	buhsboum Buchs	ceder Zeder
brief Brief	bühse Büchſe	
brille Brille	bûke Pauke	*ch ſ. unter k.*
brimmen brummen	buldern poltern	
bringen bringen	bülez Pilz	dâ da
brinnen brennen	bulge Bulge	dach Dach
brîs Preis	bulle Bulle 3	dachtel Dachtel
britzelmeister Pritſche	bülz Pilz	dâhe Thon
britzelslahen —	bumez Bims	dahs Dachs
briune braun	bün Bühne	dâht Andacht
briutegome Braut	bündec bündig	dampf Dampf
briuwen brauen	büne Bühne	danc Dank
brobest Propſt	bunge Bingelkraut, Bach-	danne dann, denn
brocke Brocke	bunge	dannen bannen
brodeln brodeln	bunt Bund, bunt	dapfer tapfer
brosem Broſam	buobe Bube	dar braus
brosme —	buoc Bug, Buſen	dâr da
brôt Brot	buoch Buch	darben barben
bruch Bruch 1	buoche Buche	darm Darm
brüchen brauchen	buode Bude	durre Darre
brücke Brücke	buole Buhle	datel Dattel
brüeven prüfen	buosem, -n Buſen	daz daß, doch
brüeje Brühe	buost Baſt	de- der
brüejen —	buoze Buße	dech, dechein kein
brüel Brühl	bûr Bauer 1	decher Decher
brüelen brüllen	burc Burg, Stadt	decke Decke
brüen Brühe	bürde Bürde	decken decken
brüeten Brut	büren Gebühr	degen Degen 1, 2
brüge, -el Prügel	bürge Bürge	dehsel Dachs, Deichſel 2
brummen brummen	burse Burſche	-del Kahn
brûn braun	bürst Borſte	demere dämmern
brunft Brunft	bürste Bürſte	demerunge —
brunne Brunn	burzel Burzel	dempfen Dampf
brünne Brünne	burzeln burzeln	dêmuot Demut
brunst Brunst	bürzen —	denen dehnen
bruoch Bruch 2, 3	bûs bauſen	denken Andacht, denken,
bruoder Bruder	busch Buſch	dünken
bruot Brut	bûsch Bauſch	denne denn
brûs Braus, Windsbraut	büschel Buſch	dennen dehnen
brüsche Brauſche	busîne Poſaune	der jener jener
brüsen Braus	busûne —	derp derb
brust Bruſt	büte Bütte	des mâles damals
brût Braut, Windsbraut	bütel Büttel	dest, deste deſto
brûwen brauen	büten Bütte	deweder jedweder
bû Bau	bütenære	diamant Demant
bûch Bauch	buter Butter	die, dicke dick
bûchen bauchen	bütte Bütte	dictam Diptam
buckel Buckel 1, 2	bûwære Bauer 2	die wîle weil
bücken bücken	bûwen bauen	diemant Demant
bückinc Bücking	buze Buſe	diemüete, -muot Demut
büenen bohnen		dienen dienen
büffel Büffel		dienest —
bühel Bühel, Hübel, Hügel		diep Dieb

diepſtâle --
dierne Dirne
diet deutſch
dietrich Dietrich
dîhte dicht
dîhſel Deichſel 1
dil, dille Diele
dimpfen Dampf, dumpf
dîn dein
dinc Ding
dingen —
dinkel Dinkel
dinſen gedunſen
dinſter dämmern, düſter, finſter
dinte (md.) Tinte
diptam Diptam
dirne Dirne
diſer dieſer
diſtel Diſtel
diu bieten
diube, -ve Dieb
diupe --
diupſtâle
diute deuten
diuten --
diutſch deutſch
doch doch
dœnen Ton
doln dulden
don Dohne
dôn Ton
done Dohne
doner Donner
donerſtac —
doppeln doppeln
dorf Dorf
dorfære Tölpel
dorn Dorn
dörpel, -pære, -er Tölpel
dorren dörren
dort dort
dôſen toſen
doſte Doſt
douwen, döuwen verdauen
drabe draus
draben traben
dræhſel drechſeln
dræjen, dræn —, drehen
draven traben
drahter Trichter
dranc Drang
drât Draht

drec Dreck
drehſel drechſeln
drel drall
drengen drängen
dreſchen dreſchen
drî drei
driakel Theriak
drîhe bringen
drîhen ---
drilch, drilich Drillich
drillen brillen
dringen dringen
driſchel dreſchen
dritte dritte
dritteil Teil
drîzec =zig
drôn drohen
droſchel Droſſel 1
droſtel
drouwen, dröuwen drohen
drozze Droſſel 2
druc Druck
drücken —
drüeſe Drüſe
drum Trumm, zertrümmern
druoſe Drüſe
druoſene Druſen
du, dû du
dublîn doppelt
duc Tücke
ducâte Ducaten
dûge Daube
dûhte dünken
dult dulden
dulten —
dûme Daumen
dumpfen, dümpfen dumpf
dunken dünken, tunken
dünne dünn
dunreſtac Donner
dunſt Dunſt
dur, durch durch
durchliuhten Durchlaucht
durchliuhtet —
durchlûht (md.) —
dûren dauern 1
durfen, dürfen dürfen
dürhel durch
dürkel —
dürre Dürre
durſt Durſt
dûs Daus
dwahen Zwehle

dwehele —
dwêle —
dwerch Zwerch
dwingen zwingen

ê ebe, Ehe, eher
ebehöu Epheu
eben eben
ebene —
ebênus Ebenbaum
eber Eber
ebereize Ebritz
eberitz --
ebiz, -itz Griebs
echt (md.) echt
ecke Eck
ecker (md.) Ecker
edel, -e edel
effe Eppich
egede Egge
egedehſe Eidechſe
egel, egele Igel
egelſter Elſter
egen Egge
egerte Jauchert
êhaft echt
eher Ähre
ei Ei
eich Eiche
eichel Eichel
eichorn Eichhorn
eide Eidam
eidem —
eigen eigen
eilant Eiland
eilf elf
eilif —, Eiland
eimber Eimer
ein ein 1, nein
einander einander
einber Eimer
einec einig
eines einſt
eines mâles =mal
eineſt einſt
einfalt, einvalt Einfalt
einvalte
einvelte, -ec —
einkriege Krieg
einlant Eiland
einlif elf
einlütze, -ec einzeln
einœde, œte, ôte Einöde

einsidel, -ære, -e Einsiedel
einsît Seite
einst einst
eintracht (mb.) Eintracht
einzec einzeln
einzel —
eischen heischen
eit Eid
eiter Eiter
eiz —
elbe, -inne Elf
elch Elentier
ele Elle
electuârje Latwerge
elenboge Elle
elfant Elfenbein
elhe Elentier
elle Elle
ellenboge —
ellende elend
êlm, -boum Ulme
eln, -e Elle
eltern Eltern
eltes Iltis
emeze Ameise
emezliche emsig
emmer Eimer
emzec, -ic emsig
en nein, nicht
enbern entbehren
enbîzen Imbiß
enbœren empören
enbor, -e empor
ende Ende
ene Ahn
eneben neben
enenkel Enkel 2
enge Anger, eng
engegen entgegen
engel Engel
enger, -inc, -linc Engerling
enikel, eniklîn Enkel 2
eninkel —
enis Anis
enke Enke
enkel Enkel 1
ent- ent=
ente Ente
entriuwen traun
entrüsten entrüstet
entsetzen entsetzen
entsigelen Siegel
entsitzen entsetzen

entweder entweder
enwec Weg
enzücken Zuck
epfe, -ich Eppich
epföu Epheu
er er, man
er- er=, ur=
êr Erz, eher, ehe
erbarmen barmherzig
erbe Erbe
erde Erbe
erdriezen verdrießen
êrest (ze ê.) zuerst
ervarn erfahren
erge ärgern
ergern —
ergetzen ergötzen
ergezzen vergessen
erhaben erhaben
erhalt Herold
erheben erheben
êrîn Erz
erkennen kennen
erker Erker
erknellen Knall
erle Erle
erleschen löschen 1
erleswen leer
erleuben erlauben
erlinc Elritze
erliucht, -en erlaucht
erlouben erlauben, Urlaub
erlûht (mb.) erlaucht
ermel Ermel
ern Ähren
erne Ernte
ernest Ernst
ernesthaft —
erobern erobern
eröugen Ereignis
eröugnis —
erquicken erquicken
êrst erst
erstecken ersticken
ersticken —, sticken
-ert Jauchert
erweiz Erbse
erwergen würgen
erwiz Erbse
erz- (bischof, engel u. a.) Erz-
erzenen Arzenei
erzenîe —

erzûsen zausen
esche Asche 1
esel Esel
esse As, Esse
esterich Estrich
estrîch —
ete, etelich etlich
etes, -lich
eteswâ, -waz, -wer —
etewer —
etwâ --
Etzel Atte
etzen ätzen
êwe Ehe
êwic ewig
ez er, es
ezseich Essig
ezzen essen, fressen
ezzich Essig

fabel, -e Fabel
vach Fach, Fächer
vackel, -e Fackel
vade Faden
vadem, -en —
vælen fehlen
vâhen fangen
val fahl, falb, fallen
vâlant falsch
valgen Felge
valke Falke
valle fallen
valn —
valsch falsch
-valt Fach, =falt
valte falten
valten —
valz falzen, Balz
valzen falzen
van Fahne, von
vân fangen
vanc —
vanden fahnden
vane Fahne
vanke Funke
vanz Fant
var Farbe, Farre
varch Ferkel
vâre Gefahr
varm Fähre, Farn
varn fahren, Farn, Hoffart
varnde habe fahren
varndez guot —

varre Farre
vart Fahrt, Fährte, fertig,
  Hoffart
varwe Farbe
varzen farzen
fasân, -ant Fasan
vaschanc Fasching
vase Faser
vasenaht Fastnacht
vaser Faser
vasnaht Fastnacht
vast fast
vaste -, fasten
vasten fasten
vastnaht Fastnacht
vater Vater
vaz Faß
vazzen fassen, Fetzen, Fitze
vêde Fehde
veder, -e Feder
vederlesen —
vederspil --
vederwisch Flederwisch
fedrach Fittich
vegefiur Fegefeuer
vegen , fegen
vehe Vieh
vêhede Fehde
vehten fechten
fei, -e Fee
veige Feige
veil, -e feil
veilschen —
veim Feim
veiz feist
veizet, veizt —
vel Fell
vêlen fehlen
velge Felge
velîs Felleisen
vels, -e Felsen
velt Feld
velwâre Felber
velwe, -er —
velzen falzen
veme Fehme
venchel Fenchel
venichel --
venre Fahne
venster Fenster
ver Fähre, Jungfer
ver- fressen, ver=
verbieten verbieten

verbremen verbrämen
verdamnen verdammen
verderben verderben
verdöun verdauen
verdouwen —
verdöuwen —
verdriez, -en verdrießen
vere Fähre, Ferge
verevel Frevel
verezzen fressen
vergatern (übrh.) ver=
  gattern
verge Ferge
vergeben, -e, -es vergebens
vergellen vergällen
vergezzen vergessen
verhel, -in Ferkel
verherge verheeren
verhern —
verje Ferge
verkel Ferkel
verlangen verlangen
verletzen verletzen
verliesen Laus, Verlies,
  verlieren
verliumden verleumden
verloben verloben
verlust Verlust
vermaledien maledeien
vermehelen vermählen
vermezzen vermessen
vermüge Vermögen
vermugen, vermügen -
vermûchen meuchel=
vern fahren
verne fern, firn
vernemen Vernunft
vernihten vernichten
vernüegen Vergnügen
vernunft Vernunft
verrâten verraten
verre fern, sofern
verrecken verrecken
verrücken verrückt
verruochen verrucht
verruochet —
fers, vers Vers
verschaln schal
verscheiden verschieden
verse (nb.) Farre
versen Ferse
verslahen verschlagen
versmahten Schmach

verstân Verstand
verstant, -nisse —
verstendic —
verstümbelen Stümmel,
  verstümmeln
versüenen versöhnen
versûmen säumen
verswenden verschwenden
verswinden —
vert firn
vertagedingen verteidige,
verteo fertig
verteidingen verteidigen
vertic fertig
vertrac vertragen
vertragen
vertuschen vertuschen
vertûschen Tausch
vertutzen verdutzt
vertuzt, vertuzzen —
verwant verwandt
verwarlôsen verwahrlost
verwegen verwegen
verwenden verwandt
verwerren wirr
verwesen verwesen, Ver=
  weser
verwiz, -en Verweis
verzen furzen
verzîhen verzeihen, zeigen
verzücken Zuck
vespe Wespe
vesper Vesper
fest Fest
vest fest
veste --, fast
vetel Vettel
veter, -e Vetter
vettach, -e Fittich
vetze Fetzen
vezzel Fessel 1
vezzer Fessel 2
viant Feind
vîc Feigwarze
vioh Vieh
viowarzen Feigwarze
viowerze —
videl, -e Fiedel
vieber Bieber, Essig, Fieber
viehte Fichte
viel Veilchen
vient Feind
vier vier

vierteil Teil	vlehten flechten	vol Fohlen, voll
vivalter Falter, Zweifalter	vleisch Fleisch	volc Volk
vîge Feige	vlesche Flasche	vole Fohlen
vihe Vieh	fletsen fletschen	volge folgen
vil viel	vletze Flöz	volgen
vil lihte vielleicht	vlicken flicken	volkumen vollkommen
vile viel	fliege Fliege	von, vone von
vile Feile, Beil	vliegen fliegen	vor vor
villen fillen	vliehen fliehen	vorder vorder
vilz Filz	vlies Flies, Flaus	vordern —
fîn, vîn fein	vliete, -en Fliete	vore vor
vinden finden	vliezen fließen	vorevel Frevel
vinger Finger	vlins Linse	foreist Forst
vingerlîn Ermel	flitern Flitter	forelle Forelle
vinke Fink	flittern —	vorest, forest Forst
vinne Finne 2	fliuge Fliege	forhe Föhre, Forelle
vinster finster	vlius Flies	forhen Forelle
vint Feind	vlîz Fleiß	vorht, -e Furcht
viol, -e Veilchen	vlîzen	forle Forelle
vîre Feier	vlô Floh	form, -e Form
vîren —	vlôch —	vormunde Vormund
vîretac —	vlocke Flocke	vormünde, vormunt —
virlefanz Firlefanz	vlôder Fluder	vorn fern, vorn
firlei —	vlœtzen flößen	vornân vorn
virtac Feier	vlœzen —	vorne, -en —
virne firn, fern	floier Flor, Schleier	vorschen forschen
firnis Firnis	floite, vloite Flöte	vorst Forst
virst First	vlokzen flackern	vort fort
firzern zehren	flôrîn Florin	vrâgen fragen
visch Fisch	flôrsen Flor	franze Franse
vist Fist	vlöun Fluder	franzen —
fistel Fistel	vlouwen —	frasûme säumen
vittich Fittich	vlôz Floß	vrâz Fraß
vitze Fitze	vlozvedere Flosse	vrech frech
viuhte feucht	vlozze —	vrevel, -e Frevel
viur Feuer	vluc Flug	vremde, vremede fremd
viustelinc Ermel	vlücke flügge	vreude Freude
viztuom Vizdom	vlügel Flügel	vrezzen fressen, Frevel
vizzelooh Fuß	fluges Flug	vrî frei
vlach flach	fluht Flucht	vrîât, -e Freite
vlackern flackern	fluoch fluchen	vride Friede, Friedhof, zu-
vlade Fladen	vluochen —	frieden
vladern flattern	vluoder Flaben, Flunder	vrîe Freite
vlahs Flachs	vluor Flur	vrîen freien
vlamme Flamme	vluot Flut	vrîlîch, -e freilich
vlasche Flasche	vlûs Flaus	vrischinc, -linc Frischling
vlec, vlecke Fleck	vluz Fluß	vrist Frist
vledermûs Fledermaus	vlüzzec flüssig	vrîtac Freitag
vledern flattern, Fleder-	foche, focher Fächer	vrîte, vrîten frei
maus, Flederwisch	vogel Vogel	vrîthof Friedhof
vlegel Flegel	voget Vogt	vriunt Freund
vlêhen flehen	vogt —	vrô froh, frohn
vlehte Flechte	vohe Fuchs	vrœnen fröhnen

vrôlocken frohlocken	vürste Fürſt	gebel Giebel 1
vrôn frohn	vurt Furt	gebern gebären
vrôn- (alter, dienst, hof,	vurzen farzen	gebet Gebet
kriuze, lîchnam, reht,	vûst Fauſt	gebiet Gebiet
walt) frohn		gebirge Gebirge
vrône Frohne	ga- ge=	gebresten Gebreſten
vrônen fröhnen	gâbe Gabe	gebûr Bauer 3
vrôsanc frohlocken	gabel, -e Gabel	gebürn Gebühr
vrosch Froſch	gâch jäh	geburt Geburt
vrost Froſt	gadem, -en Gaden	gec, gecke (md.) Geck
vröude Freude	gœbe gäbe	gedanc Gedächtnis
vrouwe frohn, Frau, Fräulein	gœhe jäh	gederme Darm
vröuwelîn Fräulein	gaffen (md.) gaffen	gedigen gediegen
vröuwen Freude	gaffer Kämpfer	gedîhen gedeihen
vrouwenzimmer Fräulein	gâgen gackern	gedinge, -en hoffen
vrüeje früh	gagzen —	gedult Geduld
vruht Frucht	galgan, -ân, -ant Galgant	geværde ohne
vrum, -e fromm	galge Galgen	gevære —
vruo früh	galhart, -hert Gallerte	gevœze Gefäß
vüegen fügen	galopieren Galopp	gefallen gefallen
vüelen fühlen	galreide Gallerte	gevatere Gevatter
vüeren führen	galt gelt 2	gevêch Fehde
vüetern füttern	galze —, Gelze	gevencnisse Gefängnis
vuhs Fuchs	gamandrîe Gamander	geverte Gefährte
vûl faul	gamz Gemse	gevidere Gefieder
vüle Füllen	gân gehen	gevilde Gefilde
vülhe —	ganc Gang	gevlitter Flitter
vülîn –	ganerbe Ganerbe	gevügele Vogel
vülle füllen	gans Gans	gegen gegen, gen
vüllen —	gant Gant	gegende Gegend
vülsel Füllſel	ganz ganz	gegene —, gegen
vultern foltern	ganze Gänſerich	gegenôte Gegend
vünf fünf	ganze —, Gans	gegenwart Gegenwart
vünfte —	ganzer Gänſerich	gegenwertec —
vunke Funke	gar gar, gerben	gegihte Gicht
vunt Fund	garât Karat	gegitter Gitter
vuoc Fug	garbe Garbe 1	gehaben (sich) gehaben
vuoder Fuder	gare gar	gehege Gehege
vuoge Fug	garn Garn	geheim geheim
vuore Fuhre	garren girren	gehiure geheuer
vuoter Futter, Futteral	garst garſtig	gehôrsam hören
vuotern füttern	gart Gerte	geifer, geifern Geifer
vuoz Fuß	garte Garten	geil geil
vür für	garwe Garbe 2	geile —
vür wâr zwar	gast Gaſt	gein gen
vürbaz für	gate Gatte	geinen gähnen
vurch Furche	gaten —	geisel Geiſel 2
vürder fürder	gater - (md.), Gatter, Gitter	geist Geiſt
vurdern fördern	gazze Gaſſe	gekrœse Gekröſe
vürdern —	ge- ge=	geksen gickſen
vürhten Furcht	gebærde Gebärde	gel gelb
furke Furke	gebâren —	gelœze Gelaß
vürnæme vornehm	gebe Gabe	gelârt gelehrt (S. 206)

gelâzen Gelaß
gelegen gelegen
gelegenheit —
gelegenlich —
geleis Gleise
gelender Geländer
gelenke Gelenk
gelêrt gelehrt (S. 206)
gelîch Gelichter, gleich
gelîchesen Gleißner
gelîchesenære —
gelîchnisse gleich
gelîchsenen Gleißner
gelidemæze, -mâze (Glied-
  maßen
geligen gelegen
gelimpf Glimpf
gelimpfen, gelimpflich —
gelingen gelingen
gelit Glied
gellen gellen
geloben geloben, verloben
geloube Glaube
gelouben
gelt Geld
gelte Gelte
gelten gelten
gelücke Glück
gelze Gelze
gemach Gemach, allmählich,
  machen
gemæze gemäß
gemahele Gemahl
gemahelen vermählen
gemaht Gemächt
gemast Mast 2
gemechede machen
gemechlîch Gemach
gemeine Allmende, gemein
gemestet Mast 2
gemüese Mus
gemüete Mut
gemülle mahlen
gemuot Mut
gên gehen, gen
genâde Gnade
genæme angenehm
genamne Knan
genanne —
genen gähnen
genesen genesen
genge gänge
genic, genicke Genick

geniezen genießen
genouwe genau
genôz Genoß
genôzsam, -e Genossame
genüegen Vergnügen
genuht genug
genuhtsam —
genuoc —
ger gern, Gier
gêr Ger
geræte Gerät
gerat gerade 1, 2
gêre Gehren
gereht gerecht
geren gären
gerfalke Gerfalke
gerihte Gericht
geringe gering
gern begehren
gerne gern
gerop grob
gerren girren, gürren
gerste Gerste
gerte Gerte
geruch Geruch
gerüefte Gerücht
gerûm Raum
geruochen geruhen
gerüste Gerüst
gerwen gerben
gesament gesamt
gesamnet —
gescheffede Geschäft
geschefte —
geschehen geschehen
geschen Gischt
geschicke Geschick
geschicket geschickt
geschiht Geschichte
geschîde gescheit
geschirre Geschirr
geschoz Geschoß
geschütze Geschütz
geselle Geselle
gesellec, -heit —
gesellen —
gesetze Gesetz
gesetzede —
gesiht Gesicht
gesimeze Sims
gesindele Gesindel
gesindelach, -æhe —
geslaht geschlacht

geslehte Geschlecht, Unschlitt
  (s. Nachtrag)
gesmeize Geschmeiß
gesmide Geschmeide
gesmidec geschmeidig
gesmuc Schmuck
gespan Gespan
gespanst Gespenst
gespenst, -e —
gest Gischt
gestalt Gestalt
gestân geschehen
gestat Gestade
gestaten gestatten, Statt
gestên gestehen
gester, -n gestern
gestirne Stern
gestriuze Strauß 2
gestüeme ungestüm
gesunt gesund
gesweigen geschweigen
geswer Geschwür
geswinde geschwind
geswister, -de Geschwister
geswulst Geschwulst,
  Schwulst
getelôs Gatte
geten gäten
geter Gitter
getregede Getreide
getriuwe treu
getroc Trug
getwerc Zwerg
gewæte Gewand
gewalt Gewalt
gewammer wimmern
gewan gewohnt
gewant Wende, Gewand
gewar gewahr
gewarn gewahren
gewarsame gewahr
gewarten gewärtig
gewegen gewogen
gewehenen erwähnen
geweide Eingeweide
gewen gähnen
gewenen gewöhnen
gewor Gewehr
gewerbe Gewerbe
gewern gewähren
gewertec gewärtig
gewîge Geweih
gewiht, -e Gewicht 2

gewinnen gewinnen	glîmen —	graz gräßlich
gewis gewiß	glimmen, glimmern —	grâzen --
gewisse -	glimpf Glimpf	grel grell
gewitere Gewitter	glinster Glanz	grellen —
gewizzen Gewiſſen	glinzen —	grempeler Grempelmarkt
gewon gewohnt	glîten gleiten	grempen —
gewone —	glitzen, -ern glißern	greniz, -e Grenze
gezelt Zelt	glîzen gleißen	grensinc Gänſerich, Grenſing
gibel Giebel 1	glocke Glocke	griebe Griebe
gibitz, -e, -iz Kibitz	glosen gloſten	griez Grieß
giechhalme Halfter	glotzen gloßen	griezmel --
giechhelme —	gloube Glaube	grif, -e Greif
giege Gaukler, Geck	glöuben —	grifen greifen
gienen Gienmuſchel	glücke Glück	griffel Griffel
giezen gießen, Göße	glucken Glucke, Klucke	grille Grille
gift Gift	glüejen glühen	grim grimm
gîge Geige	glüen —	grimme —, Grimmen
giht Gicht	glufe Glufe	grimmec grimm
giksen gickſen	glunke Klunker	grinen greinen
gilwe Gilbe	glunkern —	grinnen —, grinſen, grunzen
ginen gähnen, Gienmuſchel	gluot Glut	grint Grind
gingebere Ingwer	gnacken knacken	gris greis
gipfel Gipfel	gnâde Gnade	grîse —
gippe Gabe	gnanne Knan	grisgram Griesgram
gips Gips	gnarren knarren	grisgramen, -grammen —
gir Gier	gogel Gaukler	griube (b.) Griebe
gîr Geier	gogeln —	griul Gräuel
girde Gier	golfe Golf	griusen Graus
gîre Geier	goller Koller 1	griutze Grütze
girec Gier	gollier —	griuwel Gräuel
girvalke Geier, Gerfalke	golt Gold	griuze Grütze
gischen Giſcht	got Gott	grobiz Griebs
gîsel Geiſel 1	gote, göte Gote	grœn (ſchwb. b.) verſöhnen
gît Geiz	gotinne, götinne Gott	grop grob
gîtec —	gotte, götte Gote	groppe Groppe
gîten -	götze Göße	gros, grosse Groſchen
gîtsen —	gou, göu Gau	grôz groß
gîzen Geiz	gouch Gauch, Kuckuck	grübelen grübeln
giuten vergeuden	gougern Gaukler	grübiz Griebs
giwen gähnen	goukelære —	grüejen grün
glamme glimmen	goukeln —	grüene —
glander Glanz	goume Gaumen	grüenmât Grummet
glanst —	grâ grau	grüenspân Grünſpan
glanz --	grabe Graben	grüetzen grüßen
glas Glas	graben graben	grüezen --
glast Glaſt	græve Graf	gruft Gruft
glat glatt	grâve —	grüllen groſſen
glatze Glaße	gram gram	grunt Grund
gleime glimmen	gran, -e Granne	grunzen grunzen
glenzen glänzen	grans Grans, Grenſing	gruobe Grube
glihsen Gleißner	grap Grab	gruonmât Grummet
glihter (nd.) Gelichter	gras Gras	gruose Gras
glim glimmen	grât Grab, Grat	gruoz Gruß

grûs Graus
grûsen —
grütz Griebs
grütze Grütze
grûwen Gräuel
grûwesam —
grûz Graus, Grieß, Grütze
gucken, gücken gucken
guffe Glufe
gûl Gaul
gulden Gulden
guldîn —
gülte Gülte
gumpel, gümpel Gimpel
gumpel- (kneht, liute, man) —
gumpen —
gund Gunst
gunderebe Gundelrebe
gunnen gönnen
gunst Gunst
gunt —
guome Gaumen
guot gut
gupf, -e Gipfel
gurgel Gurgel
gurren girren, gürren
gurt Gurt
gürtel -
gurten, gürten —
gutinne Gott
guz Guß

habe Habe, Hafen 2, Haff
habech Habicht
haben haben
habene Hafen 2
haber, -e Haber
habich Habicht
hac Hag
hache Hach
hachel Hechel
hacke hacken
hacken —
hadel Haber 2
hader — 1, 2
hæle Hehl, hehlen
haven Hafen 1
havenlecke schlecken
haft Haft 1, 2
-haft =haft
hafta Haft 2
hagedorn Hagedorn
hagel Hagel

hagelstein ...
hagen Hain, Hagen, hagen, Hecke 2
hager hager
hägge Hake
hagestalt Hagestolz
hagestolz ...
hähen hangen
hahsa Hechse
hain Hagen, Hain
hâke, -en Hake
hal hell
halbe halb 1, 2
halben -- 2
halde Halde
halfter Halfter
halgrâve Halle 2
haller Heller
halm Halm, Hellebarte (?)
halmackes Halfter
halme —, Halm, Hellebarte, Helm 2
haln holen
halp halb 1, 2, Halfter
hals Hals
halsen halsen
halt halt
halten halten
ham, -e Hamen
hamel Hammel
hameln —
hamelstat ..
hamen —, hemmen
hamer Hammer
hamster Hamster
han Hahn
hanc Hang
handel handeln
handeln —
hanef Hanf
hanf —
hangen hangen
hans, -e Hanse
hant Hand 1, 2
hantieren hantieren
hantvol Hampfel
hantwerc Handwerk
hap Hafen 2, Haff
hâpe, happe Hippe 1
har Haar 1, herb
hâr Haar 2
harm Jarn, Harm, Harn
harme Hermelin

harmschar Harm
harn Jarn, Harn
harnas Harnisch
harnasch, -esch
harnschar Harm
harpfe Harfe
harren harren
hars Harz
harsch Heer
harse Harz
harst Heer
hart Hart, Specht
Hart Hart
harz Harz
hase Hase
hasel Hasel
haspe Haspe
haspel Haspel
hatele Hitte
haz Haß
hazlîch häßlich
hazzen Haß
hebamme Hebamme
hebech Habicht
hebel Hebel
heben heben
hechel Hechel
hechet, hecht Hecht
hecke Hecke 1
hecken Hechel, Hecht, Hecke 2
heese Heze
hederich Hederich
heve Hefe
heveamme Hebamme
hevel Hefe, Hebel
heven heben
hefte Heft
heftec heftig
heften heften
hegedruose Hecke 2
hegen hegen
heher Häher
hehse Hechse
hehsenen —
hei heiß
heide Heide 1
heidelber Heidelbeere
heiden Heide 2
heie Bentheie
heifte heftig
heifteclichen —
heiger Reiher
heil Heil, heil

heilant Heiland	herge Hure	hiuweln —
heilec heilig	herinc Häring	hobel Hobel
heilen heilen	hêrlich herrlich	hôch hoch, Hoffart
heim heim, Heim	hermelîn Hermelin	hôchvart Hoffart
heime Heimchen	hern Heer	hôchgeborn wohlgeboren
heimelich heimlich	herolt Herold	hôchgezît Hochzeit
heimlich —	herre Herr	hôchzît —
heimôt Heimat	hêrschaft Herrschaft	hocker Höcker
heimuot, -e —	hersen, hêrsen herrschen	hode Hode
heis, -e heiser	hersenier Hirn	hœhe Höhe
heischen heischen	hert hart, Herb, Herbe	hœnen höhnen
heise, -er heiser	hertære Hirte	hœren hören
heit =heit	herte hart, Herbe	hof Hof
heitber Heidelbeere	hertemânôt harsch	hovel Hobel
heiter heiter	herze Herz	hover Höcker
heitzen flößen	herzoge Herzog	hövesch höfisch
heiz heiß, heizen	hespe Haspe	hoffen hoffen
heizen flößen, heizen, heißen	hetzen hetzen	hovieren hofieren
heizen heizen	hezzelich häßlich	hoger Höcker
hel hell	hie hauß, hier	hogger —
helblinc Heller	hier hier	hoke (md.) Hocke 2
helfant Elfenbein	hilfe Hilfe	hol hohl
helfe Hilfe	himel Himmel	holche Holk
helfen helfen	himelze —	holde holb
helfenbein Elfenbein	himper Himbeere	holder Holunder
helle Hölle	hin hin	holn holen
hellen hell	hinde Hinde	holpeln holpern
heller Heller	hinden hinten	holt Holz
hellic helligen	hinder hinter	holunder Holunder
helligen —	hindern hindern	holz Holz
helm Hellebarte, Helm 1, 2	hine hin	holzmuoje Hexe
helmbarte Hellebarte	hînet heute	hôn Hohn
heln Hehl, hehlen	hinken hinkenf	honec Honig
helt Held	hinne hauß	honecseim Seim
hemde, hemede Hemd	hinnen hinnen	hopfe Hopfen
hemisch hämisch	hintber Himbeere	hopfen hüpfen
hemmen hemmen	hinter hinter	horchen, hôrchen horchen
hengen henken, hangen	hintlouf Himbeere	horde Horde 2
henger Henker	hirât Heirat	horn Horn
hengest Hengst	hirne Hirn	horniz Hornisse
henken henken	hirs, -e Hirse	hornunc Hornung
henker Henker	hirte Hirte	hornuz Hornisse
henne Hahn, Henne	hirz, hirz Hirsch	horst Horst
hepe Hippe 1	hirzgewîge Geweih	hort Hort
hepfe Hefe	hirzwurz Himbeere	hose Hose
heppe Hippe 1	hispe Haspe	hou, höu Heu
her her	hitze Hitze	houbet Haupt, überhaupt
hêr hehr	hiulen heulen	höubet Haupt
heralt Herold	hiune Hüne	houc hoch
herberge Herberge	Hiune —	houf, -e Haufe
herbest Herbst	hiure heuer	houpt Haupt
here her, Heer, herb	hiute heute	höuschrecke Heuschrecke
hêre Herr	hiuwel heulen	houwe Haue

höuwe Heu	ibische Eibisch	ir ihr
houwen hauen	ich ich	irdesch irdisch
hûbe Haube	ich, -e eichen	irdîn irden
hübel hoch, Hübel, Hügel	ichen —	irre irre, irren
hübesch hübsch	ie je, jedweder, jetzt	irren irren
hübsch —	ieder jeder	irresal —
hûchen hauchen, heucheln, hocken	iedeweder jedweder	is Eis
hucke Hocke 2	iegelich jeglich	isen Eisen
hüeten hüten	iegeweder jeder	îserîn —
huf Ernst, Hüfte, Werft 1	ieman jemand	îsern —
hûf Haufe	iemer immer	îsernîn —
hûfe —, Haufte	iergen irgend	isgrûpe Graupen
hulde Huld	iesâ jetzt	isope, isôpe Isop
hüle Höhle	ietweder jedweder	ispe —
hulft, -er Holfter	ietze jetzt	ist sein 2
hülle Hülle	ieweder jeder	iszolle Zoll 1
huls Holfter, Hulft	iezunt jetzt	itel eitel
hülsche Hülse	iezuo —	itrücken räuspern
hulse, hülse —	ifer Eifer	iu, iuch euch
humbel Hummel	ifern	iule Eule
hummel —	igel Igel	iuter Euter
hummen —	ilen eilen	iuwel Eule
hundert Hundert	iltis Iltis	iuwer euer
hunger Hunger	imbe Imme	iuwich euch
hünic Honig	imbiz Imbiß	îwe Eibe
hunt Hund	imer immer	
huobe Hufe	imme Imme	jâ ja
huoc Hügel	immer immer	jagen jagen
huof Huf	impeten impfen	jaget Jagd
huofleteche Lattich	impfen —	jâmer Jammer
huon Huhn	impfeten —	jâr Jahr
huore Hure	in Eingeweide, ein 2, in	jeger, -e jagen
huoste Husten	în ein 2	jene site jenseits
huot Hut 1, 2, hüten	inbiz Imbiß	jener jener
huote Hut 2	infel, -e Infel	jenner Jänner
hupfen, hüpfen hüpfen	ingeriusche Geräusch	jensit jenseits, Seite
hürde Hürde	ingeslehte Unschlitt (Nachtrag)	jesen gären, Gischt
hûren lauern	ingeweide Eingeweide	jest Gischt
hurrâ hurra	ingewer Ingwer	jeten gäten
hurren —	inne hauß, inne, innig	jiuch Jauchert
hurst Horst	innec innig	joch Joch
hurt hurtig, Hürde	innen inne	jope, joppe Joppe
hurtec, -lich hurtig	innere —	jû jauchzen
hûs Haus	innern erinnern	jubilieren jubeln
husch husch	innewendec Wende	jûch jauchzen
hûste Haufte	innunge Innung	jûchert Jauchert
hût Haut	inren erinnern	jûchezen jauchzen
hütte Hütte	insel, -e Insel	jucken, jücken jucken
hutzel, hützel Hutzel	inselt Unschlitt	jugent Jugend
hûwe Uhu	insigel, -e Insiegel, Siegel	junc jung
hûze hauß	inslit Unschlitt	juncvrouwe Jungfer
	inziht Inzicht	juncherre Junker
	inzwischen zwischen	jungeline Jüngling

jünger Jünger	karfunkel Karfunkel	kervel, -e Kerbel
jungest (ze j.) jüngst	karkære Kerker	kerjen kehren 2
juppe Joppe	karl Kerl	kerkære Kerker
	karne Narbe	kern Kern, kehren 2
kabel Kabel	karpfe Karpfen	kerne Kern
kabez Kappes	karre Karre	kerp Kerbe
kachel, -e Kachel	karrech, -ich Karch)	kerse Kirsche
kachen kichern	karst Karst	kerze Kerze
kachzen —	kartac Karfreitag	kesten Kastanie
kadel Kahm	karte Narbe, Karte	kestenboum —
kæse Käse	karthiuser Karthause	kestene, kestenne —
kæselap Lab	kartûse, -er —	kestigen kasteien
kæseluppe —	karwe Narbe	keten, -e Kette 2
kaf Käfer	karwoche Karfreitag	ketzer Ketzer
kah kichern	kastânie Kastanie	kewe Kiefer 1
kal kahl	kaste Kasten	kezzel Kessel
kalbe Kalb	kastelân Schachtel	kezzi
kalc Kalk	kastigen kasteien	kibeln keifen
kaldûne Kalbaunen	kât Kot 2	kiben —
kâle Qual	kater, -e Kater	kichen keuchen
kalemîne Galmei	katze Katze	kicher Kicher
kalendenære Kalender	kebese Kebse	kîde Keim
kalender —	kebse —	kîdel Keil
kalp Kalb	kec keck	kiel Kiel 2
kalt kalt	keder Köder	kien Kien
kalter Kelter	kever Käfer	kienboum Kiefer 2
kalterhûs —	kefere —	kienforhin —
kam Kamm	kevje Käfig	kiesen kiesen
kâm Kahm	kegel Kegel 1, 2	kivel, -e Kiefer 1
kamer, -e Kammer	keger Köcher	kiveln keifen
kamille Kamille	kein kein	kifen Käfer
kamp Kamm	keiser Kaiser	kiver Kiefer 1
kampf Kampf	kekel Kegel 2	kiffel Käfer
kampfer Kampfer	kelch Kelch	kiffen —
kân Kahm	kele Kehle	kil Kiel 1
kanêl Kanel	kellære, -inne Kellner	kil Keil
kanker Kanker 1	kelle Kelle	kilbere Kalb
kanne Kanne	kelnære, -inne Kellner	kilche Kirche
kanzel Kanzel	keller Keller	kîm, -e Keim
kapelle Kapelle 1	kelter Kelter	kin Kinn
kapfen gaffen	kemel Kamel	kinne —
kapitel Kapitel	kemenâte Kamin, Kemenate	kinnebache, -backe Backe 2
kappaz Kappes	kemîn Kamin	kinnezan Kinn
kappe Kapaun, Kappe	kemmel Kamel	kint Kind
kapellân Kaplan	kemmen kämmen	kip keifen
kappelle Kapelle 1	kempfe Kampf	kipfel Kipfel
kappûn Kapaun	kennen kennen	Kipper Kupfer
kappûz Kappes	kerbe kerben	kipperwin —
kar Kasten	kerben —	kippor —
karbe Narbe	kerder Köder	kirche Kirche
karbunkel Karfunkel	keren kehren 2	kirchspil Kirchspiel, Kirmes
karc karg	kêren kehren 1	kirchwîhe Kirchweih, Kirmes
karvrîtac Karfreitag	kerve kerben	kirleise Leis

kirmesse Kirmes
kirse Kirsche
kirspel Kirchspiel
kis Kiesel
kisel —
kiste Kiste
kitel Kittel
kittel —
kitze Kitze 1
kitzeln kitzeln
kiule Keule
kiusch, -e keusch
kiuwe, -el Kiefer 1
kiuwen kauen
kiz Kitze 1
klâ Klaue
klac Kleck
klaf Klaff, Klapp
klaffen klabastern, Klaff
klâfter Klafter
klage Klage
klagen klagen
klam Klamm
klamben klempern
klamer, -e —
klamme Klamm
klammer Klammer
klampfer —, klempern
klampfern klempern
klapf Klaff, Klapp
klapfen —
klappern Klapp
klâr klar
klâwe Klaue
klê Klee
kleben kleben
klecken Kleck
kleiben kleiben
klein, -e klein
kleinœde, -œte Kleinod
kleinôt —
kleit Kleid
klemde Klamm
klemme —
klemmen —
klenen Kleister
klengen klenken
klenken --
klenster Kleister
klepfen Klepper
klete Klette
klette
klîben kleiben

klîe Kleie
klieben klieben, Kloben
klimse Klinse
kline Klang
klinge Klinge 1, 2
klingelen klingeln
klingen klingen
klinke Klinke
klinse Klinse
klippe Klippe
klîster Kleister
kliuwe Knäuel
kliuwel, -în —
klîwen Kleie
klobe Kloben
klobelouch Knoblauch)
klocken klopfen
klopfen —
klôs, -e Klause
klôsenære —
klôster Kloster
klôz Kloß, Klotz
kloz Klotz
klûben klauben
klucke Klucke, Glucke
klucken —
kluft Kluft
klumse, -ze Klinse
klunc Klang
klungeler Klunker
klüngelîn Klüngel
kluoc klug
kluppe Kluppe
klûs, -e Klause
klûwen (md.) Knäuel
knabe Knabe
knacken knacken
knappe Knabe, Knappe
knarren knarren
knebel Knebel
kneht Knecht
kneten kneten
knie Knie
knirren knirren
knirsunge knirschen
knistunge knistern
kniul, -în Knäuel
kniuwel
knobelouch Knoblauch)
knoche Knöchel, Knochen
knöchel —
knochen Knochen
knock —

knöde Knödel, Knoten
knödel Knödel
knögerlîn Knochen
knolle Knollen
knopf Knopf, knüpfen, Knüppel
knorpel Knorpel
knorpelbein —
knorre Knorre
knorz Knorz
knospe Knospe
knote Knoten
knotze
knouf, -el Knauf
knöufel —
knübel Knubbe, Knopf
knüchel Knöchel
knügel Knochen
knüpfel Knüppel
knüpfen knüpfen
knûre Knorre
knüsen —
knütel Knüttel
knüttel —
knûz Knauser
kobe Koben
kobel —
kober —
kobolt Kobold
koch Koch
kochære Köcher
kochen kochen
kocher Köcher
koder, köder Köber
kœl, -e Kohl
kœn (b. schwb.) versöhnen
kœtze Kieze, Kötze
koger Köcher
kol Kohle, Kohl
kôl Kohl
kolbe Kolben
kole Kohl, Kohle
kolemeise Kohlmeise
koliander Koriander
koller, -ier Koller 1
kollinder Koriander
kolre Koller 2
kolter Kolter
komat Kummet
komedur Komtur
komen kommen
kommentiur Komtur
kompân Kumpan

kone Braut	krebeze Krebs	kruoc Krug 1
konel Quendel	kreiz Kreis	krüpel, krüppel Krüppel
kopel Koppel	krellen Kralle	krûs kraus, Krolle
kopf Kopf	krenich Kranich)	krûse Krause
koppel Koppel	krenken kranc	krûsel (mb.) Kräusel
koppeln kuppeln	krenze Krätze 1	kruste Kruste
koralle Koralle	kresen Kresse 1	krût Kraut
korder, körder Köder	kresse — 1, 2	kübel Kübel
korn Korn	krete Kröte	kuche, küche Küche
korp Korb	kretschem, -e Kretschem	kûchen keuchen
körpel Körper	kretz Krätze 2	küchen Küche
korper, körper —	kretzen kratzen	kuchîn —
kôsen kosen	krezze Krätze 1	kuckuk Kuckuck
kost Kost 1, 2	kribeln (mb.) fribbeln	küefer Küfer
koste —, Quast	krîde Kreide	küel, -e kühl
kosten kosten 1, 2	Krîde	küen, -e kühn
kôt Kot 2	kriec Krieg	kugel Keule, Kugel
kottûn Kattun	Kriech Krieche	kugele , Kaulbarsch
kotze Kotze, Kutte	krieche —	kûle Kaulbarsch), Keule
koufen kaufen	kriechen kriechen	kullander Koriander
kouwe Kaue	kriesi (al.) Kirsche	külle Kaninchen)
kowe —	krimpf Krampf, krumm	kulter Kolter
krâ Krähe	krimpfen Krampf	kumber Kummer
krabelen krabbeln	krinc Kring	kûme kaum
krach krachen	kringel Kringel	kümel Kümmel
krachen —	kripfe Krippe	kümîn —
krôe Krähe	krippe —	kumft Kunft
krêjen krähen	krischen kreischen	kümftec --
kriën —	krisen Kresse 1	kumpân Kumpan
kraft Kraft, kraft	krisp kahl	kumpost Kumpost
krage Kragen	kristal, -alle Kristall	kumpf Kumpf
krâm Kram	kristen kreisen	künc König
kramat Krammetsvogel	kritzen kritzeln	kunft Kunft
kramat(s)vogel, krambit-	kriuz Kreuz	künic König
vogel —	kriuzære Kreuzer	küniclîn Kaninchen, Zaun
krâme Kram	kriuze —, Kreuz	kunkel Kunkel
krampf Krampf	kriuzer Kreuzer	künlîn Kaninchen
kramwit Krammetsvogel	krizen kreischen,Kreis,kreisen	künne Kind, König
kranc kranc, (mb.) Kring	krochzen krächzen	kunnen können
krane, kranech Kranich	kroenen krönen	künolt Kaninchen
kranewite Krammetsvogel	kroese Gekröse	kunst Kunst
kranewitvogel —	krol Krolle, kraus	kunt kund
kranwit —	krolle Krolle	kunter (mb.) kunterbunt
kranz Kranz	krôn, -e Krone	kuntervêch, -feit —
krâpe Krapfen 1 (mb.), 2	kropf Kropf	kuo Kuh
krâpfe —, Bretzel	krote, kröte Kröte	kuoche Kuchen
krappeln krabbeln	kröuwel krauen	kuofe Kufe 2
kratte Krätze 1	krouwen —	kuole kühl
kratz Krätze 2	krûche Krug 1	kuolhûs —
kratzen kratzen	krucke, krücke Krücke	kuonheit kühn
krâwe Krähe	krûfen (mb.) kriechen	Kuonrât —
krebe Korb, Krippe, Reff 1	krump krumm	kupfe Kopf
krebez Gemse, Krebs	krumpf —, Krampf	kupfer Kupfer

kuppe Kuppe
kuppel Koppel
kuppelære, -inne kuppeln
kuppeln —
kuppelspil
kür Kur
kurbe Kurbe
kürbez, -iz Kürbis
küre Kur
kurvürste, kürvürste —
kurre (md.) kirre
kürre —
kürsen, -ære Kürschner
kurz kurz
kus Kuß
küssen Kissen, küssen
küssîn Kissen
kuster, -or Küster
küt, -e Kitt
kutel Kutteln
küten Quitte
kutte Kutte
kütte Kette 1
kûtz, -e Kauz
kützeln kitzeln

lâ lau
labe laben
laben
lache Lache, lachen
lachen lachen, Laken, Scharlach
lâchenære Arzt
lade Lade, Laden
laden Laden, laden 1, 2
læge Lehbe
lægel, -e Legel
lære leer
lavendel Lavendel
lâfter Klafter, Lachter
lâge Lage
lâgel Legel
lahs Lachs
lahter lachen
lâhter Klafter, Lachter
lakeritze Lakritze
lallen lallen
lam lahm
lamp Lamm
Lampardie Lambertsnuß
Lampart
lampe Lampe 1
lamprête Lamprete

lanc lang, Gelenk
lancsam, -seime lang
lander Geländer
langez, -e Lenz
lanke lenken
lant Land
lanterne Laterne
lantfride Lamprete
lanze Lanze
lap Lab, laben
lape Laffe
lappe —, Lappen, läppisch
larche Lärche
lasche Lasche
last Ballast, Last
lastor Laster
late Latte
latech, -e Lattich
laterne Laterne
latînisch lateinisch
latte Latte
lattech Lattich
latwârje Latwerge
latwerge, -wêrje —
laz laß, letzt
lâzen lassen, Rüssel
lebekuoche Lebkuchen
leben leben
leber, -e Leber
lebezelte Lebkuchen
lecheln lachen
lechen lechzen
lechezen, lechzen —
lecke leck
lecken —, lecken 1, 2, legen
lectquerje Latwerge
ledec ledig
leder Leder
ledic ledig
leffel Löffel
lefs, lefse Lefze
legen legen
legende Legende
leger Lage
lêhen Lehen
lêhenen lehnen 2
lei =lei, Lei
leich Leich, Laich
leichen Wetter
leider leider
leie Lei, =lei, Laie
leige Laie, zweierlei

leim, -e Lehm
leinen lehnen 1
leip Laib, Lebkuchen
leis, -e Gleise, Leis
leist Leisten
leisten leisten
leit Leib
leiten leiten
leiter, -e Leiter
leitsterne leiten
lemfride Lamprete
lenc link
lende Lende
lene Lehne 1
lenen lehnen 1
lenken lenken
lenze Lenz
lerc (b.) link
lêrche Lärche, Lerche
lêrche Lerche
lêre Lehre
lêreche Lerche
lêren lehren
lernen lernen
lerz (b.) link
leschen löschen 1
lesen lesen
lest letzt, zuletzt
lette Letten
letzen letzen 1, 2, letzt
lewe Löwe
lêwerch, -ech, -ich Lerche
lewinne Löwe
lêwreche Lerche
lezzist letzt, zuletzt
lich Leiche
-lich, -lich =lich
lichame Leichnam
liche Leiche
lichname Leichnam
licken liegen
lidemâz Gliedmaßen
lîden leiden
lieben lieben
liebstuckel Liebstöckel
liederlich liederlich
liegen Lug
liehe Lehne 2
lieht licht, Licht
liene Lehne 2
liep lieb
liet Lied
liezen Los

ligen liegen
lihen leihen
lîhlachen Leilachen
lîht leicht
lîhte —, vielleicht
lîlach, -en Leilachen
lilje Lilie
lîm Leim
limboum Lehne 4
lîn Leine, Leinen
lînboum Lehne 4
line Lehne 1
lîne Leine
linen lehnen 1
lînen Leinen
lingen gelingen
linie Linie
lînîn Leinen
linse, -în Linse
lintwurm Lindwurm
lînwât Leinwand
lîp Leib
lîre Leier
lispen lispeln
list List
liste Leiste 1, Liste
lit Glied, Lid
lîte Leite
litze Litze
liuhse Leuchse
liuhte Leuchte
liuhten leuchten
liumde Leumund
liumunt —
liure Lauer
liut, -e Leute
liuten läuten
lô Lohe 2
loben Lob
lobesam —
loc Locke
loch Loch
locken locken
loesen lösen
loetec löten
loeten --
loger locker, Lücke
lohe Lohe 1
lohen lohen
Lombardîe Lambertsnuß
lôn Lohn
lop Lob
lôrber, -boum Lorbeer

lôs los, lösen
loschen lauschen
losen —
lôsunge Losung
lôt Lot
lôte Leute
loter Lotter=
loube Laube
louc Lohe 1
louch Lauch
loufen laufen
louft --
lougen läugnen
lougenen, löugenen —
loup Laub
löuwe Löwe
lôz Los
lôzunge Losung
lübestecke Liebstöckel
luc Lug
lûchen Loch
lucke, lücke locker (oberd.), Lücke
lücken locken
lüeme lahm, Lümmel
lüemen —
luft Luft
lüften lichten
lüge Lug
lügenære —
lügene --
luhs Luchs
lulch, -e Lolch
lullich --
lumpe Lump
lun Lünse
lünden Lunte
lune Lünse
lûne Laune
lüner Lünse
lunge Lunge
lunger lungern
lüninc Lünse
luns, -e —
lunze Löwe
luoder liederlich, Luder
luogen lugen
lupfen, lüpfen lüpfen
lüppe Gift, Liebstöckel
lûre Lauer
lûren lauern
lûs Laus
lûschen lauschen

lusemen —
lüsenen —
lust Lust
lüstren lauschen
lût laut, Laut
lûte Laute
lûter lauter

mâc Mage, verwandt
machen machen
mâdære Mahd
made Made
mader Marder
mæder Mahd
mæjen mähen
mænîn Mond
mæntac (schwäb. b.) Montag
mære, -lîn Märchen
mæzec mäßig
mage Magen
mâge Mohn
mager mager
maget, -în Magd
magezoge Zögling
mahelen vermählen
mahelschaz Mahl 1
mahelstat —
mâhen Mohn
maht Macht
makel Makel
makrêle Makrele
mâl damals, Mahl 2, Mal, =mal, sintemal, zumal
malder Malter
maledîen malebeien
mâlen malen
maln mahlen
malter Malter
malz Malz
mamme Memme
man man, Mann, Mähne
mân Mohn
manc mangeln
mânde Mond
mandel Mandel 2, Mantel
mane Mähne
mâne Mond
manec manch
manecfach Fach)
manecvalt —
manen mahnen
mânet Monat
mange Mange

mangel mangeln	mein Meineid	mezze Metze 2
mangeln —	meineit —	mezzen messen
mangolt Mangold	meinen meinen	mezzer, -es Messer
maniere Manier	meinswuor Schwur	mich mein
mannegelich männiglich	meinung Meinung	michel groß
mânôt Monat	meiron Majoran	miden meiden
mâut Mond	meisch Meisch	mies Moos
mântac Montag	meise Meise	miete Miete
mantel Mantel	meist meist	milch Milch
mar Mahr, mürbe	meister Meister	mîle Meile
marc Mark 1, 2, 3, Marke, mergeln, Marschall	meit Magd, Maid	milte mild
marder Marder	meizel Meißel	miltou Mehltau
marke Mark 2	meizen	milwe Milbe
market Markt	mel Mehl	milze Milz
marketen —	melc, melch melf	min minder
markt	melchen melfen	mîn mein
marmel Marmel	melde Melde	minig Mennig
marschalc Marschall	melden melden	minne Minne
marstal Marstall	melken melken	minner minder
mart Marder	melm malmen	minnest —
martel Marter	memme Memme	minre minder
marter, -e	menege Menge	minze Minze
marterer —	mengen mengen	mir mein
masanze Matzen	menig Mennig	mischen mischen
masche Masche	menneclich männiglich	mispel Mispel
maser Maser	mensch, -e Mensch	misse Messe
masse Masse	mer Meer	misse- miß-
mast Mast 1, 2	mêr mehr, meist, nimmer	missevar bunt
mat matt	mere Meer	missen missen
mât Mahd	mêre mehr	missetât miß-
mate Matte 1	meregriez Perle	mist Mist
materaz Matratze	mêrer mehr, mehrer	mistel Mistel
matraz —	mergel Mergel	mit, mite mit
matte Motte, Made, Matte 1, 2	merho Mähre	miteslüzzel Dietrich
matze Matte 2	merken merken	mitnaht mitte
mâwen mauen	mermeit Nix	mitte , Mitte
mâz Maß	merre mehr	mittel mittel, Mittel
mazalter Maßholder	merrettich Meerrettig	mittetac Mittag
mâze Maß, Maße, maßen	merterer Marter	miuchel meuchel-
mâzen maßen	merwîp Nix	miuchelære, -er —
mazolter Maßholder	merze März	miuchelingen —
mê mehr	mesnære Meßner	mocken —
mechzen meckern	mespel Mispel	moder Moder
mecke	messe Messe	mol Molch
mehelen vermählen	messenære Meßner	molchen Molke
moie Mai, Maie, Majoran	messinc Messing	molde Melde
meier Meier	mesten Mast 2	molken Molke
meieron Majoran	met, -e Met	molle Molch
meiger Meier	metten, -e Mette	molt Maulwurf
meil Mal	metti, in —	molte —, Melbe
meiler Meiler	metze Metze 3	moltwerf, -e Maulwurf
	metzjære, -jer Metzger	môr Mohr
	metzlor —	morchel Morchel

more Möhre
morgen Morgen 1, 2
morhe, mörhe Möhre
morhel Morchel
morsære Mörſer
mort Mord
mortel, morter Mörtel
mos Moor, Mooß
most Moſt
mostert Moſtert
motte Motte
mouwe Muff 1
mûche Maufe
muohzen mucken
mucke, mücke Mücke
muckzen mucken
müede müde
müeder Mieder
müeje Mühe
müejen Mühſal, mühen
müen mühen
müesal Mühſal
müeze Muße
müezen müſſen
muff Mops
müffeln Muff 2
mugen mögen. muen
mûgen mucken, muen
mügen mögen
muhen muen
mûl Maul 1, 2
mül Mühle
mûlber Maulbeere
mulchen, mülchen Molke
mulde Melde, Mulbe
mûle Maul 1, 2
müle Mühle
mûlesel Maul 2
mulken, mülken Molke
mülnære, -er Müller
multe Melde
multer Mulbe
mûltier Maul 2
mûlwelf, -werf Maulwurf
münch Mönch
mündec mündig
mundeline Mündel
munder munter
münech Mönch
münster Münſter
munt Mund 1, 2
muntbor Mund 2
munter munter

münze Münze
muoche Mucke
muoder Mieder
muolte, -er Mulbe
muome Muhme
muor Moor
muos Mus
muot Mut
muoter Mutter
muoze Muße, Maut
mupf Mops
mûr Mauer
mür mürbe
mûre Mauer
murmeln murmeln
mürmendîn Murmeltier
mürwe mürbe
mûs Maus 1, 2, mauſen
muschel Muſchel
mûsen ducken, mauſen
musteile (mb.) Musteil
musthart Moſtert
mûte Maut
mütte Metze 2
mutze, mütze Mütze
mutzen, mützen mutzen
muwen muen
mûze Mauſe
mûzen —
mûzer —

nabe Nabe
nabegêr Näber
nabel Nabel
nac Nacken
nâch nach, nah
nâch lût Laut
nachaft (mb.) necken
nache Nachen
nacheit (mb.) necken
nâchgebûr Nachbar
nâchslahen Schlag (S. 112b)
nacke Nacken
nackent, nacket nackt
nâdel Nabel
næhe nahe
næjen nähen
nêr nur
næwe Naue
nageber Näber
nagen nagen
nâhe nahe
nâher nah

naht Nacht
nahtegal Nachtigall
name Name
napf Napf
nar nahr=
narde Narbe
narre Narr
narunge nahr=
narwe Narbe
naschen naſchen
nase Naſe
nât Naht
nâtære, -in —
nâter, -e Natter
nâwe Naue
naz naß, Naß
ne nein
nebegêr Näber
nebel Nebel
neben neben
necken (mb.) necken
neve Neffe
negber, negeber Näber
negellîn Nelke
neigen neigen
nein nein
nemen nehmen
nemmen nennen
nennen —
Nerge Nehrung
nerigen nähren
nern
nespel Miſpel
nest Neſt
nestel Neſtel
netze Netz
netzen netzen
neur nur
newære —
neweder weder
nezze Näſſe
nezzel Neſſel
nioken nicken
nickes Nix
nide nied
niden, -e nieden
nider, -e nieder
nie nie, nimmer
nieman niemand
niemen —
niemer, niemêr nimmer
nier, -e Niere
niergen irgend, nirgend

niergent nirgend
niesen niesen
nieswurz Nieswurz
niet Niet
nietlîche nieblich
niezen genießen
niftel Nichte
nîgen neigen
niht nicht, nichts, zunichte
nihtes niht nichts
nihtzit —
nimer nimmer
nimmer, nimmêr —
nisteln nisteln
nisten —
nît Neid
niu neu
niun neun
niur nur
niuwe neu
niz Niß
noch noch 1, 2
nœzelîn Nößel
november November
novize Novize
nône None
norden (mb.) Norden
nort Nord
nôt Not
nôtdurft —
note Note
nôtnumft Not
nôtwer —
nôtzogen —
nôtzühten (nbrh.) —
nouwe (mb.) genau
nözelîn Nößel
nu, nû nun
nüehter, -n nüchtern
nüejel Rute
nüejen —
nunne Nonne
nuor nur
nuot Rute
nuotîsen —
nuowel —
nüsche Nestel
nütze nütze
nuz Nuß 1

ob ob 1, 2
obe —
obene oben

obere, -est ober 1
obez Obst
oblât, -e Oblate
ocker Ocker
od, ode oder
odebar Adebar
oder entweder, oder
odermenie Odermennig
œde öde
œheim, œhein Oheim
œr, -e Öhr
œse Öse
oven Ofen
offen offen
oft, -e oft
ogger Ocker
ôheim, ôhein Oheim
ohse Ochse
ol, öl Öl
olbent Kamel
ole, öle Öl
olei —
olive Olive
ôme Ohm
op ob 2
opfer Opfer
opfern opfern
opolt Kobold
oppolt —
ôr Ohr
orden Orden
ordenen —
ôre Ohr
organâ Orgel
orgel —
orgene —
ort erörtern, Ort 2, 3
ortern, örtern erörtern
ôse Öse
ôsten, -e Osten
ôster, -eren Ostern
otter Otter
ouch auch
ouge Auge
ougelit Lid
ougest, -e August
ouwe Au, Aue, Bruch 2

packen Pack
paht Pacht
palas, -t Palast
palme Palme, Papst
panier Panier

pantel, panter Panther
panzer, panzier Panzer
pap (mb.) Pappe
papagey Papagei
papegân —
papel Pappel 1, 2, Papst
papole Pappel 1
papier Papier
pâr Paar
paradîs, -e Paradies
parde Pardel
pardîs Paradies
part Pardel, wider
partîe Partei
pastêde, -ête Pastete
pate Pate
pech Pech, Papst
pellicân Pelikan
pelz Pelz
pensel Pinsel
peppe (mb.) Pappe
perle Perle
pestilenz, -ie Pest
pêtersil, -je Petersilie
petschaft Petschaft
petschat —
pfaffe Pfaffe
pfâl Pfahl
pfalenzgrâve Pfalz
pfalz, -e —
pfanne Pfanne
pfant Pfand
pfarrære Pfarre
pfarre —
pfat Pfad
pfât Pacht
pfâwe Pfau
pfeben Pfebe
pfedem —
pfeffer Pfeffer
pfefferlinc Pfifferling
pfennic, -inc Pfennig
pferit Pferd
pferrich Pferch
pfersich Pfirsich
pfert Pferd
pfetter Pate, Vetter
pfich Pech
pfîfe Pfeife
pfîfen —
pfifferlino Pfifferling
pfifflz, -iz Pips
pfîl Pfeil

pfilære Pfeiler
pfingsten Pfingsten
pfinne Finne 2
pfinztac Donner
pfipfiz Pips
pfûsel pusten
pflanze Pflanze
pflaster Pflaster
pflegen pflegen
pfliht Pflicht
pfloc, pflocke Pflock
pflücken pflücken
pflûme Pflaume
pfluoc Pflug
pfluocschar —
pfnûsen Pausback
pforte Pforte
pforzich —
pfoste Pfosten
pfrecken prickeln
pfrengen Pranger
pfrieme Pfriem 1
pfrimme Pfriem 2
pfropfære pfropfen
pfropfen —
pfrüende Pfründe
pfruonde —
pfulwe, pfülwe Pfühl
pfunt Pfund, Spund
pfuol Pfuhl
pfûsen Pausback, pusten
pfütze Pfütze
phaht, -e Pacht
phalenze Pfalz
phlûme Flaum
pilgrî, -in Pilger
pillele Pille
pîn, -e Pein
pinsel Pinsel
placke Placken
plâge Plage
plân Plan
planke Planke
plate Platte
platehuof (mb.) platt
platz Platz 1
platzbecke (mb.) Platz 2
platzen platzen
plozlich plötzlich
plûdern plaudern
plunder Plunder
povel Pöbel
polei Polei

polster Polster
popel Pappel
port Port
porte —, Pforte
porze (nbrh. mb.) Pforte
pôte (nbrh.) Pfote
præchen prägen
praht Pracht
prâlen prahlen
prangen prangen
pranger Pranger
prasteln prasseln
preambel Priamel
predigen predigen
prellen prallen
presse Presse
priamel Priamel
priester Priester
prinze Prinz
pris Preis
prisen preisen
prôbe Probe
probest Probst
prophetie, -zie prophezeien
prophezieren —
prüeven prüfen
psittich Sittich
puchen pochen
pûke Pauke
pulei Polei
pulver Pulver
pulpet, -it Pult
pulpt —
puls Puls
pult Pult
punct Spund
punze Bunzen
puppe Puppe
pûse Pause

quâder Quader
quâl, -e Qual
quarc Quark
quart Quart
quarz Quarz
quast Quast
quât (mb.) kacken, Kot 2
quec keck, queck
queckolter Wachholder
quecsilber Quecksilber
quehele Zwehle
quellen Quelle
queln Qual

quendel, quenel Quenbel
quentin Quentchen
quer Zwerch=
querch —, Zwerg
querder Köder
queste Quast
quetschen quetschen
quetzen —
quintin Quentchen
quît quitt
quiten Quitte

rabe Rabe, Rappe 1, Rübe
raben Rabe
rabusch Rappuse
rac ragen
rache Rachen
râche Rache
râde Raben
radebrechen radebrechen
ræhe regen
ræmen anberaumen
rætich Rettich
rætsel Rätsel
raffeln rappeln
raffen raffen
ragen ragen
rahe Rahe
ram Rabe, Rahmen, Ramme
râm anberaumen
rame Rahmen
râmen anberaumen
ramme Ramme
rammeler rammeln
rammeln —
ranc Rank
ranft Rand
ranken Ranke, ranzen
rankkorn Rankkorn
rankorn —
rans Ranzen
rant Rand
rape Rapp
rapfe Rappe 2
rappe 1, 2, Rabe, Rapp, Rappen
rasch rasch
rase Rasen
rasen rasen
rasin Rosine
raspeln Rappe 3
raspen raffen
rast, -e Rast

rat Rab, Ratte	rephuon Rebe	ritzen Ritze
råt Rat	rêren röhren	riude Räube
rate Raben, Ratte	resch raſch	riudec —
raten Raben	respen Riſpe	riuschen rauſchen
råten Rat	retich Rettich	riuse Reuſe
råtsal Rätſel	retten retten	riuspern räuſpern
råtslagen Rat	ribe Rippe	riustern —
ratte Ratte, Raben	rîben reiben	riute reuten
ratten Raben	riche Reich, reich	riuten —, roben, rotten 1
ratz, -e Ratte	rîden Ritten	riuwe Reue
ratzen raſſeln, Ratſche	riechen riechen	riuwen —
råwe Ruhe	rieme Riemen	riuze Rieſter
råwen —	riester reuten	riz Ries, Riß
råwer roh	riet Riet	riz Ritze
råz, -e Roß 2	rîfe Reif 2, reif	rîzen reißen
razzeln raſſeln	rifeln Riffel	rô roh
razzen —	riffel —	roc Rock
rebe Rebe	riffeln —	roch Roche 2
reben (md.) rappeln	rige Reihe, Riege	rocke Rocken, Roggen
rêch Reh	rigel Riegel	rode Rudel
reche Rechen	rîhe Reihe, Reihen 2	rodel Rolle
rechen —, rächen	rîhen Reihe	roden (md.) roben
rechenen rechnen	rihten richten	rære Röhre
recke Recke	rîm Reim	roesche röſche
recken recken	rîmeln Reif 2	roesten Rost 1
reckholter Wachholder	rimphen rümpfen	roetel rot
rede Rede	rinc Ring	roetelstein —
redelich reblich	rinde Rinde	roetzen röſten 2
reden Räber, reben	ringe gering	roezen —
redenære reben	ringele Ringel	roge Rogen
ref Reff 1	ringen ringen	rogen
reffen reffen	rinke Rinken	rohen röcheln
regel, -e Regel	rinkel —	rolle Rolle
regen Regen, regen	rinne Rinne	rollen —
regenboge Regen	rinnen rinnen	ropfen rupfen
reht recht, zurecht	rint Rind	rôr Rohr
rehtvertigen recht	rippe Rippe	rôrtumel Rohrbommel
reichen reichen	ris Ries	ros Roß 1
reie Reihen 1	rîs Reis 1, 2	rosch raſch
reif Reif 1	risch raſch	rösch röſche
reige Reihen 1	rise Rieſe	rôse Roſe
reiger Reiher	rîsech Reis 2	rôsîne Roſine
rein Rain	rîsen Reiſe	rost Rost 2
reine rein	rispe Riſpe	rôst Rost 1
reise Reiſe, Reiſige	rist Ries, Rift	rostiuschære Tauſch
reisec Reiſige	riste Riſt	rostiuscher Roß 1
reisen Reiſe	rîtære Ritter	rôstpfanne Rost 1
reitel Riſt	rite Ritten	rostûscher Roß 1
reitzen flößen, reizen	riten Reiſige, reiten	rot Rost 2, rot
reizen —	riter Ritter	rôt rot
renken renken	rîter Reiter	rote Rotte
rennen rennen	ritte Ritten	rôten rot
rente Rente	ritter Ritter	rotte Rotte, Rudel

rottel Rolle	ruofen —	sâme Same
rôtwalſch rot	ruoft ruchtbar	samelen ſammeln
rotz Rotz	ruom Ruhm	samenen -
rouben Raub	ruon —, Ruder	sament ſamt
rouch Rauch	ruor, -e Ruhr	sameztac Samstag
roufe Raufe	ruote Rute	samît Samt
roufen, röufen raufen	ruowe Ruhe	sampt Sand
roum Rahm	ruowen —	samt ſamt
roup Raub	ruoz Ruß	sanc Sang
roz röſten 2	rûpe Raupe 1	sane (mb.) Sahne
roz Rotz	rupfen rupfen	sanfte ſanft
rozzen röſten 2	ruppe Aalraupe	sant Sand
rubrike Rubrik	rûppe , Raupe 1	sarc, sarch Sarg
ruc Ruck	rusch Rauſch 1	sarde Garber
rûch rauh	rûsch Rauſch 1, 2	sardîn —
rûcheln röcheln	rûschen rauſchen	sarpf ſcharf
rûchwerc rauch	rust Rüſte	sat ſatt
rücke Rücken	rüstec rüſtig	sât Saat
rücken Ruck	rüsten rüſten	satel Sattel
ruckezen rucken	rûte Raute 1, 2	satereie Saturei
rucku	rütschen rutſchen	saz Satz
rûde Räude	rutte Aalraupe	schabe Schabe 1, 2
rüde Rübe	rütten, rütteln rutſchen	schaben ſchaben
rüebe Rübe	rützen	schabernac Schabernack
rüefen Ruf		schâch Schach, Schächer
rüege rügen		schâchære Schächer
rüegen	sâ da, jetzt	schâchzabel Schach
rüejen Ruder	sabel Säbel	schade Schade
rüeren rühren	sac Sack	schaden ſchaben
rüezel Rüſſel	sache Sache	schære Schere 1
rûgrâve Raugraf	sælde ſelig	schaf Schaft 2, Scheffel
rübeln röcheln	sælec —	schâf Schaf
rûher rauh	sæn ſäen	sehavernac Schabernack
rulle Rolle	saf Saft	schaffære Schaffner
rülz rülpſen	safrân Safran	schaffen ſchaffen
rûm Raum	saft Saft	schaffenære Schaffner
rumpeln rumpeln	sage Sage, Säge	schaft Schaft 1
rumph Rumpf	sagen ſagen	schaftel Schacht 2 Schachtel
rümphen rümpfen	Sahsen mitte	schaht Schacht 1
rûn Raum	sal Saal, Salbuch, ſollen	schahtel Schachtel
rûne raunen	salamander Salamander	schahtelân —
rûnen --	salât Salat	schal ſchal, Schale, Schall
runge Runge	salbe Salbe	schâl Schale
rnnke Runzel	salbeie Salbei	schalc Schalk
runt rund	salbuoch Salbuch	schäle Schale
runze, runzel Runzel	salveie Salbei	schalemie Schalmei
runzît Gaul	salhe Salweide	schaln ſchal
ruobe Rübe	sâlliche ſelig	schalten ſchalten
Ruobezagel -	salme Salm	schalter Schalter
ruoche ruchlos	salz Salz	schaltjâr ſchalten
ruochelôs —	sam gleich	scham Scham
ruoder Ruder	-sam =ſam	schamel Schemel
ruof Ruf	samât Samt	schampf Schimpf
	same gleich	

schanc Schank
schande Schande
schanze Schanze 1, 2
schar Pflug, Schar 2
scharbe Scharbe
scharben scharf
scharf —
scharlach, -en Scharlach
scharlât —
scharleie Scharlei
scharmutzel, -mützel Schar=
    mützel
scharren Scharreisen
schart Scharte
scharte Scharte
scharz Scherz
schate Schatten
schatel Schachtel
schatelân —
schaz Schatz
schebic schäbig
schecke scheckig
scheckeht —
schecken —
schedel Schädel
scheffe Schöffe
scheffel Scheffel
scheffen Schöffe
scheide Scheibe
scheiden gescheit, scheiden
scheitel Scheitel
schel beschälen, scheel
schelch scheel
schele beschälen, Schellhengst
schelkrût Schellkraut
schelfe Schilf
schelle Schelle
schellen —, Schall
schelme Schelm
scheln Schale
schelten schelten
schelter Schalter
schelwurz Schellkraut
scheme Schemen, Schönbart=
    spiel
schemebart Schönbartspiel
schemehoubet —
schemel Schemel
schenden Schande
schenke Schenk
schenkel Schenkel
schenken schenken
schepfære Schöpfer

schepfe Schöffe
schepfen schöpfen
scher Maulwurf
scherbe Scherbe
scherf Scherflein
scherge Scherge
scherje —
scherlinc Schierling
scherm schirmen
schermen —
schern scheren
scherninc Schierling
scherre Scharreisen
scherren
scherz Scherz
scherze Schurz
scherzen Scherz
schîbe Scheibe
schic schicken
schicken —, geschickt
schideman Schiedsrichter
schîden gescheit
schieben schieben
schiec schief, Stiege 1
schiech Scheu
schief schief
schiere schier 2
schiezen schießen
schif Schiff
sohiver, -e Schiefer
schiht Schicht
schilen schielen, schillern
schilf Schilf
schilhen schielen
schillen schillern
schillinc Schilling
schilt Schild 1, schildern
schiltære schildern
schime (md.) Schemen
schîme Schimmer, Schimmel
schimel Schimmel
schimpf Schimpf
schindel Schindel
schinden schinden
schîn Schein
schine Schienbein
schinebein —
schînen scheinen
schinke Schinken
schîr schier 1
schirbe Scherbe
schirlinc Schierling
schirm schirmen

schirmen , Scharmützel
schit Schiedsrichter
schît, -er Scheit
schiuhe Scheu
schiuhen —, Scheusal,
    schüchtern
schiune Scheune
schiure —, Scheuer
schiuzen Scheusal
schiuzlîch —
schîzen scheißen
schober Schober
schoc Schaukel, Schock
schoche Hocke 1, Schock
schocke Hocke 1, Schaukel
schocken Schock
schœne schon, schön
schof Schuppen
scholle Scholle 1
scholn sollen
schôn, -e schon
schônen schonen
schopez, schöpez Schöps
schopf Schopf, Schuppen
schor schüren
schorf Schorf
schorn schüren
schornstein Schornstein
schorstein —
schôte Schote 1
schotte —
schoup Schaub
schouwen schauen
schoz Schoß 1, 2
schôz Schoß 3
schraf schroff
schrage schräg
schram Schramme
schramen —
schranc Schrank, Schranke
schranke Schranke
schranz Schranz
schrapfe scharf
schrecke Schreck
schrecken —
schreffen schröpfen
schrege schräg
schrei Schrei
schrenken schränken
schrepfen schröpfen
schrî Schrei
schrîben schreiben
schric Schreck

schrien Schrei	schütze Schütze	sez seßhaft
schrift Schrift	schützen Schutz	sezhaft —
schrimpfen schrumpfen	schuz Schuß	sezzel Sessel
schrîn Schrein	schuz Schutz	si sie
schrinden Schrunde	schüzzel Schüssel	sî —, sein 2
schrit Schritt	sê See	siben sieben
schrîten schreiten	sebel Säbel	sic Sieg
schriteschuoch Schlitten	seben Saft	sich sich
schrœtel Schrot	sech Säge, Sech	sichel Sichel
schrof schroff	seckel Seckel	sicher sicher
schrove, schroffe —	sedel siedeln	sîde Seide
schrôt Schrot	sevenboum Sebenbaum	sîdel Seibel
schrôtœre —	sege Säge	sîdelbast Zeibler
schrôten —	segel Segel	sidelen siedeln
schrûbe Schraube	segen Segen	sidelîn Seibel
schruffen schroff	segense Sense	sîder seit
schrunde Schrunde	sehen sehen	sie sie
schûvel Schaufel	sehs sechs	siech siech
schulde Schuld	sehster Sechster	sieden sieden, Sod
schult —	sehter —	sîfen Seife
schulter Schulter	seich, -e seichen	sige Sieg
schultheize, -heize Schult=	seife Seife	sigel Siegel
heiß	seil Seil	sigen Seihe, sinken, versiegen
schûm Schaum	seim Seim	sigriste Sigrist
schumpfe Schimpf	seite Saite	sîhe Seihe
schuoch Schuh	selde Saal	sîhen —
schuochsûtœre Schuster	sêle Seele	siht Sicht
schuochwürhte —, wirken	selp selb	sîhte seicht
schuofe Schoppen 1	selten selten	sil Seil, Siele
schuolœre Schule	seltsœne —	silbe Silbe
schuole —	semel, -e Semmel	silber Silber
schuope, schuoppe Schuppe	sempœre semperfrei	sile Siele
schuor Schur	sempervrî —	sillabe Silbe
schup Schub	senden senden	simel Semmel
schupf Schupf	sene Sehne, sehnen	simez Sims
schupfen —	senef Senf	simz —
schuppe Schuppe	senen sehnen	sin Sinn
schûr schaudern, Schauer 2,	seneschalt Seneschall	sîn sein 1, 2
Schauer	senewe Sehne	sinder Sinter
schüren (md.) scheuern	senf Senf	sineschalt Seneschall
schürfœre schürfen	senfte sanft	sinvluot Sünde
schürfen —	sengen sengen	singen singen, sengen
schürn schüren	senkel Senkel	sinken sinken
schürpfen schürfen	senken --	sinnen Sinn
schurz Schurz	sennœre Senne	sint sein 2, seit, sintemal
schürzen —	senne —	sintemal sintemal
schûsel Scheusal	sênse Sense	sinter Sinter
schüt Schutt, schütten	sent semperfrei	sip Sieb
schüte Schutt	sentbœre —	sippe Sippe, verwandt
schüten —	sêr, -e sehr	sipschaft Sippe
schütteln —	sêren versehren	sît seit, Seite
schütten —	sester Sechster	site Sitte
schutz Schuß	setzen setzen	sîte Abseite, jenseits, Seite

sittich Sittich
sitzen fitzen
siuche Seuche
siuften seufzen
siufzen —
siule Säule 1, 2
siusen Saus
sklave Sklave
slac Schlag 2
slæfric Schlaf 2
slaf schlaff
slâf Schlaf 1, 2
slave Sklave
slâfen Schlaf 2
slâfern —
slâfrec —
slahen schlagen, Schlacht, Schlag 2
slaht Schlacht
slahtære —
slahte Geschlecht, Schlacht
slahten Schlacht
slam Schlamm
slamp schlemmen
slanc (mb.) schlank
slange Schlange
slât Schlot
slec schlecken
slecken —
slegel Schlegel
slêhe Schlehe
sleht schlecht, schlicht
sleier Schleier
sleifen schleifen
sleitzen schleißen
sleizen
slemmen schlemmen
slenge schlenkern
slenger —
slenker —
slenkern —
slich Schlich, schleichen
slîch schleichen
slîe Schleie
sliefen Schlupf, Schleife
sliezen schließen
slif Schliff
slîfen Schleife
sliht schlicht
slihten
slim Schleim
slimbes schlimm

slimp —
slinc (nbrh.) link
slinden schlingen 2, Schlund
slinge schlenkern, Schlinge
slingen Schlinge
slite Schlitten
slîten —
slitte —
slitzen Schlitz
sliunec schleunig
sliz Schlitz
slîzen schleißen
slogier Schleier
sloier —
sloten schlottern
slottern —
sloufen, slöufen Schleife
sloz Schloß
slôz —, Schloße
slôze Schloße
slozrede Schluß
slozstein —
slûch Schlauch, schlucken
slûchen schlucken
sluckzen schluchzen
slûder Schleuder
sluderaffe Schlaraffe
slûderer schleudern
sluft Schlucht
slumen (mb.) schlummern
slummern (mb.)
slunt Schlund
slupf Schlupf
slupfen, slüpfen —
slupfer, -ic —
slûr Schlaraffe, schleudern, schlummern
slûraffe Schlaraffe
sluz Schluß
slüzzel Schlüssel
smac schmecken
smâch Schmach
smacken schmatzen, schmecken
smackezen schmatzen, schmunzeln
smæhe Schmach, schmähen
smæhelich schmähen
smæhen —
smâhe Schmach
smaht, -ec (mb.) —
smal schmal
smalz Schmalz
smant Schmant

smaragd Smaragd
smarât --
smatzen schmatzen
smecken schmecken
smecker Schmach
smeicheln schmeicheln
smeichen
smeizen schmeißen
smelche Schmiele
smelhe --
smeln schmal
smelzen schmelzen
smer Schmeer
smerl, -e, -în, -inc Schmerle
smerz Schmerz
smerzen schmerzen
smetern schmettern
smicke Schminke
smiegen schmiegen
smielen schmollen
smieren schmeicheln
smilehe Schmiele
sminke Schminke
smirl, in Schmerl
smirn schmieren
smirwen —
smit Schmied
smitte —
smitzen schmitzen, Schmutz
smiz Schmiß
smizen —, schmeißen
smollen schmollen
smorotzen schmarotzen
smotzen schmunzeln, Schmutz
smouch Schmauch
smücken Schmuck
smurre Schmarre
smutz schmunzeln
smutzen —
smuz Schmutz
snabel Schnabel
snaben schnappen
snâke Schnake
snal, snalle Schnalle
snallen schnalzen
snalzen ----
snaphan Schnapphahn
snappen schnappen
snarcheln schnarchen
snarchen
snarren —, schnarren
snarz --
snateren schnattern

snê Schnee
snecke Schnecke
snegel —
sneite Schneise
sneiteln, -ten schneiteln
snel schnell
snellen —
snepfe Schnepfe
snidære Schneide
snîde
snîden —
snîen Schnee
snipfen Schnippchen
snippen (mb.) —
snit Schnitt
snite —
snitelouch —
snitzen —
sniutzen Schnauze
sniuzen schneuzen
snœde schnöde
snûben schnauben
snudel schneuzen
snûden , schnöbe
snuder schneuzen
snûfen schnaufen
snuor Schnur 1, 2
snüpfe Schnupfen
snur Schnur 2
snürche
snurrære schnurren
snurren —
snürrinc —, Narr
snuz schneuzen
sô so, solch
sô verre sofern
soc Socke
socke —
sol Sohle 2
soldenære Sold
sole Sohle 2
solh, solich solch
soln sollen
solre, sölre Söller
solt Sold
soppe Suppe
sorge Sorge
sôt Brunn, Sod
söugen säugen
soum Saum 1, 2
soumære Saum 2
soumsatel —
spæhe spähen

spæte spät
spalten spalten
span wider
spân —, Span
spanen Gespenst
spange Spange, Spengler
spângrüen Grünspan
spanne Spanne
spannen spannen
spar Spatz, Sperling
spargel Spargel
sparn sparen
sparre Sparren
sparwære Sperber
spât Spat
spate Spaten
spâte spät
spatel Spaten
spatz Spatz
spatzieren spazieren
spec Speck
specererîe Spezerei
spech Specht
spehen spähen
speht Specht
spehten Sprache
speiche Speiche
speichel Speichel
spel Beispiel
spelte spalten, Spelt
spelter spleißen
spelze Spelt
spen Spanferkel
spende Spende
spenden —
spenel Spilling
spenvarch Spanferkel
spengel Spengler
spengeler —
spensû, -swîn Spanferkel
sper Speer
sperboum Sperber
sperlîche sparen
sperlinc Sperling
sperren sperren
sperwære Sperber
spîcher Speiche, Speicher
spiegel Spiegel
spîen speien
spiez Spieß 1
spil Spiel
spildec kostspielig
spille Spille

spillinc Spilling
spiln Spiel
spinle Spindel
spinlinc Spilling
spinne Spindel
spinnel —
spinnelmâge Mage
spinnen spinnen
spinnewep, -weppe —
spîse Speise
spitâl Spital
spitel —
spitz spitz
spitze —
spiutzen speutzen
spiz Spieß 2
splitter spleißen
splîzen —
spœr Spor
spor Sporn, Spur
spore Sporn
spot Spott
spotten —
sprâche Sprache
spræwen Spreu, sprühen
sprechen Sprache
spreckel Sprenkel
spreiten spreiten
sprengel Sprengel
sprengen —
sprenkel Sprenkel 2
sprichwort Sprichwort
sprîden spreiten
spriezen sprießen
springen springen
sprinke Sprenkel 1
sprinkel — 2
sprinze Sperber
sprîten spreiten
spriu Spreu
spriutzen spreizen
spriuz —
spriuzen —
sprozze Sprosse
spruch Spruch
sprung springen
sprünkeleht Sprenkel 2
sprütze spritzen
sprützen —
spüelach spülen
spüelen —
spüne Spanferkel
spünne —

17*

spünneverchelîn —
spunt Spund
spuole Spule
spuot sputen
spur, spür Spur
spürn —
stachel Stachel, Stahl
stade Staden
stadel Stadel
stærlinc Sterling
stæte stet, stetig
stætec stetig
stætes stet
staffel, stâffel Staffel
stahel Stahl
stal Stall, Stelle
stâl Stahl
stam Stamm
stamelen stammeln
stammeln —
stammen stammen
stampf stampfen
stampfen —
stân stehen
standen —
standert Standarte
stange Stange
stant Stand
stanthart Standarte
stap Stab
stapfe Stapfe
stapfel Staffel
stapfen Stapfe
star Star
starblint —
starc, starch stark
starn starr
starren —
stat Stadt, Statt
state Statt
state finden —
stec Steg
steche Stecken
stechel steil
stechen stechen
stecke Stecken
steckel steil
stecken stecken
stoft Stift 1
stegreif Steg
steigel steil
steigen steigern
ᵇ steil steil

stein Stein
steinmetze Metze 1
stellen gestalt, stellen
steln stehlen
stelze Stelze
stemen stemmen, ungestüm
stemmen stemmen, stumm
stempfel Stempel
stendic ständig
stengel Stengel
stepfen Stapfe
steppen steppen
ster Stärke
sterben sterben
sterlinc Sterling
stern, -e Stern
sterre —
sterz Sterz
stete Statt
stîc Steig
stich Stich
stichel —
sticken sticken
stieben stieben
stief- (bruoder, vater, muoter u. a.) Stief=
stiege Stiege 1
stier Stier
stîf steif
stivâl Stiefel
stivel —
stift Stift 1, 2
stiften Stift 2
stîge Stiege 2
stigeliz Stieglitz
stîgen Steig
stigliz Stieglitz
stil Stiel
stille still
stillen —
stimme Stimme
stinken stinken
stirne Stirn
stiure Steuer 1, 2
stiuren Steuer 2
stiuz Steiß
stoc Stock
stœren stören
stolle Stolle
stolz stolz
stopfen stopfen
storc Storch
storch —

störe Stör
storre Storren
storren —
stöuben stöbern
stöuber —
stoup Staub
stouwen stauen
stôzen stoßen
strac strack
strackes —
stræl Strähle
strælen —
straf straff
strâfe, -en Strafe
strâl, -e Strahl
strâm Rahm
stranc Strang
strange —, streng
strant Strand
strâze Straße
streben streben
strecken strecken
streich streichen
streichen —
streif Streifen
streifen —
streipfen —
stren, -e Strähne
strenge streng
strengen —
stric Strick
strich streichen
strichen —
stricken Strick
striefen streifen
strieme Strieme
strigel, -en Striegel
strîme, -el Strieme
strît Streit
strîten —
striubeln sträuben
striuzach Strauß 2
striuzen — 1
strô Stroh
strobeleht sträuben
strobelen Strobel
strôm Strom
strotzen strotzen
ströu Streu
stroufen, ströufen streifen
stroum Strom, Rahm
strouwen, ströuwen Streu
strozze Drossel 2

strûbeleht ſträuben	sûmen ſäumen	swansen —
strûben —	sumer Sommer	swanz —
strûchen ſtrauchen	sûmesal, -sele ſäumen	swâre ſchwer
strûcheln	sûmeselic --	swarm Schwarm
strudel Strudel	summen ſummen	swart, -e Schwarte
strumpf Strumpf	sümmer Simmer	swarz ſchwarz
strunc Strunk	sumpf Sumpf	swatern ſchwätzen
strûp ſträuben	sun Sohn	swaz --
strüpfe Strippe	sunâbent Sonne	sweben ſchweben
strûz Strauß 1, 3	sünde Sünde	swefel, swevel Schwefel
stube Stube	sunden Süden	sweher Schwäher
stûche Stauche	sunder ſonder	sweiben ſchweben
stücke Stück	sunderbære —	sweif Schweif
stûde Staude	sunderlîch —	sweifen ſchweifen
stum ſtumm	sundern	sweigen ſchweigen
stumbel Stummel	sunderwint Süden	sweitzen Schweiß
stummel —	sunne Sonne	sweiz —
stumpf —, Stumpp	sunnentac —	sweizen
stunde Stunde	sunst ſonſt	swelgen ſchwelgen
stuofe Stufe	suntac Sonne	swelhen —
stuol Stuhl	suntern ſonder	swelle Schwelle
stuot Stute	suochen ſuchen	swellen ſchwellen
stûpe Staupe	suone Sühne	swemmen ſchwemmen
stupfel Stoppel	suoze ſüß	swengel Schwengel
stupfen ſtopfen, ſtüpfen	supfen Suppe	swenkel —
stüpfen —	suppe —	swenken ſchwenken
stüppe Staub	sûr ſauer, Saurach	swer, swere Schwäre
stûre Stör	sûrach Saurach	swerjen ſchwören
sturm Sturm	sus ſonſt, umſonſt	swern Schwäre
stürzen ſtürzen	sûs Saus	swern ſchwören
stutz ſtutzen	sûsen --	swert Schwert
stütze ſtützen	sust ſonſt	swertele Schwertel
stutzen ſtutzen	sûtære Schuster	swertmâge Mage
stützen ſtützen	sutteren Sutter	swester Schweſter
sû Sau	swach ſchwach	swetzen ſchwätzen
sûber ſauber	swadem, swaden Schwaden	swiboge Schwibbogen
sudel ſudeln	swadern ſchwätzen	swiften beſchwichtigen
sudelen	swære ſchwer	swîgen ſchweigen
süechen ſuchen	swâger Schwager	swiger Schwäher, Schwieger
süene, -en Sühne	swal Schwall	swil Schwiele
süeze ſüß	swalch Schwalch	swimmen ſchwimmen
sûfen ſaufen	swalwe Schwalbe	swîn Schwein
sûver ſauber	swam Schwamm	swinde geſchwind
sûft ſeufzen	swamen ſchwimmen	swindel ſchwindeln
sûgen ſaugen	swamp Schwamm	swindeln —
suht Sucht	swan Schwan	swindelunge ſchwinden
sûl Säule 1	swanc Schwang, Schwank, ſchwank	swinden —, ſchwindeln
sülich ſolch	swane Schwan	swînen ſchwinden
süln beſulbern	swanger ſchwanger	swingen ſchwingen
sulwen, sülwen —	swangezen Schwanz	swinken —
sulze, sülze Sulze	swankel ſchwank	swinsuht ſchwinden
sumber, sümber Simmer	swankzen Schwanz	swint geſchwind
sümbrîn —		swintsuht ſchwinden

swiric schwierig
switzen schwitzen
swulst Schwulst
swunc Schwung
swuoze süß

tac Tag
tadel Tadel
tætec That
tavel, -e Tafel
tavelrunde —
tagedinc Theiding, vertei=
  bigen
tagedingen verteibigen
tagelich, -en Tag
tâhe Thon, Dohle
tâhele Dohle
tâht Docht
tal Berg, Düne, Thal
tâle Dohle
tam Damm
tâme Dambock
tampf Dampf
tan Tanne
tant Tand
tanten —
tanz, -en Tanz
tâpe Tappe, Pfote
tapfel tapfer
tapfer —
tarnkappe Kappe
tartsche Zarge
tasche Tasche
tasten tasten
tât That
tatel, -e Dattel
tatze Tatze
tebech Teppich
techer Decher
tegel Ziegel
tegelich, -es Tag
teic teig, Teig
teidinc Theiding, verteibigen
teil Teil
teilen —
teler Teller
telier —
teller —
tempel Tempel
tengeln dengeln
tonk (b.) link
tenne Tenne
tonterie Tand

teppich Teppich
teppih —
-ter Wachholder
tesche Tasche
tetschen tatschen
text Text
tich Deich, Teich
tief tief
tievel Teufel
tier Tier
tigel Tiegel
tihten dichten
tilgen tilgen
tfligen —
tille Dille
tinkte Tinte
tinne Schlaf 1
tinte Tinte
tisch Tisch
titel, tittel Titel
tiuber Taube
tiuvel Teufel
.tiur teuer
tiure —, bauern 2
tiuschen Tausch
tiute deuten
tiuten —
tiutsch deutsch
tobel Tobel
toben toben
tocke Docke
tockelmûser bucken
tœden tot
tœnen Ton
tœreht Thor 1
tœrisch
tœrsch —
tœten tot
tohter Tochter
tol toll
tolc Dolmetsch
tolde Dolde
tolke Dolmetsch
tolmetsche —
tôn Ton
topâze Topas
topazîe —
topf Topf
topfe —, Tüpfel
toppel doppeln
tor Thor 2
tôr, -e Thor 1
tôreht —

tôrheit
torkeln torkeln
torm Turm
torn —
törpel Tölpel
torse Dorsche
toste Dost
tôt tot, Tod
toter Dotter 1, 2
totzen Dutzend
tou Tau 2
touben, töuben taub
toufe Taufe
toufen, töufen —
toup taub
touwen, töuwen tauen, Tod
trache Drache
trâde, -el Trobbel
træge träge
trâgo --
tragen tragen
trahen Thräne
traht Tracht
trahten trachten
trampeln trampeln
trân Thräne
tranc Trank
trap Trapp
trappe —, Trappe
tratz, -en Trotz
treber Treber
trechen trecken
trecken --
tredelmarket tröbeln
treffen treffen
trefs, -e Trespe
trehter Trichter
tren Drohne
trendel trendeln
trendelmarket tröbeln
trendeln trendeln
trene Drohne
trêne Thräne
trenke Trank
trennen trennen
treppe Treppe
tresp Trespe
trester Trester
treten treten
tretzen Trotz
trinkel, trinker Theriak
tribon treiben
triefen triefen

triegen Trug	trutenvuoz —	tütel —
trift Trift	trutz Troß	tütelîn Tüttel
triftec triftig	trûwen trann, trauen	tutte --, Zitze
trihter Trichter	tûbe Taube	tüttel Tüttel
trinken trinken	tübel Döbel	twahen Zwehle
trinnen trennen	tuc Tücke	twalm Qualm
trit Tritt	tûchen tauchen, ducken	twanc Zwang
triuwe treu	tücke Tücke	tware Quark
triuwen trann	tucken, tücken ducken	twehel, -e Zwehle
troc Trog	tufstein Tuff	twengen quengeln, Zwang
trocken trocken	tuft Duft 2	twer quer, Zwerch=
trödel Trobbel	tugen taugen	twerc Zwerg
træsten Troſt	tugende, -ent Tugend	twerch Zwerch=
troffe Tropfen	tûhhære tauchen	twern Quark, Quirl
trolle trollen	tuht tüchtig	twinc Zwing
trollen —	tühtic	twingære Zwinger
trôn Thron	tülle Tülle	twingen zwingen
tropfe Tropf, Tropfen	tulmetsche Dolmetſch	twirel, twirl Quirl
trosse Troß	tult Dult	twuhel Zwehle
trôst Troſt	tum bumm	
trote, trotte Trotte	tümelieren Taumel	übel übel
trotten Trott	tümeln --	über über
trotz Troß	tümen —	über houbet überhaupt
trouf, -e Traufe	tump bumm, taub	über twerch Zwerch=
troufen, tröufen —	tümpfel Tümpel	über zwerch
troum Traum	tunc Ding	übervlüzzec überflüſſig
troumen, tröumen —	tünchen tünchen	übergiuden vergeuden
trûbe Traube	tünewenge Schlaf 1	übergurt Gurt
trûbenkorn Korn	tunge, -er Dung	überic übrig
truchen trocken	tunkel dunkel	überwinden überwinden
trucken --	tunken tunken	überwinnen
trüebe, -en trübe	tunne Tonne	ûche Unke
trüebesal --	tunst Dunſt	üeben üben
truhe Truhe	tuoch Tuch	üehse Achſel
truhsæze, -sœtze Truchſeß	tuom Dom, =tum	üemet Ohmet
truht —	-tuom =tum	ûf auf
truhtsœze, -sætze —	tuon thun	ûfmützen mutzen
trumbe, -el Trommel	tüpfen Topf	ûfwert, -es =wärtig
trumbet —	tupfstein Tuff	ulmboum Ulme
trume, -el —	tûr teuer	umbe um
trumet —	tür Thür	umbe sus umſonſt
trumme —	turc torkeln	ümbe um
trumpfen trampeln	tûren bauern 1, 2	umbegurt Gurt
trûn traun	turm Turm	un un=
trunc Trunk	turn —	unbil Unbill
trunken trunken	turnei turnen	unbilde —, Weichbild
trünne abtrünnig	turnieren —	unbillich Unbill
truobe trübe	turteltûbe Turteltaube	unc Unke
trûre Trauer	türteltûbe —	unde unb
trûrec --	tûsch, -en Tauſch	unden unten
trûren —	tûsent tauſend	under unter
trût traut	tûsunt —	under wegen unterwegen
trute Drube	tute Zitze	under wîlen zuweilen

under zwischen zwischen
undergurt Gurt
underscheiden verschieden
undersliefen Unterschleif
undersliufære –
underslouf –
understützen stützen
undertân unterthan
undertuon –
unvlætic Unflat
unvlât
ungehiure ungeheuer
ungeslaht geschlacht
ungestalt gestalt, Gestalt
ungestüeme ungestüm
ungezibere Ungeziefer
unlange, -es unlängst
unrât Unrat
uns uns
unselt Unschlitt
unser uns
unslit Unschlitt
unt und
unter unter
unwert unwirsch
unwirdesch –, wirsch
unwirs –
unwürdesch wirsch
unz bis
unze –, Unze
unzifer Ungeziefer
uover Ufer
uohse Achsel
üppic üppig
ûr Auer, Uhr (ndrh.)
ur- ur=
uralt uralt
urane Ahn, Urahn
urbar Urbar
urbor –
urdrütze verdrießen
urdruz –
urene Ahn
urvêhe, -de Urfehde
ûrhan Auer
urbap Urheber
ûrhuon Auer
urkunde, -künde Urkunde
urliuge Orlogschiff
urlop Lob
urloup –, Urlaub
ûrochse Auer
ursache Ursache

ursprinc Ursprung
ursprunc –
urteil, -e Urteil
ûter (Euter
ûz aus
ûze hauß
ûzen außen
ûzer außer
ûzsatz Aussatz
ûzsetze, -el
ûzsetzic –
ûzwendic Wende

wâ wo
wabe, -en Wabe
wabern wabern
wâc Woge
wachalter Wachholder
wache wachen
wachen
wacher wacker
wacke Wacke
wackeln wackeln
wacken –
wacker wach) wacker
wade Wade
wadel Wedel
wæjen wehen
wæn –
wænen Wahn
wære wahr
wâfen Waffe, Wappen
waffen Waffe
wâge Wage, wagen
wagen wackeln, Wagen
wâgen wagen
wagener Wagen
wahs Wachs
wahsen wachsen
wahtære wachen
wahte –
wahtel Wachtel
wal Wahl, Wahlstatt, Wal=
fisch), Wall
walap Galopp
Walch welsch
walvisch Walfisch
walhisch welsch
walken walken
walker –
wallære wallen 2
wallevart –
wallen wallen 1, 2

walopieren Galopp
walre Walfisch
walstat Wahlstatt
walt Wald
walten walten
walze, -en Walze
wambe Wamme
wambeis, wambes Wams
wamme Wamme
wampe –
wân Wahn
wanc Wank
wandel Wandel
wandelen –
wandeln –, wandern
wandern wandern
wange Wange
wankel wanken
wankelmuot –
wanken –
wanne wann, Wanne, wenn
wanst Wanst
want Wand
wantlûs Wanze
wanwitze, -ec Wahnsinn
wanze Wanze
wâpen Wappen
war wahren, Ware
war nemen wahren
wâr wahr, zwar
warf Werft 1
warlœse verwahrlost
warm warm
warn wahren
warnen –, warnen
wârsager Wahrsager
wart Wart
warte –
warten
warumbe warum
warze Warze
warzeichen Wahrzeichen
was wetzen
waschen waschen
wase Wasen
waste Wust
wât Gewand, Leinwand, Wat
wate Wate
waten waten
waz was
wazzer Wasser
wazzernixe Nix
wazzerstelze Bachstelze

wê weh	wer Wehr, wer	tân, wart, wartic, wert, wertic) —
weben weben	werben werben	wie wie
wec Weg, zuwege	werc Werg, Werk	wîe Weihe
wecheltürre Wachholder	werch —	wieche Wieche
wecholter	werden werden	wiege Stiege 1, Wiege
wecke Weck	werelt Welt	wîfen weifen, Wippe
wecken wecken	werfen werfen	wiffel Wipfel
wedel Wedel	werven werben	wige Wiege
weder oder, noch 2	wergelt Wergeld	wigant Weigand
wefse Wespe	wergen Wehr	wîh Weichbild
wegebreite Weg	werlt Welt	wihelen wiehern
wegen —, wägen, wegen, wiegen	wermüete, -muot Wermut	wihen ...
wegerich Wegerich	wern gewähren, währen	wîhen weihen
wehsel Wechsel	worn Wehr	wihenen wiehern
weibel Weibel	werren wirr	wîhrouch weihen
weiben —	wert Werber, Wert 2	wîhsel Weichsel
weich weich	-wert =wärts	wihsen wichsen
weide Weide 2	-wertes —	wiht Wicht
weidelich weiblich	-wertic —	wihteln --
weiden Weide 2	werunge währen	wihtelmennelin —
weidenære —	werwolf Werwolf	wilde wild
weidenlich weiblich	weschen waschen	wîle Weile, weil
weifen weifen	wesen Wesen	wîlen —, zuweilen
weigern weigern	wesenlich, -entlich —	wîlent weil, zuweilen
weijen wiehern	wespe Wespe	wîler Weiler
weinec wenig	westen Westen	wille Wille
weinen weinen	wester Weste	willec —
weise Waise	Westvâle Westen	wille- (varn, kumen, kür) —
weit Waid	wet, wete wett	wilspen lispeln
weitze Weizen	weten Wate	wilt wild
weiz wissen	weter Wetter	wiltbræte, -bræte Wildbret
weize Weizen	weterleich	wiltvanc —
welben wölben	wette wett	wiltgrâve Raugraf
welc welk	wetzen wetzen	wimmen (md.) wimmeln
welch —, welch	wibel Wiebel	wimmer wimmern
welf Welf	wich weihen	wimpel Wimpel
welhisch welsch	wichbilde Weichbild	win Wein
welich welch	wichvride —	winc Wink
welker walken	wichgrâve —	winde Winde
welle Welle	wichen —	windel —
wellen Wahl, wollen, Wulst	wichrouche weihen	windes brût Windsbraut
weln Wahl	wichschepel Wispel	wine wohnen
wels Wels	wicke Wicke 1	winden Winde
welsch welsch	wickel, -in Wickel	wîngarte Wingert
welt Welt	wickeln —	winkel Winkel
welzen Walze	wide Weide 1	winken Wink
wende Wende	wideme Wittum	winkorn Korn
wendelstein —	widemen widmen	winne gewinnen
wenden —	widen Wittum	winnemânôt Wonne
wênec wenig	wider Widder, wider	winnen gewinnen
wenne wenn	widern wider	winschank Schank
wenst Wanst	wider- (parte, sache, spæne, spænec, spân, spenstec,	winseln winseln

winsen —	wolgestalt gestalt	zange Zange
winster link	wolke Wolke	zanger —
wint Wind, Windhund	wolken —	zanke zanken
wintbrâ Himbeere, Wimper	wolle Wolle	zanken —
wintbracke Windhund	wollen wollen	zant Zahn
wintbrâwe Wimper	wollust Wollust	zapfe Zapfen
winter Winter	woltât Wohlthat	zapfen
wintspil Windhund	wonen wohnen	zappeln zappeln
winzic winzig	worgen (md.) würgen	zarge Zarge
wînzürl, -e Winzer	worst (md.) Wurst	zart zart
wîp Weib	wort Wort	ze bis
wipf Wippe	wortzeichen Wahrzeichen	ze berge Düne
wipfel Wipfel	wüelen wühlen	ze diute deuten
wir wir	wüeste Wust	ze êrest zuerst
wirbel Wirbel	wulst Wulst	ze leste zuletzt
wirde Würde	wunde wund	ze lezzist —
wirdec —	wunder Wunder	ze mâle zumal
wirken wirken	wunne Wonne	ze nihte zunichte
wirs wirsch	wünne —	ze rehte zurecht
wirt Wirt, Nobiskrug	wunnemânôt —	ze tal Berg, Düne
wirtel werben, Wirtel	wunsch Wunsch	ze wâre zwar
wîs Weise, weis	wünschen	ze wege zuwege
wisch Wisch	wunt wund	zebulle Zwiebel
wischen —	wuocher Wucher	zeche Zeche
wise Wiese	wuol wühlen	zechen —
wîse Weise, weis	wuost Wust	zechern Zähre
wisel Wiesel	wuot Wut	zecke Zecke
wisel Weisel	wurf Wurf	zedele Zettel
wisele Wiesel	würfel —	zegegene zugegen
wîsen Weisel	würgen würgen	zehant zuhand
wispeln wispeln	würken wirken	zêhe Zeh
wîssagen weissagen	wurm Wurm	zehen, -de zehn
wîstuom Weistum	wurst Wurst	zehenzic Hundert
wît weit	wurz Wurz	zeichen Zeichen
witehopfe Wiedehopf	würze Würze	zeichenen —
witeren wittern	wurzel Wurzel	zeigen zeigen
witewe Wittib	würzen Würze	zelle Zelle
witwære —		zeln Zahl
witwe —	zabel Schach, Tafel	zelt Zelt, Zelter
witwerinne	zabeln zappeln	zelte Zelte
witze Witz	zachern Zähre	zelter Zelter
wîtze Verweis	zacke Zacken	zemen zahm, ziemen
witzec Witz	zæhe zäh	zemmen zahm
wîwære, wîwer Weiher	zâfe, zâfen Zofe	zên zehn
wiz weiß	zage zag	zendâl Zindel
wîze Verweis	zagel Rübe, Schwanz	zênde zehn
wizzen wissen	zagen zag	zenken zanken
wlispen (ndrh.) lispeln	zaher Thräne, Zähre	zente Zent=
woche Woche	zal Zahl	zentenære Zentner
wol wohl	zaln —	zer- zer=
wolf Wolf	zam zahm	zerdrumen zertrümmern
wolveil, -e wohlfeil	zan Zahn	zêrest zuerst
wolgeborn wohlgeboren	zander zünden	zerknüren knirschen

zermaln malmen
zermorschen (mb.) Mörſer
zermüln malmen
zermürſen Mörſer
zern zehren, zergen
zerren zerren
zerschellen zerſchellen
zerücke zurück
zesamene zuſammen
zesamt —
zese recht
zetele Zettel
zêter, -geschreie Zeter
zettel Zettel
zettele —
zetten —
zetter Zeter
zibel Zwiebel
zibolle —
-zic =zig
zickelîn Zicke
zîdel, -ære Zeidler
zîdelbast —, Seidelbaſt
zîdelweide —
zieche Zieche
ziegel Ziegel
ziehen ziehen
zierde Zier
ziere —
zierôt —
Ziestac Dienstag
zieter Zitter
zifer Ziffer
ziffer —
zige Ziege
zîhen zeigen
zil Ziel
zil Zeiland
zîlant —, Seidelbaſt
zîle Zeile
zimber Zimmer
zimberen —
zimelich ziemen
zimere Ziemer
zin Zinn
zindâl Zindel
zinden zünden, Zünsler
zinemîn Zimmet
zingel Zingel
zingeln —
zinke Zinke
zinment Zimmet
zinne Zinne

zinober Zinnober
zins Zins
zint Zinne, Zinke
zipf, zipfel Zipfel
zippeltrit Zipperlein
zipperlîn —
zirbelwint Zirbel
zirben —
ziro Bezirk, Zirkel
zirkel Zirkel
zîse, -ec Zeiſig
zisel Ziesel
zisemûs —
zispezen zirpen
Zistac Dienstag
zît Zeit
zitern zittern
ziteroch Zitteroch
zîtlôse Zeit
zitôle Zither
zittern zittern
zîtunge Zeitung
zitwan Zitwer
zitwar —
zitze Zitze
zîtzelbast Seidelbaſt
ziuc Zeug
ziuge —
ziugen —
zobel Zobel
zober Zuber
zôfen Zofe
zogen zögern
zol Zoll 1, 2
zolnære, zolner Zöllner
zopf Zopf
zorn Zorn
zote Zotte 1
zoten zotteln
zotte Zotte 1
zouber, zouver Zauber
zoum Zaum
zuber Zuber
zuc Zug
zucken Zuck
zücken —
zucker Zucker
zugel, zügel Zügel
zuht Zucht
zühtec —
zühtegen —
zühten —
zuker Zucker

zulle, zülle Zülle
zumft Zunft
zûn Zaun
zundel, zündel Zunder
zunden zünden
zünden —
zunder Zunder
zunft Zunft
zunge Zunge
zuo zu
zuo behœren Behörde
zuobuoz, -e Zubuße
zuoval Zufall
zuoversiht Zuverſicht
zuovor, -vorn zuvor
zuogano Zugang
zürnen zürnen
zûsach zauſen
zûsen züſſeln
zûwen (mb.) zaubern
zwacken zwacken
zwanc Zwang
zwange —
zwangen —
zwaro Quark
zwâre zwar
zwec Zweck, Zwick
zwei zwei
zweier leige zweierlei
zweinzec zwanzig
zwelf, zwelif zwölf
zwêne zwei
zwengen Zwang
zwênzic zwanzig
zwerch Zwerg, Zwerch=
zwetorn Zwitter
zwî Zweig
zwi- zwie=
zwiebolle Zwiebel
zwic Zwick
zwic Zweig
zwickel Zwickel
zwicken zwicken
zwidorn Zwitter
zwifach Fach, zwiefach)
zwivalt zwiefältig
zwivalter Falter, Zweifalter
zwivaltic zwiefältig
zwivel Zwiebel
zwivel Zweifel
zwivelen zweifeln
zwilch, -en Zwillich
zwilioh —

zwilichkint Zwilling
zwillinc —
zwinelîn, -linc —
zwingen zwinken
zwinken —
zwinzen —
zwinzern –
zwippel Zwiebel
zwir zwier

zwirbel Zwirbel
zwirbeln —
zwirbelwint —
zwirben —
zwirn Zwirn
zwirnen —
zwisc zwischen
zwisch, zwischen —
zwischenlieht Zwielicht

zwisele Zwiesel
zwiselinc Zwilling
zwispaltic zwiespältig
zwispeltic —
zwispeltunge Zwiespalt
zwist Zwist
zwitar Zwitter
zwô zwei
zwüschen zwischen

Mongolisch

(vgl. Tatarisch).

sirgek Seide

Neudeutsche Provinzialismen.*

(sz. = schweiz., sb. = schwäb., b. = baier., hf. = hess., hb. = henneb., s. = sächs.
ä gilt alphabetisch = æ, ö = œ, ü = ue, š = sch, χ = ch.)

aben (sz.) Abend
acheram (sz.) Ecker
achiss (sz.) Essig
ådr (sb.) Otter
äber (obb.) aber 2
äfer (fk.) —
ægerst (sz.) Elster
ähni (al.) Ahn
ärn (fk. al.) Ernte
aftermontag (sb.) After
aiss (b.) Eiter
akram (b.) Ecker
akten (sz.) Abzucht
alesne (sz.) Ahle
alltagsfetzen Fetzen
alsne (sz.) Ahle
ametze Ameise
angel (al.) Angel
angelmuck (al.) —
anke (sb. fk.) Enkel 1, Nacken
antrecht (sb.) Ente
arg = sehr (sb. b.) s. bfs.
aspe (obb.) Espe
atzel 1 Assel

atzel 2 (mrh.) Elster

bâbi (sz.) Bube
bachen 1 (obb.) backen
bachen 2 (sz. b.) Bache
bad (wett.) beide
bäbi (sz.) Bube
bätzgi, bätzi (sz.) Butzen
bammen Bemme
baoke (sb.) Pauke
baröösch (sz.) barsch
barš (sz.) —
bašt (sz.) Bast
baufalter (sb.) Schmetterling
bed (sb. b. wett.) beide
beichl (b.) Beil
beid (b.) beide
beiern (hf. hb.) Biese
bein (öst.) Biene
beise (wett.) Biest
beisse Beete
biese (wett.) Biest
bilohe (sz.) Birke
bilme Bilsenkraut

binz (sz.) Binse
bir Birne
biroche (sz.) Birke
bisen Biese
blache Blahe
blacke (sz.) blach
blähe Blahe
blaffen plappern
blicke (sz.) Bleihe
blitzg (sz.) Blitz
blucke (sz.) pflücken
bluešt (sb. sz.) Blust
boad (sb.) beide
bochen (al.) pochen
bod (b.) beide
bodem Boden
bæki (sz.) Butzen, Griebs
bohrer bohren
brachsme (obb.) Brassen
brätzet, brätzg (sb.) Bretzel
bram Bremse
brausbeere Preiselbeere
brestell (elf.) Bretzel
bretstelle (strassb.) —

---

* Provinzielle Ausdrücke, welche im Wb. einen eigenen Artikel erhalten haben (wie Anke, rösche), sind als „Lehnwörter" im Sachregister verzeichnet. Vgl. den Artikel „Dialektisches" ebendas. und den Niederdeutschen Index.

bretzen (b.) -
briele (obb.) brüllen
brieš, -t (fz.) Bieſt
bröſeln (obb.) Broſam
brüele (obb.) brüllen
bua (b. fz.) Bube
bud (wett.) beide
bued (fb.) —
bürzle (al.) purzeln
bukχ, -e (fz.) bücken
bukel (fz.) Buckel 2
bulgge (fz.) Bulge
bunde Spund
butterfliege, -vogel Schmetterling

χale (fz.) kalt
chašte (fz.) Schrank
chilbe (al.) f. kilbe
chilche (fz.) Kirche
χlefe (fz.) kleiben
χlupfel (fz.) Klafter
chnüle (fz.) Knie
chœl (al.) Kohl
chrüft (fz.) Krüppel
chrüpfe (fz.) —
chúder (fz.) kauderwelſch
χütene (fz.) Quitte
chum (fz.) kaum
Vgl. auch k

dach = Kopf f. dfs.
dacht Docht
dægel (fz.) —
dåhen (b.) —
damiš (b.) dämiſch
dåp (obb.) Pfote
dauge (obb.) Daube
dechel (b.) Fehme
dehme (b.) —
deicht (livl. eſthn.) dicht
dête, dêtle (fb.) Pate
dingestag (ſt. f.) Dienſtag
dinsen (hf.) gebunſen
dipfi (al.) Topf
dippen (hf.) —
dôche (elf.) Docht
dogen (fb. al.) Tappe
dôpe (obb.) Pfote
dorf = Beſuch (fz.) f. dfs.
dôte (fb.) Pate
drissen tacken
drôschel (b.) Droſſel 1

dünnege bünn
düpfi (al.) Topf
duninge bünn
durchponsen pauſchen

êche (mb. nbd.) Egge (Nachtrag)
echer (b.) Ähre
echiss (fz.) Eſſig
eckel (mb.) Ekel
eckele (öft.) Ort 3
eelitzg (thür. f.) einzeln
egge (fz. livl.) Egge (Nachtrag)
eikχer (fz.) Eichhorn
einwinter Winter
einzächt (fb. b.) einzeln
eisse (al.) Eiter
êlizχ (thür. f.) einzeln
elledeis (b.) Iltis
empfinden = fühlen (b.) f. dfs.
entvogel (b. fz.) Ente
erpel (pomm.) Ente
être (mb.) Egge (Nachtrag)

falch (obb.) fahl, Falke
fêg (hf.) feige
fegen = ſcheuern (obb.) f. dfs.
fenkel (fb. al.) Fenchel
fered (obb. mb.) firn
fernig (al.) —
fert (obb. mb.) —
flismen (fz.) flüſtern
flispern (fz.) —
frist Riſt

gäu (b. fb. fz.) Gau
gaksen (fb.) ſtottern
ganser (obb.) Gänſerich
gansert (mb.) —
gar = ſehr (b. fb.) f. dfs.
gautsche (fb.) Schaukel
gebungen (thür.) ſchlingen (Nachtrag)
gefleckt (obb.) bunt
geier Geier
geloffen laufen
genäck (b.) Nacken
genick = Nacken (fb. ft.) —
geschirrhalter (mb.) Hauberer

gespreckelt (obb.) bunt (vgl. Sprenkel 2)
gfalchet (obb.) fahl
gigereitze (fz.) Schaukel
gipfel Kipfel
gireitze (fz.) Schaukel
gitzi (fz.) Kitze 1
gleissnen (obb.) heucheln
glifter (obb.) Gelichter
glöri (fz.) Lauer
gockel (obb.) Küchlein
götti (obb.) Pate
gotte (obb.) —
greube (b.) Griebe
grübi (fz.) —
grüppe Griffel
grumbire Kartoffel
gucken (fb. b.) Düte
gückel (obb.) Küchlein
gülden (fb.) Gulden
gugge (fb. b.) Düte
gunster (elf.) Gänſerich
gusterer Küſter

hätz (fb.) Elſter
haikel (fb. b.) heikel
halbteil (obb.) Hälfte
ham (wf.) Kummet
hamen 1 (rhpr.) —
hamen 2 Hamen
hammen (rhpr.) Kummet
håp (ſüdwd. fb.) Hippe 1
håpen (fz.) hapern
haperen (fb.) —
harm (mb.) Harn
harsch harſch
hattel (fb. fz.) Hitte
heikχel (fz.) Ekel, heikel
heimbürge (al.) Ammann
heint (fb. b.) heute
hekel (oftr.) heikel
heppe (b. hf. thür.) Hippe 2
herma (obb.) Bellhammel
hette, hettel (b.) Hitte
hirn = Stirn (b.) f. dfs.
hirsche (mb. fb.) Hirſe, Mörſer
hirtz (hf. al.) Hirſch
hock (fb. tir.) Hocke 1
hören = horchen (obb.) f. dfs.
hofel Hobel
hôp (ſüdwd. fb.) Hippe 1
hoppen (obb.) hüpfen, laufen

horn (grosser, kleiner) Hornung

hüenli (obb.) Küchlein

hülpen (al.) holpern

hünkel (wmb.) Küchlein

iche (fz.) Eibe

ickern (hf.) extern

ige (fz.) Eibe

inkes (rhpr.) Tinte

inschlicht (rhff.) Unschlitt (Nachtrag)

kêgers (fb.) Elster

käppelle (al.) Kapelle 1

kâft (fb.) Käfter

kag (b.) Kegel 1

kalch (obb. mb.) Kalk

kante (fb. al.) Kanne

kauder (fb.) kauderwelsch

kchapfe (elf.) kappen

keide Keim

keidel Keil

keil (mb.) Kiel 1

kêl (al.) Kohl

kern (obpflz.) kernen

kešte (obb.) Kastanie, kasteien

kilbe (al.) Kirchweih, Kirmes

kilber (fz.) Kalb

kimfer (böhm.) Kiefer 2

kipfen kappen (vgl. Kippe)

kippen

kirta (b.) Kirmes

kitte Kette 1

klamper (b.) Klammer

klampfe (b. öst.) Klampe

klampfer (kärnt.) Klammer

klokke (fz.) Glocke

klôteren (fbff.) klettern

klukse (nbb.) Glucke

klûwen (mb.) Knäuel

knaus (fb.) Knorre

knirwes (nbrh.) Knirps

knocke (obb.) Knochen

knöbel (obb.) knobeln

knöwel (mb.)

knorp (fb.) Knirps

knus (fz.) Knorre

korn (b. hf.) Roggen

kräuel (fz.) krauen

krapf (b.) Krüppel

krauche Krug 1

kriese (al.) Kirsche

kropf (fb. b.) Krüppel

krote Kröte

krotte —

krüftle (fb.) Krüppel

krüpfel (elf.) —

krüpfen (b.) —

krüpfli (fz.) Krippe

kruft (fb.) Krüppel

kuche (obb.) Küche

kuchi (obb.) —

küme (nbhf.) kaum

kümi, -ich (obb.) Kümmel

künchel (obb.) Kaninchen

kütte Kette 1

kukumer (obb. hf. wett.) Gurke

kumme Kumpf

lacke (b.) Lache

läfzg (fb.) Lefze

längess (b.) Lenz

längsing (b.) —

læns (fb.) leise

läu (fz.) Lawine

läube (mb.) Laube

läue (fz.) Lawine

läuen (b.) —

läun (b.) —

läunen (b.) —

langsi (fz.) Lenz

lappe läppisch

laui (fz.) Lawine

laussen (b.) lauschen

laustern (b. fb.) —

lauwin (fz.) Lawine

lech leck

leier (fb.) Lauer

leimen Lehm

len (b.) lind

lichen (fb.) Lauge

liechen (b.) Locke

liegen Lug

lind Linde

linge (thür.) schlingen (Nachtrag)

lins (fb.) leise

lodern (wf.) lobern

löpen (fz.) laufen

losen (obb.) horchen

luck (obb.) locker, Lücke

lüen (nff. hb.) Lauge

lugg (fz.) Lücke

luggele (fb.) Küchlein

mädel (obb.) Mädchen

märkt (fb. al.) Markt

märte (wf.) März

mäschen (fiebenb.) Zwetsche

mâgsame (obb.) Mohn

maidle (obb.) Mädchen

mande Mandel 1, Mange

mandel Mange

maschen (fiebenb.) Zwetsche

maskere (b. fb.) Maske

mâss (elf.) Mohn

mauche (b.) Maufe

maulwolf, -wurm Maulwurf

maurache (b. fb.) Morchel

maussen (b.) Mauje

meiler (kärnt.) Meiler

merchhorn (hf.) Meerrettig

merken = fühlen (fb. al.) j. dfs.

milchdieb Schmetterling

mirrek (wf.) Meerrettig

misle (fb.) mischen

misten (ff.) Mist

mittag = Süden (obb.) j. dfs.

mörschel (fb. al. hf.) Mörser

mol (wf.) Maulwurf

molkendieb Schmetterling

molkentövener (wf.) —

molten (b.) Melde

moltwurm Maulwurf

môraẵ (fb. b.) Morchel

morgen - - Osten (obb.) j. dfs.

môroχ (fb. b.) Morchel

morsen (fz.) Mörser

mot (mb.) Moder

müllermaler (b. fulb.) Schmetterling

mürsen (fz.) Mörser

muess (b.) Maut

nachschlüssel (obb.) Dietrich

nacken (b.) Nacken

nepfen (hb. b.) nippen

nichtst nichts

nidel (fz.) Sahne

nöpfen (hb. b.) nippen

örtel (öst.) Ort 3

ooben (fz.) Abend

panse Panzer

pataken (ſk.) Kartoffel
peterle (obb.) Peterſilie
peterli, -ing --
petter Pate
pfarrei (b. ſb.) Pfarre
pfeχe (al.) eichen, Pegel
pfeχte (al.) —
pfêrſe (ſb.) Pfirſich
pfetter Pate
pflaum (obb.) Flaum
pflegel (ſb.) Flegel
pflumpfig (ſz.) plump
pfoche (obb.) Pocke
pfranger (obb.) Pranger
plano Blahe
plapen (al.) plappern
plauwe Blahe
plumpe (omb.) Pumpe
possen (ſk.) impfen
prausbeere Preiſelbeere
predig (obb.) predigen
preuselbeere Preiſelbeere
punt Spund

quähle (thür.) Zwehle
quatſge (thür. omb.) Zwetſche
quetzen quetſchen

raχe (ſz.) Rahe
räbheu (obb.) Epheu
räbi (ſz.) Rübe
rädel (b.) Rädelsführer
râdme (ſk. hb.) Raden
rahn (obb.) hager
ramft (obb.) Borb, Raub
rap (al.) Rappe 1
ratte (ſb. ſz.) Raben
ratze (b. ſz.) Ratte
recht = ſehr (ſb. b.) ſ. dſz.
reckholder (al.) Wachholder
reden = ſprechen (obb.) ſ. dſz.
rieden (b.) rotten 1
rieſter, -e (ſz.) Rieſter
riester reuten
rikχe (ſz.) Rike
ræs (b. ſz.) röſche
roppe (hb.) Raupe 1
roum (thür.) Rahm
roup (ſz.) Raupe 1
rube (obb.) Rübe
rütte Rübe
ruge (omb.) Ruhe

runs rüſtig
ruopen (ſb.) Raupe 1

samp (b. tir.) Saub
sauber -- rein (b. ſz.) ſ. dſz.
saul (b.) Säule 1
schabell (mrh.) Schemel
schärmaus (ſb. al.) Maul-
wurf
schärpfen (b.) Schärpe
ſafâtri (ſz.) Schrank
ſaff (b.) Scheffel
ſaffl (b.) —
schawell (mrh.) Schemel
ſeip (ſchmalk.) ſchief
ſep (hſ. frk.) —
ſeps (ſb.)
ſiegen (b. al.) —
ſieggen (b. al.) —
schläufe Schleife
schlittern Schlitten
ſlûne (al.) ſchlummern
schlung (thür.) ſchlingen
(Nachtrag)
ſlûre (al.) ſchlummern
schmetten (ſchl. böhm. öſt.)
Schmant
schnaussen Schnauze
schnegel (hſ.) Schnecke
schniegel ſchniegeln
schopf (b. al.) Schuppen
ſparse (ſz.) Spargel
ſpint (elf.) Schrank
ſprägel (ſz.) Sprenkel 2
ſprigel (ſz.)
schrauf (ſb.) Schraube
schraufen (b.) —
ſtickel (b. elſ.) ſteil
ſtrûbe (ſz.) Schraube
ſtruppe (ſz.) Strippe
ſtübes (ſz.) Stoppel
ſtückezen (öſt.) ſtottern
ſtupfel (obb.) Stoppel
schüren (mb.) ſcheuern
schunke (ſb.al.b.) Schinken
schunkel (mb.) Schaukel
seipe (ſb. ſz.) Seife
ſêr (ſb. b.) ſehr
slinden (obb.) ſchlingen
(Nachtrag)
smantlecker (wf.) Schmet-
terling
söhnerin (ſb.) Schnur 2

sommervogel (b.) Schmet-
terling
sonntagsfetzen Fetzen
spätjahr (b.) Herbſt
spätling (ſb.) --
spüren = fühlen (ſb. al.)
ſ. dſz.
sperk (ſk.) Sperling
stege Steg
steig Stiege 2
stickel (mb. nbb.) ſteil
stork (obb. wthür.) Storch
stübes (ſz.) Stoppel 2
suge (ſb.) Sau

tacht (obb.) Docht
taumis (b.) dämiſch
teutsch (obb.) deutſch
tittibâbi (ſz.) Bube
tochtermann (ſb. b.) Eidam
töpfen (mb.) Topf
tokχebâbi (ſz.) Bube
tott (b.) Pate
trachter (obb. nbb.) Trichter
treff Treſpe
trefz (ſb.)
trehne, trene (ſ. öſt.) Drohne
trucke Truhe
turbe (ſz.) Torf
turn (obb. rh.) Turm

ulk (nbrh.) ulken
ungel (hſ. nbb.) Unſchlitt
unkeusch (hſ.) keuſch
urvar (b.) Ufer
ussrüde (ſz.) rotten 1

viecch Vieh
vorschopf (obb.) Halle

wachandel Wachholder
wadel Wedel
wart (holſtein.) Ente
webes (b.) Weſpe
weddik (meckl.) Ente
weifalter (ſb.) Schmetterling
weissen (ſz. obſb. wett. hb.
thür. obhſ.) Weizen
wester Weſte
wetterleich Wetter
wêwetzchen (othür.) Weſpe
wichtelmännlein Wicht
wichtlein --

wispel (wthür.) Wespe
wümmen (sz.) Wein
wümmet (sz.) —
wueste (els. sz.) Husten
wurmeisle (sz.) Ameise

zachen (b.) Zeh
zaichen (sb.) —
zasem (sb.) Zaser
zêb, -e (sz. mrh.) Zeh

zehr (hs.) Teer
zelt (b.) Zelter
zem, zemsen (b.) Ziemer
zen (b.) —
zetter Zitter
zêwe (st. hb.) Zeh
zibole (sz.) Zwiebel
zieklen (al.) kitzeln
zipf (hb.) Pips
zippel (thür.) Zwiebel

ziwe (thür.) Zeh
zögern zögern
zweSen (b.) Zwetsche
zwospen (b.) —
zwespen (öst.) —
zwetske (sz.)
zwifel (b.) Zwiebel
zwister Zwitter

Neuenglisch

(einschl. Schottisch).

a ein
Abberdeen Labberdan
abbot Abt
above oben
ache Esel
acorn Ecker
acre Acker
adder Näber, Natter, Otter
after After
aftermath Mahd
again gegen, entgegen
aghast Geist
ails Ähre
alb Albe 1
alcove Alkoven
alder Erle
alison Ahle
all all
almond Mandel 2
alms Almosen
alone allein
also also
alum Alaun
amelcorn Amelmehl
among mengen
an ein
anchor Anker 1, 2
and und
angel Engel
angle Angel
anis Anis
ankle Enkel 1
answer Antwort, schwören
ant Ameise
anvil salzen, Amboß
ape Affe

apple Apfel
Appledore —
arbalist Armbrust
arch- Erz-
ark Arche
arm Arm
army Heer
arras Rasch
arse Arsch
as als, also
ash Esche
ashes Asche 1
ask Eidechse, heischen
asker Eidechse
asp Espe
ass Esel
asunder sonder
atter Eiter
auger Näber
aware gewahr
away Weg
awfshots Alp
awm Ohm
awns Ahne
ax(e) Axt
axle Achse
axle-tree —
aye je

babble pappeln
baboon Pavian
baby Bube
bac Back
bachelor Hagestolz
back Back, Backbord, zurück
bacon Bache

bailiff Ballei
bait beizen
baize Boi
bake backen
baker Beck
bald baar
baldrick Belt
bale Ballen
balk Balken
ball Ball 2
ballast Ballast
balm Balsam
ban Bann
band Band
bang Bengel
bangle —
barb Barbe
barbel —
barbs Barte 2
bare baar
barge Barke
bark Borke
barley Barn, Gerste
barm Bärme, barmherzig
barn Barn
barracan Berkan
barrow Bard), Bahre
barse Barsch
bass —
bast Bast
bat Fledermaus
batch backen
bath Bad
Bath —
bathe
bay Bai 1, 2, beugen

baysalt Boisalz
be sein 2
be- bei
beacon Bake
beadle Büttel
beaker Becher
beam Baum
bean Bohne
bear Bär 2, gebären, Bahre
beard Bart
beastings Biest
beat Amboß, Beutel 1
beaver Biber
beck Bach
beckon Bake
become bequem
bed Bett, Beet
bee Biene
beebread Brot
beech Buche
beer Bier
beet Beete
beetle Beutel 1
beff baf
before bevor
beg bitten
begin beginnen
behind hinten
behoof Behuf
belief Glaube
bell bellen, Bellhammel
bellows Balg
bell-wether Bellhammel
belly Balg
belt Belt
bench Bank
bend Band, binden
beneath nieden
bent Binse
bentgrass —
Bentley —
berry Beere
beseech suchen
besom Besen
best besser
betide Zeitung
better besser
betwixt zwischen
bible Bibel
bickiron Bicke
bid bieten, bitten
bide bitten
bier Bahre

biestings Biest
bight Bucht
bilo Beule
bilge Bulge
bill Bill, Bille
bin Benne, Bühne
bind binden
bing Beige
birch Birke
bird Brut
bire Bauer 1
birth Geburt
bishop Bischof
bit beißen
bitch Petze
bite beißen, Bissen
bitter bitter
blab plappern
black Blackfisch)
bladder Blatter
blade Blatt
blank blank
blare plärren
blast blasen
blay Bleihe
blaze blaß
bleak bleich
bleat blöken
bleed Blut
blind blind, blenden
blink blinken
block Block
blood Blut
bloom Blume
blooth —
blossom —
blow blähen, bläuen, blühen
blue blau
blunder blind
boar Bär 3
board Bord, Bort
boat Boot
bode bieten
body Bauch, Bottich, Rumpf
boil Beule
bold bald
bole Bohle
bolster Polster
bolt Bolz
bombasine Bombasin
bombast Bombast
bond binden
bone Bein

bone-ash Asche 1
book Buch
boom Baum
boon bohnen
boose Banse
boosy
boot Beute 2, Buße
booth Bude
booty Beute 2
borage Boretsch
bordel Bordell
bore bohren
borough Burg
borrow borgen
bosh Posse
bosom Busen
bote Buße
both beide
bottom Boden
bottomry ---
bough Bug
bought Bucht
bouk bauchen
bourn Brunn
bouse bausen
bow biegen, Bogen
bower Bauer 1
bowl Bolle 2, Bowle
bowsprit Bugspriet
box bogen, Buchs, Büchse
boy Bube
boyhood =heit
brace Brasse
brach Bracke
brack Brack, Brackwasser
brackish Brackwasser
brain Brägen, Hirn
bramble Brombeere
brand Brand
brasse Brassen
brawl brüllen, prahlen
bread Brot
break brechen
bream Brassen
breast Brust
breath Brodem
breech f. Bruch 3
breeches ---
breed Brut
breeze Breme, Brise
brew brauen
bridal Braut
bride —

bridegroom —
bridge Brücke
bright =bert
brim verbrämen
brimstone brummen
bring bringen
brink Brink
brisket Bröschen, Brausche
bristle Borste
broad breit
brood Brut
brook brandseu, Bruch 2
broom Brombeere, Ginst
broth Brot
brothel Bordell
brother Bruder
brow Braue
brown braun
bruise Braus, Brosam
brush Bürste
buck Bock, bauchen, Bauch
buckmast Buche
buckwheat —
buff Büffel
buffet puffen
build Bude, Bild
bulb Bolle 1, Zwiebel
bulge Bulge
bull Bulle 1, 3
bullfist Bofist
bullock Bülle 1
bulwark Bollwerk
bundle Bündel
buoy Boje
burden Bürde
burial bergen
burn brennen
burr Borste
burrow Burg
burst bersten
burthen Bürde
bury Berg, bergen, Burg
bush Busch
buss Büse
but Butte
butt Bütte
butter Butter
butterfly Schmetterling
buxom biegen
by be=, bei

cabbage Kappes
cabin Kabuse

cable Kabel
caboose Kabuse
caddow Dohle
cage Käfig
cake Kuchen
calamanco Kalmank
calf Kalb
callow kahl
calm Kalm
can Kanne, können
canker Kanker 2
cant Kante, Gant
cap Kappe
capon Kapaun
car Karre
caraway Karbe
carbuncle Karfunkel
care Karfreitag, karg
carl Kerl
carp Karpfen
cart Kratze 1
carve kerben
cat Katze
caterwaul —
cellar Keller
chafer Käfer
chaff —, Spreu
chain Kette 2
chalk Kalk
chamber Kammer
champion Kampf
chancel Kanzel
chap Kappe
chapman kaufen
chary karg
chastise kasteien
cheap kaufen
cheeky scheckig
cheese Käse
chervil Kerbel
chest Kiste
chestnut Kastanie
chew kauen
chiches Kicher
chicken Küchlein
chickpeas Kicher
chill kalt, kühl
chilver Kalb
chimney Kamin, Kemenate
chin Kinn
chinbone —
chincough keuchen
chints Zitz

chints-cotton —
choose kiesen
chough Dohle
Christmas Messe
church Kirche
churl Kerl
churn kernen
cipher Ziffer
clamp Klammer, Klampe
clang Klang, klingen
clank —
clap Klaff, klabastern
clash klatsch
clay Klei
clean klein
clear klar
cleat Kloß
cleave kleben, klieben
cleft Kluft
clew Knäuel
cliff Klippe
clift Kluft
climb klimmen
cling Klüngel
clink klingen
clip Klafter
cloam Klei
clock Glocke
clot Kloß
clotbur Klette
cloth Kleid
clove Knoblauch
clover Klee
club Kolben
club-foot Klumpe
cluck Glucke, Klucke
clump Klumpe
coach Kutsche
coal Kohle
coast Küste
coat Kot 1, Kotze, tünchen
cock Hahn, Henne, Küchlein
cold kalt
cole Kohl
colemouse Kohle, Kohlmeise
comb Kamm
comber Kummer
come kommen
comrade Kamerad
cony Kaninchen
cook Koch
cool kühl
coom Kahm

coomb Kumpf
coop Kufe 2
cooper Küfer
cop Kopf
cope Kappe
copper Kupfer
corb Korb
cord Korbe
coriander Koriander
cork Kork
corn Korn
corneliantree Kornelle
Cornwallis welsch)
cost kosten 1, Kost 1
cot Kot 1
cottage —
cotton Kattun
couch-grass Quecke
cough keuchen
couple Koppel
couth Kind
cove Koben
cow Kuh
cower kauern
crab Krabbe
crack krachen
cradle Krätze 1, Wiege
craft Kraft
crafty —
crag Kragen
cramp Krampe, Krampf
cramp-irons —
cranberry Krammetsvogel
crane —, Kranich
craneberry Krammetsvogel
crank krank, Kring
crankle —
craple Krapfen 2
cratch Krippe
crate Krätze
crave Kraft
craw Kragen
creak Kriekente
creep kriechen
cress Kresse 1
crib Krippe
crimple Krampf, krumm
crinkle krank, Kring
cripple Krüppel
crisp kahl
crop Kropf
cross Kreuz
crouch kriechen

croup Kruppe
crow Krähe, krähen
crown Krone
crucian Karausche
crum Krume
crumb —
crump krumm
crumple —
crust Kruste
crutch Krücke
cuckoo Kuckuck
cud Köder
cudgel Kugel
cup Kopf
cushion Kissen

daft heftig
dag Tau 2
dale Thal
dally bahlen
dam Damm
damascene Zwetsche
damask —, Damast
damp Dampf
dance Tanz
dank bumpf
dapper tapfer
darling teuer
date Dattel
daughter Tochter
daw Dohle
dawn Tag
day —
dead tot
deaf taub
deal Teil
dean Dechant
dear teuer
death Tod
deed That
deem -tum
deep tief
deer Tier
dell Thal
den Tenne
depth tief
deuce Daus
devil Teufel
dew Tau 2
die Tod
dike Deich, Teich
dill Dill
dimple Tümpel

ding bengeln
dip tief
dish Tisch
ditch Teich
dive tief, Taube
dizzy Dusel, Thor 1
do thun
dock Dock
dodder Dotter 2
doe Dambock
dog Dogge, Hund
doit Deut
dole Teil
dollar Thaler
-dom -tum
doom —
dot Dotter 1
dough Teig
doughty tüchtig
dove Taube
dove-cot Kot 1
dowel Döbel
down Daune, Düne
dozen Dutzend
drab Treber
draff —
dragon Drache
drake Ente
drake-fly Drache
draw tragen
dream Traum
dreary bauern 2, Trauer
dregs Drusen, Treber
drift Trift
drink trinken
drip Tripper
dripper —
drive treiben
droll brollig
drollish —
drone Drohne
drop Tropfen
drought trocken
drove Trift
drunk trunken
dry trocken
dub tief
duck Ente, tauchen, Tuch
dull toll
dumb bumm
dun bunkel
dung Dung
dure bauern 1

dust Dunst, Dust	fadge fügen	fir Föhre
Dutch deutsch	fail fehlen	fire Feuer
dwarf Zwerg	fair fegen	fireboot Buße
	fairy Fee	firebote ·
e- ge=	falcon Falke	firelock Flinte
Eames Oheim	fall fallen	first Fürst
ear Ähre, Lefze, Ohr, Öhr	fallow fahl, Felge	fish Fisch
earn Ernte	false falsch	fist Faust
earnest Ernst	falsehood =heit	five fünf
earth Erde	fan Wanne	flag Flagge
east Osten	fane Fahne	flail Flegel
Easter Ostern	fang fangen	flask Flasche
eat essen	far fern	flat flach
ebb Ebbe	fare fahren	flat-footed platt
edge Eck	farrow Ferkel	flatter flattern
Edward Allob, Kobold	fart farzen	flawn Fladen
eel Aal	farthing Pfennig, Schilling	flax Flachs
egg Ei	fast fasten, fest	flea Floh
eider Eider	fat feist	fleam Fliete
eiderdown —	father Mutter, Vater	fledge flügge
eiderduck —	fathom Faden	flee fliehen
eight acht	fay Fee, fügen	fleece Flies
eils Ähre	fear Gefahr, Furcht	fleet fließen, Floß, Flotte
either jeder, weder	feast Fest	flesh Fleisch
eke auch	feather Feder	flew flau
elbow Elle	fee Vieh, Schatz	flick Fleisch
elder Holunder	feed Futter, Vater	flicker flackern
electuary Latwerge	feel fühlen	flight Flucht
eleven elf	fell Fell	flint Flinte, Linse
elf Elf	felly Felge	flitch Fleck, Fleisch
elk Elentier	felt Filz	flite Fleiß
ell Elle	fennel Fenchel	flitter flattern
elm Ulme	fern Farn	flittermouse Fledermaus,
else elend	ferret Frettchen	Flitter
emboss bosseln 2	ferry Fähre	float Floß
eme Oheim	fetlock Fuß	flock Flocke
emmet Ameise	fetters Fessel 1	flood Flut
emplaster Pflaster	fever Fieber	flook flach
empty emsig	fey (schott.) feige	flook-footed —
end Ende	fiddle Fiedel	floor Flur
endure dauern 1	field Feld	flounder Flunder
enough genug, ge=	fiend Feind	flow Flut
ere eher	fifth fünf	fluke flach
eve Abend	fight fechten	flute Flöte
even eben	fig-tree Feige	flutter flattern
evening Abend, Morgen 1	file Feile	fly Fliege, fliegen
ever immer	fill füllen	foal Fohlen
evil übel	film Fell	foam Feim, Schaum
ewe Aue, Schaf	fin Finne 1	fodder Juder, Futter
eye Auge	finch Fink	foe Fehde
eyeball Apfel	find finden	fold falten
eyelid Lid	fine fein	-fold =falt
	finger Finger	folk Volk

follow folgen	gallows Galgen	grasshopper Heuschrecke
food Futter	gallow-tree Gallapfel	grave graben
foot Fuß	game Gemse	gray grau
for vor	gander Gans	great groß
for- ver-	gang Gang	greaves Griebe
forbid bieten	gang-way —	green grün
ford Furt	gangweek —	greet Gruß
forehead Stirn	gannet Gans	grey grau
forget vergessen	gaol Käfig	griffin Greif
fork Furke, Gabel	gape gaffen	grim grimm
forth fort	garden Garten	grin greinen
fortnight Nacht	garlic Lauch	grind Grand
foster Futter	gate Gaden, Gasse, Gatter	gripe greifen
fosterbrother —	gather Gatte, gut, vergattern	grist Gerste
fother Fuder	geld gelt 2	grit Grütze
foul faul	get vergessen	groan greinen
four vier	gherkin Gurke	groat Groschen, Grütze
fowl Vogel	ghost Geist	groom Braut
fox Fuchs	gilt gelt 2	groove Grube
fraught Fracht	ginger Ingwer	ground Grund
frenk frech, Sprenkel 2	gird Gurt	grow grün
freckle Sprenkel 2	girdle —	grub Grube
free frei	give geben	grunt grunzen
freeze frieren	glad froh, glatt, schmeicheln	guest Gast
freight Fracht	glass Glas	guild Gilde
fresh frisch	gleam glimmen	gulf Golf
fret fressen	gleed glühen	gums Gaumen
friday Freitag	glide gleiten	
friend Freund	glimmer glimmen	
frieze Fries	glitter gleißen, glitzern	haberdine Labberdan
fright Furcht	gloat glotzen	hack hacken
frighten —	gloom glühen	hackle Hechel
frisk frisch	gloss glosten	hag hager, Hexe
friz Fries	glow glühen	haggard hager
frizzle —	gnaw nagen	hail Hagel
frock Frosch, Frack	go gehen	hailstone —
frog Frosch	goad Ger, Gerte	hair Haar 2
frolick frohlocken	goat Geiß	hale holen
from fremd	god Gott	half halb 1
frosk Frosch	goddaughter Gote	hall Halle
frost Frost	godfather, godson —	halm Halm
full voll	gold Gold	halse Hals
funk Funke	good gut	halter Halfter
furbelow Falbel	goose Gans	hamble Hammel
furlong Furche	gore Gehren	hammer Hammer
furrow —	gospel Beispiel	hand Hand 1
further fürder	gourd Kürbis	handicraft ge-
	gowk Gauch	handiwork —
gaggle gackern	grab grapsen, krabbeln	handle handeln
gait Gasse	grabble Garbe 1, krabbeln	hang hangen
galangal Galgant	grapple krabbeln	harbour Herberge, Heer
gall Galle 2	grasp grapsen	hard hart
gall-oak Gallapfel	grass Gras	hards Haar 1, Hede
		hardy hart

hare Hase
hare-lip —
hark horchen
harm Harm
harness Harnisch)
harns Hirn
harp Harfe
harrow Heer, Harfe
harry Heer
harsh harsch
hart Hirsch
harvest Herbst
hasp Haspe
haste Hast
hat Hut 1, hüten
hatch Hecke 2
hatchel Hechel
hate Haß
have haben
haven Hafen 2
haver Hafer
haw Hag
hawk Habicht
hawthorn Hageborn
hay Heu
hay-boot Hecke 1
hazel Hasel
he heute
head Haupt, Kopf
-head -heit
heal hehlen, heilen
health heilen
heap Haufe
hear hören
hearken horchen
heart Herz
hearth Herd
heat heizen
heath Heide 1
heathen Heide 2
heave heben
heaven Himmel
hedge Hecke 1, 2
hedgehog Igel
heed hüten
heel Hacke, Ferse
heifer Farre, Klee
hell Hölle
helm Helm 1, 2, Halfter
help helfen
helve Halfter
hemlock Schierling
hemp Hanf

hen Henne
hence hinnen
herd Herde
here hier
heriot Heer
herring Häring
hew hauen
hide Haus, Haut, Hufe, Hütte
high hoch
hill Halde, Halle, Holm
him heute
hind Hinde, Heirat
hindberries Himbeere
hinder hindern
hip Hüfte, hüpfen
hirse Hirse
hive Heirat
hoar hehr
hoard Hort
hoarse heiser
hoary hehr
hogshead Oxhoft
hoist hissen
hold halten
hole hohl
hollow —
holly Hulst
holm Holm
holster Holfter
holy heilig
home Heim
honey Honig
honeycomb Kamm
honeymoon Flitter
hood Hut 1
-hood -heit
hoof Huf
hook Hake, Hechel
hop Hopfen, hüpfen
hope hoffen
horde Horde 1
horn Horn
hornet Hornisse
horse Roß 1
horse-radish Meerrettig
hose Hose
hot heiß
hotbed Beet
hound Hund
hour Uhr
house Haus
housebote Buße
how wie

-how hoch)
huckster Hocke 2
hulk Holk
hulver Hulst
humble -bee Hummel
hundred hundert
hunger Hunger
hunt Hand 1, Hinde
hurdle Hürde
hurricane Orkan
hurst Horst
husband Haus
hussy —
hustings —
hut Hütte

I ich
ice Eis
idle eitel
if ob 2
ilt gelt 2
imp impfen
in in
ink Tinte
irk Esel
irksome —
iron Eisen
is sein 2
island Au, Eiland
itch jucken
ivory Elfenbein
ivy Epheu

jacket Jacke
jaile Käfig
jig Geige
joke Jucks

kabljau Kabliau
keam Kahm
keans —
keech Kuchen
keel Kiel 2
keen kühn, schnell
kernel Kern, Korn
kettle Kessel
key Keil
kid Kitze 1
kidney Niere
kiln Kohle
king König
kingdom -tum
kipe Kiepe ·

kirtle Kittel
kiss küssen
kitchen Küche
kitling Kitze 2
kitten —
kittle kitzeln
knack knacken
knapsack knappen
knar Knorre
knave Knabe
knead kneten
knee Knie
kneel —
knell Knall
knick knicken
knight Knecht
knit Knoten
knitch Knocke
knob Knopf
knock knacken, Knochen
knoll Knollen
knop Knopf
knot Knoten
know können, Name
knuckle Knöchel

lace Latz
ladder Leiter
lade laden 1
lady Laib
lair Lage
lake Lache
lamb Lamm
lame lahm
lammas Laib, Messe
lamprey Lamprete
land Land
lantern Laterne
lap Lappen
larch Lärche
lark
larum Lärm
last Last, letzt, Leiste 2, leisten, Leisten
late letzt
lath Latte
lathe Lade
lather Seife
latin lateinisch
lattermath Mahd
laugh lachen
laughter —
laverock Lerche

lax Lachs
lay legen
lead Blei, leiten, Lot
leaf Laub
leak lechzen
leap laufen
learn lernen
leas los
lease lesen
leather Leder
leave bleiben
lee Lee
leech Arzt
leek Lauch
leer leer
left link
lend lehnen 2, leihen
lent Lenz
-less los
let lassen, letzen
letter Buch
lewd Laie
lick lecken 1
lid Lid
lie Lauge, liegen, Lug
lief lieb
life Leib
lift lichten, Luft
light leicht, Licht, licht, Lunge
lights leicht, Lunge
like gleich, Leiche
lily Lilie
limb Glied
lime Leim
limetree Linde
linchpin Lünse
lind Linde
linden, lindentree —
line Leine
lion Löwe
lip Lippe
lisp lispeln
list lauschen, Leiste 1, List, Lust
listen lauschen
lithe lind
live leben
liver Leber
loadsman leiten, Lotse
loadstar leiten!
loadstone —
loaf Laib
loam Lehm

loan Lehen, leihen
loath Leid
loathe —
lobster Hummer
lock Block, Loch, Locke
long lang, verlangen
look 1 lugen
look 2 (nbe.) Locke
loose los
lord Laib, Brot
lore Lehre
lot Los
loud laut
louse Laus
love lieb, Lob
low Lehde
lower horchen, lauern
-ls drängen
luck Glück
lunacy Laune
lunatic —
lune —
lungs Lunge
lunt Lunte
lurk horchen, lauern
lust Lust
-ly -lich
lye Lauge
lyre Leier

Macaulay Magd
mackerel Makrele, mäkeln
mad Made
maggot —
maid Magd
maiden —
maidenhead -heit
maidenhood —
maize Mais
make machen
mallow Malve
malt Malz
man Mann
mane Mähne
mangle Mange, mangeln
mantle Mantel
many manch
maple Maßholder
mapletree —
march Mark 1
March März
mare Mähre
marjoram Majoran

mark Marke
market —
marrow Harke, Mark 3
marsh Marsch
marten Marder
Mary Rosmarin
mash Meisch
masker Maske
maslin Meissung
mass Messe
mast Mast 1, 2
master Meister
mat Matte 2
match machen
mate matt
math Mahd
mattock Meißel, Metze 1
mattress Matratze
maund Mandel 1
maw Magen
mawk Made
may mögen
mead Matte 1, Met
meadow Matte 1
meager mager
meal Mahl 2, Mehl
mean gemein, meinen
measles Maser
meat Messer
meed Miete
meek menchel=
mere Meer
merl Amsel
merlin Schmerl
mermaid Meer
merman –
mesh Masche
mew Möwe
middle mitte, mittel, Mittel
midge Mücke
midland mitte
midlent —
midnight —
midriff
midst —
midwife Hebamme, mit
midwinter mitte
might Macht
milch melk
mild milde
mildew Mehltau
mile Meile
milk Milch, melken

mill Mühle
milt Milz
mind Minne
mingle mengen
minster Münster
mint Minze, Münze 1
mire Ameise, Moos
miss missen
mist Mist, Mistel, Nebel
mister Meister
mistle Mistel
mitch menchel=
mix mischen
mixen Mist
mizzen Besanmast
moan meinen
mole Mal 1
monday Montag
money Geld
monk Mönch
month Monat
mood Mut
moon Mond
moor Moor
mop Mops
morass Morast
more mehr, Möhre
morning Abend, Morgen 1
mortar Mörser, Mörtel
moss Moos
most meist
moth Motte
mother Mober, Mutter,
    Perlmutter
mould Maulwurf, Mulm
moult Mause
mouse Maus 1
mouth Mund 1
mow mähen
mud Mober
muff Muff 1
mule Maul 2
mulberry Maulbeere
mum Mumme 1
mumble Mumme 2
mumm —
murder Mord
must Most, müssen
mustard Mostert
muster Muster

nail Nagel
naked nackt

name Name, nennen
nape Nacken
narrow Narbe
narwal Narwal
nave Nabe
navel Nabel
near nah
neb = nib
neck Hals, Nacken, Säge
need Not
needle Nadel
neighbour Nachbar, Bauer 1
nephew Neffe
nesh naschen
nest Nest
nestle nisteln
net Netz
nether nieder
nettle Nessel
never nimmer
new neu
next nah
nib Schnabel
nick Nix
Nick —
nigh nah
night Nacht
nigthingale Nachtigall
nightmare Mahr
nine neun
nip kneipen
nipple nippen
nit Niß
no nein
noon None
north Nord
nose Lab, Nase
nostrils Nüster
not nicht
nought nicht
now nun
nun Nonne
nut Nuß 1

oak Eiche
oak-gall Gallapfel
oar Ruder
oath Eid
oats Hafer
of ab
offer opfern
oft, often oft
oil Öl

old alt	penny Pfennig	pot Pott, Topf
on an	people Pöbel	potash Asche 1, Pott
once einst	pepper Pfeffer	potatoe Kartoffel
one ein	pewit Kibitz	pound Pfund
open offen	pick Pökel, picken	pout Pute
or oder	pickle Pökel	praise preisen
orchard Garn	pickleherring Pickelhäring	prame Prahm
ore Erz	picknick Picknick	preach predigen
organ Orgel	pigeon-cove Koben	preen Pfriem 1
ostrich Strauß 3	pike Hecht, picken	price Preis
other ander	pile Pfeil, Pfeiler	prick prickeln
otter Otter	pilgrim Pilger	prickle —
ought eigen	pillar Pfeiler	priest Priester
ousel Amsel	pillow Pfühl	prince König, Prinz
out aus	pin Pinn	prize Preis
oven Ofen	pinch Fink	prong Pranger
over ober 2, über	pine Pein	proof prüfen
owe eigen	pink Fink	prop Pfropfen
owl Eule	pip Pips	provost Propst
own eigen	pipe Pfeife	puff puffen
ox Ochse	piss pissen	pulpit Pult
Oxford Furt	pit Pfütze	pulse Puls
oyster Auster	pitch Pech	pump Pumpe
	place Platz 1	punch Bunzen
pack Pack 1	plague Plage	puncheon —
paddock Schildpatt	plaice Platteise	puncher —
pail Pegel	plank Planke	puppet Puppe
pain Pein	plant Pflanze	
pair Paar	plaster Pflaster	quack Quacksalber, quaken
pale Pfahl	platch Placken	quart Quart
palfrey Pferd	plate Platte	quartz Quarz
pamphlet Pamphlet	plat-footed platt	queen Kind, König
pan Pfanne	play pflegen	quick keck
pap Pappe	pledge —	quicksilver Quecksilber
paper Papier	plight Pflicht	quill Kiel 1
parish Pfarre	plough Pflug	quince Quitte
park Pferch	ploughshare	quit quitt
party Partei	pluck pflücken	quitchgrass Quecke
paste Pastete	plug Pflock	quite quitt
pasty —	plum Pflaume	quiver Köcher
patch Placken	plump plump	
path Pfad	pock Pocke	race rasen, Rasse
pause Pause	pocket —	rach Bracke
paw Pfote	poke —, pochen	rack Rachen, recken
pea Erbse	pole Pfahl	radish Rettich
peach Pfirsich	pool Pfuhl	raff raffen
peacock Pfau	pope Papst	rail Ralle, Riegel
pear Birne	popinjay Papagei	rain Regen
pearl Perle, Perlmutter	poplar Pappel 2	rainbow —
pease Erbse	poppy Mohn	raindeer Renntier
peel Pelle	porch Pforte	raise Reise
peep piepen	pose pusten	raisin Rosine
pelt Pelz	post Pfosten	rake Rechen

ram Ramme	rip Reff 1	sabre Säbel
rampion Rapunzel	ripe reif	sack Sack, Sekt
rand Rand	ripple reffen	sad satt
rank Rang	rise Reise	saddle Sattel
rant ranzen	rivel Riese	saffran Safran
rap raffen, rappeln	roach Roche 1	sage Salbei
rape Rapp	road reiten, Rhede	sail Segel
rapier Rappier	roan Rogen	sake Sache
rare rar	roar röhren	sallow Salweide
rasp Raspel	roast Rost 1	salt Salz
rasper —	roch Roche 1	salve Salbe
rat Ratte	rochet Rock	same gleich
rattle raffeln	rock Roche 2, Rocken, Ruck	samel Saud
rave rappeln	rocket Raufe	sand
raven Rabe	rod Rute	sap Saft
raw roh	roe Reh, Rogen	satchel Seckel
ray Reihen 1, Roche 1	roll Rolle	saturday Samstag
ray-grass Raigras	rood Rute	savin Sebenbaum
reach reichen	room Raum	saw Sage, Säge
road Rat, lesen	roost (schott.) Rost 2	say sagen
ready bereit	root Rüssel, Wurz	scale Schale
ream Rahm, Ries	rope Reif 1	scarlet Scharlach
reap reif	rose Rose	school Schule
rear Reise	rosmary Rosmarin	schooner Schoner
rearmouse rühren	rot rösten 2	scissors Schere 1
reave Raub	rough rauh	score Stiege 2
rebus Rebus	roun rauuen	scot Schoß 2
reck geruhen	round —, rund	scour scheuern
reckless ruchlos	rouse Rausch 2	scrape scharf, schrappen
reckon rechnen	rout Rotte	screw Schraube
red retten, rot	row Reihe, Ruder	scrimp schrumpfen
reed Riet	rubric Rubrik	scrub schrubben
reef Reff 2, Riff	rud rot	scum Schaum
reek Rauch	rudder Ruder	scurf Schorf
rest Rast	ruddle rot	scurvy Scharbock
ret rösten 2	ruddock —	scuttle Schüssel
rhyme Reim	rue Raute 1, Reue	sea See
rib Rippe	rule Regel	seal Robbe
rice Reis 1	rum Rum	seam Saum 1, 2
rich reich	rumble rumpeln	see sehen, Sicht
riddle Rätsel, Reiter	rummer Römer	seed Saat
ride reiten	rump Rumpf	seek suchen
ridge Rücken	rumple rümpfen	seethe sieden
rifle Riese	run rinnen	seldom selten
right recht	rung Runge	sell Salbuch
righteous gerecht	rush Rausch 1, rauschen	send senden
rim Rinde	rushes (bed of r.) Beet	senna Senesbaum
rime Reif 2	rust Rost 2	sennight Nacht
rimple rümpfen	ruth Reue	set setzen
rind Rinde	rye Roggen	settle Sessel
rindle Rinne	ryegrass Raigras	seven sieben
ring Rädelsführer, Ring, ringen		sew Säule 2
ring-leader Rädelsführer	sable Zobel	sexton Sigrist

shab schäbig	shoot schießen	sledge Schlegel, Schlitten
shabby —	shop Schuppen	sleek schleichen
shade Schatten	shore Schornstein	sleep Schlaf 2
shadow	short kurz, Schurz	sleet Schloße
shaft Schaft 1	shoulder Schulter	slide Schlitten
shale Schale	shove schieben	slight schlecht
shall sollen	shovel Schaufel	slim schlimm
shallop Schaluppe	show schauen	slime Schleim
shallow schal	shower Schauer 2	sling schlenkern, Schlinge
shame Scham	shred Schrot	slip schleifen
shammy Sämischleder	shrift schreiben	slippers —
shamois —	shrill schrill	slit schleißen, Schlitz
shank Schenkel	shrimp schrumpfen	sloat (nde.) schließen, Schloß
shape schaffen	shrine Schrein	sloe Schlehe
shard — sherd	shrink schrumpfen	sloom schlummern
sharp scharf	shrive schreiben	sloop Schaluppe
shave schabe 2, schaben	shroud Schrot	slop Schleife
sheaf Schaub	shudder schaudern	slot (nde.) schließen, Schloß
shear scheren	shy scheu	slough Schlauch
shears Schere 1	sick siech, Sucht	sloughter Schlacht
sheath Scheide	sickle Sichel	slow Schlehe
sheats Schote 2	side Seite	sluice Schleuse
sheave Scheibe	sieve Sieb	slumber schlummern
shed scheiden, Scheitel	sift sichten	sly schlau
sheen schön	sight Sicht	smack Schmacke, schmecken
sheep Schaf	silk Seide	small schmal
sheep-cote Kot 1	sill Schwelle	smart Schmerz
sheer schier 1	silly selten	smear Schmeer
sheet Schoß 3	silver Silber	smelt schmelzen
shell Schale, Schellfisch	simper zimperlich	smicker Schminke
shellac Schellack	sin Sünde	smile schmeicheln
shepherd Hirt	since seit	smite schmeißen
sherd Scharte	sinew Sehne	smith Schmied
sheriff Graf	sing singen	smithy
shide Scheit	singe sengen	smock Schmuck
shield Schild 1	sink sinken	smoke Schmauch
shift Schiefer	sinter Sinter	smother schmoren
shilling Schilling	sip saufen	smug Schmuck
shim Schimmer	siskin Zeisig	smuggle schmuggeln
shimmer	sister Schwester	smut Schmutz
shin Schienbein	sit sitzen	snail Schnecke
shine Schein	sithe Säge, Sense	snake Schnake
shingle Schindel	six sechs	snap schnappen
ship Schiff	skew schief	snarl schnarchen
shippen Schuppen	skin schinden	sneeze niesen
shire schier 1	skirmish Scharmützel	snell schnell
shirt Schurz	skrape scharf	sniff schnüffeln
shit scheißen	skute Schüte	snip Schnippchen
shive Scheibe, Schiefer	slag Schlacke	snipe Schnepfe
shiver Schiefer	slap Schlappe 2	snite —
shoal Scholle 1	slave Sklave	snivel beschnäufeln, schnüf= feln
shock Hocke 1	slay Schlag 2	snore schnarchen
shoe Schuh	sled Schlitten	

20*

snort —
snot schneuzen
snout Schnauze
snow Schnee, Schnaue
snuff beschnäufeln, schnüffeln, Schnuppe
snuffle beschnäufeln
snurls schnarchen
so so
soap Seife
sob seufzen
sock Socke
soft sanft
soldier Sold
sole Sohle 1
sollar Söller
son Sohn
son-in-law Eidam
soon da
soot Ruß
sop Suppe
sore sehr
sorrow Sorge
sot Zote
soul Seele
sound gesund
soup Suppe
sour sauer
souter (nde. schott.) Schuster
sow säen, Sau
spade Spaten
span Spanne
spangle Spange
spar Sparren
spare sparen
sparrow Sperling
speak Sprache, Wasen
spear Speer
speck Specht
speech Sprache
speed sputen
speight Specht
spell Beispiel
spelt Spelt
spend Spende
spew speien
spike Speiche
spin spinnen
spit speutzen, Spieß 2
splint spleißen
splinter —
split —
spoke Speiche

spook Spuk
spool Spule
spoon Span, Löffel
sprat Sprotte
spread spreiten
spring springen
springe Sprenkel 1
sprit sprießen, spritzen
sprout sprießen
spur Sporn
spurn —
spy spähen
squirrel Eichhorn
staff Knittelvers, Stab
stake Staken
stalk Stiel
stall Stall
stallion —
stammer stammeln
stamp stampfen
stand stehen
standard Standarte
stang Stange
staple Stapel
star Stern
starch stark
stare Star
stark stark
starling Sperling, Star
start Sterz, stürzen
startle stürzen
starve sterben
state Staat
stay stehen
steal stehlen
stealth —
steed Stute
steel Stahl
steen Stein
steep Stoppel
steeple —
steer Steuer 2, Stier
stem Stamm
step Stapfe, Stufe
stepfather Stief=
sterling Sterling
stern Stern, Steuer 2
steven Stimme
stick Stecken
stiff steif
still still
stilt Stelze
sting Stange, Stecken

stink stinken
stir stören
stirrup Stegreif
stitch sticken
stock Stock
stoke stochen
stone Stein
stool Stuhl
stop Stöpsel, stoppen
stork Storch
storm Sturm
stound Stunde
stour Sturm
stout stolz
stove Stube
strand Strand
straw Stroh
stream Strom
street Straße
stretch strecken
strew Streu
stride schreiten
strife streben
strike streichen
string Strang
strip streifen
strive streben
stroke streichen
strong streng
strut strotzen
stub Stoppel
stubble —
stud Stute
stuff Stoff
stump Stump
sturgeon Stör
stut stottern
stutter ··
sty Steig
such solch
suck saugen
sugar Zucker
summer Sommer
sump Sumpf
sun Sonne
Sunday —
sup saufen
swallow Schwalbe, schwelgen
swamp Sumpf
swan Schwan
swanky Sumpf
sward Schwarte

swarm Schwarm	there da	tind zünden
swart schwarz	therf derb	tinder Zunder
swats (schott.) füß	thick dick	tine Zaun
swear schwören	thief Dieb	tip Zipfel
sweat Schweiß	thill Deichsel 1	tire Zier
sweep schweifen	thimble Daumen, Ermel	titmouse Meise
sweet süß	thin dünn	to zu
swell schwellen	thine dein	toad Kröte
swift schweifen	thing Ding	tobacco Tabak
swim schwimmen	think denken, dünken	tod Zotte 1
swine Schwein	third dritte	toddle zotteln
swing schwingen	thirst Durst	toe Zeh
swink	this dieser	together Gatte, gut
swoop schweifen	thistle Distel	token Zeichen
sword Schwert	thorn Dorn	toll Zoll
	thorough durch	toller Zöllner
table Tafel	thorp Dorf	to-morrow Morgen 1
tack Zacken	thou du	tongs Zange
tackle Takel	though doch	tongue Zunge
tail Schwanz, Rübe	thousand tausend	tool Tafel
tale Zahl	thrash dreschen	tooth Zahn
talk horchen	thread Draht	top Topf, Topp, Zopf
tallow Talg	threat verdrießen	torsk Dorsch
tame zahm	threaten drohen	totter zotteln
tang Tang	three drei	tottle
tangle --	thresh dreschen	tough zäh
tap Zapfe	threshold —	tow Tau 1
tar Teer	thrill brillen	towel Zwehle
target Zarge	throat Drossel 2	tower Turm
tarrace Traß	throng Drang, bringen	town Zaun
tarras	throp Dorf	trail treiben
tarry zergen	throstle Drossel 1	tramp trampeln
tea Thee	throttle Drossel 2	trample —
teach Zeichen	through durch	trape —
tear Zähre, zehren	throw drehen	tread treten
teat Zitze	thrum Trumm	tree Baum, Teer
teem Zeug	thrush Drossel 1	trendle trendeln
teend zünden	thumb Daumen, Ermel	trot Trott
tell horchen, Zahl	thunder Donner	trough Trog
ten zehn	Thursday —	trow treu
tent Zelt	thy dein	true —
tewel Tülle	tick Zecke, Zieche	truffle Trüffel
tether Zitter	tickle kitzeln	trump Trumpf
tetter Zitteroch	tide Zeit	trust treu
thane Degen 1	tiding Zeitung	truth —
thank Dank	tight dicht	tub Zuber
that daß	tike Zecke	Tuesday Dienstag
thatch Dach	tile Ziegel	tug zögern, Zug
thaw tauen	till Ziel	tun Tonne
the desto	tilt Zelt	tunder Zunder
theft Dieb	timber Zimmer	tunny Thunfisch
then dann	time Zeit	Turkey-pout Pute
thence dannen	tin Zinn	turtle Turteltaube

tusk Dorsch
twelve zwölf
twenty zwanzig
twig Zweig
twilight Zwielicht
twin Zwilling
twine Zwirn
twinge zwingen
twinkle zwinken
twist Zwirn, Zwist
twitch zwicken
twitter zwitschern
two zwei
twofold -falt
-ty -zig

udder Euter
un- un-
uncouth kund
under unten
understand Verstand
up auf
us uns

valerian Baldrian
vane Fahne
varnish Firnis
vat Faß
vessel Schiff
vetch Wicke 1
vinegar Essig
violet Veilchen
vixen Fuchs

wad Watte
wade waten
wafer Waffel
waffle --
wag wackeln
wagtail Bachstelze
wain Wagen
wake wachen
Wales welsch
walk horchen, wallen 2
wall Wall, Wand
wallop Galopp
walnut Walnuß
wangtooth Wange
ward Wart
ware Ware
warm warm
warn warnen
warp werfen, Werft 1

warrant gewähren
wart Warze
was Wesen
wash waschen
wasp Wespe
watch wach
water Wasser
wax Wachs, wachsen
way Weg
waybread —
we wir
weak weich
weapon Waffe
wear Weste
weasel Wiesel
weather Mutter, Wetter
weave weben
wedge Weck
Wednesday Wut
week Woche
weevil Wiebel
weigh Wage
weight Gewicht
welcome Wille
weld Wau
welk welf
welkin Wolke
well wohl
wend wenden
werewolf Werwolf
west Westen
wet Wasser
wether Widder
wharf Werft 2
what was
wheat Weizen
wheel Rad
wheeze Husten
whelp Welf
where wo
whet wetzen
which welch
while weil
whine wiehern
whirl Wirbel
whisper wispeln
whistle heiser
white weiß
Whitsunday Pfingsten
who wer
whole heil
whoost Husten
whore Hure

wick Wieche
wicker wiehern
wide weit
widow Wittib
wield walten
wife Weib
wight Wicht
wild wild
will wollen, Wille
wimple Wimpel
win gewinnen
wind Wind, Winde, wittern
window Fenster, Wind
Windsor Ufer
wine Wein
wink Wink
winnow Wanne
winter Winter
wisdom Weistum
wise weis, Weise
wish Wunsch
wisp Wisch
wit Witz
with wider
wither verwittern
withy Weide 1
woad Waid
woe weh
wold Wald
wolf Wolf
womb Wamme
wonder Wunder
wood Krammetsvogel,
　　Wiedehopf, Wut
wool Wolle
woosy Wiese
word Wort
work Werk
world Welt
worm Wurm
wormwood Wermut
worse wirr, wisch
wort Wurz, Würze
worth Wert 2
wot wissen
wound wund
wrangle ringen
wreak rächen
wreck Wrack
wrench Ranft, renken
wretch Recke
wring ringen
wrinkle Runzel

wrist Rist
write kerben, reißen, schreiben
writhe Rist
wrong ringen

yacht Jacht
yard Garten
yare gar
yarn Garn
yarrow Garbe 2
yea ja
yean Schaf

year Jahr
yeast gären, Gischt
yellow Dotter 1, gelb
yellow-hammer Ammer
yes ja
yest Gischt
yesterday gestern
yew Eibe
yield gelten
yoke Joch
yolk Dotter 1
yon jener

yonder jener
York Eber
you euch
young jung
yonngling Jüngling
younker Junker
your euer
youth Bursche, Junne, Jugend
yule weihen

zedoary Zitwer

Neufranzösisch.

à mont Düne
abbé Abt
able Albe 2
agace Elster
aire Ähren
alarme Alarm, Lärm
alchimie Alchimie
alcôve Alkoven
alêne Ahle
alize Erle
almanach Almanach
alun Alaun
amande Mandel 2
ambassade Amt
anche Enkel 1
ancolie Aglei
ancre Anker 1
âne Esel
anis Anis
août August
arbalète Armbrust
archer Hatschier
are Ar
arlequin Harlekin
Arras Rasch
artiste Arzt
as As
asperge Spargel
âtre Estrich
auberge Herberge
aumône Almosen
aumuce Mütze
aumusse —
aune Elle
aurone Aberraute
autruche Strauß 3

aventure Abenteuer
avoué Vogt
avril April

babiller pappeln
bâbord Backbord
babouin Pavian
bac Back
bachelier Hagestolz
baie Bai 1, 2
bailif Ballei
bailli —
bal Ball 3
balle Ball 2, Ballen
ballon -
ban Bann
banc Bank, Bankett
bande Bande, Band
bannière Banner, Panier
banque Bank
banquet Bankett
bar Bahre
barbeau Barbe
barbier Barbier
baron Baron
baroque Brockperle
barque Barke
barre Barre
barrette Barett
bassin Becken
baste Bastard
bastion Bastei
bât Bastard
bâtard —
bâtir Bastei
Baudouin bald

baume Balsam
bazar Bazar
beaupré Bug
bec Bicke
bec d'oie Gänserich
bêche Bicke
bedeau Büttel, Pedell
belette Wilch
bélier Bellhammel
bélière —
Belin —
benne Benne
berline Berline
béton Biest
bette Beete
beurre Butter
bible Bibel
biche Petze
bière Bahre, Bier
bièvre Biber
bigot bigott
billet Bill
biscuit Zwieback
bise Biese
blanc blank
bleu blau
bloc Block
blond blond
bloquer Block
boc Bock
bocal Pokal
boie Boi
bois Busch
bolet Pilz
bombasin Bombasin
bomerie Boden

bonde Spund
bondon —
bord Borte
bordel Bordell
border bordieren
bosse Poſſe
bosseler boſſeln 2
bossette Büchſe
botte Bütte
bouc Bock
boucle Buckel 1
bouée Boje
boulevard Bollwerk
bouracan Berkan
bourg Burg
bourrache Boretſch
bourse Börſe
bousiller pfuſchen
bouteille Bulle 2
boutique Bottich
brachet Bracke
braies Bruch 3
brailler prahlen
brandon Brand
braque Bracke
bras Braſſe
brasser —
brave brav
brèche Breſche
brême Braſſen
breuil Brühl
brise Briſe
broche Hecht
brochet --
bru Braut
brun braun
brusque barſch
buer bauchen
bufle Büffel
buis Buchs
bulle Bulle 3
bulo (vog.) Pilz
bure Bühre
busard Buſſaar
buste Büſte
butin Beute 2

cabane Kabuſe
cabinet —
câble Kabel
cabus Kappes
cage Käfig
calamine Galmei

cajute Kajüte
calandre Kalander
calfater kalfatern
calice Kelch
calmande Kalmank
calme Kalm
camarade Kamerad
cambuse Kabuſe
camisole Kamiſol
camphre Kampfer
canelle Kanel
canette Kanne
canne Kanel
cannelle —
canot Kahn
cant Kante
cape Kappe
capot kaput
capuce Kapuze
carassin Karauſche
carat Karat
carpe Karpfen
carraque Kracke
carreau Quader
carriole Karre
carte Karte
carvi Karbe
cauchemar Mahr
causer koſen
caveçon Kappzaum
cédule Zettel
céleri Sellerie
cercelle Kriekente
cercle Zirkel
cercueil Sarg
cerfeuil Kerbel
cerise Kirſche
chacal Schakal
chafaut Schafott
chaine Kette 2
chalemie (burg. wall.)
    Schalmei
chaloupe Schaluppe
chalumeau Schalmei
chambre Kammer
chameau Kamel
chamois Gemſe
chamoisé Sämiſchleder
champion Kampf
chance Schanze 1
chancre Kanker 2, Schanker
chapo Kappe
chapeau --

chapelle Kapelle 2
chaperon Kappe
char Karre
chardon Karde
charrue Karch
Chartreuse Karthauſe
chat Katze
châtaigne Kaſtanie
châtier kaſteien
chaudin (ſwfr.) Kaldaunen
chauve kahl
chélidoine Schellkraut
cheminée Kamin, Kemenate
chemise Hemd
chiche Kicher
chiffre Ziffer
Chivert Hemd
choc Schaukel
chose koſen
chou Kohl
choucroute Kraut
chouette Schuhu
chou-rave Kohlrabi
ciboule Zwiebel
cinabre Zinnober
cingler Segel
ciseaux Schere 1
citron Zitrone
clair klar
cloche Glocke
clocheman Bellhammel
clocman —
cloître Kloſter
coche Kutſche
coffre Koffer
coiffe Kopf
coing Quitte
colère Koller 2
collier Koller 1
connétable Marſchall
connin Kaninchen
contrée Gegend
coq Küchlein
coquelourde Küchenſchelle
corde Korbe
cordelle —
corinthe Korinthe
cornouille Kornelle
côte Küſte
cotillon Kot 1
coton Kattun
cotte Kot 1, Kotze, Kutte
coucou Kuckuck

coupelle Kapelle 2
couple Kuppel
coupole —
couque (pic.) Kuchen
courbe Kurbe
coussin Kiffen
coût Koft 1
coûter koften 1
coutre Küfter
crabe Krabbe
craie Kreibe
crampon Krampe
crèche Krippe
crèque Krieche
cresson Kreffe 1
crevette Krebs
croc Krücke
crosse Krücke
croupe Kruppe
croûte Krufte
cruche Krug 1
cuire kochen
cuisine Küche
cuivre Kupfer
cymaise Sims

dague Degen 2
daim Dambock
dain —
dais Tifch
damas Damaft
dame Dambrett, Frau
damner verdammen
danser Tanz
datte Dattel
déchirer Scharreifen
décombres Kummer
déguerpir werfen
demain Morgen 1
dérober Raub
détail Teller
deux Daus
diamant Demant
distrait zerftreut
dogue Dogge
double boppelt
doublet boppeln
douille Tülle
douve Daube
douzaine Dutzend
doyen Dechant
dragon Drache
drogue Droge

dróle brollig
dru traut
dune Düne
durer bauern 1

ébaucher paufchen
èbe Ebbe
éblouir blöbe
écaille Schale
écale
écarlate Scharlach
échafaut Schafott
échalotte Schalotte
échandole Schindel
échanson Schenk
écharpe Schärpe
échec Schach, fchecfig
échevin Schöffe
échine Schienbein
échoppe Schuppen
écluse Schleufe
écot Schoß 1, 2
écrevisse Krebs
écrin Schrein
écuelle Schüffel
écume Schaum
écurer fcheuern
écureuil Eichhorn
élan Elentier
électuaire Latwerge
élingue Schlinge
élinque fchlenkern
émail fchmelzen
émerillon Schmerl
empan Spanne
empereur Kaifer
emplâtre Pflafter
encan Gant
encombrer Kummer
encre Tinte
enseigne Segen
enter impfen
épeautre Spelt
épée Spaten
épeiche Specht
épeler Beifpiel
éperon Sporn
épervier Sperber
épier fpähen
épion —
éplucher pflücken
épois Spieß 2
épreuve prüfen, Probe

équiper Schiff
escabeau Schemel
escabelle —
escadron Schwabron
escalin Schilling
escarboucle Karfunkel
escarmouche Scharmützel
escarpe fcharf
escarper —
esclave Sklave
espion fpähen, Spion
esquif Schiff
est Often
estampe ftampfen
estourgeon Stör
étain Zinn
étal Stall
étalon —
étamper ftampfen
étape Stapel
état Staat
étau Stall
étendard Standarte
étiquette ftecken
étoffe Stoff
étouble Stoppel
étoupper Stöpfel
étrain Strand
étrée Straße
étrille Striegel
étui Stauche
étuve Stube
étuver —
évêque Bifchof

fable Fabel
faillir fehlen
faisan Fafan
fait fett
falaise Felfen
falbala Falbel
fanon Fahne
faucon Falke
fauteuil falten
fauve fahl
faux falfch
fée Fee
feinte Finte
fenouil Fenchel
fête Feft, fett
fétiche Fetifch
feurre Futter
feutre Filz

figue Feige
fin fein
flacon Flasche
flamberge Flamberg
flamme Fliete
flan Flaben
flanc Flanke
fléau Flegel
flèche Flitzbogen
flin Flinte
flotte Flotte
flou flau, lau
flûte Flöte
foire Feier, Messe
fondèfle Trichter
forêt Forst
fuudre Fuder
fourreau Futter
frac Frack
frais frisch
framboise Brombeere
franc frank
frange Franse
frasques Fratze
fret Fracht
frise Fries
friser frisieren
froo Frack
fromage Käse
furet Frettchen

gage wett
gai jäh
galanga Galgant
galiasse Gelte
galion -–
galop Galopp
gant Gant
garant gewähren
garantir –
garder Wart
garer wahren
garnir —
gaspiller kostspielig
gauche welf
gaude Wau
gaufre Waffel
gazon Wasen
gelée Gallerte
gonèt Ginst
gentil Geschlecht
geôle Käfig
gerbe Garbe 1

gerfaut Geier
gibel Giebel 2
gigue Geige
gingembre Ingwer
giron Gehren
glacier Gletscher
glousser Glucke
glouteron Klette
golfe Golf
gonfalon Fahne
gourde Kürbis
grain Gran
grappin Krapfen 2
gratter kratzen
gré Grad
grêle Grieß
grès
griffe greifen
griffon Greif
grippe Grippe
gripper greifen
gris greis
gros Groschen
grosse Groß
grotte Gruft
groupe Kropf
gruau Grütze
gué waten
guède Waid
guêpe Wespe
guerre wirr
guimpe Wimpel
guinder Winde
guise Weise
guitare Zither
gypse Gips

hache Hippe 1
haillon Haber 2
haire Haar 2
halener Effig
halle Halle
hallebarde Hellebarte
hanap Napf
hanter hantieren
happe Hippe 1
harangue Ring
hardi hart
hareng Häring
harlequin Harlekin
harpe Harfe
hase Hase
hâte Haft

haubert Hals
heaume Helm 1
héraut Herold
hermine Hermelin
hôtre Heister
heure Uhr
heurt hurtig
hisser hissen
hochequeue Bachstelze
homme man
honnir höhnen
honte —
horde Horde
houblon Hopfen
houx Hulst
huile Öl
huître Auster
hutte Hütte

if Eibe
île Insel
ivoire Elfenbein

jale Gelte
jaque Jacke
jardin Garten
jupe Joppe
jupon —

Labourd Labberdan
lacet Latz
lâche lasch
laid Leid
laie Lehne 2
lame Lahn
lampe Lampe
lamproie Lamprete
lande Land
lanterne Laterne
lapin Lampe
las laß
laste Last
latte Latte
laurier Lorbeer
lécher lecken 1
lendemain Morgen 1
lest Ballast, Last
leste List
leurre Luder
levain Hefe
lover —
levûre —
lice Litze

lieue Meile
lion Löwe
lippe Lippe
liste Leiſte 1, Liſte
livèche Liebſtöckel
livrer liefern
loge Laube
lorguer lauern
lorgnette —
lorgnon —
lot Los
loterie
loup-garou Werwolf
louvoyer lavieren
lundi Montag
lune Laune
lune de miel Flitter
luquer (norm.) lügen
luth Laute
lyre Leier

maçon Metze 1
madré Maſer
mai Mai, Maie
maigre mager
maire Meier
mais Mais
maison Meßner
maître Meiſter
malt Malz
manière Manier
manteau Mantel
maquereau mäkeln, Makrele
marais Marſch, Moraſt
marche Mark 1
marché Markt
maréchal Marſchall
marjolaine Majoran
marmotte Murmeltier
marne Mergel
marque Marke
mars März
martre Marder
martyre Marter
masque Maske
mat matt
matelas Matratze
matelot Matroſe
matin Mette
matines —
maudire maledeien
mauve Malve
médecin Arzt

mêler miſchen
mère-perle Perlmutter
mésange Meiſe
messe Meſſe
meunier Müller
meurtre Mord
meute Meute 1, 2
miel (lune de m.) Flitter
mille Meile
mine Miene
mizaine Beſanmaſt
moine Mönch
momerie Mumme 2
mont (à m.) Düne
montre Muſter
more Mohr
mort Mord
mortier Mörſer, Mörtel
moufette Muff 2
moufle Muff 1
moulin Mühle
mousse Moos
mout Moſt
moutarde Moſtert
moutier Münſter
mouton Bellhammel, Hammel
mue Mauſe
muer —

naïf naiv
nèfle Miſpel
net nett
neveu Neffe
nippe Nippſache
none None
nonnain Nonne
nonne —
nord Nord
note Note
nouilles Nudel

ocre Ocker
oeuf Ei
offrir opfern
oléandre Oleander
on man
oncle Onkel
opé impfen
orange Pomeranze
ordalie Urtel
orgue Orgel
ouais weh
ouate Watte

oublie Oblate
ouest Weſten
ouragan Orkan
ouvrage à bosse Boſſe

païen Heide 2
paire Paar
pal Pfahl
palais Palaſt
palefroi Pferd
pallisade Palliſade
pamphlet Pamphlet
panse Panzer
pantoufle Pantoffel
paon Pfau
pape Papſt
papier Papier
paquet Pack 1
parc Park, Pferch
paroisse Pfarre
parrain Pate
part wider
partie Partei
passe-dix Paſch
passe-poil Paſpel
passer paſchen, paſſen 1, 2, paſſieren
pâte Paſtete
pâté —
pâtée —
patte Pfote
pause Pauſe
peaux chamoisées Sämiſchleder
pêche Pfirſich
pédant Pedant
pèlerin Pilger
pelisse Pelz
pelletier belzen
peluche Plüſch
pentecôte Pfingſten
pépie Pips
pépier piepen
perle Perle
peuple Pöbel
peuplier Pappel 2
pile Pfeiler
pilier —
pilote Pilot
pilule Pille
pimprenelle Bibernelle, Pimpernelle
pinceau Pinſel

pinçon Fink
pipe Pfeife
pique Pik, Schüppe
piquenique Picknick
pisser piſſen
placard Placken
place Platz 1
plaie Plage
plan Plan
planche Planke
planchette Blankſcheit
plante Pflanze
plaque Placken
plat platt, Platte
plâtre Pflaſter
poinçon Bunzen
pois Erbſe
poison Gift
poivre Pfeffer
poix Pech
pomme de terre Kartoffel
pompe Bombaſt, Pomp
poncer pauſchen
port Port
poste Poſt
pot Pott
potasse —
poteau Pfoſten
poudre Puder, Pulver
pouliot Polei
pouls Puls
poupée Puppe
poupon —
prébende Pfründe
prêcher predigen
presse Preſſe
prêtre Prieſter
prévôt Propſt
prince König, Prinz
prise Preis, Priſe
priser preiſen
prix Preis
prouver prüfen
provende Pfründe
provin pfropfen
prueve (af.) prüfen
prune Pflaume
puits Pfütze
pupitre Pult

quaille Wachtel
quart Quart
quartz Quarz

quenouille Kunkel
quintal Zentner
quitte quitt
quitter —

race Raſſe
rade Rhede
radis Rettich
raffer raffen
raffiner Feim
raie Roche 1, Roß 2
raisin Roſine
râle Ralle
rame Ries
rampe Rampe
rance ranzig
rang Rang, Ring
rangier Renntier
râpe Rapp, Rappe 3, Rap-
  pier, Raspe
râpes Rappe 2
rapier Rappier
rapontique Rhabarber
rare rar
rat Ratte
rébus Rebus
remarquer Marke
renne Renntier
rente Rente
reste Reſt
rêver rappeln
rhubarbe Rhabarber
rhum Rum
riche reich
rime Reim
riper reiben
riz Reis 1
robe Raub
roc Roche 2
rochet Rock
rodomontade Rodomontade
rôle Rolle
rond rund
roquette Rauke
rose Roſe
roseau Rohr
rosse Roß 1
rôtir Roſt 1
rouler Rolle
rubrique Rubrik
rue Raute 1
rum Rum

sabre Säbel
sac Sack
sacré nom de Dieu ſackerlot
sacristain Sigriſt
safran Safran
sage-femme Hebamme
saisir ſetzen
salle Saal
samedi Samſtag
sandal Sandel
sarcelle Krickente
sarriette Saturei
sauge Salbei
saule Salweide
sauvage wild
savon Seife
scorbut Scharbock
seigneur Herr
semaine Woche
semaque Schmacke
semoule Semmel
senau Schnaue
séné Seneſsbaum
sénéchall Seneſchall
servant ſcharwenzeln
setier Sechter
seuil Sohle 2
simple Simpel
smalt Schmalte
soc Sock
socle Sockel
soie Seide
soldat Sold
solde —
sole Sohle 1, 2
somme Saum 2
sot Zote
sotie —
sottie —
sottise —
sou Sold
souffler puffen
soufflet —
soupe Suppe
spath Spat
sucre Zucker, Zuckerkand
sur ſauer
sûr ſicher

tabac Tabak
table Tafel
taie Zieche
tailler Teller

tailloir
taisson Dachs
tante Tante
tape Zapfe
tapis Teppich
targe Barge
tarir Darre
tarte Torte
tasse Taſſe
tâter taſten
taudis Zelt
tente —
tête Kopf
teter Zitze
tetin —
teton —
tette —
thé Thee
thon Thunfiſch)
tique Zecke
titre Titel
tonne Tonne
tonneau —
tort Tort
touaille Zwehle
toucher Tuſche

touer Tau 1
toupet Zopf
tour Turm
tourbe Torf
tourner turnen
tourtereau Turteltaube
tourtre —
trailler treideln
traiter trachten
trâle Droſſel 1
trèfle Treff
tresse Treſſe
tretoe (wall. vog.) Trichter
trève treu
trinquer trinken
triomphe Trumpf
trôler trollen
trompe Trommel
trompette —
trône Thron
trot Trott
trotter —
trouble Trubel
trousse Troß
truffe Trüffel
tuf Tuff

tuile Ziegel
tuyau Tülle
vague Woge
vaisseau Schiff
valise Felleiſen
vendange Franſe
vent wittern
vêpre Veſper
vernis Firniß
vesce Wicke
veste Weſte
vidame Vizdom
vif Queckſilber
ville Weiler
villier —
vinaigre Eſſig
viole Fiedel
violette Veilchen
virelai Firlefanz
visière Viſier
vivier Weiher

zédoaire Zitwer
zibeline Zobel
zinc Zint

Neuhochdeutſch.*

*Aa =a
Aalquappe Aalraupe
*Ab der Fluh ab
*Ab der Hald —
A=B=C=Schütze Schütze
abfeimen Feim
Abgrund f. vor Ablaß
abhanden ab, zuhand
ablang f. hint. Abgott
abmergeln mergeln
*=ach =a
Ackerbauer Bauer 2
*Adolf Adel, Wolf
*Affaltrach Apfel
*Affoltern —
Aftermiete After
Aftermuse —

Afterrede —
Ahne Ahn
alber (ält.) albern
Albeſing Albeere
*Alboin Alp
*Alfred Alp
Algebra Alchimie
*Alhambra —, Alkoven
Alkade Alchimie
Alkali, Alkohol —
Alkoran —
allerhand zuhand
alleweil zuweilen
allgemach (ält.) allmählich
allmächlich (ält.) —
allmälig —
anders ander

anderseits Seite
anderthalb halb 1
*Angelſachſen Angel (cfr. frank. Meſſer)
anrüchtig anrüchig
anſchirren Geſchirr
anstrengen ſtreng
anwidern wider
*Apolda Apfel
Arglist Argwohn
Ars Arsch
Artacker Art
artbar —
arthaft —
*Aschaff =aff
Aschbacke Backe 1
Aschenbrödel brodeln

---

* Dieſes Verzeichnis umfaßt 1) alle nhd. Wörter, welche im Wb. keinen ſelb=
ſtändigen Artikel erhalten haben, 2) diejenigen **Titelköpfe**, welche ſich nicht an der richtigen
Stelle in der alphabet. Reihenfolge befinden und in Folge deſſen vermißt werden können
(wie ablang, bidmen, blutt). Die **Namen** ſind mit einem Sternchen verſehen. Vgl. das
Verzeichnis der **neudeutſchen Provinzialismen**.

Aschermittwoch Asche 1	beschirmen schirmen	Bockbier Bock
Aschlauch —	beschnottern schnöde	*Böckh Beck
Atti Atte	beschnüffeln beschnäufeln	Bocksbeutel Bock
Aue Au	beschnuppern —	*Bodensee Boden
Auerhahn Auer=	besonders sonder	*Bodmann —
Auerochs —	best besser	*Bodmer —
aufwärts =wärts	bestellen bestallt	Bodmerei --
Augapfel Apfel, Lid	bestellt	Boffist Bofist
ausmergeln mergeln	Beth (ält.) Bett	Bolzen Bolz
	Bettler betteln	Borretsch Boretsch
Backen Backe 1, 2	betucht betuchen	Bösewicht böse
Backenstreich — 2	Beuge Beige	Bosheit —
Backenzahn	bewahren wahren	Botschaft Bote
*Bäcker Beck	bezichtigen bezichten	Brachfeld brach
*Baden mitte	bezüchten --	Brame verbrämen
baden Bad	Bibergeil Biber, geil	Bramstange Bramsegel
baff baf	Bickel Bicke	brauden Brand
bäffen --, bäßen	bidmen f. hint. bieder	Brander —
Bälde bald	bieder f. hint. Bieber	brandmarken —
*Balder —	biegsam biegen	Brandung —
*Balduin —	Bienenbrot Biene	brassen Brasse
*Ballhorn ballhornisieren	Bienenkorb —, Kasten	Brauch brauchen
bambeln bammeln	Bienfang Biene	Braune Braue
bändig bändigen	Biestmilch Biest	Bräune braun
Bankart (ält.) Bankert	Billardbande Bande	Brause braus
Bankhart (ält.) —	billich (ält.) billig	brausen
bar baar	bimmeln bammeln	Brautgift Gift
Barren Barre	Bimsstein Bims	Bräutigam Braut
Bastart (ält.) Bankert	bin f. vor Bims	*Brauweiler Weiler
Basthart (ält.) —	Bischof f. vor Bissen	*Bregenz Berg
Bastion Bastei	Bise Biese	Bremse Breme
Bätz Batzen	bislang bis	bröckelig Brocke
Bauchgrimmen Grimmen	*Bismarck Bistum	bröckeln —
Baus bausen	bisweilen zuweilen	Brocken —
Becker Beck	Biß f. hint. Bisam	Brosame Brosam
bedauern dauern 2	Bißchen Biß (f. hint. Bisam)	brudeln brodeln
Bedingung Ding	Bitte bitten	brühen (ält.) Brühe, Brut
Bedürfnis dürfen	biß, =e (ält.) bis	*Brünhilt Hader 1
befleißen Fleiß	Blankett blank	Brunnen Brunn
beflissen —	Bläße blaß	brüten braten, Brut
Begierde Gier	blechen Blech	Buchsbaum Buchs
begreifen Vernunft	Bleiche bleich	Buchstabe Buch, lesen, Stab
Behagen behagen	Blende blenden	Bückling Bücking
behaglich —	blink blank	Bugspriet Bug, Spriet,
behelligen helligen	blitzen blasen	Helm 2
Beiswind (ält.) Biese	blockieren Block	Bühl Bühel
bemmeln bammeln	blutarm Blut	bühren Gebühr
*Bentheim Binse	Blüte f. vor Bocher	Büngel Bingelkraut
*Bert= =bert	Blutegel Blut	Büngelkraut (ält.) —
*Bertram Bertram	Blütenkelch Kelch)	Bunzel Bunzen
berüchten (ält.) berüchtigt	blutjung Blut	*Burgunder Berg
berüchtigen (ält.) —	blutrünstig f. hint. Blut	Büschel Busch
Besansegel Besanmast	blutt —	Bussard Bußaar

büßen Buße
Butte Bütte
*Büttner —

*Chlotilde laut
*Christoph Stoffel
*Chur Kur
Cither Zither
Citrone Zitrone
*Cypern Kiefer 2, Kupfer

Dame Dambrett
Damhirsch Dambock
Dammbock Dambock
dämmen Damm
Dämmerung finster, Morgen 1
Dammhirsch Dambock
dämpfen Dampf
dankbar =bar
daraus draus
darin —, bar
darum bar
das baß
Dauer dauern 1
dazwischen zwischen
derjenige jener
*Detlef deutsch
*Detmar —
*Detmold
Deube (ält.) Dieb
Deute Düte
Diamant Demant
Dickicht dick
Diebstahl Dieb
Dienst dienen, Ernst
*Dierk Dietrich
dieweil weil
dingen Ding
Dingstag (ält.) Dienstag
Doft Kamerad
*Donnershangk hoch
Donnerstag Donner
Doppelabler doppelt
Doppelgänger —
Dörfer Tölpel
Dosten Dost
dran draus
Drangsal drängen
dräuen dreist, drohen
draußen draus
dreust (ält.) dreist
drin draus

Drischel dreschen
drittehalb halb 1
Drittel Teil
Dromedar Trampeltier
Droftei Droft
drücken Druck, Traube
Drudenfuß Drude
Ducat (ält.) Ducaten
Duchtbank Ducht
Duckmäuser ducken, Kalmäuser
düngen Dung
Dünger —
dünken Dünkel
dürsten dürr
dutzen ach, huntzen

Ecke Eck
*Edward Allod, Kobold
eggen Egge
ehr eher
ehrsam einsam
Eidergans Eider
eifer (ält.) Eifer
eifern
eigentlich Frevel
*Eimbeck Bock
einander ein 1
Einbeere —
*Einbock Bock
einbrocken fett
einerseits Seite
Einfalt ein 1
einfriedigen Friedhof
eingefleischt ein 1
Eingeweide —
einig
Einöde —
eins —
einsam —
Einsiedel —
eisern Eisen
Elen Elentier
Elend 1 elend, leiden
Elend 2 Elentier
Ellbogen Elle
Ellenbogen —
*Elsaß elend
empfehlen ent=
Emse Ameise
*England Angel
entbor (ält.) empor
Enterich Ente, Gänserich, Kater

entzücken Zuck
Eräugnis (ält.) Ereignis
erbarmen barmherzig
Erbauer Bauer 2
erbleichen bleichen
Erbapfel Kartoffel
Erdbeere Erde
erfrischen (sich) laben
*Erfurt Furt
erkennen kennen, Urkunde
erkoren kiesen
*Erlaff =aff
erlauben (ält.) erlauben
erlöschen löschen 1
ernst Ernst
Erntemonat August
erspringen Ursprung
erteilen Urtel
ertragen dulden
ertzen huntzen
Essen essen
etwa etlich
etwas —
etlich (ält.)
*Eufrat Furt

=fach Fach
Fächel Fächer
fahen fahnden, fangen
Fähndrich, =rich Fahne
Fall fallen
Falle —
Falte falten
=fältig =falt
Falz falzen
Fang fangen
Farm Farn
faulenzen faul
Februar Hornung
Federlesen Feder
Federspiel —
Fei Fee
feiern Feier
Feiertag —
feilschen feil
Feldwebel Weibel
Ferch (ält.) Föhre
Fett (sein F. haben, geben) fett
Feuerrohr Flinte
Firne Firn
Firnewein fern
Fißloch (ält.) Fuß

Flecken Fleck
fleißig emsig
Fletze (ält.) Flöz
Fleuß (ält.) Fließ
flimmen (ält.) flimmern
flinken (ält.) flink, flunkern
flismen (ält.) flüstern
flispern (ält.) —
flistern (ält.) —
Flitterwoche Flitter
*Florenz Florin
flößen flötzen
Floßfeder Flosse
Flöz f. vor fluchen
flötzen f. hint. Flotte
Fluch fluchen
flüssig f. vor Flut
Flüß (ält.) Fließ
Fochtel (ält.) Fuchtel
Folge folgen
Folter foltern
Forene (ält.) Forelle
*Franken frank
Frauenzimmer Fräulein,
  Imme
Frett Frettchen
freuen Freude
frevel Frevel
freventlich —
*Friedrich Friede, Reich
Friese Fries
friesen (ält.) Frieseln
*Fritz Metze 3
Frohndienst frohn
frohnen fröhnen
Frohnleichnam frohn
fruchtbar =bar
fruh (ält.) früh
Füchsin Fuchs
Fuge Fug
*Fulda =a, Au
Fülle füllen
fünfte fünf
fürbaß für
fürchten Furcht
fürwahr zwar
Fußstapfe Bretzel, Fuß
Fußstapfe —

gach jach
gacksen gackern
Gadem Gaden
Ganser Gänserich

Garantie gewähren
gäschen (ält.) Gischt
Gäscht (ält.) —
gatten Gatte
Gebärde f. vor geben
gebären f. hint. ge=
Gebein Bein
Geberde Gebärde
*Gebhart Bankert
gebieten Gebiet
gebühren Gebühr
Gebür —
Gedanke Gedächtnis
gedenken —
Gedränge bringen
Geflügel Vogel
Gegenwart Gegend
gegenwärtig —
Gehirn Hirn
gehorsam hören
geifern Geifer
geizen Geiz
geizig —
Geizkragen Kragen
gelahrt gelehrt
Gelegenheit gelegen
gelegentlich -
gelehrt lehren
Geleise Gleise
gelenk Gelenk
gelenkig —
gelinde linde
gemach Gemach, allmählich
gemächlich Gemach
Gemahlin Gemahl
Genosse genießen
Genossame —
Genserich Gänserich,
genugsam genung
geräumig geraum
*Gerbert Ger
*Gerhard —
*Gertrud -
geruochen (ält.) gernhen
gescheut gescheit
Geschöpf schaffen
gesellen Geselle
gesellig —
geständig gestehen
Geständnis —
gethan That
Gewahrsam gewahr
Gewandhaus Gewand

gewesen sein 2
gewichtig wichtig
Gewohnheit gewohnt
gewöhnlich —
Gieben Giebel 2
Gierde Gier
Gierfalke Gerfalke
gierig Gier
gilben Gilbe
Ginster Ginst
gischen Gischt
glänzen blaß, Glanz
glauben bange, ge=, Glaube
Gleichnis gleich
gleichsam —
*Gleim glimmen
gleuben (ält.) Glaube
glimmern glimmen
glimpflich Glimpf
glucken Klucke
Glut glühen
Göttin Gott
grade bange
Gräf Graf
Gram gram
Grän Gran
Granele Granat
graß (ält.) gräßlich
grauen Gräuel
gränlich —
grausam —
gransen Graus, gruseln
Greis greis
Greuserich (ält.) Gänserich
*Griechen Kaiser
Grimm grimm
Grimmdarm Grimmen
grimmig grimm
gritteln kritteln
Groß Gros
Gruft Grube
grüßen Gruß
Guffe Glufe
Guitarre Zither
Gürtel Gurt
gürten —

*Haardt hart
Häcksel hacken
Hacke , hauen
Häckerling hacken
Hacksch (ält.) Hecke 2
haften heften

Hagelstein Hagel
Hahnreh (ält.) Hahnrei
Haken Hake
halben halb 2
halber —
Halfter Holfter
Halloren Halle 2
Halt halten
Halter Griffel
Handel handeln, Hieb, kitzeln
Handhabe heben
handthieren(ält.) hantieren
*Hans hänseln 2
Hansdumm —
hänseln Hanse
Hansnarr hänseln 2
Hanswurst —
Hard Hart
Härling Herling
Harsch (ält.) Heer
Harst (ält.) —
*Harz Hart
Häspe Haspe
hassen Haß
Hau (ält.) Heu
Haubitze (ält.) Haubitze
Haudegen Degen 1
haudern schlendern
Haue hauen
*Hanna Hüne
Hansrat Rat
Hauste f. vor Haut
hauß f. hint. Haus
haußen hauß
Hechel Hach)
*Hedwig Hader 1
Heiland heilen
*=heim Heim
Heime Heimchen
*Heinrich Mieze
*Heisterbach Heister
Helb (ält.) Halfter
Helle (ält.) Hellbank
hellig heiligen
Hemmling Hämmling
*Herber Hirte
Herdmann Bellhammel
*Herford Furt
Herrin Herr
herziehen (über) Riffel
Hetze hetzen, Hieb
*Henne (ält.) Hüne
Heupt Haupt

Heurat (ält.) Heirat
hie hier
Hiefhorn (ält.) Hifthorn
hienieden nieden
Hift Hifthorn
*Hildebrandt Hader 1
hinder (ält.) hinter
Hinbläufte (ält.) Himbeere
Hinterbacke Backe 1
*Hinz Mieze
hinunterwürgen schlingen 2
Hipplein Hippe 2
Hirnschale Kopf
Hirsche (ält.) Hirse
*Hirzel Hirsch)
Hofschranze Schranz
höher mehr
höhnen Hohn
Höferei Hocke 2
Höllbank Hellbank
Hölle (ält.) —
*Honeff =aff
hopfen hüpfen
hopsen —
Hornauß (ält.) Horniffe
Hornschröter Schrot
Hofenstrumpf Strumpf
Huflattich Lattich)
Hulfter Holfter
*Humboldt Hüne
Humpen Humpe
humpen humpeln
*Hünfeld Hüne
*Hunne —
huschen husch)

ie (ält.) je
ietz (ält.) jetzt
ihn es
ihrzen ach)
indem in
indeß, indessen
Inful Infel
innen binnen, inne
inner inne
Innere erinnern
Infelt Unschlitt
insofern sofern
inzwischen zwischen
Irre irren
Irrsal
ist sein 2

Jäger Jagd, Weide 2
Januar Hornung, Jänner
Janner Ganner
jetzo (ält.) jetzt
jetzund —
*Joachimsthal Thaler
jonen Ganner
Joner —
Jubel jubeln
Jüngling jung
Junker Jungfer
Jux = Jucks f. vor Jugend

Kabeljau Kabliau
kahmig Kahm
Kahn —
Kaib Keib
Kalmang Kalmank
Kalmei (ält.) Galmei
Kämmerei Kamerad
Kämmerer —
Kammerherr —
Kämpfe Kampf
Kämpfer —
Kanin (ält.) Kaninchen
Kanzler Kanzel
Kaplan Kapelle 1
*Kappel, Käppel —
Kappus Kappes
Kapuziner Kapuze
Karaz (ält.) Karausche
Karbätsche Kardetsche
Kariol, =e Karre
*Karl Kerl
Karren Karre
Karriole —
Kärrner —
Kartane Kartaune
Kartause Karthause
Karthäuser —
Karntsch (ält.) Karausche
Karve Karbe
Karwoche Karfreitag
kaudern kauderwelsch)
Kauf kaufen
Kaule Kaulbarsch
Kaulkopf
Kaulquappe —
kauscher koscher)
Kaute Kanz
keiben keifen
Kelleraffel Affel
Kellnerin Kellner

Kerbel f. vor Kerker	Krang Kringel	Lede Lehde
kerben f. hint. Kerbe	kränken krank	Lehre lehren
Keuschbaum keusch	Kräpfel Kräppel (f. vor	Leibchen Mieder
Keuschlamm —	Krapfen 1)	Leibrente Leib
*Kiel Keil	Krappe Krabbe	Leibzucht —
Kienföhre Kiefer 2	Kräppel f. vor Krapfen 1	Leichdorn Leiche
Kiesel Kies	kraufen kriechen	Leie Lei
kieseln Hagel	kreisten (ält.) kreisen	Leierkasten Leier
Kieselstein	Krengel Kringel	Leilach Leilachen
Kietze Kitze 2	*Kreta Kreide	Leinbaum (ält.) Lehne 4
Kiltgang Kilt	Kretscham Kretschem	Leinlachen (ält.) Leilachen
Kinnbein Kinn	kribbelkrabbel Kribskrabs	Leise (ält.) Leis
Kipfe Kippe	Kripfe Krippe	Leiste Leisten
kippen Kippe	Kritik kritteln	Leitstern leiten
Kitzel kitzeln	Kuckus Kuz	Lenne Lehne 4
klagen Klage	Kuhschelle Küchenschelle	*Lennep =aff
Klappe Klapp	Kühschelle	Letz letzt
klappen —	Knuter knuterbunt	Letzt —
klappern —	*Kunz Metze 3	lichterloh loh
Klapps —	Kurbel Kurbe	lieben lieb
*Klaus Dietrich	Kurfürst Kur	=ling Schierling, Zögling
klecken Kleck	Kuß f. vor küssen	loben Lob, verloben
Klecks —		lobesam Lob
klecksen —	Labe laben	löcken lecken 2
Klemme Klamm	Labsal Rätsel	*Lombardei Lambertsnuß
klemmen —	Lache lachen	Lorelei Lei
Klempner klempern	lächeln —	losen Losung
Klinze Klinse	Lachen Laken	*Lothar laut
*Klöschen Dietrich	*Lachner Arzt	lötig löten
klucken Klucke	läg Lehde	Lotterbube Lotter=
Klumpen Klumpe	Lager Lage	Löwin (ält.) Lawine
Knack knacken	*Lambert Lambertsnuß,	Lückenbüßer Buße
Knän Knan	Lampe 2	lüderlich Luder
Knappsack knappen	*Lamprecht Lampe 2	*Ludolf laut
Knaust Kunst	Landauer Berline	*Ludwig —
Knebelbart Knebel	*Langobarden Bart, Lam-	lüften lüpfen
Knubbe Knubbe	bertsnuß	lügen Lug, läugnen
knurren knarren	langsam lang	Lügner Lug
kochen Koch	langseim (ält.) —	lumm (ält.) Lümmel
Kocher Köcher	*Lantbrecht Lampe 2	Lumpen Lump
Kofen Koben	Lappe Lappen	
Kohlrübe Kohlrabi	lastbar =bar	Mähder Mahd
*Konrad kühn	Läue (ält.) Lawine	Mahlschatz Mahl 1
Kopfnüsse Dachtel	*Lauenburg Löwe	Mahlstatt —
Korbel Korbe	*Lauengasse —	makeln mäkeln
Kossasse Kot 1	Lauft Läufel, laufen	mancherlei =lei
Kote —	Lauine Lawine	Mane (ält.) Mähne
Köte Kote	laut (Präp.) Laut, Weg	Mangel 1 Mange
Kotsasse Kot 1	Lauwine (ält.) Lawine	Mangel 2 mangeln
Kotse —	lebhaft =haft, leck	mannigfach Fach
Kötter —	lech (ält.) leck	mannigfalt manch
krabeln (ält.) krabbeln	lechen —	mantschen (ält.) manschen
Krach krachen	lecken —	Mard Kater

Märe Märchen
*Maria Mieze
markten Markt
Märtyrer Marter
Masanze (ält.) Matzen
mast Mast 2
mästen —
*Mastricht Trichter
Maßeller Maßholder
*Mathias Matz
*Mattes —
*Matthäus —
Maulesel Maul 2
Maulschelle Ohrfeige
Maultier Maul 2
Mauser mausig
*Mechthild Metze 3
Meische Meisch
Menschenschlag (Geschlecht)
Meuchler (ält.) meuchel=
Meuterei Meute 2
miauen Mieze
Miltau Mehltau
mindest minder
mir mein
Missethat mis=
miß= —
Mitfasten mitte
Mitgift Gift
mitnichten nicht
mittels, =st Mittel
Mitternacht mitte, Osten,
    Pfingsten, weihen
Mittwoch mitte
Mohrrübe Möhre
morgen Morgen 1
Mostrich Mostert
Mühe mühen
Müll malmen
Müllner Müller
murren murmeln
müßig Muße
Mutterkrebs Mutter

Näber Naber
nackend nackt
Nägelchen Nelke
Nähe Nahe
nahrhaft nahr=
Nahrung —
Nähterin Naht
nämlich Name
Narrentheiding Theiding

Nasenstüber Stüber
Nässe naß
nebenst nebst
Neidnagel Neid, Niednagel
nießen Nießbrauch
*Nikolaus Dietrich
nimmermehr nimmer
nirgends nirgend
nisten nisteln
Nixe Nix
nörgeln nergeln
Notdurft Not
Noterbe —
Notwehr —
Notzucht —
Nucke Nücke
nuseln (ält.) Nüster
Nutz genießen
Obacht ob 1
Obdach —
Öde öde
Ohe =a
Ohm Oheim
ohngeachtet ohne
ohngefähr —, ungefähr
ohnlängst ohne
Ohnmacht —, Ohmet
=old Kobold
Omacht (ält.) ohne
Opfer opfern
Opolt Kobold
Oppold —
ordnen Orden
*Orendel Ostern
Ose (ält.) Öse
Ost Osten
often
*Otfried Kobold
*Ottokar --

Pabst Papst
Papa Vater
Paradeis (ält.) Paradies
Parder Pardel
Partie Partei
päßlich passen 2
pelzen belzen, impfen
Pestilenz Pest
*Peterchen Dietrich
Petz Batzen
Petzel Betzel
Pfarr Pfarre
Pfarrer —

Pfeffermünz Pfeffer
pfeifen Pfeife
Pfipfs (ält.) Pips
Pflugschar Pflug
picken s. vor Pickelhaube
Pick Pick
Pike —
Pilgrim Pilger
Pimpinelle Bibernelle
plagen placken
platschen platzen
plätschern —
plätten platt
Platzregen platzen
plotz (ält.) plötzlich
plündern Plunder
Porte Pforte
Posten Post
Posthalter Hauderer
Pottasche Pott
Predigt predigen
preisgeben Preis
Pritschmeister Pritsche
Profoß Propst
Puckel Buckel
Puff puffen
Puppe s. hint. pur
pur s. hint. Pumpe

quälen Qual
Quecksilber queck
quellen Quell

Raa Rahe
Räbel Räder
raffinirt Fein
*Rammler rammeln
*Rapp Rabe
raten Rat
ratschlagen —
Ratze Ratte
rauben Raub
Rauchhandel rauch
Rauchwerk --
räudig Räude
Raufbold =bold
Raufe raufen
Rebhuhn Rebe
rechtfertigen recht
Redner reden
Reef Reff 2
Regenbogen Bogen, Regen
*Reinhart Bankert

22*

reisen Reise
Reisich Reis 2
Reisig —
Reitel Rist
Rettig Rettich
Rhapontik (ält.) Rhabarber
Ried Riet
Risch Rausch 1
ritzen Ritze
*Robert Ruhm
rochieren Roche 2
Rocke Roggen
Rocken —
rollen Rolle
*Römer Kaiser
Roßgelb (ält.) Rauschgelb
Roßtäuscher Roß 1
*Rotach =a
Rötel rot, Rubrik
Röteln rot
*Rotweil Weiler
Rotwelsch rot
*Rübezahl Rübe
ruchbar ruchtbar
rücken Ruck
Rückgrat Rücken
*Rudolf Ruhm, Wolf
rufen Ruf
Rüffel Riffel
Rüge rügen
ruhen ruchlos, Ruhe
rülzen (ält.) rülpsen
*Rüppel Rüpel
ruppig rupfen
*Ruprecht Rüpel
Rusch Rausch 1
Rußgelb (ält.) Rauschgelb
rütteln rutschen
rütten —

Sabel (ält.) Säbel
*Sachsen frank. mitte, Messer
Sachwalter Sache
sackerment sackerlot
sagen Sage
salbadern Salbader
Salmen Salm
Salpeter Solper
*Salzach =a
Salzgraf Graf
sapperment sackerlot
sagen Sage
Satzung Gesetz

Sauerampfer Ampfer
Säumer Saum 2
Saumsal säumen
Saumsattel Saum 2
samuselig säumen
sänseln Saus
sausen —
Schabe schäbig
Schachtelhalm Schacht 2
schaben Schabe
Schäfchen (im Trocknen) Schaf
Schafgarbe Garbe 2
=schaft Botschaft
schälen Schale 1
schallen Schall, Schild 1, zerschellen
Schalter schalten
Schaltjahr —
schänden Schande
scharben scharf
scharren Scharreisen
Schatulle Schachtel
Schauder schaudern
Schebe Schiefer
scheinen fragen, Schein
Scheiterhaufen Scheit
scheitern —
schellen Schelle
scherzen Scherz
scheu Scheu, Scheusal
Scheuche Scheu
scheuchen —
scheuen —, Scheusal
scheußlich Scheusal
schicklich schicken
Schicksal —
Schilder= Schild 2
Schilderhaus —
schimmern scheinen
Schirm schirmen
schlachten Schlacht
Schlächter —
Schläfe Schlaf 1
schlafen — 2
schlagen Schlacht, Schlacke, Schlag 2, schlecht, Schlegel
schlängeln Schlange
schlapp schlaff
Schlauraffe Schlaraffe
Schleiche schleichen
Schlendrian schlendern
schleuzen

schleppen Schleppe
Schleuderpreis schleudern
schlichten schlecht
Schlingel Schlinge
Schlittschuh Schlitten
schlitzen Schlitz
Schloßweiß Schloße
Schlüngel (ält.) Schlingel
schlüpfen Schlupf
schlüpfrig —
schmachten Schmach
schmächtig —
schmählich schmähen
schmälen schmal
Schmatz schmunzeln
Schmerlin Schmerl
schmerzhaft =haft
Schmiede Schmied
schmieren Schmieralien
schmuck Schmuck
schmücken —, bücken, nicken
Schnarre schnarren
schnaufen beschnäufeln, schnauben, schnoben
schneideln schneiteln
schneiden —, Schneide, Schneise, Schnitt
Schneider Schneide
schnellen schnell
schnippeln Schnippchen
schnippen —
schnippig —
Schnitte Schnitt
Schnittlauch —
Schnitzel —
schnitzen —, falzen
Schnitzer Schnitt
schnobern schnoben
Schnorre schnurren
Schnurre —
schnurrig —
Schöpfung schaffen
Schößling Schoß 1
Schragen schräg
schrammen Schramme
schrauben verschroben
schrecken Schreck
Schrittschuh (ält.) Schlitten
schroten Schrot
Schröter —
*Schubert Schuster
*Schuchart —
Schüler Schule

* Schulte Schultheiß	sondern —	Stegreif Steg
* Schulze —	Sonnabend Morgen 1, Sonne	Steigbügel —
schummeln beschummeln	Sonntag Pfingsten, Sonne	steigen Steig
schnpfen Schüppe	Sodbrennen Sod	* Steinach =a
Schüppen —	Spalt Zwiespalt	Steinmetze Stein
Schürze Schurz	spannen Spanne, Spule	stellen Anstalt, Stelle
schütteln Schutt	sparsam sparen	stets stet
schütten —	spat fast	steuern Steuer 2
schüttern —	Spatel Spaten	Steuß (ält.) Steiß
* Schwäbisch-Hall Heller	Speichernagel Speicher	Steven Ebbe, Stamm
Schwadem Schwaden	Spelz Spelt	Stichel Stich
schwadronieren Schwadron	spenden Spende	sticheln ..
schwanen Schwan	Sperberbaum Sperber	stillen still
* Schwarza =a	Spesen Speise	Stöber stöbern
* Schwarzach —	* Spessart Hart	stofen stufen
* Schweinfurt Furt	spielen Spiel	Stollen Stolle
schweißen Schweiß	Spießer Spieß 2	Stolz stolz
Schwertmagen Mage	Spießgeselle — 1	störrig Storren
Schwieger= (Mutter, Sohn, Vater) Schwäher	Spillmagen Mage	stracks strack
Schwindsucht schwinden	Spinne Spindel	strafen Strafe
Schwulität schwül	Spinnewebe spinnen	strahlen Strahl
Sebel Säbel	Spittel Spital	strählen kämmen, Strähle
sei sein 2	Spitz spitz	strauden Strand
Seiche seichen	Splitter spleißen	Streich streichen
seihen seicht, Seihe, ver= siegen	Sporen Sporn	streiten Streit
=seits Seite	spotten Motte, Spott	Strelitze Strahl
selber selb	sprechen Sprache, Spruch	strengen streng
selbst —	sprengen Sprengel	streuen stören, Streu
=selig selig	spreutzen (ält.) spreizen	stricken Strick
Send semperfrei	Spriet Flagge, sprießen, Spieß 1	striegeln Striegel
senken Senkel	Spritze spritzen	Stuck Stück
Sette Satte	Sproß Sprosse	Stuckatur —
* Sidon Seide	Sprößling —	Studentenhaus Bursche
sietzen hutzen	Sprüchwort Sprichwort	stülpen Stulpe
Silberling Pfennig	Sprügel Spriegel	Stümper Stump
simpel Simpel	Sprung springen	Stumpf —, stampfen
sind sein 2	sprützen (ält.) spritzen	Stütze stützen
Sindau (ält.) Sinau	Spuch (ält.) Spuk	Stutzer stutzen
Sindawe (ält.)	Spülicht spülen	stutzig —
sinnen Sinn	spüren fühlen, Spur	Sudel Sutter
Sippschaft Sippe	stammern stammeln	sühnen Sühne
* Skandinavien An	Stampf stampfen	Sülze Sulze
* Slave Sklave	stapfen Fuß	Sümmer Simmer
Sockel Socke	Stärke stark	Sündflut Sindflut, Sünde, Tag
Sodbrennen Sod	stärken (sich) laben	* Sundgau Süden
* Soden —	starren starr	* Sundheim —
Soff saufen	statt Statt	
Soldat Sold	Stätte	Tafelrunde Tafel
Söldner —	statten —	täglich Tag
sonderbar sonder	stattfinden —	Tahen (ält.) Thon
sonderlich —	stattlich —	Tändelei Tand
	stäupen Staupe	tanzen Tanz

Tapet Teppich	Tuffeln Kartoffel	vierschrötig Schrot
Tapete —	Tuffstein Tuff	vierte Meerrettig
tapezieren —	Tulipan (ält.) Tulpe	viertehalb halb 1
tappen Tappe	Tum (ält.) Dom	Viertel vier
täppisch ··	tummeln Tummel	Viertelsbüchse Martanne
Tartuffel (ält.) Kartoffel	Tupf Tüpfel	von dannen dannen
Taubehalt Sindau	Tüte Düte	von hinnen hinnen
Tauber Kater, Taube		Vorrat Rat
Taucher tauchen	überzwerch Zwerch=	
taufen —, Taufe, weihen	*Uhland Adel	Waberlohe wabern
tauschen Roß 1	*Ulrich —, uzen	Wache wachen
täuschen Tausch	umzingeln Zingel	Wacht --, Wachtel
Tauschlüssel Sindau	unbändig bändigen	Wächter wachen
Tausendgüldenkraut tausend	Unbehagen behagen	*Wagner Wagen
Tauwind tauen	Unbilde Unbill	wählen Wahl, Wahlstatt
teilen Teil	unflätig Unflat	wähnen Wahn
teils —	Ungeheuer ungeheuer	Wahnwitz Wahnsinn
teilweise Weise	ungestalt gestalt	während währen
=tel Teil	unser uns	Wal Walfisch
tentsch (ält.) dentsch	unterwegs unterwegen	*Wallachen Wallach)
Than (ält.) Thon	*Urach =a, Au	Wallfahrt wallen 2
Thorheit Thor 1	urbar Urbar	walzen Walze
thöricht	Urteil Urtel	wälzen —
Tiergarten Tier	Ulster (ält.) Auster	Wampe Wamme
tönen Ton	*Utrecht Trichter	wandeln Wandel
Tost Dost	Utz uzen	Wankelmut wanken
töten tot		war sein 2
Trabant traben	Veil (ält.) Veilchen	Warte Wart
trächtig Tracht	*Veit Veitsbohne	warten —
Tränke Trank	verballhornen ballhorni=	=wärtig =wärts
trappen trampeln	sieren	Waude (ält.) Wau
trauern Trauer	verbriefen Brief	Webel Weibel
träufeln Traufe	Verderben verderben	weg Weg
träufen —	Verdikt Käfig	Wegbreite —
träumen Traum	Verdruß verdrießen	wegen —
traurig dauern 2, Trauer	vergüten Buße	Wegerich —, Weiderich
Treffer treffen	vermaledeien maledeien	Weh weh
trenteln trendeln	vermöge Vermögen	wehren (Gewehr, Wehr)
Trepfe (ält.) Treppe	vernehmen Vernunft	weiblich gleich
Treue treu	verscheiden verschieden	Weichselzopf Weichsel
Trödelmarkt trödeln	verschmachten Schmach)	weiden Weide 2
Trompete Trommel	verschollen Schelle	*Weidmann —
trösten getrost, Trost	verschwinden verschwenden	*Weidner —
trotz Trotz	verstehen Verstand	Weih Weihe
trüben trübe	Verstoß Bock	Weihnachten weihen
Trübsal —, Rätsel	Vertrag vertragen	Weihrauch —
trübselig selig	vertrecken vertrackt	weiland weil
trügen Trug	verweichen verwichen	weilen Weile
Trümmer Trumm, zer= trümmern	verweisen Verweis	weise weis, weisen
Trüpfer (ält.) Tripper	verzetteln Zettel	=weise Weise
Tuck (ält.) Tücke	Verzicht verzeihen	weisen Beweis, Verweis, Weisel
Tückmäuser ducken	verzichten —	Weißbrod Weizen
	verzücken Zuck	

weißer Sonntag Pfingsten
*Welker walken
Wendeltreppe Wende
wenden ··
*Werra ·a
wert unwirsch, Ware, Wert 2, Würde
wesentlich Frevel
West Westen
*Westfalen —
*Westgoten —
Wette wett
Wetterleuchten Wetter
wickeln Wickel
widern wider
Widerpart —
Widersacher ··
widerspenstig —
Widerthon —
widerwärtig ·
wirdig ··
Wild wild, Wildbret
Wilddeube Dieb
Wildfang Wildbret
willfahren Wille
willig —
willkommen —
Willkür —
Windel Winde
winden —, Gewand, Wand, Wimper
Windspiel Windhund
wirren wirr
Wirsing Wirsching
wischen Wisch
wispern wispeln
Witfrau Wittib (f. vor Witz)
Witmann —
Wittib f. vor Witz
Wittum f. hint. wittern

Witwe Wittib (f. vor Witz)
Witwer —
Witzbold ·bold
witzig Witz
Wohlfahrt Hoffart
wohlgemut Mut
wohlgestalt gestalt
*Wolfram Rabe, Wolf
Wonnemonot Wonne
wonnesam einsam
Wunde wund
wünschen forschen, Wunsch
würdig Würde
Würfel Wurf
wurmen Wurm
würzen Würze
wüst Wust
Wüste —

zagen zag
zahlen Zahl
zählen —
zähmen zahm
Zasel (ält.) Zaser
Zaunkönig Zaun
zechen Gelage, Schenk, Zeche
Zehnte zehn
Zehntel —
zeichnen Zeichen
zeihen bezichten, zeigen
Zeitlose Zeit
·zen kauzen
Zentgericht Zent·
Zentgraf —
zermalmen malmen
Zetergeschrei zeter
Zeuge Zeng
zeugen —
Zeughaus —
ziemlich ziemen

Zierat Zier
Zierde —
Zierrat —
Zieter Zitter
zimmern Zimmer
zimperlich zimperlich
Zinke Zinken
Zint Zinken
zippeln Zipperlein
Zirbeldrüse Zirbel
zischeln zirpen
zischen —
Zits Zitz
zittern f. vor Zitwer
Zitteroch f. hint. Zitter
Zitterstange Zitter
zopfen (ält.) zupfen
Zorus Zores
Zottel Zotte 1
züchten Zucht
züchtig —
züchtigen —, bezichten
zucken Zuck
zücken —
zugegen zuwider
zullen Zulp
Zundel Zunder
Zündel —
zwängen quengeln, Zwang
Zwerchfell Zwerch·
Zwerchpfeife —
Zwerchsack —
Zwieborn (ält.) Zwitter
Zwilch Zwillich
Zwing zwingen
Zwinge —
Zwinger —
zwinkern zwinken
zwirnen Zwirn
zwo zwei

Niederdeutsch.*

(a. = altniederd., m. = mittelniederd., n. = neuniederd.; v ist mit f vermengt.)

aber Aberglaube
achter After
adder Otter

âder (m.) Ader
af (a.) ab
agastria (a.) Elster

ägster Elster
albere (m.) Albecre
âme (m.) ahmen

* Vgl. das Verzeichniß der Neudeutschen Provinzialismen (S. 140) und den Artikel „Lehnwörter aus d. Nbd." im Sachindex.

ampern Ampfer
anebelte (m.) Amboß
anet (m.) Ente
appel Apfel
ars (m.) Arsch
arste Arzt
âs (a.) Aas
astrak (m.) Estrich
aust Ast

babbeln pappeln
back Back
bagger Bagger
baje Boi
bâke Bake
bald (a.) bald
bange (m.) bange
bangen Bengel
barke Borke
barm (a.) barmherzig
barme Bärme
bâxen baxen
bede Bede
beffe Beffchen
beke (m.) Bach
belemmeren (m.) belemmern
bên (a.) Bein
beo (a.) Bier
bern Bernstein
bese (m.) Binse
beseke (m.) Besing
bete Beete
bivôt Beifuß
bigelöve Aberglaube
biginnan (a.) beginnen
bikeri (a.) Becher
bîl (m.) Beil
binnen (m.) binnen
bior (a.) Bier
biti (a.) beißen
bittar (a.) bitter
biwende (m.) Bewende
blackfisk Blackfisch
blaken (m.) Blaker
blaker —
blare (m.) blaß
blasenhengst —
blatter Blatter
bleie (m.) Bleihe
bleken blöken
blöken —
bloot bloß
blutt —, Blut

bôean (a.) Bake
bodal (a) Bube
bodmerie Boden
bodo (a.) Bote
boerde Börde
bêetel Beutel 1
bôve (m.) Bube
boje Boje
bôk Bock
boken (m.) pochen
bôm Baum
bön Böhnhase
bonen bohnen
boot Boot
bord Bord
born Born
borst Brust
bracke (m.) Bracke
brackwater Brackwasser
brâha (a.) Braue
brak Brack
brâke (m.) brach
branden Brand
brecan (a.) brechen
bregen (m.) Brägen
brimissa (a.) Breme
brink Brink
brinnan brennen
brôd Brot
broejen Brut
brôk Bruch 2, 3
brôsmo (a.) Brosam
brügge Brücke
bûan (a.) bauen
bucht Bucht
bucken bücken
bückine (m.) Bücking
bûken (m.) bauchen
bûken —
bulle Bulle 1
bülte Pilz
bummeln bummeln
bunt (m.) bunt
büre Bühre
büren Gebühr
burgisli (a) bergen
bûsen (m.) bausen
butte Butte

enagan (a.) nagen

darre (m.) Darre
das Dachs

deemster (m.) dämmern
deftig deftig
dêle (m.) Diele
dîk Deich
dîme Feile
dingsedach (m.) Dienstag
dinte Tinte
distel Distel
dôk (a.) Tuch
dole Dole
dôpian (a.) Taufe
dorst (m.) Durst
dose Dose
dott Dotter 1
dötte —
drâke (m.) Drache, Ente
dreuge trocken
drillen drillen
drîste dreist
drönen dröhnen
drosle (m.) Drossel 1
drossête (m.) Drost
droste (m.) —
drullig drollig
dûme (m.) Daumen
dûne Daune
düne Düne
dunker (m.) dunkel
dusel Dusel
dust Duft
dûster düster
düster —

echt echt
ecid (a.) Essig
ecker Ecker
egge Egge
eide Ähre, Eide
eider Eider
eldi (a.) Welt
eller Erle
enge (m.) eng
enke Enke
enten (m.) impfen
ercetere (a.) Arzt
erit (a.) Erbse
ers (m.) Arsch
esterek (m.) Estrich
etik (m.) Essig
etter (m.) Eiter
ewi (a.) Schaf

fant Fant

vat (m.) Faß	hart Harz	kelo (m.) Kehle
vechten (m.) fechten	hast Haſt	kelle (m.) Kelle
veme Fehme	hawer Haber	kempio (a.) Kämpe
verse Farre	he heute	kerel Kerl
fett fett	heben Himmel	kêrl —
vierschötig Schrot	heede Hede	ketelen (m.) kitzeln
finne Finne 1	heger (m.) Häher	kiel Kiel 1
fiur (a.) Feuer	hemde (m.) Hemd	kiven (m.) keifen
flamma (a.) Flamme	hemede (m.) —	kivit (m.) Kibitz
flau flau	homelte (m.) Himmel	kike Kieke
fleuten Flöte	henne (m.) Henne	kîm Kieme
flink flink	hêr (a.) hehr	kinghosten keuchen
fiotan (a.) Flöte	herder (m.) Hirte	kitte Kitze 2
flot Floß	hervest (m.) Herbst	kladde Klabbe
folda (a.) Feld	hinde (m.) Hinde	klaver Klee
völen (m.) Füllen	hirdi (a.) Hirte	klater klaterig
forna (a.) Forelle	hissen hiſſen	klätern klettern
vorst First	hövel (m.) Hobel	klattern —
fracht Fracht	holk Holk	klever Klee
frasen Raſen	hopen (m.) hoffen	klei Klei
frî (a.) frei	hoppe (m.) Hopfen	kleppen Klepper
frua (a.) Frau	hôrian (a.) hören	klîve (m.) Klette
fucht feucht	hrêneurni (a.) rein	klobo (a.) Kloben
fûir (a.) Feuer	hripo (a.) Reif 2	kloflôk (m.) Knoblauch)
vûl (m.) faul	hummer Hummer	klump Klumpe
fulgangan (a.) folgen	hund Hund	klûte (m.) Kloß
funke (m.) Funke	hüne Hüne	kneden (m.) kneten
furnie (a.) Forelle	hûo (a.) Uhu	knikken knicken
vûst (m.) Fauſt		knîpen kneifen, kneipen
	îch (a.) Eibe	knirfix Knirps
gadem (m.) Gaden	îflôf (m.) Ephen	knooke Knocke
gaden (m.) —	îke (m.) eichen	knöwel knobeln
gante Gänſerich	îlen (m.) eilen	knubbe Knubbe
gaudeef Gaudieb	îsbên Eisbein	knusperknaken (n.) Knorpel
geborde (m.) Börde	îson (m.) Eiſen	knütte Knoten
gec Geck	îsern (m.) —	kô (m.) Kuh
gecke —	îwlôf (m.) Ephen	koene (m.) kühn
gier Geier		kogel (m.) Kugel
gote Goſſe	jeder (m.) Euter	kôke (m.) Kuchen, Kufe 1
grabbeln krabbeln	jöken (m.) jucken	kôl (m.) kühl
grêve (m.) Graf	jûche Jauche	kömen (m.) Kümmel
grof (m.) grob		koper (m.) Kupfer
grote (m.) Groſchen	kabhûse (m.) Kabuſe	kot Kot 1
gunst (m.) Gunſt	kavel Käfer	koto —, Kote, Köter
	kajûte Kajüte	krabbe (m.) Krabbe
haboro (a.) Haber	kalander Kalander	krempe Krämpe
haf Haff	kaldûne (m.) Kaldaunen	krink Kring
haven Hafen 2	kalm Kalm	krôp Kropzeug
havoro (a.) Haber	kane Kahn	krübbe Krüppel
half halb 1	kante Kante	krume Krume
halle (m.) Halle	kater Kate	küchen Küchlein
hame (m.) Hamen	kegel (m.) Kegel 1	küdde (m.) Kette 1
hamel (m.) Hammel		küken Küchlein

küme (m.) kaum
kump Rumpf
küssen (m.) küssen
küt Kutteln

S. auch c.

laf Laffe
lagu (a.) Meer
lakan (a.) Laken
lang lang
last (m.) Last
laster (m.) Laster
lat (m.) laß
leddich (m.) ledig
ledich (m.) —
lee Lee
lever (m.) Leber
lêk (m.) Laich
lepel Löffel
lîm (m.) Leim
lîne (m.) Leine
löve Laube
lôge (m.) Lauge
loods Lotse
loots —
lossen löschen 2
lucht link
lûs (m.) Laus
lûschen (m.) lauschen

mâda (a.) Matte 1
mâde (m.) —
mage (m.) Magen
mager (m.) mager
mäkeln mäkeln
maken —
marsch Marsch
mâsca (a.) Masche
mast Mast 1, 2
mâtha (a.) Matte 1
merte (m.) März
mes Messer
met Mettwurst
metwurst
meuk meuchel=
mewe Möwe
mier Ameise
mîgen Mist
mischen (m.) mischen
mist Mist (f. Nachtrag)
mödder Muhme
moeme —

mône —
mops Mops
môr Moor
moras Morast
müder (a.) Mieder
muff Muff 1
muter Mutter

na nah
nabugêr (a.) Naber
nap (m.) Napf
narre (m.) Narr
negelkin Nelke
nêre (m.) Niere
nest (m.) Nest
nestel (m.) Nestel
netel (m.) Nessel
nicht Nichte
nippen nippen
nücke Nücke
nunne (m.) Nonne
nuster Nüster

obar, obar ober 2
odevare (m.) Adebar
oekelname Ekelname
oese (m.) Öse
oven (m.) Ofen
ontrusten entrüstet
os Oghoft
ôst (m.) Ast

paard Pferd
paf paff
pâvos (a.) Papst
pand (m.) Pfand
pape Pfaffe
parre Pfarre
Pathergô (a.) Gau
pegel Pegel
piepen piepen
pik Pik
pîl (m.) Pfeil
pin Pinn
pips Pips
pissen pissen
plat platt
plomp plump
plunde (m.) Plunder
poten impfen
propp Pfropfen
pulle Ampel

putti (a.) Pfütze

quabbel quabbeln
qualm Qualm
quappa (a.) Quappe
quattern (m.) quetschen
quettern (m.) —
quiele Kiel 1

racken Racker
racker (m.) —
rad Rad
rada (a.) Raben
râdisli (a.) Rätsel
rake (m.) Rechen
rapen raffen, rapsen
raphon Rebe
rapp —
rasen rasen
râta (a.) Roß 2
rateln rasseln
ratta (a.) Ratte
rechte (te r.) zurecht
rêdelse (m.) Rätsel
reen Rain
reff Riff
rogel Riegel
rêho (a.) Reh
rek Reck
rekenen rechnen
ried Riet
riff Riff
roden roben
roepe (m.) Raufe
roepen (m.) —
roes Rausch 2
rommelen Rummel
rotten rotten 2
ruche Roche 1
rump Rumpf
runge (m.) Runge
rûnôn (a.) raunen
ruppen rupfen

sacht sacht
sane Sahne
sap Saft
sâterdach Samstag
satte Satte
scepino (a.) Schöffe
scerning (a.) Schierling
schacht Schacht 2
schank Schrank

scharf (m.) Scherflein
schêdel (m.) Scheitel
schelden (m.) schelten
schellak Schellack
schelm Schelm
schepel Wispel
schepken Schaf
scherf (m.) Scherflein
schildpad Schildpatt
schlee Schlehe
schopen Schoppen 1
schrappen schrappen, schröpfen
schrell schrill
schuddern schaudern
schuf ût Schuft
schuft —
schulte Schultheiß
schuppe Schüppe
schüren scheuern
sciva (a.) Scheibe
seggen sagen
sêken seichen
sette Satte
sicht Sense
sieske Zeisig
siften sichten
sigristo (a.) Sigrist
sik (a.) sich
sitten Satte
slabben schlabbern, schlappen
slabberen schlabbern
slacke Schlacke
slap (pp) schlaff, Schlappe 1
slappe Schlappe 1, 2
slee Schlehe
slendern schlendern
slepe Schleppe
slepen —, schleifen
slot Schloß
slû schlau
slüse Schleuse
slûten schließen

smak Schmacke
smarre Schmarre
smeken (m.) schmeicheln
smodderen Schmauß
smöken Schmauch, Schmöker
smoren schmoren
snudderen Schmauß
snuggeln schmuggeln
snagel Schnecke
snake Schnake
snakken Schnack
snapps Schnaps
snau Schnaue
snebbe Schneppe
snigge Schnecke
snore (m.) Schnur 2
snucke Schnucke
snûven schnauben
snuffelen schnüffeln
snuppe Schnuppe
snûte Schnauze, Schnute
sot Nutz
sôt Brunn
spalden (m.) spalten
spêca (a.) Speiche
spook Spuk
stickel steil
stoten stottern
stotteren —
strota (a.) Drossel 2
stûkan (a.) Stauche
suge (m.) Sau
sûgen (m.) saugen
sûpen (m.) saufen
sûr (m.) sauer
swâger (m.) Schwager
swipe schweifen
swûl schwül

talg Talg
te rehte zurecht
tielbär Zeidler
titte Zitze

töver Zuber
tôhopa (a.) hoffen
topp Zopf
torf Torf
torügge zurück
trecken (m.) trecken
tubbe Zuber
tucht Zucht
tunder Zunder
tunge Zunge
turn (a.) Turm
tüte Düte
twelecht Zwielicht
twi- zwie-, Zwist
twikken zwicken
twintig zwanzig
twist Zwist

that (a.) daß
thîsla (a.) Deichsel 1
thristi (a.) tapfer
Thunar (a.) Donner
thurri (a.) dürr

wârsago (a.) weissagen
was Wachs
wase Base
webel Weibel
wibel Fibel
wichschepel Wispel
wivel Fibel
wippstert Bachstelze
wîweri (a.) Weiher
wocken Rocken, Wocken
wrase (m.) Rasen
wriven reiben
wrisil (a.) Riese
wrist Rist
wucht Wucht

ziseke Zeisig

Niederländisch.

(m. = mittelniederl., n. = neuniederl., h. = holländ.; v ist mit f, z mit s vermengt.)

uaf Rabe, Räber
aak Nachen
aaks Axt
aakster Elster

aal Aal
aalbes Albeere
aalbezie —
aalmoes Almosen

aam Ohm
aan an
aanbeeld Amboß, falzen
aap Affe

23*

aar Ähre	baars Barsch	blaauw blau
aardappel Kartoffel	baas Baas	blad Blatt
aarde Erde	babbelen pappeln	blaffen plappern
aars Arsch	back Backbord	blaken Blaker, Blitz
aorts-(bisschop,engel)(Erz-	bad Bad	blaker Blaker
abberdaan Labberdan	baden —	blaren plärren
abt Abt	baviaan Pavian	bleek bleich
acht acht	bagger Bagger	blei Bleihe
achten achten	bak Back	bleie (m.) —
achter After	bakboord Backbord	bliksem Blitz
adder Natter, Otter	bake (m.) Bache	blinken blinken
adel Abel	bakeljauw Kabliau	bloed Blut
adelaar Adler	bakken backen	bloem Blume
adem Atem	balk Balken	bloesem —
ader Ader	ballast Ballast	bloiken (m.) blöken
aen (m.) ohne	band Band	bloot (m.) bloß
af, ave (m.) ab	bane (m.) Bahn	blösen (m.) Blume
ave Näber	barda (a.) Barte 1	bockshorn (m.) Bücking
avegaar —	barg Barch	bodo (a.) Bote
avond Abend	baron (m.) Baron	boef Bube
agurkje Gurke	barsch barsch	boeve (m.) —
ahorn Ahorn	bast Bast	boeg Bug
akelei Aglei	bazuin Posaune	boegspriet —
akelig Ekel	beek Bach	boei Boje
aker Ecker	beelde (m.) Bilsenkraut	boek Buch
akker Acker	bever Biber	boezem Busen
aks Axt	begeerte Gier	bogt Bucht
al all	bek Bicke	bok Bock, Bücking
amandel Mandel 2	beker Becher	bokking Bücking
ambt Amt	bel Bellhammel	bol Bulle 1
amper Ampfer	belemmeren belemmern	bolster Polster
anclau (m.) Enkel 1	belhamel Bellhammel	bolwerk Bollwerk
ander ander	belle —	bôm Baum
anker Anker 1, 2	beramen anberaumen	bondig bündig
Apeldoren Apfel	berg Barch	bonen bohnen
appel Apfel	berk Birke	bont (m.) bunt
arbeid Arbeit	bersten bersten	boom Baum
arend Aar, Adler	bes Beere, Besing	boon Bohne
ark Arche	bezaan Besanmast	boot Boot
arm Arm, arm	beschuit Zwieback	bord Bort
armborst Armbrust	bespieden spähen	boren bohren
arsatre (m.) Arzt	betamen ziemen	borst Brust
arsedie (m.) —	beugel Bügel	bos Busch
as Achse	beurs Börse	bosch —
asch Asche 1	bier Bier	bot Butte
aspersie Spargel	bies Binse	boter Butter
	bij Biene	bout Bolz
baai Boi	bijbel Bibel	boxhorn (m.) Bücking
baak Bake	bijgeloof Aberglaube	braam Brombeere
baal Ballen	binnen (m.) binnen	brack Brackwasser
baan Bahn	bisschop Bischof	brackwater —
baard Bart	bitter bitter	braden braten
baarden Barte 2	blaar blaß, Blatter	brallen prahlen

bramzeil Bramsegel	dal Thal	drabbe Treber
branden Brand	damast Damast	draf —
brander —	dambord Bord	draven traben
bras Brasse, prassen	damp Dampf	dravik Trespe
brasem Brassen	dansen Tanz	dragen tragen
brassen Brasse	dapper tapfer	drâke (m.) Drache
breed breit	darm Darm	drang Draug
bregen (m.) Hirn	das Dachs	dreunen dröhnen
brein —, Brägen	dauw Tau 2	dribbelen trippeln
broken brechen	deeg Teig	driesl dreist
brem Ginst, Pfriem 2	deel Diele, Teil	drijven treiben
brengen bringen	deemster (m.) dämmern	drinken trinken
bres Bresche	deern Dirne	droef trübe
brij Brei	delgen tilgen	droesem Drusen
bril Brille	den Tanne	droesene (m.) —
brood Brut	deuvik Döbel	drollig drollig
broeder Bruder	deugdelijk tüchtig	dronken trunken
broeije (m.) Brühe	deugen taugen	droog Droge, trocken
broeijen —, Brut	deur Thür	droogte trocken
broek Bruch 2, 3	dief Dieb	droom Traum
brood Brot	dienen dienen	drop Tropfen
brouwen brauen	diep tief	drossaard Truchseß
brug Brücke	dier Tier	drossâte (m.) —
bruin braun	dijk Deich	droten verdrießen
bruis Braus	dinxendach (m.) Dienstag	druif Traube
bruisen —	disch Tisch	druipen triefen
buidel Beutel 2	dissel Deichsel 1	duif Taube
buigen biegen	distel Distel	duivol Teufel
buik Scharbock	dochter Tochter	duig Daube
buil Beule, Beutel 2	doek Tuch	duiken tauchen
buis Büse	doen thun	duim Daumen
buit Bente 2	dog Dogge	duin Düne
bul Bulle 1	dojer Dotter 1	duizelig Thor 1
bulken bölken	dok Dock	duizend tausend
burg Burg	dol toll	duit Deut
bussel Busch	dolk Dolch	dun dünn
but Scharbock	dompelaar Tümpel	durven dürfen
	dompelen --	duur teuer
canefbeen (m.) Knebel	dompig bumpf	dwaas Dusel
centenaar Zentner	donderdag Donner	dwars Zwerch=
chits Zitz	dood Tod, tot	dwerg Zwerg
cijfer Ziffer	doof taub	dwinger Zwinger
cijns Zins	dooij tauen	
clige (m.) Kleie	dooijen —	
crône (m.) Krone	doopen taufen	eb Ebbe
crûne (m.) —	doorn Dorn	obbe —
cuccûc (m.) Kuckuck	doos Dose	ocht echt, Ehe
cûpe (m.) Kiepe	dorp Dorf	eed Eid
	dorschen dreschen	eek Eiche
daad That	dorst Durst	eekhoren Eichhorn
daalder Thaler	dozijn Dutzend	een ein 1
dadel Dattel	draad Draht	eend Ente
dag Tag	draaijen drehen	eeuwig ewig
		even eben

egel Igel
egge Egge
eggedisse (m.) Eidechse
ei Ei
eigen eigen
eik Eiche
eikel Eichel
eiland Au, Eiland
eiloof Ephen
einde Ende
ekster Elster
el Elle
elle —
elleboog —
ols Ahle, Erle
emmer Eimer
en und
eng eng
engel Engel
enten impfen
enteren entern
erf Erbe
ernst Ernst
ort Erbse
erwt —
esch Esche
estrik Estrich)
ezel Esel
eten essen
etter Eiter
euvel übel

vaan Fahne
vaar Vater
vaardig fertig
vaarkoe Farre
vaars —
vader Vater
fakkel Fackel
val fallen
valk Falke
van von
vanden fahnden
var Farre
varenkruid Farn
varken Ferkel
varre Farre
vasten fasten
vat Faß
vechten fechten
vedel Fiedel
vederwisch Flederwisch)
vee Vieh)

veeg feige, Ohrfeige
veege feige
veel viel
veem Fehme
voer Fähre
veest Fist
vegen fegen
feilen fehlen
vel Fell
veld Feld
venster Fenster
vent Fant
verbluffen verblüffen
verdedigen verteibigen
verdrieten verdrießen
verduwen verdauen
vergaderen Gatte,vergattern
vergeten vergessen
verkwisten verquisten
verlangen verlangen
verliezen verlieren
vers Vers
verschalen schal
verscheiden verschieden
verzen Ferse
verstaan Verstand
vertrouwen trauen
verw Farbe
verwijt Verweis
verwijten —
vet fett
veulen Füllen
vier vier
vierdag Feier
viersooot (m.) Schrot
vijf fünf
vijfde —
vijver Weiher
vijfwouter Falter
vijg Feige
vijl Feile
vijn fein
vilt Filz
vin Finne 1, 2
vink Fink
viool Veilchen
visch Fisch)
vla Fladen
flackeren (m.) flackern
vlado Fladen
vlag Flagge
vlak flach)
vlam Flamme

vlas Flachs
flatteren (m.) flattern
flauw flau
vledermuis Fledermaus
vleesch Fleisch)
vleezig —
vlegel Flegel
vleijen schmeicheln
vlok Fleck
flesch Flasche
vleugel Flügel
vlieg Fliege
vliegen fliegen
vlier Flieder
vlies Flies
vlieten fließen
vlijm Fliete
vlijt Fleiß
flikkern flackern
vlinder Schmetterling
flink flink
flits Flitzbogen
flitsboog —
vloed Flut
vloek fluchen
vloeken —
vloer Flur
vlok Flocke
vloo Floh
vloot Flotte
vlot Floß, flott
vlugghe (m.) flügge
vlugt Flucht
fluisteren flüstern
fluit Flöte
fniezen niesen
vochtig feucht
voeder Futter
voegen fügen
voelen fühlen
voer Fuder
voeren führen
voet Fuß
vogel Vogel
fok Focke
vol voll
volgen folgen
volk Volk
vond Fund
vonk Funke
voor Furche
voorhoofd Stirn
vor vor

vord (m.) Furt
vorderen fordern
vork Furke
vorsch Frosch
vorst First, Frost, Fürst
vos Fuchs
vracht Fracht
vragen fragen
fratsen Fratze
vreemd fremd
vriend Freund
vriezen frieren
vrijdag Freitag
vrijen freien
vro (m.) froh
vroed Hebamme
vroedvrouw (n.) —
vroeg früh
vrolijk frohlocken
vruht Frucht
vuil faul
vuist Faust
vullen füllen
vuur Feuer
vuurroer Flinte

gaaf gäbe, Gabe
gaarne gern
gaauw Gaudieb
gaauwdief —
gade Gatte
gadelijk gätlich
gaffel Gabel
gagelen gackern
gal Galle 1
galg Galgen
gang Gang
gans Gans
gansch ganz
gapen gaffen, jappen
garen Garn
garf Garbe 1
garnaal Granat
garstig garstig
gas Gas
gast Gast
gat Gaden, Gasse
geel gelb
gevel Giebel 1
geven geben
geil geil
geist Geist
geit Geiß

gek Geck
geld Geld
gelden gelten
gelid Glied
gelijk gleich
geloof Glaube
gelooven —
geluk Glück
gember Ingwer
gemeen gemein
genade Gnade
genezen genesen
genieten genießen
genoeg genug
genoot Genosse
gent Gans
gerst Gerste
gerw Garbe 3
geschieden geschehen
geschien (m.) —
gezond gesund
gest Gischt
gewaar gewahr
gewennan gewöhnen
gewigt Geweih, Gewicht 2
gewinnen gewinnen
gewis gewiß
gewond wund
ghighe (m.) Geige
gieten gießen
gift Gift
gild Gilde
gillen gellen
gips Gips
gisteren gestern
glad glatt
glas Glas
glijden gleiten
glijen —
glimmen glimmen
gloed glühen
gloeijen —
god Gott
godin —
goed gut
goot Gosse
gorden Gurt
gort Grütze
goud Gold
graauw grau
grabbelen Garbe 1, krabbeln
graf graben
graven —

gram gram
granaal Granat
graneel —
gras Gras
grijpen greifen
grim grimm
grimmig —
groeijen grün
groen —
groet Gruß
groeten —
grof grob
grond Grund
groot groß
grut Grütze
gruwel Gräuel
guil Gaul
gunnen gönnen

haag Eibechse, Hag
haagdis Eibechse
haai Hai
haak Hake
haam Kummet
haar Haar 2
haard Herd
haarscheel Scheitel
haas Hase
haast (n.) Hast
have Habe
haven Hafen 2
haver Haber
havik Habicht
hagedis Eibechse
hagel Hagel
haghetisse (m.) Eibechse
hak Hacke
halen holen
half halb 1
hals Hals
halster Halfter
hangen hangen
hantieren (m.) hantieren
haperen (m.) hapern
haring Häring
hark Harke
hars Harz
hebben haben
heer Herr
heer- Heer
heerd Herd
heersch (m.) heiser
heesch —

heester Heiſter	horzel Horniſſe	kaper Kaper
heet heiß	horzelen —	kapoen Kapaun
hef Hefe	houden halten, Handerer	kappen kappen
heffe —	hout Holz	karn kernen
heffen (n.) heben	huid (m.) Haut	karnen —
hei Heide 1	huiken hocken	kater Katze
heide —	huis (n.) Haus	kattoen Kattun
heiden Heide 2	hulk Holk	kauwoerde Kürbis
hekel Hechel	hurken kauern	keel Kehle
heks (n.) Hexe	hut Hütte	kever Käfer
helen hehlen		keg Kegel 1
helmstock Halfter, Helm 2	ivoor Elfenbein	kegghe (m.) — ·
helpen helfen	ijdel eitel	kei Kies
hemel Himmel	ijk eichen	kerel Kerl
hengst Hengſt	ijken —	kerven kerben
herde (m.) Hede, Herde	ijs Eis	kerk Kirche
herder Hirte	ijsbeen Eisbein	kerkmis Kirmes
herfst Herbſt	ijzen Eiſen	kormis —
hersen Hirn	ik ich	kerne (m.) kernen
hersenbecken Kopf	in in	kers Kreſſe 1
hersenpan —	inkt Tinte	ketel Keſſel
hert Hirſch	ischbeen Eisbein	keten Kette 2
hette Hitze		ketene (m.) —
heuvel Hübel	jaar Jahr	ketter Ketzer
heukster (m.) Hocke 2	jagt Jacht	keuken Küche, Küchlein
heup Hüfte	jeugd Jugend	keuzelen kosen
hiel Hacke	jeuken jucken	kievit Kibitz
hijschen hiſſen	jok Juks	kieken Küchlein
hitte Hitze	jong jung	kiel Kiel 2
hode (m.) Hode	jongeling Jüngling	kiepekorf Kiepe
hoed Hut 1	jonker Junker	kiezel Kies
hoede — 2	jonkheer —	kijven keifen
hoeden hüten	juk Joch	kin (n.) Kinn
hoef Huf		kinkhoest keuchen
hoek (m.) Hake	kå Dohle	kinnebakken Backe 2
hoekijn (m.) Geiß	kaal kahl	kist Kiſte
hoen Huhn	kaan Kahn	klaver Klee
hoer Hure	kaas Käſe	klamp Klammer, Klampe
hoest Huſten	kaauwen kauen	klank Klang
hof Hof	kabel Kabel 1	klauteren klettern
hok Hocke 2	kabeljaauw Kabliau	kleed Kleid
hol hohl	kabuys Kabuſe	klei Klei
holster Holfter	kachel Kachel	kletsen klatſch
hommel Hummel	kaf Spreu	klijve (m.) Klette
hond Hund	kajuit Kajüte	klip Klippe
honig Honig	kakele (m.) Stachel	klippe (m.) —
hoog hoch	kalander Kalander	klis (n.) Klette
hoop Hauſe	kalefateren kalfatern	kloek klug
hooren hören	kalf Kalb	klok Glocke
hopen hoffen	Kamerijk Kammertuch	klokken Glucke, Klucke
hoppe Hopfen	kamerijksdoek —	klomp Klumpe
horde Horde 2	kamp Kamp	kloof Kloben
horen Horn	kanaster Knaster	kloot Kloß

kloppen klopfen
kluft Kluft
kluwen Knäuel
knagen nagen
knappen knappen
knapzack —
knarsen (n.) knirschen
knarsetanden —
knaster Knaster
kneden kneten
kneep Kniff
knevel Knebel
knersen (n.) knirschen
knie Knie
knijp Kneipe
knijpen kneipen
knip Kneipe
knobbel (n.) Knopf, Knorpel
knoflook (n.) Knoblauch
knokkel Knöchel
knol Knollen
knoop Knauf
knop Knopf
knorf Knirps
koe Kuh
koek Kuchen
koekoek Kuckuck
koel kühl
koen kühn
koets Kutsche
kogel Kugel
kok Koch
kolk Kolk
komijn Kümmel
kommer (n.) Kummer
koning König
koord Korbe
koot (n.) Kote
koper Kupfer
koppel Koppel
koren Korn
korf Korb
koriander Koriander
kork Kork
kors Kresse 1
korst Kruste
kort kurz
.kot Kot 1
kraai Krähe
kraaijen krähen
kraak Kracke
kraam Kram
kraan Kranich

kraauwel krauen
kraauwen —
krab Krabbe
kracht Kraft
krakeel Krakeel
kraken krachen
kram Krampe
kramp Krampf
krans Kranz
krat Krätze 1
kreeft Krebs
kreupel Krüppel
kribbelen (n.) kribbeln, Kribskrabs
kribelen (n.) kribbeln
kriek Krieche
krijg Krieg
krijgen kriegen
krijschen kreischen
krijt Kreis
krijten kreisen
krimpen Krampf, schrumpfen
kroeg Krug 2
kroes Gekröse, Kraus
kroon Krone
kroost Gekröse
krop Kropf
kruid Kraut
kruidwagen —
kruik Krug 1
kruim Krume
kruin Krone
kruipen kriechen
kruis kraus, Kreuz
kruise Krause
kruk Krücke
krul kraus, Krulle
krullen Krulle
krullig kraus
kuchen (m.) keuchen
kudde Herde, Kette 1
kugchen keuchen
kuip Kübel, Kufe 2
kuiper Küfer
kuisch keusch
kuischboom —
kuischen —
kunst Kunst
kurk Kork
kus Kuß
kussen Kissen
kust Küste
kuste —

kwaad (n.) Kot 2
kwaal Qual
kwab Quappe
kwabbe quabbeln
kwaken quaken
kwakkel Wachtel
kwakken quaken
kwakzalver Quacksalber
kwalm Qualm
kwart Quart
kwartel Wachtel
kwarts Quarz
kwast Quast
kwe Quitte
kweek Quecke
kwendel Quendel
kwets Zwetsche
kwetsen quetschen
kwijt quitt
kwikzilver Quecksilber
kwikstaart Bachstelze
kwisten verquisten

S. auch c.

laag (n.) Lehde
laagte (n.) —
labberdaan Labberdan
lachen lachen
ladder Leiter
laf Laffe
laveeren lavieren
lagchen lachen
lam lahm, Lamm
lamprei Lampe 2
land Land
lang lang
lap Lappen
lat Latte
laten lassen
lauw lau
ledech (m.) ledig
ledemaat Gliedmaßen
leder Leder
leeghde (älter) Lehde
leer Leiter
leeren lehren
leeuw Löwe
leeuwerik Lerche
leven leben
lever Leber
leggen legen
leiden leiten

lende Lende	maan Mähne, Mond	moed Mut
lenig linb	maandag Montag	moede müde
lens Lünse	maart März	moeder Mutter
lente Lenz	maat Maß	moei (n.) Muhme
lepel Löffel	made Mabe	moeie (m.) —
letter Buch	madelief (n.) Maßlieb	moeijen mühen
leugen Lug	maersche (m.) Marsch	moer Moder, Moor
licht Licht	mager mager	moeras Morast
lid Glied	magt Macht	moerbes Maulbeere
lidmaat Gliedmaßen	makelen mäkeln	moeten müssen
lied Lied	maken —, machen	mof Muff 1
lief lieb	makreel Makrele	mol Maulwurf, Molch
liegen Lug	malen mahlen	molen Mühle
lier Leier	maluwe Malve	mom Mumme 1, 2
liesche (n.) Leiste 2	mand Mandel 1	momber Mund 2
liggen liegen	mangel Mange	mommelen Mumme 2
ligt leicht	mangelen mangeln	mond Mund 1
lijm Leim	mank mangeln	mondbaar Mund 2
likken lecken 1	mark Marke	monster Muster
linde Linde	markt Markt	moord Mord
lip Lippe	masker Maske	mop Mops
lispen lispeln	mast Mast 1	mopper —
lô Lohe 2	mat matt, Matte 2	mops —
lof Lob	matelief (m.) Maßlieb	moras Morast
logen Lug	matras Matratze	morgen Morgen 1
lok Locke	matroos Matrose	morille Morchel
lomp Lump	meel Mehl	morren murren
lomperd —	meenen meinen	morzelen Mörser
long Lunge	meer Meer	mortier —
lonte Lunte	meerle Amsel	mos Moos
lood Lot	mees Meise	mosch Sperling
loods Lotse	meest meist	most Most
loof Laub	meester Meister	mosterd Mostert
loog Lauge	meeuw Möwe	mot Motte
looi Lohn 2	meineed Meineid	muf Muff 2
look Lauch	melk Milch	mug Mücke
loon Lohn	melken melken	munt Münze 1
loopen laufen	men man	muil Maul 1, 2
loot Blei	mengen mengen	muilezel Maul 2
loots Lotse	menig manch	muis Maus 1, 2
los los	mensch Mensch	musch Sperling
losch Luchs	merg Mark 3	
lossen löschen 2	merrie Mähre	na nah
louter lauter	mes Messer	naad Naht
lucht Luft	mesten Mast 2	naaf Nabe
luid laut	meten messen	naaijen nähen
luis Laus	meter Pate	naak Nachen
luns Lünse	mier Ameise	naakt nackt
lust Luft	mierikwortel Meerrettig	naald Nabel
luuschen (m.) lauschen	mijl Meile	naam Name
	milt Milz	naars Arsch
maag Magen	mist Mist	naauw genau
maaijen mähen	modder Mober	nabuur Nachbar

nacht Nacht
nachtegaal Nachtigal
nave Rabe
navel Nabel
nagel Nagel
nagelbloem Nelke
nap Napf
nat naß
neb Schnabel
neder nieder
neef Neffe
neet Niß
nevel Nebel
nevens nebst
neffens —
negen neun
nek Nachen
nest Nest
nestel Nestel
nestelen nesteln
net nett, Netz
netel Nessel
neus Nase
nicker (m.) Nix
nier Niere
niezen niesen
niet nicht, Niete
nieuw neu
nijd Neid
nippen nippen
noch noch 2
nook Rock
noemen Name, nennen
nog noch 1
non Nonne
nood Not
noot Nuß
nu nun
nuchter nüchtern
nuk Nücke
nurken nergeln

oefenen üben
oever Ufer
oest Ast
oester Auster
oven Ofen
over ober 2, über
overgeloof Aberglaube
offeren opfern
ôk auch)
oksel Achsel
okshoofd Oxhoft

olie Öl
omhelzen halsen
omtrent treubeln
on- ohne, un=
onder unter
onlêde (m.) ledig
ons uns
ontrusten entrüstet
ooft Obst
oog Auge
oogappel Apfel
ooijevaar (h.) Adebar
ook auch)
oom Oheim
oor Ohr, Öhr
oord Ort 3
oordeel Urtel
oorveeg Ohrfeige
oorvijg —
oorlogsschip Orlogschiff
open offen
orkaan Orkan
orlog Orlogschiff
os Ochse, Oxhoft
otter Otter
ouderen Eltern
ouders —

paal Pfahl
paard Pferd
paardentuischer Tausch)
paauw Pfau
pacht Pacht
pad Pfad
padde Kröte, Schildpatt
paf paff
pâvos (a.) Papst
pak Pack 1
pan Pfanne
pand Pfand
pap Pappe
papagaai Papagei
pape Pfaffe
paradijs Paradies
pas Paß
passen passen 1, 2
pastei Pastete
paus Papst
peer Birne
peet Pate
pegel Pegel
peil —
pek Pech

pekel Pökel
pel Pelle
penning Pfennig
peper Pfeffer
perk Pferch
pers Kelter (vgl. Presse)
petekind Pate
peuluw Pfühl
pijl Pfeil
pijlaar Pfeiler
pijn Pein
pijp Pfeife
pik Pech, Pick
piloot Pilot
pin Pinn
pinksteren Pfingsten
pip Pips
pissen pissen
plaats Platz 1
pladijs Platteise
plak Placken
plank Planke
plant Pflanze
plassen platzen
plasseregen —
plat platt, Platte
platdijs Platteise
plegen pflegen
pletten platt
ploeg Pflug
plomp plump
plug Pflock
pluimgraaf Graf
plukken pflücken
plunderen Plunder
poel Pfuhl
poets Posse
pof puffen
pogchen pochen
pok Pocke
pols Puls
pomp Pumpe
pond Pfund
poot Pfote
pop Puppe
populier Pappel 2
post Pfosten
pot Pott, Topf
poten impfen
pots Posse
praam Prahm
pralen prahlen
prang Pranger

24*

prangen —	reek Rechen	room Rahm
pranger —	reep Reif 1	roos Rose
prediken predigen	reven Reff 2	ros Roß 1
presse Presse (vgl. stelter)	regen Regen	rozemarijn Rosmarin
priem Pfriem 1	regt recht	rozijn Rosine
priester Priester	reiger Reiher	rot Ratte, rösten 2, Rotte
prijs Preis	rek Reck	rotten rotten 2
prijzen preisen	rekenen rechnen	rouw Reue
prikkel prickeln	rekken recken	ruob (m.) rauh
prikkelen —	rendier Rentier	rug Rücken
prikken —	repel reffen	ruif Raufe
prove Pfründe	repen —	ruiffel —
provoost Propst	reus Riese	ruig (n.) rauh
pronk Prunk	rib Rippe	ruiken riechen
propp Pfropfen	ribbe —	ruim Raum
pruim Pflaume	rieken riechen	ruischen rauschen
puimsteen Bims	riem Riemen, Ries	ruit Räube, Raute 1,2
put Pfütze	riet Riet	ruiten Reuter
	rif Riff	ruiter —
ra Rahe	rij Reihe	rund Rind
raadsel Rätsel	rijden reiten	runnen rinnen
raaf Rabe	rijm Reif 2	rusch Rausch 1
raak Rachen	rijp —, reif	rusgeel Rauschgelb
raam Rahmen	rijs Reis 2	rust Rast, Rüste
raar rar	rijst Reis	rusten rüsten
raat Roß 2	rimpel rümpfen	ruw (n.) rauh
raauw roh	rimpelen —	
rad Rad	ring Ring	zaad Saat
radbraken radebrechen	rob Robbe	zaag Säge
radvelge Felge	roch Roche 1	zaaijen säen
rave Rabe	rocken Rocken	zaak Sache
rake Rechen	roede Rute	zaan Sahne
rakker Racker	roeijen Ruder	zacht sacht
ram Ramme	roem Ruhm	zadel Sattel
rand Raub	roemer Römer	zak Sack
rang Rang	roepen Ruf	zal sollen
rans ranzig	roer Ruder, Rohr	zalf Quacksalber, Salbe
ranzel Ranzen	roeren rühren	zamelen sammeln
rapen raffen	roesdomel (m.) Rohrbommel	zand Sand
rapier Rappier	roest Rost 2	sap Saft
rappig Rappe 2	roet Ruß	zaterdag Samstag
rapunsje Rapunzel	rog Roche 1	schaaf Schabe 2
ras Rasch	rogchelen röcheln	schaak Schächer
rasch rasch	rogge Roggen	schaam- Scham
razen rasen	rok Rock, Rocken	schaap Schaf
razijn Rosine	rommelen Rummel, rumpeln	schaar Schere 1
rat Ratte	rommelzo Rummel	schaard Scharte
ratel rasseln	romp Rumpf	schabel Schemel
ratelen —	rompelig rümpfen	schacht Schaft 1
redden retten	rond rund	schade Schabe
ree Reh, Rhede	rood rot	schaduw Schatten
reede Rhede	roof Raub	schaven schaben
reef Reff 2	rook Rauch	schavot Schafott

schavuit Schuft
schande Schande
schans Schanze 2
scharlaken Scharlach
schedel Schädel
scheede Scheide
schoef schief
scheel scheel, Scheitel
scheen Schienbein
scheenbeen --
scheepstimmerwerf Werft 2
scheerling Schierling
schel Schale, Schellfisch
schelden schelten
schelvisch Schellfisch
schellak Schellack
schelm Schelm
schenkel Schenkel
schepel Scheffel
schepen Schöffe
scheppen schöpfen
scheren scheren
scherf Scherbe
schermurseling Scharmützel
scherp scharf
scheur Scharbock
scheurbuik (n.) —
schier schier 2
schieten schießen
schiften Schiefer
schijf Scheibe
schijn Schein
schijnen —
schijten scheißen
schild Schild 1
schilderen schilbern
schildpad Schildpatt
schimmelen Schimmel
schimp Schimpf
schip Schiff
schob Schuppe
schoen Schuh
schoer Schauer 2
schoffel Schaufel
schoft Schuft
schok Schock
schol Scholle 1, 2, Sohle 1
scholdhete Schultheiß
schonk Schenkel
schoof Schaub
school Schule
schoonen schonen
schoor Schornstein

schorsteen —
schooten Schote 2
schop Schüppe
schoppen —
schot Schoß 2
schotel Schüssel
schouder Schulter
schout Schultheiß
schouwen schauen
schraag schräg
schrabben schrappen
schrafferen schraffieren
schram Schramme
schrapen schrappen
schrijden schreiten
schrijven schreiben
schrijn Schrein
schrikken Schreck
schrobben schrubben
schroef Schraube
schrollen Schrulle
schrompelen schrumpfen
schudden schaudern, Schutt
schuim Schaum
schuit Schüte
schup Schüppe
schuren scheuern
schurft (n.) Schorf
schuw Scheu
scop (m.) beschuppen
scorf (nl.) Schorf
zede Sitte
zee See
zeef sichten, Sieb
zeem Seim
zeep Seife
zeer sehr
zeven sieben
zege Sieg
zeggen sagen
zeil Segel
zeissen Sense
sek Sekt
zeker sicher
zelf selb
zenden senden
zenuw Sehne
zerk Sarg
zes sechs
zetten setzen
zeug Sau
zichten sichten
zieden sieden

ziek siech
ziekte Sucht
ziel Seele
zien sehen
zift Sieb
siften (a.) sichten
ziften (n.) —
zijde Seite
zijgon Seihe
zijpelen Seife
sijsje Zeisig
zikkel Sichel
zilver Silber
simpellije (m.) zimperlich
zimperlije (m.) —
zingen singen
zinken sinken
sinxen (m.) Pfingsten
sisererwt Kicher
sits Sitz
zitten sitzen
slaaf Sklave
slaan Schlag 2
slaap Schlaf 1, 2
slabben schlabbern, schlappen
slabberdaan Labberdan
slabberen schlappern
slang Schlange
slank schlank
slap schlaff
slapen Schlaf 2
slecht schlecht
slede Schlitten
slee Schlehe
sleep Schleppe
sleeuw Schlehe
slemp schlemmen
slempen —
slender schlendern
slenderen —
slepen Schleppe, schleifen
sleutel Schlüssel
slijk schleichen
slijm Schleim
slijpen schleifen
slijten schleißen
slik schleichen
slim schlimm
slimbeen —
slinden schlingen 2
slingeren Schlinge
slodderen schlottern
sloep Schaluppe

slote Schloße
sluijer Schleier
sluimeren schlummern
sluis Schleuse
sluiten schließen
slurpen schlürfen
sluw schlau
smaak schmecken
smak Schmacke
smal schmal
smeeken schmeicheln
smeer Schmeer
smet Schmutz
smotten —
smid Schmied
smijten schmeißen
smisse Schmied
smodderen Schmaus, Schmutz
smoken Schmauch
smokkelen schmuggeln
smook Schmauch
smoren schmoren
smousen Schmus
smudderen Schmaus
smuigen schmuggeln
smuisteren Schmaus
smul Schmolliß
smullen —, Schmaus
snaak Schnack
snaauw Schnaue
snavel Schnabel
snakken Schnack
snaphaan Schnapphahn
snappen schnappen
snater schnattern
snateren —
sneb Schnabel, Schneppe, Schnippchen
snebbig Schnippchen
snees Stiege 2
sneeuw Schnee
snel schnell
snep Schnepfe
snijden Schneide
snippelen Schnippchen
snoer Schnur 1
snood schnöde
snorken schnarchen
snorren —
snot schneuzen
snottolf —
snuf schnüffeln
snuffelen —

snuiven schnauben
snuit Schnauze
snuiten schneuzen, Schnuppe
zoeken suchen
soep Suppe
zoet süß
zog Sau
zok Socke
zolder Söller
solt Solzer
soltbrijn —
zomer Sommer
somp Sumpf
zon Sonne
zondag —
zonde Sünde
zonder sonder
zoom Saum
sop Suppe
soppen —
zorg Sorge
zot Zote
zout Salz
spa Spaten
spaak Speiche
spaan Span
spaath Spat
spade spät, Spaten
spalden (m.) spalten
spang Spange
spannen Spanne
spar Sparren
sparen sparen
specht Specht
speek Speiche
speeksel Speichel
speen Spanferkel
speer Speer
-spek Speck
spelen Spiel
spelt Spelt
sperwer Sperber
speuren Spur
spiegel Spiegel
spijker Speiche, Speicher
spinnen spinnen
spit Spieß 2
splijten spleißen
splinter —
spoed sputen
spoeden -
spool Spule
spoelen spülen

spon Spund
spook Spuk
spoor Sporn
spot Spott
spotten —
spracien (m.) Spreu
sproeuw Sprehe
spreiden spreiten
spreijen —
spreken Sprache
sprenkel Sprenkel 1
spriet Spriet
springen springen
sprinkhaan Heuschrecke
sprooi (ufläm.) spröde
sprot Sprotte
spru (m.) spröde
spruiten sprießen
spun Spund
spuwen speien
staak Staken
staal Stahl
staarblind Star
staart Sterz
staat Staat
staf Stab
stal Stall
stalhouder Hauderer
stam Stamm
stameren stammeln
stampen stampfen
stander Stäuber
stang Stange
stap Stapfe
stapel Stapel
stappen Stapfe
star Stern
stede Statt
steê —
steen Stein
steil steil
steken stechen
stelen stehlen
stelpen Stülpe
stelt Stelze
stempel Stempel
stenen stöhnen
ster Stern
sterven sterben
sterk stark
steur Stör
sticht Stift 2
stichten —

stief- (broeder, kind) Stief=	stulpen —	tegel —
stier Stier	sturen Steuer 2	telen Ziel
stieren Steuer 2	stuur —	telganger Zelter
stijf steif	zucht Sucht	tellen Zahl
stijgbeugel Steg	zuid Süden	temmen zahm
stijgen Steig	zuiver sauber	tent Zelt
stikken sticken	zuigen saugen	teren zehren
stil still	suiker Zucker	tergen zergen
stoel Stuhl	zuil Säule 1	teriaak Theriak
stoep Stufe	zuipen saufen	tet Zitze
stof Stoff	zulk solch	teug Zug
stoven Stube, s..fen	zult Sülze	teugel Zügel
stok Stock	zus sonst	thee Thee
stom stumm	zuster Schwester	tien zehn
stomp Stumpf	zuur sauer	tieras Traß
stomper —	zwaan Schwan	tij Zeit
stond Stunde	zwaar schwer	tijd —
stoof Stube	zwaard Schwert	tijding Zeitung
stooten stoßen	zwavel Schwefel	tijk Zieche
stoppel Stoppel	zwaluw Schwalbe	timmer Zimmer
stoppen stopfen	zwanger schwanger	tin Zinn
storm Sturm	swanselen Schwanz	tip Zipfel
storten stürzen	zwart schwarz	tiras Traß
stotteren stottern	zweep schweifen	tobbe Zuber
stout (m.) stolz	zweet Schweiß	todde Zotte
straal Strahl	zwelg schwelgen	toe zu
straat Straße	zwelgen —	tol Zoll 2
straf Strafe, straff	zwellen schwellen	tolk Dolmetsch
stram stramm	zwemmen schwimmen	tollenaar Zöllner
strand Straub	zwenkenschwenken,schwingen	ton Tonne
stranden —	zweren schwören	tondel Zunder
streen Strähne	zwijgen schweigen	tonder —
streep Streifen	zwijm schwinden	tonge Zunge
strekken strecken	zwijn Schwein	tooveren Zauber
strene Strähne	zwoel schwül	tooijen Tafel
streng Strang, streng	zwoord Schwarte	toom Baum, Zeug
strijken streichen		toorn Zorn
strippen Streifen	taai zäh	toot Zotte 1
strompelen strampeln	taal Zahl	top Topp, Zopf
stronk Strauch), Strunk	tabak Tabak	toren Turm
stroo Stroh	tak Zacken	torf Torf
strooijen Streu	takel Takel	torn Zorn
stroom Strom	talk Talg	tortelduif Turteltaube
stroopen streifen	tam zahm	touw Tau 1
stroot Drossel 2	tand Zahn	traag träge
struik Strauch	tang Zange	traan Thran
struikelen straucheln	tap Zapfen	trachten trachten
stuiven stieben	teeken Zeichen	trap Treppe
stuiver Stüber	teekt Zecke	trapgans Trappe
stuiken Stauche	teen Zeh	trappen trampeln
stuit Steiß	teer Teer	tras Traß
stuk Stück	tegader Gatte	trechter Trichter
stulp Stulpe	tegchel Ziegel	treden treten

treilen treibeln	walken walfen	wijken weichen
trekken tređen	walnoot Walnuß	wijl Weile
trens Treuse	wam Wamme	wijlen weilen
treurig Trauer	wand Wand	wijn Wein
triakel Theriak	wang Wange	wijs weiß
troef Trumpf	wapen Waffe	wijze Weise
trog Trog	warm warm	wikke Wide 1
trouw treu	was Wachs	wil Wille
trouwen trauen	wasschen waschen	wild wild
truffel Trüffel	wassen wachsen	willen wollen
tucht Zucht	water Wasser	wimpel Wimpel
tuin Zaun	waterboog Regen	wind Wind
tuischen Tausch	watte Watte	winden Winde
tuit Düte, Zotte 2	wed Weed	winkel Winkel
tul Zulp	weder Wetter, Widder, wider	winter Winter
tullen —	weduwe Wittib	wippen Wippe
tuschen zwischen	weede Waid	wis gewiß
twaalf zwölf	week weich), Woche	wissel Wechsel
twê zwei	weenen weinen	wit weiß
twee- zwie=	weêr Wetter, wider	woelen wühlen
tweebak Zwiebad	wees Waise	Woensdag Wut
tweernen Zwirn	weven weben	woest Wust
twijfel Zweifel	weg Wed, Weg	wol Wolle
twijfelen zweifeln	wegbree Weg	wolf Wolf
twijg Zweig	weit Weizen	wolk Wolke
twijn Zwirn	wek en wecken	wonde wund
twingen zwingen	wel wohl	wonder Wunder
twintig zwanzig	welven wölben	wonen wohnen
twist Zwist	welk welch)	woord Wort
	we¹kom Wille	worden werden
ui ulfen	wenden Wende	worm Wurm
uijer Euter	wensch Wunsch)	worst Wurst
uil Eule	wenschen —	wortel Wurzel
uit aus	wereld Welt	would Wald
uur Uhr	werf Werft 2	wouw Wau, Weihe
	werven werben	wraak rächen
v s. unter f.	werk Werk	wrak Wrad
	werken wirken	wrake rächen
waag Wage	werpen werfen	wraken Wrad
waaijen wehen	wezel Wiesel	wrang (n.) ringen
waar wahr, Ware, wo	wezeltje —	wrat Warze
waard Wirt	west Westen	wrevel Frevel
wadde waten	wetten wetzen	wreken rächen
wade Wade	wicht Wicht	wrijven reiben
waden waten	wieg Wiege	wringen ringen
wafel Waffel	wiek Wieche	wroeten Rüssel
wagen Wagen	wieme Wiemen	wrong Rankforn
waggelen wadeln	wij wir	wurmen Wurm
waken wachen	wijd weit	
wakker wader	wijf Weib	z s. unter s.
wal Wal	wijk Weichbild	

Nordisch.

(Isländ. = i., norweg. = n.; æ folgt auf ad, ð und þ* auf t, ø und œ auf od.)

ábrystur Biest	ars Arsch	beinn Bein
ábyrgjast Bürge	aska Asche 1	beiskr harsch
adder (n.) Eider	askr Esche	beita beizen
áe Oheim	asne Esel	beitr Boot
ætla achten	aðal Abel	bekkr Bach, Bank
ædekolla (i.) Eider	auga Auge	belte Belt
ædr (i.) —	augasteinn Apfel	bendell Bendel
ædr Ader	augnalok (i.) Lid	ber Berserker
afar aber 1	auk auch	bera gebären
afhalfu halb 2	auka —	berjast Bär 1
afl Frevel	aukanafn (Ekeluau ?	berr baar
aka Acker	austr Osten	berserkr Berserker
akarn Ecker	aud- öde	beðr Bett
akkere Anker 1	audr —	bifa beben
ala alt	ax Ähre	bik Pech
alden Obst		bikarr Becher
aldr Alter	bagge Pack 1	bilda Beil
Ále Ahn	bak Backbord	bingr Bachbunge, Beige
álfr Alp	baldr bald	bjálke Balken
áll Aal	baldrast (i.) poltern	bjork Birke
allr all	bálkr Balken	bjorn Bär 2
almr Ulme	ballr bald	björr Biber, Bier
alr Ahle	band Band	blakkr blauk
áma Ohm	banga Bengel	blakra —
amma Amme	bára Ballast	blautr bloß
ample Ampel	barar Bahre	blaupr blöde
án ohne	barda Barte 1	bleikr bleich
ande ahnden 1	barke Barke	bles blaß
andlit Antlitz	barn Geburt	blígja Bleihe
andsvar schwören	barr Gerste	blik Blech
ange Angel	barða Barte 1	blíkja bleichen
annarr ander	báss Banse	blóme Dotter 1
ape Affe	bast Bast	blóta opfern
apr Ampfer	bastardr Bastard	blunda blind, blinzeln, blond
aptann Abend, Gilt	bátr Boot	blý Blei
ár erst, früh, Jahr, Ruder	bað Bad	bók Buche
are Aar	báðer beide	bokkr Bock
arenn Ähren	baðmr Baum	bókstafr Buch
argr arg, Arsch	bauka (i.) bauchen	ból Bude
arl Pflug	baun Bohne	bole Bulle 1
armr Arm, arm	bauta Bentel 1	bólgenn Balg
árna Ernte	beggja beide	bollr Ball 2

---

* ð bezeichnet im Wb. stets die **tönende** Spirans, þ sowohl die tönende wie die tonlose Spirans, vgl. Noreen Altnord. Gr. I § 35 u. 44 und die Lautgesetze im Sachregister. Noreens Anordnung war hier nicht durchführbar.

bolr Bohle
bolstr Polster
bolte Bolz
borgr Barch
borkr Borke
boykja (n.) bauchen
brá Braue
brandr Brand
brasa praffen
brass —
brauð Brot
brekka Brink
brim brummen
bríme Brei
bringa Brink
brjósk Brausche
brjóst Bruft
brók Bruch 3
brú Brücke
brugga brauen
brún Braue
brúnn braun
bryggja Brücke
brynja Brünne
bukkr Bock
búkr Bauch
burþr Geburt
búð (alti.) Bude
búza Büfe
býfluga Biene
bygg Bier, Gerfte
byrja Gebühr
býta Beute 2
býte —
bytta Bütte

dagr Tag
dalr Thal
dammr Damm
dampe Dampf
dapr tapfer
dáð That
deig Teig
dennia Tanne
deyja Tod
digull Tiegel
díke Teich
djópr tief
dœgr Tag
døkkr dunkel
dogg Tau 2
draf (i.) Treber
draga tragen

draugr trocken, Trug
draumr Traum
dregg Treber
drepa treffen
drífa treiben
drope Tropfen
dróttensdagr Sonne
drynja bröhnen
drynr —
duga taugen
dúkr Tuch
dumbr dumm
dúnn Daune
dvergr Zwerch-
dýr Tier
dyrr —
dýrr teuer

ef ob 2
efe —
egg Eck, Ei
ei je
eiga eigen
eigenn —
eik Eiche, Eichhorn
eikonn Eiche
einer (i.) ein 1 (Einbeere)
einhlítr einzeln
einn ein 1
eir Ehre
eitr Eiter
eiðr Eid
elder Welt
elgr Elentier
ellifu elf
elre Erle
elrer —
ende Ende
ender —
eng Anger
enge —
engell Engel
enn jener
enne Stirn
eple Apfel
erfiðe Arbeit
erfiðr —
ortr Erbfe
esja Effe
eta effen
ey Au
eyra Ohr

fá fangen
fœgja fegen
fœr Schaf
Færeyjar —
falda falten
-faldr -falt
falke Falke
falla fallen
falma fühlen
falr feil
fals falfch
falskr —
fantefolk (n.) Firlefanz
fár Gefahr
fara fahren
farre Farre
fasta faften
fastr feft
fat Faß
faðer Vater
faðmr Faden
feigr feige
feila fehlen
feitr feift
ferja Fähre
ferskr frifch
ferð Fahrt
fet Fuß
feta —
fetell Feffel 1
feyja faul
fifrilde Falter
fillefant (n.) Firlefanz
fimm fünf
finna finden
físa Fift
fiskr Fifch
fit Fuß
fiþla Fiedel
fjall Feld, Fell, Felfen
fjallfress Vielfraß
fjánde Feind
fjara Ebbe
fjarre fern
fjorþ firn
fjórþe halb 1
fjordr Furt
fjoturr Feffel 1, Fuß
fjoþr Feder
flá Flegel
flár flehen
flaska Flafche
flatr flach, Flaben, Flöz

flaumr Fluder
flekka Fleck
flesk Fleisch
flet Flötz
flétta flechten
flík Fleck
flikke —, Fleisch
fljóta fließen
fljúga fliegen
fló Floh
flóa Flut
flóke Flocke
flokkr ··
flokra flackern
flokta —
flórr Flur
flote Flotte
flótte Flucht
flóþ Flut
fluga Fliege
flugr Flug
flýja fliehen
flydra Flunder
fóa Fuchs
fœra führen
fold Feld
fole Fohlen
fólk Volk
folr fahl
for Furche
forn fern
fóstr Futter
Föstudagr (i.) Freitag
fot fassen, setzen, Fitze
fótr Fuß
fódr Futter
fox Fuchs
frakke frank
framr fromm
frár froh
fraukr Frosch
fremja fromm
frest Frist
freta farzen
Freyja Frau, frohn
Freyr frohn
Frigg Freitag
friþr Friede
Frjádagr Freitag
frjáls frei
frjósa frieren
frør —
froskr Frosch

frost Frost
frú Frau
fúenn faul
fúll —
fundr Fund
fune Feuer
fura Föhre
fúrr Feuer
fuþ faul
fyl Füllen
fylgja folgen
fylla füllen
fyndr Fund
fýre Feuer
fyrre Fürst
fyrstr –
fyrva Ebbe

gaddr Gerte, Hecht
gæfr gäbe
gaffall (i.) Gabel
gafl Giebel
gagga gackern
gagl —
gagn gegen
galga Galgen
gall Galle 1
ganga Gang
gangr —
gap gaffen
gapa —
garn Garn
gardr Garten, Gurt
gás Gans
gasse Gänserich
gat Gasse
gata —
gaukr Gauch
gedda Hecht
gefa geben
geire Gehren
geirr Ger
geisa Geist
geisl Geisel 2
geisle --
geit Geiß
gelda gelt 2
geldr —
gerstr garstig
gerþ gären
gestr Gast
gígja Geige
gikkr (i.) Geck

gilde Gilde
gin gähnen
gína --
gísl Geisel 1
gjalda gelten
gjalla gellen
gjarn gern
gjof Gabe
gjóta gießen
glámr glühen
gladr glatt
gler Glas
glíkr gleich
glita gleißen
glitra —, glitzern
gljá glimmen
glóa glühen
glosse glosten
glotta glotzen
gnaga nagen
goll Gold
goltr gelt 2
gómr Gaumen
gorn Garn
gorr gar
gorwa —
god Gott
gódr gut
gramr gram
grár grau
grassvordr Schwarte
grautr Grütze
grimmr grimm
grjót Grieß
grœnn grün
grœta Gruß
gron Granne
grop Griffel
grund Grund
grunnr —
gull Gold
gulr gelb

há Hunger
haddr Haar 2, Hede
hæll Ferse, Hacke
haf Haff
hafa haben
hafr Haber, Habergeiß
haga behagen
hage Hag
hagl Hagel
haglsteinn —

hagr hagen
haghorn Hagedorn
hake Hake
halfa halb 1
halfr —
hallr Halde
halmr Halm
halr Held
hals Hals
hálsa halſen
hamarr Hammer
hampr Hanf
hamr Hemd, Leichnam
hams Hemd
hane Hahn
hapt Haft 2
hapta —
haptr —
hár Haar 2, hoch, Hai
Harald Herold
harmr Harm
harpa Harfe
hárr hehr
hasl Haſel
háss heiſer
hatr Haß
hadna Hitte
haufuþ Haupt
haugr hoch
haukr Habicht
haukstaldr Hageſtolz
haust Herbſt
hefill (i.) Hobel
hefja heben
hegre Häher
heilagr heilig
heill —, Heil, heil
heimr Heim
heita heißen
heitr heiß
heið hehr, heiter
heiðenn Heide 2
heiðr — 1, heiter
hel Hölle
Hel —
heldr halt
hemell hemmen
hemja —
hér hier
herberge Herberge
herfe Harke
here Haſe
hére —, Häher

herja Heer
herr Herr
hertoge Herzog
hespa Haſpe
hestr Hengſt
hey Heu
heyra hören
híbýle Heirat
himenn Himmel
hind Hinde
hindra hindern
hirðer Hirte
hite Hitze
híþ Neſt
hjal hell
hjala —
hjálm Helm 2
hjalmr — 1
hjalpa helfen
hjarl Herd
hjarne Hirn
hjarse —
hjarta Herz
hjortr Hirſch
hjorð Herde
hjú Heirat
hjún —
hjúnóttsmánaþr Flitter
hlær lau
hlass Laſt
hlaþa Lade
hlaupa laufen
hlaut Los
hlé (i.) Lee
hlein lehnen 1
hleiðr Leiter
hlekkr Gelenk
hliþ Lid
hlíþ lehnen 1
hljómr laut
hljóta Los
hlust lauſchen
hlutr Los
hlynr Lehne 4
hlýr lau
hnakke Nacken
hneppr knapp
hnjósa nieſen
hnjóða Niet
hnøre nieſen
hnot Nuß 1
hodd Hort
hoddr —

hœgr hagen
hœna Henne
hœns Huhn
hof Hof
hofn Hafen 2
hófr Huf
hofuþ Haupt
hoggva hauen
hokra hinken, hocken
hokull Hechel
holdr Held
holl Halle
hóll Halde
hollr hold
holmr Holm
holr hohl
holt Holz
holðr Held
hom hemmen
hond Hand 1
hondla handeln
hoppa hüpfen
hopr Haufe
hór Hure
hóra —
horn Horn
hornung Hornung
horr Haar 1
horskr harſch, hurtig, raſch;
hörtl (i.) harſch
hosa Hoſe
hóste Huſten
hottr Hut 1
Hoð Haber 1
Hoðr —
hrafn Rabe
hrár roh
hraustr rüſtig
hreinn rein, Renntier
hress Roß 1, rühren
hrím Reif 2
hringr Ring
hrip Reff 1
hrís Reis 2
hrjóta Roß
hrjóða rüſten
hrœra rühren
hrogn Rogen
hross Roß 1
hróðr Ruhm
hrukka Runzel
hruðr Räude
hryggr Rücken

hryggva Reue
húfa Haube
húka hocken
humall Hopfen
humarr Hummer
hunang Honig
hunangsseimr Seim
hundr Hund
hundrad Hundert
hungr Hunger
hurd Hürde
húd Haut
hváll Halde
hvalr Walfisch
hveite Weizen
hvelfa wölben
hvelpr Welf
hvern Hirn
hvetja wetzen
hvíla Weile
hvíld —
hvína wiehern
kvirfell Wirbel
hvískra heiser
hvítadagr Pfingsten
hvítr weiß
hýbýle Heirat
hyrr Herd
hýrr geheuer
hyske Heirat

if ob 2
ife —
ígær gestern
igull Igel
íkorne Eichhorn
il eilen
inn jener
innsigle Insiegel
ísarn Eisen
íss Eis

jafn eben
jarn Eisen
jartein Wahrzeichen
jardansvordr Schwarte
jofurr Eber
jól weichen
jór Roß 1
jórbjúga Eber
jord Erde
jorve Ähren
júgr Euter

kabell Kabel
kafna Kahn
kaka Kuchen
kal Kohl
kala kalt, kühl
kaldr kalt
kalfr Kalb
kalkr Kelch
kám (i.) Kahm
kane Kahn
kanna Kanne
kaupr Knebel
kápa Kappe
kapp Kampf
kappe —
kar (i.) kehren
karfa (i.) Korb
karfe Karpfen
karl Kerl
kefsor Kebse
keiler Keil
keiser Kaiser
kelda Quelle
kenna kennen
ker Kanne
kerfe Kerbe
kerra Karre
kerte Kerze
ketell Kessel
ketlingr Kitze 2
keyr Kur
kif keifen
kifa —
kíll Keil
kinn Kinn
kippa Kippe
kirna kernen
kista Kiste
kitla kitzeln
kid Kitze 1
kjallare Keller
kjaptr Kiefer 1
kjarf Kerbe
kjarne Kern, kernen
kjóll Kiel 2
kjolr —
kjoptr Kiefer 1
kjot Fleisch
kjúklingr Küchlein
klá Klaue
klæde Kleid
klampe Klampe
kleif Klippe

kleima Klei
klemma Klamm
klénn klein
klif Klippe
klifa kleben
klifa kleiben, klimmen, Klippe
klína Klei, Kleister
klingja (i.) klingen
klíningr (i.) Kleister
klístra (i.) —
kló Klaue
klofe Kloben
klögun (i.) Klage
klókr klug
klombr Klammer
klót (i.) Kloß
klubba Klumpe
klubbufótr —
klukka Glocke
klumba Klumpe
knakkr (i.) knacken
knape Knabe
knappr Knopf
kné Knie
knefell Knebel
knoka knacken, Knochen
knottr Knoten
knoda kneten
knúe Knie, Knöchel
knúta Knoten
knútr —
kobbe Robbe
kœnn kühn
kofe (i.) Koben, Kobold
kogurbarn Köcher
kogurr —
kogursveinn —
kokkr Küchlein
kol Kohle
kólfr Kolben
kolla Kopf
kollr —
koma kommen
kongulváfa Kanker 1
kongurváfa —
konr König
konungr —
kopar Kupfer
koppr Kopf
kópr Robbe
kor Kur
körf (i.) Korb
korn Korn

kortr (i.) kurz
koss Kuß
kosta Kost 1
kostr — 2
kot Kot 1
kottr Katze
krabbe Krabbe
kræfr (i.) Kraft
krafla krabbeln
krafsa —
kragi (i.) Kragen
kraka Krähe
kraki Krapfen 2
kram (i.) Kram
krangr krank
krankr —
krans (i.) Kranz
krappr Krämpe, Krampf
kraptr Kraft
krefja (i.) —
kreppa Krampf
kring Kring
kringja —
kringlóttr —
kringum —
kristna taufen
Krít Kreide
krjúpa kriechen
krókr Krücke
kroppr Kropf, Kruppe,
   Krüppel
kross (i.) Kreuz
krota kratzen, kritzeln
krubba Krippe
krukka (i.) Krug 1
krúna Krone
krús Krause
kryplingr Krüppel
kryppa —, Kruppe
kryppell Krüppel
kulde kalt
kumbl Kummer
kundr Kind
kúra kauern
kváda Kitt
kveikja keck
kveld kalt
kverk Gurgel
kveykva keck
kvirr kirre
kvistr Quast
kylfa (i.) Kolben
kylfi (i.)

kylna Kohle
kýr Kuh
kyrr kirre
kyrtell Kittel
kyssa küssen

læra lehren
lærþr —
lágr Lehde
lalla fallen
lame lahm
lán Lehm
land Land
langr lang
lasenn leer
láta lassen
latr laß
laug Lauge
laugardagr Samstag
laukr Lauch
laun läugnen, Lohn
lauss los
laudr Seife
lax Lachs
leir Lehm, Leim
leistr Leisten
leida leiten
leiþr Leid
leka lechzen
lekr leck
lemja lahm
lend Lende
lepill (i.) Löffel
leppr Lump
lérept Leilachen
lesa lesen
lettr dicht, leicht
leþja (i.) Letten
leþr Leder
leyfa Lob
leyna läugnen, lauschen
líf Leib
lifa leben
lifr Leber
líkame Leichnam
líkamr —
líkþorn Leiche
lim Glied
lím Leim
limr Glied
lína Leine
lind Linde
linde —

linna lind
linnr Lindwurm
linr lind
list List
lísta (i.) Leiste 1
líta Antlitz
liðamót (i.) Gliedmaßen
liþugr ledig
ljóme Licht
ljós —, Luchs
ljúfr lieb
lof Lob
lofa —
loge Lohe 1
lokka locken
lokkr Locke
lopt Laube, Luft
loskr lasch
lostr Laster
lukka Glück
lundir (i.) Lende
lunga Lunge
lúra lauern
lús Laus
lyf Lab
lyst Lust

mǽla Gemahl
mǽr Magd
mage Magen
magr mager
mágr Mage
makara machen
makke Mähne
makr Gemach
mál Gemahl, Mahl 2
mala mahlen
malt Malz
maltr —
man Kebse
mánadagr Montag
már Möwe
mara Mahr
mark Marke
marr Marschall, Meer
mastr Mast 1
máte Maß
máttr Macht
maþkr Made
maðr Mann
mein Meineid
meineidr -
meinn —

ragr arg, Arsch)	sá säen	skapt Schaft 1
rakke Bracke	saddr satt	skarfr Scharbe
ramnr Ramme	sær See	skarn Harn
ramr —	sæðe Saat	skarpr scharf
rann Rast	safe Saft	Skarðe Hase
rás rasen	sála Seele	skarðr Scharte
rasa —	salr Saal	skattr Schatz
rass Arsch)	saltr Salz	skaðe Schade
ráða Rat	samna sammeln	skauf Schaub
rauðr rot	sandr Sand	skaunn Scheuer, schonen
regn Regen	sápa Seife	skaut Schoß 3
rein Rain	sáð Saat	skauðer Schote 1
reip Reif 1	saðr satt	skegg Bart, Barte 1
reita reizen	saumr Saum 1	skeggja Barte 1
reiðe Rhede	saudr sieden	skeifr schief
reka Rechen	scífa Schiefer	skeiðer Scheibe
réttr recht	seggja sagen	skel Schale
reykr Rauch	segl Segel	skelmir (i.) Schelm
reyr Rohr	sehs sechs	skenkja Schenk
rif Reff 2, Riff, Rippe	seil Seil	skeppa Scheffel
rifa Reff 2, Riefe, Riff	seimr Saite, Seim	sker Schere 2
rifa Riefe, Riff	sekkr Sack	skera scheren
rist Rist	selja Salweide	skífa Scheibe, Schiefer
ríða reiten, Rudel	selr Robbe	skilja Scholle 1
riðull Rudel	semper (n.) zimperlich)	skillingr Schilling
rjóme Rahm	senda senden	skína Schein
rjóða rot	serkr Berserker, Sarg	skinn schinden, Schinnen
rjóðr —	setja setzen	skip Schiff
rjúfa Raub	sía Seihe	skipta Schiefer
rjúka riechen	sif Sippe	skírr schier 1
rjúpa Rebe	sigr Sieg	skíta scheißen
ró Ruhe	sígrœnn Singrün	skíð Scheit
róa Ruder	sigðr Säge, Sense	skjalgr scheel
rœkja geruhen	síld Häring	skjalla Schall
róf Graf	silke Seide	skjól Scheuer
rœðe Ruder	síma Saite	skjoldr Schild 1
rokkr Rock, Rocken	síme Seil	skjóme schön
rond Rand	simper (n.) zimperlich)	skjóne —
roskr rasch	sin Sehne	skjóta schießen
rost Rast	sindr Sinter	skóle Schule
rót Wurz	síða Seite	skopa beschuppen
rotenn rösten 2	síðr --, Sitte	skopt Schopf
róðr Ruder	sjá sehen	skór Schuh
rugr Roggen	sjaldan selten	skorta Schurz
rúm Raum	sjálfr selb	skoða schauen
rumpr Rumpf	sjóða sieden	skráma Schramme
rún raunen	sjúkr siech	skrapa (i.) schrappen
rúss Rausch 2	skære Schere 1	skrín Schrein
rykkja Ruck	skœrr schier 2	skript schreiben
rykkr —	skœva schicken, Schuh	skripta —
rymja Rummel	skafa Schabe 2, schaben	skríða schreiten
ryð Rost 2	skál Schale	skrjóðr Schrot
ryðja reuten	skúlkr Schalk	skrolta schrill

skrúfa (i.) Schraube
skúfa schieben
skugge schauen
skúm Schaum
skupla Schopf 1
skúr Schauer 2
skurfur (i.) Schorf
skúta Schüte
skutell Schüssel
skýfa schieben
skygna schauen
skyn —
skýrr schier 2
skyrta Schurz
slá Schlag 2
slǽmr schlimm
slǽr Schlehe
slakke schlauf
slange Schlange
sleikja lecken 1, schlecken
sléttr schlecht
sleðe Schlitten
slím Schleim
slíta schleißen
sljór Schlehe
slǽgr schlau
slyngva Schlinge
smǽre (n.) Klee
smǽrur (i.) —
smale schmal
smár Schmach
smári (i.) Klee
smidja Schmied
smiðr —
smjor Schmeer
smjúga schmiegen
smyrell Schmerl
snǽr Schnee
snafðr Schnabel
snákr Schnake
snarpr scharf
snauðr schnöde
sneyða ··
snigell Schnecke
sníða Schneide
snjallr schnell
snor Schnur 2
snǽre — 1
snókr Schnake
snoppa Schnupfen
snor Schnur 2
snoðenn schnöde
snúa schleunig

snýta schneuzen
søkkva sinken
sǽtr süß
sog Säge
sok Sache
sokkr Socke
sól Sonne
són Sühne
sorta schwarz
sorte —
sótt Sucht
soðull Sattel
spáun Löffel, Span
spara sparen
sparre Sparren
spik Speck
spík Speiche
spila Spiel
spinna spinnen
spjáld spalten
spjok (n.) Spuk
spjor Speer
spjót Spieß 1
spong Spange
spónn Span
sporr Sperling
spott Spott
spotta —
sprekla (i.) Sprenkel 2
sprote Sprosse
spýja speien
spyrja Spur
stafn Stamm
stafróf Graf
stál Stahl
stamr stammeln
stang Stange
stappa stampfen
starf sterben
starfa —
stare Star
starr Steuer 2
starre Star
stedda Stute
stef Knittelvers
steinn Stein
stela stehlen
sterkr starf
stétt Stift 2
stífr steif
stigreip Steg
stjarfe sterben
stjarna —

stjórn Stern
stjúpfader Stief=
stokkva stinken
stofa Stube
stokkr Stock
stóll Stuhl
stólpe Stulpe
stong Stange
storkna starf
storkr Storch
stormr Storm
stórr Stier
stóð Stute
strá Stroh
strǽti (alti.) Straße
straumr Strom
strengr Strang
stríð Streit
stríðr —
strjúka straucheln
strond Strand
stúfe Stoppel
stúfr —, Stump
stúka Stauche
stund Stunde
stúpa Stoppel
stykke Stück
stynja stöhnen
stýre Steuer 2
stýre —
stydja Stütze
súga saugen
súla Säule 1
sumar Sommer
sund Sund
sunnan Süden
súpa saufen
súrr sauer
Surtr schwarz
sús Saus
sváfa Schwefel
svǽla schwül
svǽra Schwager
svala Schwalbe
svamla schwimmen
svangr schwank
svanr Schwan
svara schwören
svarmr Schwarm
svárr schwer
svartr schwarz
sveipr Schweif
svelgja schwelgen

svella ſchwellen	tólgr Talg	þorn Dorn
sverja ſchwören	tollr Zoll 2	þorna dörren
sverð Schwert	tong Zange	þorp Dorf
sveviss Schwibbogen	toppr Zopf	þórr Donner
svín ſchwinden	tor- zer-	þórsdagr —
svidauðr Schwibbogen	torf Torf	þorskr Dorſch)
svífa ſchweifen	trane Kranich	þráðr Draht
sviljar Schweſter	traust Trost	þraut verdrießen
svill Schwelle	traustr —	þrekkr Dreck
svíme ſchwinden	trege träge	þriþe halb 1
svín Schwein	tregr —	þrjóta verdrießen
svína ſchwinden	trog Trog	þró Truhe
svinnr geſchwind	troll drollig	þromr Trumm
svoppr Schwamm	trumpa Trommel	þrostr Droſſel 1
svor ſchwören	tún Zaun	þrot verdrießen
svorðr Schwarte	tundr Zunder	þrúga Traube
sykr (i.) Zucker	tunga Zunge	þrútenn ſtrotzen
syll Schwelle	tvér zwei	þryngva dringen
syngva ſingen	tvau —	þúfa Daube
synd Sünde	tveir —	þumalfingr Daumen
sýr Sau	tvi- zwie-	þumall —
syster Schweſter	tvistr Zwiſt	þunnr dünn
	tvistra (i.) —	þunnvange , Schlaf 1
tá Zeh	tvisvar zwier	þvá Zwehle
tág Zacken	tvítóta Zwitter	þvál —
tamr zahm	tygell Zügel	þvara Quirl
tandre zünden	týja Zweifel	þváttdagr Samstag
tappe Zapfen	Týr Dienstag	þveit Deut
tár Zähre	tyrviðr Teer	þverr Zwerch-
targa Zarge	Týsdagr Dienstag	þvinga zwingen
taufr Zauber	tysvar zwier	þvíta Deut
taug Tau 1		þýfð Dieb
taumr Zaum 1	þá Thon	þykkr dick
temja zahm	þang Tang	þylja dahlen
tendra zünden	þarmr Darm	þyrpja Dorf
til Ziel, zu	þáttr Docht	þyss tosen
timbr Zimmer	þausn tosen	þýða deuten
tíme Zeit	þearle brall	
tin Zinn	þekja decken	ugla Eule
tindr Zinke	þél Feile	úknytter Knoten
tírótt hundrað Hundert	þerna Dirne	una wohnen
tírr Zier	þéttr dicht	unna gönnen
titra zittern	þeyja tauen	úrr Auer
tíðende Zeitung	þeyr —	
tíu tiger Hundert	þilja Diele	vétt Gewicht
tíve Gott	þing Ding	vafra wabern
tjald Zelt	þísl Deichſel	vafrloge
tjara Teer	þistell Diſtel	vág Woge
tjóðr Zitter	þjarfr derb	vagga Wiege
todde Zotte 1	þjokkr dick	vagn Wagen
togn zögern	þjórr Stier, ſtroßen	vakka wanken
tólf zwölf	þopta Ducht	vakr wacker
tólfrótt hundrað Hundert	þór Metzer	val Wahl

valda walten
valföðr Wahlstatt
valhnot Walnuß
valka walken
valkyrja Wahlstatt
valr —, Falke
vangr Wange
vanr gewöhnen, Wahnsinn
vár Lenz
-var zwier
vara Ware
varna warnen
varp Werft 1
varta Warze
varða Wert
vas Wachs
vaska waschen
vatn Wasser
vað waten
vaða —
vaðr Wate
vax Wachs

vederleik Wetter
vefa weben
veggr Weck
veig Weigand
veikr weich
veina weinen
veisa Wiese
veiðr Weide 2
vekja wecken
velja Wahl
vella wallen 1
velta Walze
venja gewöhnen
ver Werder
verk Werk
verpa werfen
verpell Wurf
vestr Westen
veð wett
veðr Wetter
veykr weich
vika Woche

víkja weichen
villr wild
vindauga Fenster, Wind
vinna gewinnen
vísa Weise
visenn verwesen
visk Wisch
víðer Weide 1
víðr weit
viðra wittern
vollr Wald
vomb Wamme
vorr Lefze
voðve Wade

yfer über
ýkva weichen
ýler weihen
yngling Jüngling
ýr Erbe

Oskisch.

heriest gern | touto deutsch

Persisch.*

(Zend unbezeichnet, a. = altpers., n. = neupers., o. = offet.)

a- un=
aêva ein 1
an- un=
ana an
ändär (o.) ander
ängur (o.) Angel
ankhara Gurke
anyas ander
âzaiñti können

barezañh Berg
bâzâr Bazar
berezant Berg
bûza Bock

-da zu
dereta zart

drânga (a.) lang
draoga Trug
drauga (a.) Trug
druj Trug
duγðar Tochter
dva zwei

färwe (o.) Felber

gam kommen
γâz (n.) Gans
gûtha Kot 2

hama Sommer
hazañh Sieg
hazañhra tausend
hu Sau

hunu Sohn

isi Eis

kanab Hanf
kâra (a.) Heer
χšvas sechs
χumba Humpe

lab (n.) Lippe

marz (n.) Mark 1
marez melken
mât matt
maþ mit
mazga Mark 3
mižda Miete

* oder Franisch.

nâreng Pomeranze

ordu Horde 1

pairidaeza Paradies
panpan Pfad
parena voll
pares fragen
paru (a.) viel
pâsna Ferse
paþ Pfad
paþan —
peres fragen
peretu Furt
pivanh Speck
pû faul
pûy —

raocanh Licht

raokšna —
rǎsta recht
ravanh Raum
rokh Roche 2
rukh —

safa Huf
sakirlât Scharlach
sata Hundert
scháh matt, Schach
schakal Schakal
schakar Zucker
šamba Samstag
sniž Schnee
spaeta weiß
staora Stier
stare Stern
suturg (n.) stark

t'ayun (o.) tauen
tûirya Vetter
tûma Dammen

û Wahnsinn
uχš wachsen

vafra Schnee
verez wirken
vṛz —

waď Wat

yâre Jahr

zafaro Kiefer 1
zafra —
zaredaya Herz
zima Winter

Phoenizisch.

sak Sack

Phrygisch.

ſ. brauen

Portugiesisch.

ala Alaut 2
ama Amme
ameixa Zwetsche

barocco Brockperle

cadinho Kessel
camara Kammer
combro Kummer
comoro —

fato faſſen, Fetzen
feitiço Fetisch
franco frank

gamo Gemse

lastar leiſten
laya =lei
leve Lunge

marfim Elfenbein

potro foltern

terciopelo Samt
toldo Zelt
tonel Tonne

zebro Ungeziefer
zote Zote

Preußisch.

ains ein 1

balsinis Polſter

dragios Treſter
druwis treu

emmens Name

gabawo Quappe

gena Kind

kailûstikun heil
karjis Heer

lauksnos Licht
laydis Letten

nauti- Not
noatis Nessel

plonis Flur
pobalso Polster
popaikâ Fehde

sasins Hase

skallisnan Schuld
stakla Stahl

twaxtan Zwehle

wirds Wort
wumbaris Eimer

Provenzalisch.

almosna Almosen
amandola Mandel 2

babau Bube
bacon Bache
brasa praffen
bruelh Brühl

cadena Kette 2
caire Quader
cobs Kopf
compaing Kumpan
crupia Krippe

cubel Kübel

dissapte Samstag
duas Dans

empeltar belzen
encant Gant

figa Feige
frest First
fricaud frech
fuerro Futter

ganta Gans

lam lahm ·
ley =lei

panar Pfand
paute Pfote
pelucar pflücken
plevir pflegen

raus Rohr

seda Seide

Rhätoromanisch.

bulieu (bünd.) Pilz

cadin (tir.) Kessel

cocca (churw.) Kuchen

favuogn Föhn

plof (tir.) Pflug

trachuoir Trichter

Rumänisch.

sambata Samstag

Schwedisch.

(Anordnung nach dem schwed. Alphabet.)

abborre Barsch
amper (a.) Ampfer
apra (a.) Ader
ax Ähre

bædhil (a.) Bett
barsk barsch
bi (a.) Biene

bisa (a.) Biese
blott bloß
byka bauchen

degel Tiegel
diunga (a.) bengeln
dodra Dotter 2
dolk Dolch

druda Drude
dubba Döbel
dverg Zwerg
dyrk Dietrich
dänga bengeln

ebb Ebbe
ejder Eider

ejderdun —	krasse Kresse 1	socker Zucker
	krig Krieg	sola Sohle 1
filt Filz	kräcka Kriekente	spok Spuk
fink Fink	kûra kauern	spräkla Sprenkel 2
flagg Flagge	kylla Kohle	staki (a.) Staken
flinta Flinte	käda Kitt	stia Stiege 1
flokka Flocke		stubb (a.) Stoppel
flundræ (a.) Flunder	lek Laich	strata (a.) Straße
tock Focke	linda Laub	stråt —
fänne Farn	liuske (a.) Leiste 2	stræti (a.) —
färg Farbe	lipamót (a.) Gliedmaßen	stylta Stelze
	lô Luchs	styfver Stüber
ga (a.) Gang, gehen	lossa löschen 2	swafvel Schwefel
gáfa (a.) Gabe	lut Lauge	
galder (a.) gelt 2	lycka Glück	takel Takel
gialla (a.) gelten	lærikia (a.) Lerche	tarm Darm
grefwar Griebe	lönn Lehne 4	tarre Darre
grjupe Graupe		tisse Zitze
gróp (a.) Griffel	manke Mähne	tjur Stier
gräsgaller Galle 2	matros Matrose	tolf zwölf
græpe Graupe	mûta (a.) Maut	topp Zopf
gubbe Gote	mýra Ameise	tran Thran
gumma —		tratt Trichter
	narhval Narwal	trind trendeln
hafre (a.) Haber	nickel Nickel	trög träge
hagre (a.) —		trögher (a.) —
haj Hai	och auch	tunder Zunder
halla (a.) halten	oxhufoud Oxhoft	tunga Zunge
hamn Hafen 2		tvo Zwehle
haver (a.) Hamen	paus Pause	två zwei
herre Herr	plump plump	tvätta Zwehle
himmel Himmel		tända zünden
hirs Hirfe	rapphöna Rebe	tæt dicht
hissa hiffen	regel Riegel	
host Herbst	ren Renntier	þiufstolet (a.) Dieb
hufvud Haupt	rund rund	þyn (a.) Tonne
humle Hopfen		
hummer Hummer	semper zimperlich	ugn Ofen
hyfvel Hobel	simper —	urgræpa Griffel
håf Hamen	siska Zeisig	
häckla Hechel	skank Schenkel	vallmo Mohn
här Heer	skimra Schimmer	valmughi (a.) —
härf Harfe	skrumpa schrumpfen	varf Werft 2
höna Henne	skuldra Schulter	
	skura scheuern	åda Eider
jordbär Erde	skånk Schenkel	ådra Ader
	skär Schere 2	ån Jahn
kabeljo Kabliau	slån Schlehe	
kikhosta keuchen	slug Schlauch	æsja (a.) Esse
kli Kleie	smickra Schminke	ætikia (a.) Essig
knekt Knecht	smuk Schmuck	ättika —
knórt Knorz	smære Klee	
kors Kreuz	snok Schnake	öfvertro Aberglaube
		öknamn Ekelname

Skythisch.

S. Butter (βούτυρον) und die unter „Skythische Kultur" im Sachindex verzeichneten Worte.

Slavisch.

(Anordnung nach dem cyrill. Alphabet, h f. am Schluß, w unter v. Aslov. unbezeichnet; b. = böhm., c. = czech., p. = poln., r. = ruff., f. = ferb., w. = wend.)

ablŭko Apfel	brěgŭ Berg	vrěti warm
azŭ ich	brěgǫ bergen, borgen	vrěšti werfen, wirr
aksamitŭ Samt	brěza Birke	vŭ an
almušino Almosen	buda Bude	vŭnukŭ Enkel 2
ankura Anker 1	buky Buch	vydra Otter
anŭkura —	bŭděti bieten	vymę Euter
aje Ei	bŭrŭ Barn	vídova Wittib
	bĭcela Zeidler	věverica Eiche
baba Bube	běsŭ beben	věděti wissen
banja Bad		vŏkŭ Weigand
banjati —	varŭ warm	věra wahr
bebrŭ Biber	vedro Wetter	větrŭ Wetter
bekiesza (p.) Pekesche	vedrŭ —	vějati wehen
belená (r.) Bilsenkraut	vedǫ Wittum	węgry (p.) Engerling
bielun (p.)	velibądŭ Kamel	
bicz (p.) Peitsche	veprĭ Eber	gladŭkŭ glatt
bič (b.) —	vesti wegen, Wittum	glina Klei
blazina (f.) Polster	veštĭ Wicht	glěnŭ —
blin (r.) Plinze	wieszczyce (p.) Weichsel	ględati glotzen
blinec (r.) —	wilczur (p.) Wildschur	gnesti (gnetǫ) kneten
bliskati bleichen	viti Weide 1	gnida Niß
blěskŭ bleichen	višnja Weichsel	gnězdo Nest
blěją bellen	vlaga Welk	govĭno Kot 2
bobak (b.) Popanz	Vladiměrŭ Märchen	godŭ gätlich, gut
bobŭ Bohne	vlasti (vladǫ) walten	golŭ kahl
bodǫ Bett	vlügŭkŭ welk	goneznǫti genesen
bolverk (r.) Bollwerk	vlŭkŭ Wolf	gonoziteljĭ —
boltatĭ (r.) poltern	vlŭna Welle, Wolle	gonoziti —
borov (r.) Barch	vlěkǫ Wolf	gonĭzǫti —
borją Bär 1	voda Wasser	gostĭ Gast
bosŭ baar, entbehren	voliti wollen	gradŭ Garten, Gurt
boją beben	vosa Wespe	granica (p. r.) Grenze
brada Bart	voskŭ (aslov. r.) Wachs	grajati (grajǫ) krähen
brady Barte 1	vragŭ rächen	grba (f.) Krüppel
bratrŭ Bruder	vratiti werden	grbanec (neuslov.) —
bronja Brünne	vrŭgǫ werfen	grbati (f.) —
brusina (b.) Preiselbeere	vrŭzǫ würgen	grebǫ graben
bruslina (b.) —	vrŭlŭ warm	grobŭ —
brŭvĭ Brücke	vrŭtěti werden	gruda Grütze
brŭselŭ Brosam	vrědŭ Warze, Wert 2	grŭbŭ Krüppel
brŭsnǫti —	vrěteno werden	gǫsĭ Gans

daviti Tod	zělo geil	kot (s.) Katze
dva (r.) zwei	zělŭ —	kotiti (s.)
dvorŭ Thür	ząbŭ Kamm	kotora Hader 1
dvĭrĭ —		kotĭlŭ Kessel
debelŭ dick		kotĭcĭ Kot 1
deždą thun	iva Eibe	kotŭ Katze
dergatĭ (r.) zergen	igo Joch	košulja Hose
derą zehren	izba Stube	kraljĭ Kaiser
desętĭ zehn	imę Name	krap (s.) Karpfen
dlŭgŭ lang	imą nehmen	kriss (istr.) Kirsche
doblĭ tapfer	inŭ ein 1	kriješa (s.) —
dobrĭ —	iskati heischen	kroma Rahmen
dolŭ Thal	istŭba Stube	krupa Graupe
domŭ Zimmer	iti eilen, finden, gehen	krěma (b.) Kretschem
droždiję Trester		krŭvĭ roh
drozdŭ (r.) Drossel		krŭzno Kürschner
drozgŭ —	kakati (b.) kacken	krąglŭ Ring
droštija Trester	kakać (p.) —	krągŭ —
drūžati tragen	kaldoun (c.) Kaldaunen	kupiti kaufen
drěvo Teer	kalduni (kroat.) —	kupŭ —, Haufe
dudlić (p.) dudeln	kalína (r.) Holunder	kupĭcĭ kaufen
dudy (p.) —	kamy Hammer, Himmel	kurŭva Hure
duplĭ tief, Tobel	kanczuk (b.) Kautschu	kusiti kiesen
duchŭ Tier	kanćuch (p.) —	kŭbĭlŭ Kübel
duša —	karabáč (b.) Karbatsche	kŭnęgŭ König
dŭšti Tochter	karas (c.) Karausche	kŭnęzĭ —
dĭbrĭ Tobel	karaš (s.) —	kysnąti feucht
dĭnĭ Tag	karbacz (p.) Karbatsche	
děliti Teil	karpŭ (r.) Karpfen	
dělŭ —	karczma (p.) Kretschem	lakŭtĭ Elle, Legel
děją thun	kašilĭ Husten	lani Eleutier
	kvasiti feucht	legkij (r.) Lunge
	kikimora (r.) Mahr	legkoe (r.) —
žaba Quappe	klada Holz	ležati (ležą) liegen
žali Qual	kladęzĭ Quelle	lepenj (sslov.) Lebkuchen
žena Kind	klasti (kladą) laben 1	lešti liegen
žeravĭ Kranich	klenŭ Lehne 4	lizati (ližą) lecken 1
živŭ leck	knut (r.) Knute	lipa Lebkuchen
žica Geige	kovati (kovą) hauen	lipiec (p.) —
žlědą gelten	koza Geiß	lipnąti bleiben
žują kauen	komnata (c. p. r.) Kamin,	lovŭ Lohn
živati (živą) —	Kemenate	loky Lache
ž.dati (židą) Geiz	komora Kammer	lomiti (lomlją) lahm
	konoplja Hanf	lomota (r.) —
	konĭ beginnen	lósosŭ (r.) Lachs
zamscha (r.) Sämischleder	kopati Huf	łosóś (p.) -
Zar (r.) Kaiser	kopun (s.) Kapaun	losĭ (r.) Eleutier
zelenŭ gelb	kopyto Huf	lug Lauge
zoną kunterbunt	korzno (r.) Kürschner	lukŭ Lauch
zima Winter	korolĭ (r.) Kaiser	luna Licht
zlato Gold	koropŭ (r.) Karpfen	łupina (p.) Länfel
žlŭčĭ Galle 1	korčma (w.) Kretschem	lusnia (p.) Leuchse
znati (znają) können	kosŭ Haar 2	luča Licht, Lohe 1
zoloto (r.) Gold	kosmŭ —	lušně (c.) Leuchse
zrŭno Korn		

meisingr Meise
meita Meißel
meitell —
men Mähne
mennskr Menfdj
mergr Mark 3
merr Mähre
messing Meffing
míga Mift
míla Meile
milkr melf
milska Mehltau
milte Milz
minne Minne
missa miffen
mistelteinn Miftel
mistr (i.) Mift
mjalta (i.) melfen
mjalter (i.) —
mjaltr (i.) —
mjol Mehl
mjolk melfen
mjolka —
mjolkr —, melf
mjoðr Met
mjúkr mendjel=
mogr Magd
molr Milbe
mon Mähne
móna Muhme
mondull Mange
mopurr Maßholder
mór Moor
morgunn Morgen 1
mork Mark 1, 2
morð Morb
morðr Marber
mose Moos
moskve Mafdje
mosurbolle Mafer
mosurr —
motte Motte
mottull Mantel
motunautr Matrofe
móðer Mutter
móðr müde
múle Maul 1
mund Mund 2
munnr — 1
más Maus 1
máta Maut
muðr Mund 1
mý Mücke

mylna Mühle
myrgenn Morgen 1
mýrr Moos

nœra nähren
nafarr Näber
nafle Nabel
nafn Name
nagl Nagel
nagle —
náhvalr Narwal
nál Nabel
nár nah
nád Gnabe
naðr Natter
nadra —
nauðr Not
nef Schnabel
nefe Neffe
negull (i.) Nelfe
nei nein
nema nehmen
net Netz
nifl- Nebel
nipt Nichte
nist Neftel
niste —
níd Neib
niðr nieber
níu neun
njól Nebel
njóta genießen
nof Nabe
nokkve Nadjen
nokkveðr nacft
nór Nane
norn Norne
norðr Norb
nos Nafe
nót Netz
notr (i.) Neffel
nótt Nacht, nüdjtern
nykr Nix
nýr neu
nýra Niere

ó- un=
oc (i.) audj
oddr Ort 2
œfa üben
œngr eng
ørende ahuben 1
ofn Ofen

ofund Gunft
ogn Ahne, Ofen
ok Jodj
okkla Enfel 1
old Welt
olla walten
olmusa Almofen
oln Elle
olnboge —
olr Erle
olunn Alant
ón ohne
ond ahuben 1, Ente
ongr eng
ongull Angel
onn Ernte
openn offen
opt oft
or Pfeil
ork Ardje
orn Aar
orrosta Ernft
orð Art
ósk Wunfdj
osp Efpe
ostr Käfe
otr Otter
Oðenn Wut
óðr —
ox Axt
oxe Odjfe
oxl Adjfel
oxull Adjfe

padda Kröte, Schilbpatt
páfe Papft
pakke Pack 1
pape Pfaffe
penningr Pfennig
pfla Pfeil
pípa Pfeife
piparr (i.) Pfeffer
plógr Pflug
plokka pflücken
pottr Pott
prámr Prahm
prestr Priefter
prjónn Pfriem 1
pund Pfunb
pungr Börfe

quickstiert (n.) Bachftelze

rá Rahe, Reh

lūgati (lūžą) Lug
lūža —
listĭ Lift
lěnŭ lind
lěcha Gleise, lehren
ljubŭ lieb
ljudŭ Leute
ljušnja (r.) Leuchse
ljada (r.) Land
ljadina (r.) ..
lęgą liegen
lędvija Lende
lędina Land
lęšta Linse

makŭ Mohn
malŭ schmal
mama Muhme
mati Mutter
medŭ Met
mežda mitte
melją mahlen
mielerz (p.) Meiler
milĭř (c.) —
mlato Malz
mlŭzą f. mlěsti
mlěko Milch
mlěsti melken
mlěti mahlen
mogą f. mošti
mozgŭ Mark 3
molĭ Milbe
monastyrĭ Münster
mora (p.) Mahr
morkovĭ (r.) Möhre
morŭ Mord
morje Meer
mošti mögen
mrakŭ Morgen 1
mrkva (slov.) Möhre
mrŭknąti Morgen 1
mrŭtvŭ Mord
mrěti —
mŭra (b.) Mahr
mŭlinŭ Mühle
mŭnichŭ Mönch
mŭnogŭ manch
mŭstŭ Most
mŭchŭ Moos
myto Maut
myšĭ Maus 1
myšĭca .. 2
mĭgla Mist

mĭzda Miete
mĭnij minder
mě (Wz.) Mut
mězga Meisch
měna Meineid
měniti (měnją) meinen
měsiti mischen
měsęcĭ Mond
mękŭkŭ mengen
mądrŭ munter
mąžĭ Mann
mąka mengen

nagŭ nackt
ne nein
nebo Nebel
nizŭ nieder
novŭ neu
noga Nagel
nogŭtĭ —
nozdri Nüster
nosŭ Nase
noštĭ Nacht
nyně nun

oba beide
ovĭca Aue, Schaf
ogórok (p.) Gurke
oko Auge
okurka (b.) Gurke
opica (arnsf.) Affe
opice (aböhm.) —
opona Fahne
orati Acker
orĭlŭ Aar
osĭ Achse
osĭlŭ Esel
otŭlěkŭ leihen
otĭcĭ Ätte
ocĭtŭ Essig

pavŭ Pfau
palásch (r.) Pallasch
pałasz (p.) —
pany Pfanne
papežĭ Papst
paporotĭ (r.) Farn
perdětĭ (r.) farzen
perą fahren
pečatĭ Petschaft
pečet (b.) —
pípati (c.) piepen
piskárĭ (r.) Beißker

piskoř (b.) —
pitati feist
plavŭ fahl
planina Felsen
placek (p.) Platz 2
plesti (pletą) falten
ploskŭ flach
plugŭ (f. r.) Pflug
plŭkŭ Volk
plŭnŭ voll
plŭstĭ Filz
plŭtĭ Fleisch
plŭchŭ Bilch
pljują speien
poganŭ (aslov. r.) Helde 2
pokoj Heim
pomalu (p.) pomabig
ponjava Fahne
postŭ fasten
počiti Heim, Weile
počną beginnen
pramŭ Prahm
prasę Ferkel
prijateljĭ frei
prijati (prijają) —
prositi fragen
prŭvŭ frohn (Nachtrg.), Fürst
pĭprŭ Pfeffer
pĭrati fahren
pĭsati Feile
pěna Feim
pěnęgŭ Pfennig
pěnędžĭ —
pęstĭ Faust
pęti (pĭną) Fahne, spinnen
pętikostij Pfingsten
pętŭkŭ Pfinztag

rabota (aslov. r.) Arbeit
rabuše (b.) Rappuse
rabŭ Arbeit
raditi Rat
ramę Arm
rebro Rebe, Rippe
rinąti Ruder
robŭ Arbeit
rŭdrŭ rot
rŭděti —
rŭžda Rost 2
rŭžĭ Roggen
rygati räuspern
rykati röcheln
ryknąti —

rěpa Rübe
rějati Ruder
rjabka (r.) Rebe
rjaboj (r.) —
rębŭ —
rąbŭ Rand

sablja (r. f.) Säbel
svekrŭ Schwäher
světŭ weiß
sebě sich
sedlo Sattel, Sessel
sedmĭ sieben
sedĭlo Sattel
selitva Saal
selo —
sestra Schwester
szabla (p.) Säbel
silo Seil
skala (r.) Schale
skvrada Scharte
sklęzĭ Schilling
skoblĭ schaben
skokŭ geschehen
skolĭka Schale
skopeo (c.) Schöps
skopiti —
skopĭcĭ —
skotŭ Schatz
skrada Scharte
skubsti schieben
slabŭ schlaff
slama Halm
sliva Schlehe
slovo laut
sluti —
sluchŭ lauschen
slyšati —
sląkŭ Schlinge
smant (b.) Schmant
smetana (b. r.) —
smijati schmeicheln
smokŭ Feige
smykati schmiegen
směją s. smijati
snŭcha Schnur 2
sněgŭ Schnee
sobol' (r.) Zobel
sokŭ Saft
solĭ Salz
sočiti sagen
spěti (spěją) sputen
sramŭ Harm

srŭpŭ scharf
srŭša Horniffe
srŭšenĭ —
srĭdĭce Herz
stado Stute
stati stehen
stenją stöhnen
sterohŭ (r.) Storch
stehlec, -ic (c.) Stieglitz
stignąti Steig
stĭblo Stoppel
stolŭ Stuhl
stopa Stapfe
strana Stirn
strigą streichen
strišti —
strīkŭ Storch
strěla Strahl
strělá (r.) —
strěšti (strěgą) Sarg
stěna Stein, Wanze
stěnica (c.) Wanze
stěnĭnŭ Stein
sŭmrŭtĭ Mord
sŭměti (sŭměją) Mut
sŭsati (sŭsą) saugen
sŭto Hundert
synŭ Sohn
syrŭ sauer
sysati Saus
sytŭ satt
sĭrebro Silber
sĭcati sinken, seichen, Seiche
sĭčĭ seichen, sinken
sěmija Heirat
sěmĭja —
sěmę Same
sěsti Sessel, sitzen
sětĭ Saite
sějati (sěją) säen
sę sich
sędą sitzen
sąbota Samstag

tvarog (p.) Quark
tvarogŭ (r.) —
tonoto behnen
tesati Deichsel 2
tłumacz (p.) Dolmetsch
tłumač (b.) —
tlŭkŭ —
tłmačĭ —
tonoto behnen, Dohne

trije brei
troska breschen
trudŭ verdrießen
trużdą —
trŭgŭ Dorf
trŭnŭ Dorn
trěskŭ breschen
tulich (b. p.) Dolch
turŭ Stier
tysąšta tausend
tĭlo Diele
tĭma dämmern
tĭnŭkŭ dünn
tęža Ding

ucho Ohr
ujĭ Oheim

chlěbŭ Laib
cholmŭ (r.) Holm
chomat (p.) Kummet
chomątŭ —
chrąstŭ Henschrecke
chyzŭ Haus

Car Kaiser
cerkovĭ (r.) Kirche
czołn (p.) Zülle
czyż (p.) Zeisig
crŭky Kirche
cělŭ heil
cěsarĭ Kaiser

čélnŭ (r.) Zülle
česati Haar ?
četyri vier
čibezü (r.) Kibitz
čižek (b.) Zeisig
člun (c.) Zülle
črŭvĭ Wurm
črěda Herde
črěpŭ Scherbe
črěšnja Kirsche
čuti (čuja) schauen
čěsati (?) Haar 2
čędo Kind

švetska (b.) Zwetsche
šestĭ sechs
šilo Säule 2
šiti —
šlěkŭ Seide
šlěmŭ Helm 1

jucha Jauche, Käſe
junŭ jung

jamĭ eſſen
jaje Ei
jarŭ Jahr
jasika Eſche

ježĭ Igel
jelenĭ Elentier, Hirſch
jelĭcha Erle
jepĭskopŭ Biſchof

ąborŭ Eimer
ąglŭ Angel

ązostĭ Angſt
ązŭkŭ eng
ąty Ente

haufnice (b.) Haubitze
hranice (b.) Grenze

Spaniſch.

agalla Galle 2
ala Alant 2
alesna Ahle
alisa Erle
ama Amme
andario Bachſtelze
apandar Pfand
aragan arg
ascua Aſche 1
asno Eſel
avestruz Strauß 3
azúcar Zucker

baja Bai 2
barrucco Brockperle
basto Baſt, Baſtard
beleño Bilſenkraut
bibaro Biber
bofetada puffen
bota Bütte

cadena Kette 2
camara Kammer
canastro Knaſter
clueca Glucke
coca (katal.) Kuchen
coche Kutſche
comadre Hebamme
corcho Kork
costa Koſt 1
droga Droge

entrar entern
eslingua Schlinge
esquilo Eichhorn
estrada Straße

franco frank

gamo Gemſe
ganso Gans
greda Seide
greña Granne
guai weh
gualda Wau
guitarra Zither

hato faſſen, Fetzen

iva Eibe

lastar leiſten
laya =lei
lozano los

maiz Mais
marga Mergel
marfil Elfenbein
mascara Maske
melsa Milz
Moro Mohr

patata Kartoffel
pera Birne

podar impfen
pote Pott
potro foltern
preste Prieſter
pruna Pflaume

queso Käſe

randa Rand

sayon ſagen
seda Seide
singlar Segel
sopa Suppe

tabaco Tabak
terciopelo Samt
teta Zitze
tetar —
tinta Tinte
toldo Zelt
tonel Tonne
tope Zopf
trenza Trenſe
trufa Trüffel
tudel Tülle

zata Zotte 1
zatara —
zebellino Zobel
zote Zote

Syriſch.
besmo Blſam

Tatariſch.
(Vgl. Mongoliſch.)
horda Horde 1

Thrakifd.

S. brauen (βρῦτον)

Türkifd.

iskerlet Scharlach	kẹrbač Karbatsche	soba Stube
kamče Kantschu	schakal Schakal	tilmač (ut.) Dolmetsch

Tuskifd.

S. Belt (balteus)

Umbrifd.

uertro Nord	pir Feuer

Ungarifd.

huszár Husar	száblya Säbel	tarisznya Tornister
koszi Kutsche	szoba Stube	
	szombat Samstag	tolmács Dolmetsch

Wurzelindex.

Vorbemerkung. Wie im Sachindex, so sind auch hier nicht **alle** in Betracht kommenden Artikel, sondern nur so viele verzeichnet, als erforderlich sind, um vermittelst der im Wörterbuch und im Anhang gegebenen Verweisungen das gesamte zugehörige Material aufzufinden.

I. Indogermanische Wurzeln.*

ag Achse, Acker, Amt	bher 4 (?) bohren	bhru Brunn
agh zag	bhergh bergen	bhrŭg brauchen
aik eigen	bhers Barsch, barsch	bhû bauen
ak 1 achten (cf. eichen)	bhes entbehren	bhûd 1 Bausch
ak 2 Ahne	bhī Biene, Biese	bhûd 2 Beute 2
al all, alt	bhīd Beil, beißen	bhudh bieten
an 1 ahnen, gönnen	bhidh bitten	bhûg biegen
an 2 ander	bhlā blähen	bhûk —
ang Ente	bhlandh Blendling	
angh Acht, Anger (?), eng	bhlê 1 bellen	dal Zahl
ank Ente	bhlê 2 blasen	dĕq Zeche
ar 1 s. rŏ	bhleg blank, Blick	der zehren, Zorn
ar 2 Acker	bhlig Blech	dhău Tod
ǟt Abel	bhligh bläuen	dhaus Thor 1
aug Ekelname, Wucher	bhlô Blatt, Blume, s. auch bhlê 2	dhê That
	bhlôs Blust	dhĕgh Tag
bha 1 s. bhê	bhlu bläuen	dhel Dolde
bha 2 Bann	bhnd (?) besser	dheng dunkel
bhalg Balken	bhŏg backen	dhĕw Tod
bhǟn bohnen	bhol s. bhlô	dhĭgh Teig
bhar bohren	bhrêdh braten	dhŏ 1 Thal
bhê bähen	bhreg bersten, brechen	dhô 2 s. dhê
bhêgh bägern	bhrem Breme	dhôdh Tadel
bhel bellen	bhren Brand, Brunn	dhŏgh Tag
bhelgh balgen	bhrengh bringen	dhŏw Tod
bhels bellen	bhrenk —	dhragh tragen
bhendh binden	bhrest bersten	dhraq Treber
bher 1 =bar, Beere	bhrêt braten	dhreb treffen
bher 2 Bär 1	bhrĕw s. bhru	dhrĕn Drohne
bher 3 Bär 2		dhrĕng trinken

* Dieses Verzeichnis enthält fast nur solche Wurzeln, welche als vorgermanisch oder indogermanisch erwiesen sind. Wegen anderer, nicht nachweisbarer idg. Wurzeln vergleiche das Verzeichnis der germanischen Wurzeln.

dhrĭbh treiben
dhrĭp —
dhrŭ traut
dhrŭb triefen
dhrŭg trocken
dhrŭgh Trug
dhrŭk trocken
dhû Taumel
dhub tief
dhubh dumm (cf. toben)
dhugh taugen
dhul toll
dhumb Tümpel
dhup 1 tief
dhup 2 toben
dhûq —
dhus 1 Dusel
dhus 2 Tier
dhwel toll
dhwens Dunst
dhwergh Trug
dhwĕs Dusel
dĭ Zeit
dig Zeichen
dik —
dndh zünden
dnt —
dom 1 zahm
dom 2 —
drä zittern
dre treten
drĕgh träge
drem treten
dret —
dreu traut
drom f. drem
drot f. dret
drŭ traut
duk Zaum, ziehen
dŭp Zauber
dŭs zausen
dweiq Zweifel
dwĭp —
dwis Zwist

ĕd essen
er f. rö
ers irre
es fein 2
êt Atem

gĕl 1 Qual
gel 2 Quelle

gen 1 Kind, Knabe
gen 2 Kinn
gen 3 können (cf. Name)
ger 1 Köder
ger 2 Kranich)
gew kauen
ghai gehen
ghaidh Geiz
ghalt gelt 2
ghangh Gang
ghar Garn
ghau Gaumen
ghê Wahn
ghebh(?) geben
ghed vergessen
ghel 1 gelb
ghel 2 wollen
ghel 3 f. ghelt
ghelt gelten
ghend vergessen
gher 1 gern
gher 2 (?) Garten
ghĭ gern
ghlä glühen
ghladh gleiten
ghlĭd gleißen
ghlĭdh gleiten
ghlĭt —
ghnagh Nagel
ghrä Gras
ghrabh graben
ghrendh Graud
ghrĭ greinen
ghrĭb greifen
ghrs Gerste
ghrŭd groß
ghu 1 Gott
ghu 2 gießen
ghud —
ghwê Wahn
ghwel wollen
gĭw 1 leck
gĭw 2 kauen
gjü —
glagh klagen
glak —
glangh Klang
glank —
glêb Klafter
glogh pflegen
gli Klei
glĭp kleiben
glu Klaue

glŭbh klieben
glud Kloß
gn f. gen
gnâ können
gnet kneten
gnĭb kneipen
gnô können (cf. Name)
gol f. gel 2
gombh Knebel
gon f. gen 1
gonbh Knebel
grâ (?) krähen
grengh Kring
grg krachen
gru 1 Kraut
grŭ 2 Krume
gu 1 f. gĭw 2
gŭ 2 Kette 1
gud 1 Kotze
gud 2 Kuß
gus tiefen
gut Kuß

ĭ eilen, folgen, Jahn

j = y, f. bfs.

kădh hüten
kaid heißen
kak hagen
kal holen
kaldh halten .
kalt —
kam Scham
kan Hahn
kap Behuf, Habicht, Hefe
kar 1 (?) hart
kar 2 Heer
kar 3 Ruhm
karp Herbst
kas (?) Haar 2
kâs Husten
kăt hüten
kaw f. kow
kei Heim
kel 1 Halde
kĕl 1 Helm 2, Hellbank
kelb helfen
kelp —
ken beginnen
kenk Hunger
ker 1 Horn
ker 2 f. kret

kerp werben
khabh haben
kheng hinken
ki 1 Jehme
ki 2 f. kei
ki 3 f. koi 1
kladh laden 1
klak lachen
klaud f. sklŭd
klĭ lehnen 1
klŭ hören
klud lauter
klus hören
knib kneipen
knĭgh neigen
knĭq —
knut Niet
kŏd Haß
kŏdh hüten
koi 1 hehr
koi 2 f. kei
kol halten
kŏt Haß
kous hören
kow hauen
kră Ruhm
krad rasseln
krâs rühren
krath retten
krd (?) Roß 1
krei rein
kret Räder
krĭ rein
krĭt Ritten
krs Roß 1
krt (?) hart
krŭ Räude, roh
krŭd Rotz
krut rüsten
kruth —
ksnus niesen
kŭ schauen
kud wetzen
kŭdh Haut
kuk Hocke 1
kŭp Haube
kwĭd weiß
kwĭt —
kwod wetzen
kwôs Husten

lad f. lêd
lam lahm

las Luft
lat laden 2
leb Lippe
lêd lassen
legh liegen
lĕn lind
lengh gelingen
leuth liederlich
li 1 Glied
li 2 Leim
lĭ 3 Leinen
lĭgh lecken 1
lik elf
lĭp bleiben
lis Gleise
lngh f. lengh
low Lauge
lu 1 —
lŭ 2 Lünſe
lubh Glaube
ludh Leute
lŭg 1 Loch
lug 2 Locke
lugh Lug
luk Licht

mă 1 Mut
mâ 2 Mutter
mâd Mus
mag machen
magh mager
măk 1 —
mak 2 meckern
mar mürbe
mat f. mêt
mê 1 Made, mähen
mĕ 2 Mal
mêd Maß
mĕk (?) meckern
mel mahlen, milb
meld schmelzen
melg melken
melt melden
men mahnen
menq mengen
mêt Matte 1
mĕzg Mascke
mĭgh Mist
mik mengen
mit miß=
ml f. mol
mô müde
mor Meer

mregh Regen
mrit breit
mŭg menchel=
müs Maus 1

năd Netz
năk genug
nap Schnabel
nau genau
nê nähen
nêk nahe
nem Name
nêq nahe
nes genesen
nĕth Gnade
nig Nix
nod naß
nŏg nackt
nogh Nagel
nokh —
not naß

oid Eiter
ol all
onk Angel
ŏp üben
orbh Erbe

pak fangen
păl fühlen
pank fangen
păt Futter
ped f. pod
pék fegen
pel voll
pelk befehlen
pen spinnen
pent fahnden
per 1 fahren
pêr 2 Gefahr
perd farzen
pet 1 Faden
pet 2 Feder
pezd Fist
phal fallen
pik Feile
pink Finger
pĭq Fehde
plåg fluchen
plê f. pel
plek flechten
plekt —
plō Flut

plos flennen	rug 2 röcheln	sklüd schließen
plou f. plu	rŭk —	skŏq f. skeq
plt falten	rup Raub	skrak schräg
plth Feld	rut rot	skral schrill
plu fließen		skrang schräg
plud —	s f. es	skrel schrill
plugh fliegen	să 1 satt	skrent Schrunde
pô trinken	să 2 (?) Sühne	skrĭt schreiten
pŏd (?) Faß	sab Saft	skrŭt Schrot
pŏk f. pĕk	săg suchen	skŭ 1 schauen
por f. per	sai 1 Saite	skŭ 2 Haut
pot f. pet	sai 2 sehr	skub schieben
preg Sprenkel 2	sal Salz	skud schießen
prek 1 —	sald —	skŭp schieben
prĕk 2 fragen	săn Sühne	slab schlaff
pri frei	sap Saft	slăk Schlag 2
prk 1 fragen	sarp scharf	sleg Schlag 2
prk 2 Furcht	săw Sonne	slenk Schlinge
pruk Frosch	sê Saat	slî Schleim
prŭs frieren	sĕd Nest	slîd schleißen
pŭ faul	seg Sech	slĭdh Schlitten
pŭk feucht	sek 1 —	slĭg schleichen
	sek 2 sehen	slŭb Schleife
quak feucht	sengh singen	slŭg schlucken
qelp wölben	sent Gesinde	smăg schmecken
qelq —	seq 1 folgen, sehen	smeld schmelzen
qerk Furcht	seq 2 singen	smerd Schmerz
qerp werben	ser Sturm	smî schmeicheln
qnus niesen	serg Sarg	smîw —
qŭk feucht	sî Saite	smŭg Schmauch
	sig sickern	smŭk schmiegen
ra f. rô	sik —	snap Schnabel
răg geruhen	sĭq seichen	snaut schnöde
rai zittern	sîw Säule 2	snô nähen
ram Rand	skăb schaben	snîgh Schnee
rat Rede	skaiq schief	snt Sünde
rĕ Ruder	skal Schuld	snŭp Schnupfen
rebh Rebe	skam Scham	snŭt 1 —
reg 1 Rechen	skăp schaben	snŭt 2 schnöde
rĕg 2 recht	skăth Schabe	sok f. sek
rem Rand	skau schauen	spê sputen
remb rümpfen	skok geschehen	spek spähen
rembh (?) —	skel 1 Schale	spen spinnen
rĭdh reiten	skel 2 scheel	sper Sporn
rikh Reihe	skeq 1 f. skek	sphalt spalten
rô 1 Ruder	skĕq 2 Schuh	spîw speien
rô 2 Ruhe	sker scheren	spô sputen
rot rasch	skhaid scheiden	spor f. sper
roth —	skhait —	spreg Sprenkel 2
rû 1 Raum	skhĭd —	sprek —
rŭ 2 Riemen	skhĭt —	sprĕw Spreu
rudh Rost 2	skî Schein	sprgh springen
rŭg 1 räuspern	skĭq schief	spŭg (?) Spuk

sr f. ser
srī Streit
srou Strom
srp scharf
srū Strom
stā stehen
stab Stapfe
stabh Stab
stal Stall
stap 1 Stab
stap 2 Stapfe
stel Stelle
stemb 1 stampfen
stemb 2 Stumpf
stemp —
sten stöhnen
ster 1 starr
ster 2 Stern, Stirn, Stroh
sterbh verderben
sthmb verdruckt f. stemb
stig stechen
stīgh Steig
stik stechen
stink —
stīp steif
str f. ster 2
streng Strang
strenk —
strī 1 Strieme
strī 2 Streit
strīg streichen
strik (?) Striegel
strō f. ster 2
strūbh sträuben
strūg straucheln
stū staunen
stug Stauche, stochen
stup Stoppel
su 1 Sau
sū 2 Saum 1
sū 3 Sonne
sūg 1 saugen
sug 2 siech
sūk saugen
sul f. swel
sūm schwimmen
sun Sünde
sūs Saus
sut Schwaben
swād süß

swĕl 1 schwül
swel 2 Schwelle
swelk schwelgen
swem f. sum
swen f. sun
swep Schlaf 2, Schwefel
swer Schwäre
swergh Sorge
swerk —
swet Schwaden
swī schwinden
swib schweben
swīd Schweiß
swīg beschwichtigen
swip schweben
swīq beschwichtigen
swŏl f. swĕl

tar Darm
taud stoßen
taw tauen
teg Dach
tek 1 f. tenk
têk 2 Docht
tek 3 Feile
teks Deichsel 2
tel dulden
tem dämmern
ten dehnen, stöhnen
teng Dünkel
tenk 1 dicht (cfr. dick)
tenk 2 Feile
tens gebunsen
tĕq tauen
ter Draht
terbh verderben
terk durch
ters Darre
tig stechen
tlā f. tel
tlē —
tluk fliehen
tng f. teng
trê f. ter
trek 1 drechseln
trek 2 drücken
trenk dreist, dringen
tresk dreschen
trīs dreist
trp darben

trs f. ters
trūd verdrießen
tū Daumen
tud stoßen
tūm Daumen
tump stopfen
tup 1 Dieb
tup 2 stopfen
tup 3 Stummel
twenk Zwang
twer Quirl
twerk Zwerch=

ū Wahnsinn
ūd Wasser
uks f. weks
up Obst

wādh* waten
wăl 1 Wahlstatt
wal 2 walten
wald Walze
walg walken
war warm
wê 1 Wahn
wê 2 Wedel
webh weben
wĕd Wasser
wedh wett
wĕgh wackeln, Woge
weks wachsen
wel 1 Wahl
wel 2 wallen 1
wel 3 Wolle
welg welt
welk Wolf
wem wimmeln
wen 1 Wahn, wohnen
wen 2 wund
wen 3 (?) gewinnen
wendh Wunder
wer Wort
werg 1 werfen
werg 2 rächen
werg 3 wirken
wergh würgen
wers 1 wirr
wers 2 (?) Riese
wert werden
wes 1 Weste

* w bezeichnet sowohl den Spiranten v wie u consonans. Über die Scheidung f. Brugmann Vergl. Gramm. I § 554, 4.

wes 2 verwesen, wahr
wī 1 Weibe 1
wī 2 Weihe
wī 3 weit
wĭb Wippe
wid gewiß
widh Wittib
wĭg Wechsel
wĭk 1 Geweih
wĭk 2 Wechsel
wīp Wippe
wīs verwesen, Wiesel
wlĭt Antlitz
wl f. wel
wm f. wem
wn (= Fα) f. wen

wob Waffe
wog Wucher
woid f. wid
wŏd f. wĕd
wok erwähnen
wol f. wel
wop Waffe
wŏq erwähnen
wor wahren
worg f. werg
wr f. wer
wrâd (?) Rüssel
wrâk rügen
wrd Wurz
wrê f. wer
wreg rächen

wreng renken
wrengh würgen
wrenk renken
wrgh f. wergh
wrĭk Nist
wrôd Rüssel
wrôk rügen
wrs (?) Riese

yĕ* Jahn
yes gären
yĕt gäten
yū 1 jung
yu 2 Käse
yug Joch

II. Germanische Wurzeln.

(i. = indogerm.)

ag zag
ah f. i. ak
aig (aih) eigen
ait Eiter
ak Acker
al all
an f. i. an
ang 1 eng (cf. Acht)
ang 2 Anger
ang 3 Enke
ang 4 Angel
ank Enke
ar Acker
arb Erbe
as Ernte
at Assel
aþ Adel
au f. u
auk f. i. aug

ba 1 f. bê
ba 2 Bann
bâg Bengel
bak 1 Bache
bak 2 backen
bal f. bol
bang Bengel

bars f. i. bhers
baut f. bût
bô bähen
bell bellen
ber f. i. bher
berg bergen
bes Bast
bī Biene
bid bitten
bīs Besen
bit beißen
bius Biest
biz Besen
bla 1 Blatt
blâ 2 blasen
blab plappern
blad platzen
blê blasen
blek Blick
blik Blech
blô blühen
blôs Blust
blu bläuen
bol Ball 2
bôn bohnen
bor f. ber
bors f. bars

brah Pracht
bram Bremse
brêd braten
breh Brassen
brek brechen (cf. bersten)
brem Breme
bren Brand
brest bersten
brī Brei
brô Brühe, brüllen
bru f. bhru
brûk brauchen
brūs 1 Braus
brūs 2 Brosam
brut —
bû bauen
bud bieten
bûg biegen
buk pochen
burg f. berg
bûs bausen
bût f. i. bhud

da Thal
dab deftig
dad Tadel

* y bezeichnet sowohl den Spiranten j wie i consonans (i), j in yes, yĕt, yu 2 und yug, i in yĕ und yu 1. Vgl. Brugmann Vergl. Grammatik I § 598.

dag Tag	fang (fanh) fangen	gaug ſ. gug
dap heftig	far fahren	gar Garn
daþ Tadel	fas 1 faſeln	gau Gaumen
dau Tod	fas 2 feſt	geb geben
daug ſ. dug	fat 1 faſſen	gel 1—3 ſ. i. ghel
dê That	fat 2 Fitze	gel 4 gellen
dîg Teig	feh fegen	gelþ gelten
dinq dunkel	felh befehlen	ger ſ. i. gher
dô ſ. dê	felþ Feld	gerd Garten
dôg Tag	fenþ fahnden	gers ſ. i. ghrs
drab Treber	fĕr Gefahr	get vergeſſen
drag tragen	fert farzen	gîd Geiz
draug trocken	fet Fitze	gik gickſen
drēn Drohne	feþ ſ. i. pet	gin beginnen
drep treffen	fi Feind (cfr. Fehme)	gîr Geier
drîb treiben	fîh Feile	glas gloſten
drink trinken	finh Finger	glê glühen
drôb trübe	fîs Fiſt	glĭ glimmen
drŭg 1 trocken	fiſt —	glîd gleiten
drŭg 2 Trug	flah Flegel	glĭm glimmen
drŭk trocken	flaih flehen	glimm —
drup triefen	flas flennen	glint Glanz
drus Trauer	fleh flechten	glît gleißen
dû Taumel	flcht —	glô ſ. glê
dŭb ſ. i. dhup	flĭt Fleiß	gnag nagen
dug taugen	fliug fliegen	gra 1 Gras
duk tauchen	flô Flut	gra 2 Grat
dul 1 Dolde	flôk fluchen	grab graben
dul 2 toll	flut fließen	gram ſ. grem
dumb dumm	fnus nieſen	grêf Graf
dump 1 Tümpel	fôd Futter	grem grimm
dump 2 dunkel	fôg 1 fangen	grep Griffel
duns Dunſt	fôg 2 fegen	grî greinen
dŭp tief	fôl fühlen	grind Grand
dus ſ. i. dhus	forh Furcht	grip greifen
dwal ſ. dul 2	frĕh fragen	grô Grummet
dwerg Trug	frek (?) Sprenkel 2	grû Gräuel
dwês ſ. dus	freus frieren	grŭt 1 Grütze
	frî frei	grut 2 groß
erk Eſel	fruh Froſch	gu ſ. i. ghu
erz irre	fruz frieren	gug Gaukler
es ſein 2 (cf. wahr)	fŭ faul	gut gießen
ĕt eſſen	fûh feucht	
êþ Atem	ful voll	hab 1 Behuf, Habicht
		hab 2 haben
fad Futter	gad machen	haf ſ. hab 1
fag fegen	gai gehen	hag 1 hagen
fah —	gaid Geiz	hag 2 Hecke 2
faih Fehde	gal gellen	hâh hangen
fal 1 fallen	gald gelt 2	hai ſ. i. ki u. koi
fal 2 fühlen	galt —	hais wiſpeln
falþ flechten	gang gänge	hait heißen
fan ſpinnen	gap gaffen	hakk Hecke 2

hal 1 holb	hrü 1 f. i. krü	✓ klu Klaue
hal 2 holen	hrü 2 Reue	klûb klieben
hal 3 halten	hrûk krähen	klut Klotz
hal 4 f. hĕl	hrus f. hres	knab Knebel
halþ halten	hrût Rotz	knag nagen
ham 1 Hemd	hruþ rüsten	knê können
ham 2 hemmen	hûd Haut	kned kneten
han Hahn	hubb hüpfen	knip kneipen
hanh hangen	hûf Haube	knô f. knê
✓ har 1—3 f. i. kar	hug (huh) Hocke 1	knuf Knospe
har 4 Harn	hŭk hocken	knus —
harb Herbst	hukk —	kra f. krê
hat Haß	hunh Hunger	krak krachen
hauw hauen	hupp hüpfen	krê krähen
hauz hören	hwat wetzen	krimp schrumpfen
haw Hag	hwelb, hwelf wölben	kring krank, Kring
haz (?) Haar 2	hwerf werben	krink —
hĕl hehlen, Hellbank	hwī winseln	krīt kritzeln
help helfen	hwis wispeln	krü 1 Krume
her 1 Herd	hwit weiß	krü 2 Kraut
her 2 Hirn	hwôs Husten	ku f. i. gu ✓
hī heiß		kun f. ken
hink hinken	i f. i. ī	✓ kus kiesen
hĭt heiß	ik eichen	kut 1 kitzeln
hlad laden 1		kut 2 Kotze
hlah lachen	jes gären	kut 3 Kuß
hlaub laufen	ju f. i. yu ✓	
hlaup —	juk 1 Joch)	lah Laster
hlī lehnen 1	juk 2 (jukk) jucken	lai f. li
hlop laufen		laik Laich
hlup —	ka Kamme	lak leck
hlu hören	kan f. ken	lam lahm
hlus —	kang Kanker 1	lap Löffel
hlût 1 lauter	kann können	las 1 Lust
hlut 2 Los	kapp kappen	las 2 leer
hnigw neigen	kark f. krak	laþ laden 2
hnip kneipen	ken f. i. gen ✓	leg liegen
hnô Rute	kep kappen	lek leck
hnud Niet	kew f. ku	lĕn lind
hnus niesen	kī Keim	leng f. ling
hnuþ Niet	kik keuchen	lep Lippe
hôd hüten	kit kitzeln	lĕt lassen
hol f. hal	klag klagen	li 1 3 f. i. li ✓
hôr Hure	klah Klaue	li 4 leiden
hrap raffen	klai 1 Klei	lib bleiben, elf
hrat rasseln	klai 2 Kleid	lif f. lib
hres Roß 1, rühren	klam Klammer	lig lecken 1
hreþ Räder	klôp Klafter	lih elf
hrī rein	klôt klettern	likk f. lig
hrīþ Ritten	kli Klei	limp Glimpf
hrô Ruhm	klib 1 kleiben	ling gelingen
hrôp Ruf	klib 2 Klippe	lis leisten
hrôs rühren	klîf kleiben	liþ Glied

lub Glaube	nau genau	ruhh —
lud lodern	nê nähen	rŭk 1 Rauch
lug 1 Lug	nêh nahe	ruk 2 Rocken
lug 2 locker	nem Name	rŭk 3 räuspern
lug 3 s. luh 2	nes genesen	rump s. rimp
luh 1 Licht	nêþ Gnade	run s. ren
luh 2 Lauge	niq Nix	rut rösten 2
lûk s. i. lug	nôh genug	
lus 1 Lust		sa s. sô
lus 2 Laus		saf Saft
lät 1 —	ôþ Abel	sag singen
lut 2 heucheln		sai 1 Saite
	pag Pegel	sai 2 sehr
	pleg pflegen	saik seichen
mait Ameise	prik prickeln	saiq —
mak machen	puh Pocke	sak Sache, suchen
mal mahlen	puk pochen	sal Salz,
man mahnen		san s. sôn
mang 1 mengen	qal s. i. gel	sap Saft
mang 2 mangeln	qel —	sarf scharf
mangw —	qer firre	sê Saat
manþ munter	qiw keck	seb Sieb
mar 1 mürbe	qol s. i. gel	seg Sech
mar 2 Meer		seh —
mat 1 Mus	rag regen	sehw sehen
mat 2 Meißel	rai zittern	sek Sech
maþ Matte	raihw Reihe	senq sinken
mô s. i. mô	rak 1 geruhen	serk Sarg
mêd Matte 1	rak 2 u. 3 s. rek	sĕt Nest
meg (?) meckern	ram s. rem	sew s. sehw
melk melfen	ras Rast	sî Saite (cf. sai)
melt Malz	raþ 1 Rede	sib Sieb
melþ melden	raþ 2 rasch	sîh sickern
mêsq Masche	rê 1 anberaumen	sĭk —
mêt Maß	rê 2 u. 3 s. i. rô	singw singen
mig Mist	reb Rebe	sinþ Gesinde
mih mischen	reg Regen	sîp Seife
miþ mis=	rêh regen	siw Säule 2
mô 1 Mut	rek s. i. reg	skab schaben
mô 2 Mutter	rem Rand	skaib schief
mô 3 müde	ren rinnen	skaiþ scheiden
mû Maul 1	rî s. rai	skal 1 Schuld
mûk meuchel=	rîd reiten	skal 2 u. 3 s. skel
mum Mumme 2	rîhw Reihe	skam Scham
munk munkeln	rimp schrumpfen	skap schaffen
mup Mops	rip reif	skaþ Schade
murs morsch	rîs Reise	skoh, skehw 1 Schuh
mûs Maus 1	rô s .rê	skoh, skehw 2 geschehen
	rôk geruhen	skel s. i. skel
nab s. snab	rû s. i. ru	sker scheren
nag Nagel	rub Raub	skerp s. skrep
naq nackt	râd Rost 2	skert Schurz
nat 1 naß	ruf Raub	skew s. skoh
nat 2 Netz	ruh röcheln	

skī Schein	smīw schmeicheln	stif steif
skibb schief	smūg schmiegen	stīg Steig
skīf Schiefer	smūk Schmauch	stik stechen
skig schief	snal Schnabel	sting Stange
skimp Schimpf	snar schnarchen	strak strecken
skīt scheißen	snauþ schnöde	strap straff
skrab scharf	snīd Schneide	strau Stroh
skrag schräg	snīþ —	straup streifen
skral s. skrel	snīw Schnee	strī s. i. strī ✓
skrand Schranz	snô Schnur 1	strīd Streit
skrank schränken	snū schleunig	strik streichen
skrant Schranz	snūb schnauben	string Strang
skrap scharf	snūf —	stru Strom
skrel schrill	snūpp —	strūb sträuben
skrend Schrunde	snus niesen	strūk 1 straucheln
skrep schröpfen	snūt schneuzen	strūk 2 Strunk
skrī Schrei	snutt —	strūt strotzen
skrīb schreiben	snūþ —	stū staunen
skrīd schreiten	sô s. i. sä ✓	stub Stoppel
skrimp schrumpfen	sôk suchen	stud stützen
skrind s. skrend	sôn Sühne	stuf stopfen
skrink schrumpfen	spa Spule	stūk 1 Stauche
skrīþ schreiten	spald spalten	stuk 2 stochen
skrūd Schrot	span Spanne	stumb Stump
skū s. skū	spē sputen	stump s. i. stemb ✓
skūb schieben	spek Sprache	stup Stoppel
skūd schaudern	spen spinnen	stupp s. stuf
skuh schüchtern	spīk Speiche	stur Sturm
skurt Schurz	sprek 1 Sprache	stut stützen
skut schießen	sprek 2 Sprenkel 2	stuþ —
slah Schlag 2	sprēw Spreu	su s. i. su ✓
slap laß	spring springen	sūg saugen
slēp —	sprink Sprenkel 2	suk s. i. sug ✓
slī Schleim	sprīþ spreiten	sum schwimmen
slīd Schlitten	sprūt sprießen	sund Sünde
slīk 1 schleichen	spuk Spuk	sūp saufen
slīk 2 schlecken	srī Streit	sûs Saus
slikk —	stā stehen	suþ Schwaben
slind schlingen 2	stab Stab	swak schwach
slingw (slinhw) Schlinge	stai stehen	swaip Schweif
slīp schleifen	stal Stall	swar s. swer
slīt schleißen	stam stammeln	swaþ schwätzen
slū schlummern	stamp stampfen	swef Schlaf 2, Schwefel
slūk schlucken	stand Staub	swek schwach
slūp Schleife	stap Stapfe	swel 1 schwelen
slūt schließen	staþ stehen	swel 2 schwellen
smaikw Schminke	staut stoßen	swelg(h) schwelgen
smak schmecken	stek stechen	swell schwellen
smelt schmelzen	stel s. stal	swom schwimmen
smer Schmeer	sten stöhnen	swemp Sumpf
smert Schmerz	ster s. i. ster ✓	swenq —
smī schmeicheln	sterb verderben	swer 1 schwören
smīt schmeißen	stert Sterz	swer 2 Schwäre

swer 3 ſchwirren
swerg Sorge
sweþ Schwaben
swī ſchwinden
swib 1 ſchweben
swib 2 beſchwichtigen
swig —
swing ſchwank
swink —
swīt Schweiß
swôt ſüß

tad Zettel
tal Zahl
tand zünden
tanh zäh
tarb Zirbel
taub, tauf ſ. i. dūp
tĕgw Zeche
tĕhw --
teld Zelt
tem ſ. i. dom
ter ſ. i. der
tĕw Zeche
tî Zeit
tīh Zeichen
tĭk —
trand trendeln
tred treten
trĕg träge
trem treten
treu ſ. trū
trô zittern
trū traut
tug ſ. i. duk
tuh —
tūs zauſen
twis 1 Zwirn
twis 2 Zwiſt
twīf Zweifel
twihw —
twiw —

þagw ſ. þaw
þank Dünkel
þar Darm
þaw tauen
þĕg Docht
þegw dienen
þĕh Docht
þehs Deichſel 2

þek Dach
þel ſ. þul
þem 1 dämmern
þĕm 2 dämiſch
þen dehnen, ſtöhnen
þens gedunſen
þerb verderben
þerf darben
þerh durch
þers Darre
þik dick
þinh ſ. i. tenk
þīst Diſtel
þluh fliehen
þrê Draht
þrêh ſ. i. trek
þrêhs drechſeln
þrinhw ſ. i. trenk
þrîs dreiſt
þrukk ſ. i. trek 2
þrung ſ. þrinhw
þrut verdrießen
þuf Dieb
þul dulden
þûm Daumen
þunk ſ. þank
þurb, þurf ſ. þerf
þus toſen
þwenh Zwang
þwer Quirl
þwerh Zwerch=

u Wahnſinn
ub Obſt
urt Wurz
ut Waſſer

wad 1 waten
wad 2 ſ. wed
wah erwähnen
wahs wachſen
wai Weide 2
wak 1 Wachtel
wak 2 Wucher
wal ſ. i. wal u. wel
walk walken
walt Walze
wam ſ. wem
wap Waffe
war 1 warm
war 2 wahren

was Waſen
wat Waſſer
wê ſ. i. wê
web weben
wed wett
weg wackeln, Woge
wel ſ. i. wel
welk welk
wem wimmeln
wen ſ. i. wen
wend ſ. wund
wêp ſ. wap
werg würgen
werk wirken
werp werfen
werq —
wers wirr
werþ werden
wes ſ. i. wes
wi ſ. i. wi
wib Wippe
wid Wittib
wīg Geweih
wih Wechſel
wik ſ. wiq
wind Winde
wink Wink
winn gewinnen
winþ Wanne
wīp Wippe
wīq weichen
wis ſ. i. wis
wit gewiß
wlit Antlitz
wôk ſ. wak
wrank ringen
wras ſ. was
wrek rächen
wres (?) Rieſe
wrīb reiben
wrih 1 Riſt
wrih 2 ſ. wih
wring ringen
writ reißen
wrīþ Riſt
wrôg rügen
wrôt Rüſſel
wul ſ. wel
wulf ſ. i. welk
wund Wunder

Sachindex.

Vorbemerkung. Vollständigkeit der Citate ist hier ebenso wenig erstrebt wie beim Wurzelindex; vgl. die Vorbemerkung dort.

Ablaut bähen, Bahre, Balken, Ball 2, Bausch, binden, bitten, Bemme, blank, Blech, blenden, blinken, Bort, Braue, brechen, Brocke, Brust, Bube, Bühne, Dach, Dampf, dauern 2, Dolde, drängen, dulden, dumpf, dunkel, Dusel, Dust, Egge, empören, erlauben, Euter, fegen, fechten, fern, First, Fist, flach, Fladen, Fliege, flimmern, Fohlen, fromm, Fuß, gedeihen, gelb, Haube, Haufe, heben, Heim, Henne, Hitze, hoch, Holz, Hügel, Kalb, kalt, keck, kerben, Kerl, Kiefer 1, Kitze 2, Klaue, Kleister, Kloben, klopfen, Knäuel, Knie, Knoten, Koch, können, Korn, Kot 2, krächzen, Kring, Kröte, Kuchen, Lab, lahm, lassen, laufen, läugnen, Leber, lecken 1, Leim, Lippe, Lob, Matte 1, Moor, Moos, Muhme, Nase, Natter, Netz, Pauke, Rauch, Ritt, Ruder, Ruhe, Säge, Salz, Säule 1, Saum 1, Schinken, schlaff, Schwaden, stark, Staub, Stier, stinken, sturen, teuer, That, Ulme, Wasser, Wiege, Wuchs, zwacken.

Ablautsreihen vermischt s. Art. „Mischung".

Ableitungen s. „Suffixe".

Abschwächung s. „Schwächung".

Abstraktsuffixe Botschaft, Kunst, List, Saat, sal, Schlacht, Werk, wund, cfr. „Verbalabstrakta".

Accentschwankungen Altar, Arzenei, vgl. d. folg. Art.

Accentverschiebung 1) in Lehnwörtern: Abt, Altar, Eibisch, Fenster, Gelte, Ginst, Kalender, Kamel, Kamin, Kapelle 1, Karat, Kastanie, kasteien, Kette 2, Kirsche, Kordel, Lattich, Lawine, Legel, Markt, Metzger, Münze 1, opfern, Palast, Perlmutter, Rettich, Sebenbaum, Seckel, semperfrei, Speicher, Spital, Teppich, Trommel, vgl. noch Kamel, Kapitel, krystall, Laterne, lateinisch; 2) in echt deutschen Wörtern: Forelle, Hermelin, Kobold.

Ackerbau Spelt, cfr. „Getreidebez."

Adjektive adverbial baß.

Adjektive substant. Ampfer, Au, Bär 2, Drillich, Farbe, Firn, halb 1, Hammel, hoch,² hohl, Hohn, Jammer, Kirsche, Kot 2, Krampf, Leid, Leinen, machen, Malz, Meineid, Mensch, Mittel, Narbe, Naß, Spieß 2, spitz, stolz, Strang, Stummel, Tier, weissagen, Wert 2, zwar, Zwillich, Zwilling.

Adjektive aus Adverb. bange, sparen, Tag, zufrieden, zuwider.

Adjektive von Verben abgeleitet s. „Verbaladjektiva".

Adjektivsuffixe emsig, heiser, klein, cfr. „Verbaladjektiva".

Adverbien aus Cas. obl. von Subst. od. Adj. Flug, je, maßen, Morgen 1, oft, Seite, statt, stet, strack, Tag, Teil, viel, wärts.

Adverbialsuffixe nun, Seite.

Alarich Pfeffer.

Alliteration Kegel 2.

Alte Wörter verdrängt Habergeiß, Hader, Herr, hoffen, Honig, Joch, Kamel, Karfreitag, Kilt, krank, Kuckuck, Laib, Leinwand, Marschall, Maulwurf, Raue, recht, Robbe, Roß 1, Schwert, Silber, Sprache, Tag, trinken, viel, Wahnsinn, cfr. „Fremdwörter verdrängen einheimische".

Altgerm. Anschauungen Abend, Kebse, Nacht, Weib.

Amerikanisch Mais, Kartoffel, Orkan, Rum, Tabak.

Anachoreten, irische, Pfaffe.

Analogie s. „Anlehnung".

Anbildung s. „Angleichung" u. „Nachbildung".

Andeutung s. „Anlehnung" u. „Umdeutung".

Angelsachsen Hagestolz, Saum 2, cfr. „England".

Angleichung s. „Assimilation".

Anlehnung Abtei, ahnen, allmählich, anheischig, anrüchig, Arzenei, Attich, August, Bankert, Beck, Beige. Biest, bigott, blenden, Braut, brüllen, Bücking, Demut, Drilling, ducken, Einöde, Elfenbein, Enterich, Fach, Flaum, Frevel, Gänserich, genug, hantieren, Hebel, heischen, Hirte, Höcker, Kalender, Kamin, Kelch, Klause, Kleister, Koch, kritteln, Lage, Lippe, Mangold, Markt, Marschall, Meineid, Meßner, Morast, Näber, oder, ohne, opfern, Petschaft, Pfennig, Pfriem 2, reffen, ruchtbar (ruchbar an Geruch), Scharreisen, Scheu, Scheusal, Schierling, Schmied, schüchtern, Schuhu, Seidelbast, seufzen, sichten, Sold, Sprichwort, stehlen, Stern, Steuer 2, Stich, Uhu, Unbill, Weiderich, weinen, weissagen, Wieche, zertrümmern, zittern, Zwiebel*; s. ferner „Einfluß", „Mischung", „Nachbildung" und „Umdeutung".

Anschauungen, altgerm. s. „Altgerm. A."

Aphärese Ache, Bottich, dulden, Elster, Gurke, Hast, Helm 1, keck, kommen, Labberdan, lang, Lärm, Leber, Leis, Mandel 2, Mütze, Nabe, Näber, Nachen, nagen, Natter, neben, Pflaster, Rasch, Rauke, Regen, Samt, scheren, Schlag 2, Schleife, Schleim, schließen, schlucken, Schmach, schmal, Schmeer, Schmerz, Schnee. Schnur 2, schrumpfen, Sittich, Spargel, Spatz, Specht, Speck, spinnen, Stamm, stechen, Storch, Strick, Stube, von, weder, weg, zag, Zahn, Zähre, s. „Doppelwurzeln" u. „Kürzung".

Apokope bieder, da, ehe, elend, Ferse, Fink (nhd.), halt, Heide 2 (nhd.) u. ä., Hexe, Küche, Pille, vgl. „Kürzung".

Arabische Kultur s. die im arab. Index verzeichneten Artikel.

Archigenes v. Apamea Arzt.

Arianismus Bischof, Pfinztag, cfr. „Griech. Kirche".

Ariost Rodomontade.

Arras Rasch.

Arzneikräuter Galgant, Gundelrebe, Günsel, Kamille, Zitwer.

Arzneikunde s. „Heilkunde".

Askalon Schalotte.

Aspiration Bart, Berg. Boden, Mark 3.

Assimilation Amt, Attich, Balg, Ballast, Barsch, Beispiel, bellen, Bemme, bersten, Blume, Borste, dicht, dorren, dort, Druck, dumm, dünn,. durch, dürr, Eiland, eilen, Einsiedel, Elle, Elster, empor, ent=, Ernte, essen, fallen, Farn, Farre, Feder, Feier, finden, Finne 1, flechten, flennen, Flotte, forschen, fünf, Garn, Gerste, Gold, Grund, Haar 1, 2, Halde, Halfter, Hals, Hampfel, Hase, Hasel, Haupt, Hebamme, heute, Himbeere, Hirn, Höcker, Holz, Hummel, Imme, irre, Kampfer (cfr. Samstag), Kaninchen, Kanne, Kiefer 2, Klang, klimmen, Klinse Klumpe, Knau, Kobold (cfr. Krammetsvogel), Kot 1, Kralle, Krampf, krank, Krolle, Krippe, Kummer, Kunft, Lattich, Latwerge, Lauch, Leilachen, minder, Muhme, Nacht, nennen, Ort 2, Pfennig, Pips, Pult, Rabe, Reif 2, Röhre, Rolle, Roß 1, Rotte, rumpeln, sagen, Salweide, Samstag, Schimmel, schlank, schlecht, Schwäher, Sessel, Sinn, Spilling, Spindel, Stern, Stift, Stolle, stören, Stummel, Sucht, Tölpel, trachten, verdammen, voll, wallen 2, Wamme, Wams, wanken, Wanne, wild, Zoll 2, Zwerch=, Zwist.

Astrologie Laune.

Augustinus Orgel.

Ausgleichung s. „Formübertragung".

Auslautsgesetz halt.

Aussprache v. germ. ai b. d. Römern Kaiser.

— v. griech. ?, anord. þ in altd. Zeit Ketzer.

— des Mittel= und Neugriech. Fibel, Greif, Grille, Kamel, Kreide, Kupfer, Leier.

— des Lat. im Spätlat. und im Deutschen Erz=, Kerbel, Lärche, Larve, Mönch, Pein. Pfühl, Pilz, predigen, Regel, Rose, Schellkraut, Schule, Smaragd.

durch d. Schreibung beeinflußt Egge (Nachtrag), Ephen.

Aussterben alter Wörter s. „Alte Wörter".

Backwerknamen Bretzel, Kipfel, Kringel, Krapfen, Platz 2, Waffel, Weck, Zelte.

Baden b. alten Germanen Bader, laben, Samstag, Stiegel.

Bahuvrihi-Komp. Leiche.

Basken Kabliau.

---

* Auch Gundelrebe? Anl. an Günsel u. ä.? Oder durch Dissim. aus *Gunderrebe (cfr. Gundermann)? Und Laffe? Anl. an Affe?

Baumnamen f. „Pflanzennamen".

Bayonne Labberdan.

Beda Ostern, weihen.

Bedeutungswandel d. i. Verallgemeinerung, Spezialisirung, Uebertragung u. ä.*

Abgott (falscher G.), Abgrund (herabgeh. Grund), Acker (Weideland), Adel (Stamm, Vererbung), Adler (edler Aar), ahmen (visieren), ahnen (einem ankommen?), Ähre (spitz), Albe 1, 2 (weiß), Alber (weiß? Baum? vgl. Espe), albern (gütig, wahr), Alp (Elf), Alpe, alt (aufgewachsen), Ameise Abschroterin?) Ammann (Diener), Amme, Ampfer (bitter), Angel (spitz, vgl. Ähre), Angst (Enge), Anke (Salbe, vgl. Schmeer), Arche (Kasten), arg (nichtswürdig), Art (Wohnung?), Asch 2 (eschen, vgl. Truhe), Asche 2 (aschgrau), Assel (Esser? vgl. Ameise u. Made), ätzen (essen machen, vgl. beizen), Au (Wasser, vgl. Bruch 1), Aussatz.

Baas (allg. Kosewort wie Amme), Bache, Backbord, Backe 1 (Rückenstück), Backe 2 (Kinnlade), Bader, Bagger (Grundschlamm), bähen (warm waschen), Bai 1, 2 (Öffnung), Bake (Zeichen), bald (kühn), Baldachin (aus Bagdad stammend), Balg (schwellend), balgen (tumere), Ballen (Rundliches), Band 1, Bann (Verkündigung), -bar (tragend), Bär 2 (braun, vgl. Biber), Barbe (bärtig), Barsch (borstig), Barte 1, 2, Base (Kosewort), Batzen, Bauch (gebogen), bauchen (waschen?), bauen (sein, werden), Bauer 1 (Wohnung), Bauer 3 (Mitbewohner), Baum (Gewächs), Bausch (Knüttel?), bausen (schwellen), Bede, Beere (eßbar), Beet (= Bett), befehlen (anvertrauen), behagen, Behörde, Beige (dicht?), Beil (spaltend), beilen (Furcht einjagen?), Bein (gerade), beißen (spalten), beizen (s. ätzen), belemmern (lähmen), bellen (schreien, vgl. gürren, krähen u. wiehern, auch kreisen), Belt (Gurt), Bengel (Prügel, vgl. „Strick"), berappen (Rappen geben), bereit (kriegfertig), Berg (hoch, vgl. „Höhe"), bergen, Berline, Bernstein (brennend. Stein), Ver-

serker (Bärenkleid), Besanmast (Mittelmast), bescheiden, beschummeln (plagen, vgl. belemmern). besser, bestatten, betäuben, beten, Bett (Gegrabenes), Bettel, Beunde, Beutheie, Beweis, Biber, bieder (zweckmäßig), biegen, Biene (Zitternde), bieten, Binse (in der Nässe wachsend), Bißchen, bitten, bitter (beißend), blach, Blackfisch (schwarzer Fisch, vgl. Asche 2 u. Bleiche), Blaker, blank, Blase (vgl. After, Kot 2 u. d. Art. „Verhüllungen), blasen, blaß, Blässe, Blatt (geschwollen, vgl. Balg), Blatter (Schwellung), blau (glänzend?), Blech (glänzend), blechen, blecken, bleiben (kleben), bleich (glänzend, vgl. blau). Bleicher, Bleihe (bleich, vgl. Blackfisch oben), Blendling, Blick (Strahl), blind, blöde (kraftlos), bloß (kraftlos?), blühen, Blume (blühend), Blut, Bock, Bofist, Bogen, bohnen, bohren, Boje (Fessel), bölken (s. bellen oben), Bolle 1, 2 (knollenartig), Böller, Bombast (Baumwolle), Börde, borgen (Acht haben), Borke (bergend?), Börse (Fell), Borte (Rand), böse (gering?), bosseln 1 (stoßen), brach, Bracke (Riecher? vgl. Ameise), Brand, Braue, Brasse (Arm), Brassen (glänzend? s. Blackfisch oben), Braten (Fleisch), braten (erwärmen? cfr. brüten), brauchen, brauen (durch Feuer bereiten), braun (vgl. Röteln), Braus, Brausche. Braut (junge Frau, Schwiegertochter), Breme (brummend), Brief (Kurzes**, dann Urkunde), Brille (Beryll), Brombeere (Dornstrauch), Brot, Bruch 2 (s. Au oben), Brücke (= Braue), Bruder, brühen, brummen (vibrieren), Brunft, Brut, Buch (Buchstaben), Bube, Buche (Eiche? Urspr. „Baum mit eßbarer Frucht"), Bucht, Buckel 2 (Krümmung, vgl. Bauch), Bücking (Böcklein?), Bude, Bügel, Bühel, Bühne (Brett), Bühre (grobes Zeug), Bulle 1 (schreiend, brummend? s. bellen u. Brunft, auch Breme), Bulle 3 (Wasserblase), bunt (punktiert?), Burg, Bursche (Studentenhaus), Büschel, Buße (Nutzen, Ersatz), Büttel (vgl. Bote = Bietender).

---

* Die Klammern enthalten die ältere oder die Grundbedeutung des vorstehenden Wortes. Von einer Anordnung sämtlicher Wörter in Gruppen nach den verschiedenen Arten des Bedeutungswandels ist Abstand genommen, weil die Zugehörigkeit eines Wortes zur einen oder andern Gruppe in vielen Fällen unbestimmt ist. Diese zu untersuchen und zu entscheiden ist hier nicht der Ort. Vgl. Paul, Principien² 66 ff.

** Könnte in Verbindung damit nicht auch curtum (s. kurz) zunächst als term. techn. des Schriftwesens aus dem Lat. herübergenommen sein? Vgl. sicher.

da, Dach (vgl. „Decke"), Dachs (Bauer), Dalles (Totenkleid), dämisch, dämmern (dunkel sein), Dampf, Dank (das Denken), dann, darben, Darm (Durchgang), Darre, daß, Daumen (geschwollen), Daus 2, deftig, Degen 1 (Dienstmann), dehnen, Demut (Dienersinn), denken (scheinen machen), derb (ungesäuert), Deut (Geschnittenes, vgl. „Schnitz" in gl. Bdtg.), deuten (volksmäßig machen), deutsch, dichten, dick (dicht, häufig), Diele, Dienstag, Ding (Zeit, Termin), Dirne (Knechtstochter), Docke, Dogge, Dohne, Dokes (Unterer, vgl. After), Dolde (Kuppel), Dom (Haus), Donner, doppeln, Dorf, Dost, Dotter 1 (Punkt, vgl. Spund), Dotter 2, Draht(Gedrehtes), Drang, drechseln (drehen), Dreck (Satz?), drehen, dreist (vgl. außer tapfer noch gewinnen und d. Bedeutungsentfaltung der Wz. tel unter dulden), dreschen, drillen, Drillich, bringen, Drohne (Dröhnende, vgl. Breme und Bulle 1), Droft, Druck(vgl.Band 1), Drude (Traute), Druse 2 (Drüse), Ducht, Duckmäuser(vgl. „Schlich"), Duft 2, dumm, dumpf, Düne, Dung, dunkel, Dünkel, dünn, Dunst (zu dehnen), durchbohrend, Durchlaucht, dürfen (entbehren), dürr, Dusel.

Ebbe (Ebnende? Rückzug?), Eber, echt, Eck, Ecker (Frucht), edel, Ehre, Eiche, Eichel, Eichhorn (beides „das Junge der Eiche", vgl. Elritze und Forelle), eichen, Eidam, Eidechse (Furchtmacherin? vgl. Biene), Eiland, ein, Eingeweide (genoss. Speise), einzeln (wessen Los allein dasteht), Eis (glänzend?), eitel, Eiter (Geschwulst), Ekelname (Beiname), elend (in, aus fremdem Lande), Elle (Vorderarm), Elritze (Erlenfisch? s. Eichhorn), Eltern, empor, Enkel 1, 2, entern (intrare), entrüstet (der Rüstung beraubt, cfr. bereit = gerüstet), entsetzt (des Sitzes beraubt, Kriegsausdruck?), Eppich, Erbe (Verwaister?), Ereignis, erfahren (vgl. „bewandert" und peritus zu Wz. per fahren), ergötzen (vergessen-machen), erhaben, erlauben, Ernst, Ernte, erörtern, erquicken (vom Tode erwecken), erschüttern, erst (früh am Tage), erwähnen, Espe (Baum? vgl. Alber), Esse (von Lehm gemacht?), Essen, Estrich (Pflaster), euch.

Fach, Faden (Umspannung), fahl, Fahne (Tuch), fahnden, fahren, Fahrt, Falke, fallen, Farn, faseln, Faser (zu faseln? „Bewegliches"? cfr. Flitter und Flocke), fassen, fast, fasten, Faß, faul, Feder, Fehde, feige (dem Tode verfallen), Feim, Feind, feist (gemästet), Fell (Haut), fern, fertig (cfr. entrüstet), Fessel 1, Fetzen (Kleider), finden, Finger, Finte, Firlefanz (Art Tanz), firn, Firn, Fistel, fix, Fladen (breit), Flaus (Wolle), Flechte, Fleck, flehen, Fleisch (Schinken, Speck), Fleiß, Fliege (cfr. Floh und Vogel), Fließ, fließen, flink, Flitter (unstät), Flocke, Floh, Flosse, flott, Flöz, fluchen (schlagen), Fluder (zu fließen), flügge (wer fliegen kann), flunkern, Flur (Fußboden), Fluß, Fohlen, Föhre, Forelle (gesprenkelt?), fordern (vorladen, Kriegsausdruck?), Forst (zu Föhre?), Fracht (Lohn), Frau, Fräulein, frech (gierig), frei (liebend), Freund, freilich, Friedhof, frieren (jucken, stechen), frisch (früh), froh (flink? hold?), frohn, fromm, früh, Frühling (cfr. Jahr), Fuchs, fühlen, führen, Funke, Fürst, Furt, Fuß.

gaffen (d. Mund öffnen), Galgen (lange biegsame Rute), Galle 1 (Gelbes, cfr. Gold), gänge (was gehen kann, cfr. flügge), ganz, Garbe 1 (Handvoll), Garten, Gasse (mit Eingang versehen), Gatte (Genosse), Gast (Fremdling), Gauch, Gaudieb, Gaukler, Gaul (männl. Tier), gebären, Gebet, Gebiet, gebühren (vgl. d. übertr. Bedeutung v. zukommen, sich treffen), Geburt, Gefahr (Nachstellung, Probe), Gefährte (s. Genosse), gefallen (gut fallen, vom Loos), geheim (zum Heim gehörig), Gehren, Geier (d. Gierige, cfr. Wolf = Räuber), geil (lustig), Geist (Erregung?), Geiz, Gekröse (Kranzes), Gelage, Gelb, Gelenk, geloben, Gelze (cfr. Hammel und Schöps), Gemach, Gemächt, Gemahl, genesen, genießen, Ger (Schaft), gerad 1, 2 (flink), Gerät (Beratung), gerben, gerecht, Gericht, gering (leicht), Gerste (stachlicht), gescheit (s. bescheiden), geschickt, Geschirr, Geschlecht, Geschmeiß, geschwind (stark), Geschwister, Geselle (Mitbewohner, Freund, vgl. Bauer 3, Ducht, Genosse, Gefährte und Gespan, anderseits Gatte und Gesinde), Gesicht, Gesindel, Gespan, Gespenst (Lockung), gestehen, gestern (auch — morgen), Getreide (was getragen wird, auch Kleider u. s. w.), gewahr, Gewand, gewandt (vgl. geschickt), Gewehr (Wehr), Geweih (Waffe), gewinnen (arbeiten, s. breist oben) Gewitter, gewogen, Giebel (Kopf?), gießen, Gift (Gabe, cfr. „Dosis"), Gilde (Opfer), Gimpel (Blut-

fink), glatt, Glaße (Glattes), glauben (gut-
heißen), gleich, Gleife, Gleiß, Gleißner,
gloßen, Gnade (Senkung, Neigung), Gold
(Gelbes, cfr. Galle 1), Göße (Gußbild?
Götterbild?), Goffe, Graf (Befehlender, Vor-
steher), gram, Grau, Granne, Grans,
greinen, Grenfing, Grieß, Grind, Groschen
(Dickes, dagegen Schilling -: Schellendes),
Gruft (cfr. Grotte, beides urspr. Höhle),
grübeln (zu graben, vgl. erwägen), Gruß,
Grüße (Storn), Gulden, Gundelrebe, gürren
(cfr. bellen), gut (passend).

Habergeiß, Habicht, Hafen 1, 2, Haff,
Haft 1, 2, Hag, Hagel (Kiesel?), Hagen, hager,
Hagestolz (Hagbesißer), Hahn (Sänger?),
Hahnrei, Hain (Einfriedigung), Halde
Halfter, Hall, Halle (verdeckt?), Halm
(spiß?), Hals (hervorragend?), halten (mit
sorgf. Überwachung zusammenhalten), Ha-
men, hämisch (verhüllt), Hammel (ver-
stümmelt, vgl. Gelze), Hammer (steinern),
Hand 1 (Fassende? vgl. Finger -- Fangen-
der?), Hand 2, handeln, Handwerk (Hand-
arbeit), hangen, Hanse, hantieren, Häring
in Scharen kommend), Harke (kraßend?),
harren (hart sein?), Hase (Grauer? vgl.
Asche 2), Hasel, Haß (Nachstellung),
Haube, Haufe, häufig, Haus (bergend),
Hauste, Hebamme (Hebende?), Hebel, Hechse,
Hecht (stechend, vgl. Barsch), Heer (z. Kriege
gehörig), Hefe (hebend), Heft, hegen, hehr
(glänzend, grau, dann ehrwürdig), Heide
1, 2, Heim (Dorf), Heimchen, Heirat (Haus-
besorgung), heißen, heiter, Held (hart), hell
(tönend), Hellbank, Heller (Schwäbisch-
Haller), Helm 1, Hemd (Kleidchen), hemmen
(verstümmeln?), Hengst (Wallach), henken,
Henker, Herberge (Heerlager), Herbst (Ernte),
Herr, Herzog (vgl. Graf), Hen („zu Hauen-
des"), heucheln (sich bücken), heulen, Heu-
schrecke (Heuhüpfer), Hexe (Waldfrau),
Himbeere, Himmel (deckend, vgl. Haus),
Hinde, hindern (nach hinten bringen), Hirn
(Schädel), Hirsch (Gehörnter), Hirte (zur
Herde gehörig), hoch, Hochzeit (vgl. d. Be-
deutungswandel bei Braut, Gatte, Heirat,
verloben, vermählen), Hocke 1 (vgl. Hauste),
Hocke 2, Hof, Hoffart, hold, holen (rufen?),
Hölle (bergend. f. Himmel oben), Holm, Honig
(körnig?), Hort (das Verborgene), Hose,
hübsch (höfisch), Huhn, Hülle, Hund, Hunds-
fott (vgl. Keib u. Schachtel 2), Hüne, hunßen,
Hürde, huschen, Hut (vgl. „Schirm"), Hußel.

ihr, immer, Innung, irdisch, irre.

Jacht, Jahr (Lenz), Jauche, je, jeder,
jenseit, Jungfer (Edelfräulein), Junker
(Sohn eines Herzogs ob. Grafen).

kacken, Käfer (Nagetier? Schotentier?),
Käfter, Kahm (Überzug), Kahn, Kaiser,
Kalk, Kalm, Kamerad (Stubengenossen-
schaft), Kamin, Kamm (gezahnt), Kammer,
Kampf (Eifer), Kanker 1, Kante (vgl. Ecke),
Kanzel, Kapelle 1 (Mäntelchen, dann der
einen heil. Mantel u. überhaupt Reliquien
bergende Raum), Kapitel, Kappe (Mantel),
kappes, kaput, Karch, karg, Kartaune,
Kartause, Kaue (Höhle), kaufen (Tausch-
handel treiben), kaum, Kebse, keck (lebendig),
Kegel 1 (Pflock), Keib (Aas), Keim (auf-
springend), Keller, Kelter, Kemenate (Kamin-
zimmer), kennen, kerben, Kerl, Kerze (Werg),
Kette 1 (Herde), keusch, Kicher, Kiel 2
(Schiff, eig. kugelförmiger Behälter), Kilt,
Kind, Kinn (Backe, vgl. Backe), Kirchweih,
Kirmes, Kladde (Schmuß), Klaff, Klafter
(Maß der ausgespannten Arme), Klamm,
klaterig (urspr. vom Wetter gebr.), Klaue
(zusammenziehend? f. Knäuel), Klause,
kleben, Kleck, klein (rein, zierlich, cfr.
schmal), Kleinod, Kleister, Klepper, klimmen
(haften), Klinge 2 (klingend), Klinke
(klingend), Kloben, Klucke, Kluft, klug,
Knabe, Knall, Knan, Knaster, Knäuel,
Knecht, Knittelvers, knobeln, Knödel, Knollen,
Knorre, Knospe (Knorre), Knöterich (knotig,
cfr. Wegerich), Knubbe, Knüppel, Knust,
Knüttel (Stock oder Strick mit Knoten),
Koben (Hütte), Köcher (Behälter), Kolben,
Komtur (Befehlshaber, vgl. Graf), König
(vornehmer Mann oder Sohn eines solchen),
können (kennen, geistig vermögen), Kopf
(Gipfel, vgl. Hals), Koppel (Band), Korn,
Kost 2, Kot 1, Kot 2 (Häßliches), Köter
(Bauernhund, vgl. Klepper), Kraft, Kragen
(Hals), Krähe, krähen (f. bellen oben),
Krahn (Kranich), Kram (Zelttuch, vgl.
Feßen), Krammetsvogel, Krampe, Krämpe,
Krämpel (f. Kram oben), Kranich (Altern-
der?), krank, kränken, Krapfen 1 (Haken),
Kräße (Kränßel (kl. strng), Kraut, Krebs
(Haßiger? vgl. Barsch und Hecht), Kreide
(aus Kreta stammend), kreisen (vgl. fahnden,
Kram u. liegen, ferner oben bellen), Kreuzer
(vgl. Baßen), Krieche, Krieg (Anstrengung,
vgl. Kampf), kriegen, Krippe (korbartig),
Kropf (runde Masse, vgl. Bauch), Krume

(Gekratztes, vgl. Deut = Geschnittenes, Brocken = Gebrochenes und „Schnitz"), krumm, Krüppel, Kufe 1, Kuh, kühn (weise, erfahren), Kummer (Schutt), Kupfer (cyprisch), Kuppe, kuppeln, Küster (Wächter), Kutte (grobes Wollenzeug).

Lab (starke Essenz), laben (waschen), Lade, Laden, laden 2 (liebevoll behandeln), Laffe, lahm (gliederschwach i. Allg.), Laie, lallen, langsam, Lärm, Lase (vgl. Gefäß), lassen, Last, Latz (Schlinge), Laube (Halle), Lauer, lauern (versteckt liegen), laufen, Laune (Mond), laut, Laut, läuten, lauter (gewaschen, vgl. keusch), Lawine (aufgetaut?), leben (verharren), lechzen (austrocknen), ledig, Lee (Schutz?), Legende, Lehde, Lehne 1, lehnen 1, lehren, gelehrt (S. 206), Leib (Leben, Beharrung), Leich, Leiche (Leib), Leichnam (Fleischhülle), leicht, Leier, leihen (lassen), Leim (Klebestoff aus Erdmasse), Leine (aus Flachs bereitet), leise, Leisten (Fußspur)*, leisten (folgen), leiten (gehen machen), Leiter (schräg), lenken (seitl. Richtung geben), lernen, lesen (aufsammeln), letzt (säumigster), Lemmund, Licht, lichten, lieb, liegen, Linde, List (Klugheit), Litze (Faden), Lob, Loch (Verschluß), Locke (gebogen?), lodern (emporwachsen), Löffel, Lorbeer (Beere d. L.-Baumes), Los (Opferterminus), löschen 1 (legen), Luchs (leuchtend), Luder (Lockspeise), Lümmel (schlaff, vgl. Lump), Lunge (leicht), Lünse (Pflock zum Lösen [des Rades]), Lunte 2.

machen, Made (Nager, vgl. Käfer, Ameise u. Assel), Magd (Jungfrau), Mage, Magen, mager, Mahl 2 (Zeit, vgl. Ding), Mähne (Hals, s. Kragen), Maie, mäkeln, Mal 1 (s. Mahl 2), malen, Malter, Malz (weich), man, mangeln, Mann (Mensch), männiglich, Märchen, Mark 1, 2, Marsch (Sumpf), Marschall (Pferdeknecht), Marter (Blutzeugnis), März, Maser (cfr. Kropf), Masse, Matratze (Ort, wohin etwas geworfen wird), Matrose (Tischgenosse), matt, Maulwurf (Erdwerfer), Maus 1 (Diebin, vgl. Wolf), Maus 2, Mause (Wechsel), mausen, mausig, Meer (tot?), Meier (Vorsteher d. Dienerschaft, vgl. Kellner und Marschall), Meile (tausend), Meiler (Tausend), Meineid,

meinen, Meisch (Mischung), Meister, Meißel, melden (verraten), melken (abstreichen), Memme (weibl. Brust), mengen, Mensch, Messe, messen, Messer (Speisemesser), Meßner (Hauswart, vgl. Küster u. Meier oben), Met (süß), Metze 3, Mieder (Leib, Leibchen), Milbe (mahlend, staubmachend), mild (zerrieben? vgl. Mulm), Milz (erweichend?), Minne (Erinnerung, cfr. Dank), Mist, mögen, Molke, Monat (Mondzeitabschnitt), Mond (Messender?), Moor, Moos, Mops (Fratzen machend), Mord (Tod), Morgen 1 (Dämmerung?), Morgen 2 (Arbeit eines Morgens), morsch (zermalmt), Mörser (Zermalmer), Mucke (Mücke), Mücke, mucken, müde, Muhme (Mutterschwester, eig. Kinderwort), Mulm (Zerriebenes), Mund 1, 2, munkeln, Münster (Kloster), munter, Mus (Gekochtes, Gemüse), müssen, Muße, Mut (heftige Erregung), Mutter (Zuteilerin? Bildnerin?), Mütze (Umhang), mutzen.

Nachtigall (Nachtsängerin), Nadel, Nagel, nähren (genesen machen), Narbe (Enge, vgl. Angst), Narr (navis), Nebel, neben (in gleicher Linie mit), Neffe, Nehrung, Neid (Eifer? cfr. Kampf), nein, Nessel, Nest (Lagerstätte, vgl. melken und die bei bellen oben erwähnten Spezialisirungen), Netz, neu (jetzt entstehend), nicht (nichts), Nichte, nichts, niedlich, Niere, Niete (nichts), nimmer, Nix, Nobiskrug (Höllenschenke), None, Nonne, Nord (weiter unten befindlich?), nur.

ob, ober, Obst (oben befindlich? vgl. Nord), Oblate (Dargebrachtes), Ochse (ausspritzend? erstarkend resp. stark?), Ofen (Topf), Oheim (Erbe des Großvaters?), ohngefähr (ohne böse Absicht), Öhr, Ohrfeige, Orden (Ordnung), Orgel (jedes musikal. Instrument), Ort 1, Ort 2 (Ecke), Ort 3, Osten (Morgenröte), Otter (Wassertier).

Pacht, Pack 2, Palast, Pappe (Kinderbrei), Papst, Paradies (Park), Partei, paschen, Pate (pater), Pedant (Erzieher), Pedell (wer bittet, einlädt), Pein (Strafe), Pennal, Perle (kleine Birne), Pfaffe, Pfalz (Pfahlbezirk), Pfand (Weggenommenes?), Pfarre, Pfeil (Wurfgeschoß), Pfennig

---

* Die sinnliche Anschauung des Hervorbringens oder Fül'ens von Fußspuren, welche sich bei der Wz. lis zeigt, liegt wahrscheinlich auch bei folgen (= voll gehen, sc. jemandes Fußspuren, entsprechend mhd. „in jemandes Fußstapfen treten") zu Grunde.

(pfannenförmig? in der Pfanne gemacht?), Pferch, Pferd (Nebenpferd, später Reit= pferd, Luxuspferd), Pfifferling (vgl. „Bohne"), Pfingsten (fünfzigster, sc. Tag), Pflaster (Wundpflaster), pflegen (liebevoll behandeln), Pflicht, Pfropfen, Pfründe (zu Lieferndes), Pfütze (Brunnen), Pick (Spieß), Pickelhering, Pilger (Ausländer), Pips, Plage (Stoß, Schlag), Platte, Platz 1 (Straße), Plunder (Hausgerät, Kleider, vgl. Kram), Pöbel (Volk), Pocke (Schwellung, vgl. Blatter), Polster (Schwellung, vgl. Pocke), Porzellan, Posse, Post (Standort), Pracht (Lärm), prägen (brechen?), prahlen, Preis, prellen (stoßen, vgl. beschummeln oben), Presse, Priester (Älterer), Prinz (erster), Propst (Vorgesetzter), puffen, Puls (Schlag), Pult, Pulver (Staub), Puppe, Pute (vgl. Mieze und Truthahn).

Quader (viereckig), quaken (unter Quack= salber), Qualm, Quast, Quecke (lebendig), Quentchen (fünfter, sc. Teil eines Lotes, vgl. Pfingsten u. Prinz), Quirl, quitt.

Rachen, rächen (verfolgen), Rad, rade= brechen, Rädelsführer, Rahmen, Ramme (Widder), rammeln, Rand, Range (Ringer), Ranke, Ranzen, Rappe 1 (Rabe), rappeln, Rappen (vgl. Batzen), Rappuse (Kerbholz), Rasch (aus Arras stammend), rasen, Rasse (Linie), rasseln, Rast (Wegstrecke), Rat, Raub (Bruch), Vertragsbruch?), rauben, Räude (Blut?), Raufe, Raum, Rausch 2, rauschen, Rebe (Windung, vgl. Ranke), Rebus, Rechen (Werkz. z. Sammeln), rechnen (sammeln), recht, Reck, Recke (Fremdling, Flüchtling), Rede (Rechnung, Zahl), red= lich (verständig, vgl. bescheiden und kühn), reffen (rupfen), Regel, regen (ragen machen), Regen (Feuchtigkeit), reich (königlich), reif (zu Erntendes, vgl. Hen), Reihen 2, Reim, rein (gesiebt, vgl. mild und lauter oben), Reis 2 (bebend, vgl. Biene u. Rebe oben), Reise (Aufbruch), reißen, reiten (sich fort= bewegen), reizen (reißen machen), rennen, Ret= tich (Wurzel), Reuse (aus Rohr gefertigt), Reuter (Räuber), Rhede (Ort zur Bereitung, sc. von Schiffen), riechen (rauchen), Ries (Bündel), Riff (Abgerissenes?), Riffel (vgl. „jem. den Kopf waschen"), Rinde (Rand, vgl. Reis 2 oben), Ringel, ringen, Rinne, rinnen, Rippe (Umschlingung), Riß (Buch= stabe), Ritten (Zittern), Ritze, röcheln (brüllen), Rock, Roggen, roh (vgl. Räude).

Röhre (rohrförmig), Römer, Rosine (Beere), Rost 2 (Röte), Roß 1 (Springer), rot, Rubrik, Rücken (sich krümmend, biegsam, vgl. Rippe), rügen, Ruhr (heftige Bewegung, vgl. Ritten), Rummel, Rumpf, rümpfen, Runge (Sparren), rünstig, Rüpel, Rüssel (aufwühlend), rüsten (schmücken), rüstig.

Saal (vgl. Palast). Sache (Streit), sackerlot, Säge (Werkzeug zum Schneiden), Saite, Salbuch, Salz, Samt (sechsfädig), Sänfte, Sardelle (aus Sardinien stammend, vgl. „Sardine"), Sarg (Hülle), satt, Satte, Sau (Gebärende? Grunzende?), sauer (kratzend, vgl. bitter), Saum (genähter Rand), säumen, Saus, Schabe 1, 2, Schabernack, schäbig (krätzig), Schacht 1, 2 (Schaft), Schachtel 2 (vgl. Hundsfott), Schaft 1 (geglättet?), Schale, Schalk (Knecht), schalten (schieben), Scham, Schar 2, Schärpe (Tasche), Scharteke (Ausschußbuch), Schoß (Geld), Schaub (zusammengeschoben, vgl. d. Spezialisirungen in Garbe, Hauste, Hen u. Hocke 1), schaudern (sich schütteln), Schauer 1, Schaufel (Werkz. z. Schieben), Schaum (deckend?), Scheffel (Gefäß), Scheibe, scheißen (ausscheiden, vgl. „Exkremente"), Scheit, Scheitel (Scheide, sc. der Haare), Schelle, Schellfisch, Schelm (Aas, Schuft u. a.), schelten (stoßen, vgl. prellen oben), Schemen (Schatten), Schenk, Schere 1, scheren, Scherflein (vgl. Deut und „Bruch= stück"), Scherge (Scharmeister), Scherz, Scheu, Scheuer (Bedeckung), Scheusal, Schicht, schicken, Schiedsrichter, Schiefer (Bruch= stück), schier, Schiff (beachte auch d. franz. Wörter und „Equipage"), Schild 1 (er= schallend?), Schild 2, schildern, Schildpatt (Schildkröte), Schilling (tönend), Schimmel, Schimpf, Schirm (vgl. Hut), Schlacht, Schlacke, Schlaf 2, schlafen (schlaff sein), Schlag 2, Schlange (sich ringelnd), Schlappe 1, 2, Schlauch, schlecht (gerade, eben, ein= fach), schlecken (cfr. „lecker"), Schlehe, Schleie (schleimig?), schleifen, Schleim (glatt), schleunig, Schlich (vgl. Duckmäuser), Schliff, schlimm, Schlinge, Schlitten (gleitend), Schloß, Schloße, schlummern, Schmach (klein), schmähen (verringern), schmal, schmecken, Schmeer (vgl. Anke), schmeicheln (glatt sein), schmeißen, Schmerz, Schmied (Kunstarbeiter, eig. wer glättet, s. schmei= cheln), Schmiele (Schmales), schmitzen (vgl. schlau), Schmöker (Raucher), schmollen (lächeln), Schmuck (Kleid), schmuggeln, Schnack, Schnalle (schnellend), schnalzen, Schnapphahn (Flinte), Schnaps, Schnaue, Schnee, Schneide (mit „Schneider" vgl. got. skilja unter Scholle 1), Schneise, schnell (tüchtig), Schneppe, Schnippchen, Schnitt, schnöde, Schnuppe, schnurren, Schober, Schock, Schöffe (Verordner, vgl. Graf), Scholle 1 (vgl. Schneider), schon, schön (was beschaut wird), Schönbartspiel, Schöpfer, Schöps (vgl. Hammel u. Gelze), Schoß 1, 2, 3, Schote 1 (bedecken), Schote 2, schräg, Schrank, schränken (vgl. „Klemme"), Schranz, Schreck (aufspringen), schreiben, schreiten, schroff, schröpfen, Schrot, Schrunde, Schuft (Auswurf? vgl. Schurke), Schuh (Werkz. z. Gehen), Schule (beachte auch „Schüler"), Schultheiß, Schund (Unflat d. Kotgruben), Schuppe, schüren, Schurke (Verstoßener), Schurz, Schuster, Schuß, Schüte (schießend), Schutt, Schutz (Umdämmung), Schütze, schützen (mit e. Erdwall umgeben), Schwager, Schwäher, Schwalch, Schwamm, Schwan, schwanger, schwank (Streich), Schwanz (stark schwingend), Schwäre, Schwarm, Schwarte, schwarz, schweben, Schwefel (einschläfernd), Schweif (vgl. Schwanz), Schwein (Ferkel), Schweiß, schwelgen, Schwengel, schwenken, schwer, Schwertel, Schwiele, schwierig (voller Schwären), schwindeln, schwören (Rede u. Antwort stehen), Sech (Schneide), Seckel, See (wild?), Seele (verweglich? Lebenskraft?), Segen (Zeichen), sehen (folgen), sehr (schmerzhaft, beachte „arg"), seichen (vgl. schmeißen), seicht, Seide (Borste), Seidel, Seihe, Seil, Seim, selig, Seneschall (Altknecht), sengen, Senkel, Sense (Schneide, vgl. Sech), Sessel, seufzen (den Atem stark einziehen), Sichel, siech, Siele, singen, Sinn (Reise), Sklave (Slave), so, Solb, sollen, sonder, Sonnabend, Spaten, Specht (bunt? Späher?), Speise, Sperber („Spatzenadler", siehe Nachtrag), Sperling (Zappler?), spicken, Spieß 1 (vgl. Gesinde), Spieß 2 (spitz), Spinne, Spitz, Spor, Sporn, spreizen, Sprengel (vgl. Schwengel), Spreu, sprießen, Sprosse, Spule, Spund (Stich), Punkt, vgl. bunt), Spur, spüten (schwellen?), Staat, Stadel (Standort), Staden, Stadt, Staken, Stall, Stamm, stammeln (häufig stocken), Standarte, Stange (stechend), Stapel, stark (starr), Statt, Staub, Staube, stauen, Stecken (stechend), stecken,

Steg, steif, Steig, steil (ansteigend), Stein, Stengel, steppen, sterben (sich plagen), Sterling, Stern (streuend? werfend? sc. Licht), Steuer 1, 2, sticken, Stiefel (sommerlich), Stiege 2, Stift 2, still (stehend), stillen, Stimme, stinken (irgend einen Geruch von sich geben), Stirn (breit?), stöbern, Stock, stolz, Stoppel (stechend? ragend? abgehauen?), stoppen, Storren, stottern, straff, Strahl, Strähle, stranden, Strang (stark? gedreht?), Straße, streben (vgl. gewinnen), Streit, streng, Stren, Stroh, strotzen, Strumpf (Stumpf), Stube (geheiztes Zimmer), Stück (abgehauen), Stufe, Stuhl (Gestell?), Stulpe, stumm (stockend, sc. in der Rede), Stump, Stunde (Zeitpunkt, eig. Ruhepunkt?), Sturm, Stute (Stall?), stutzen, Sucht (Krankheit, Schwäche), sudeln (schlecht kochen), Süden (Sonnenseite?), Sühne (Herstellung), Sumpf, Sund, Suppe, süß, Sutter.

Tabak, Tafel, Tag (heiße Tages- oder Jahreszeit, eig. brennend?) Takel, Talg, Tanne (Waldbaum), Tanz, tapfer, Tappe, taub (stumpf), Taube (schwärzlich?), tauchen, Taufe (untertauchen), Taumel (= Tanz), Teer, Teig (vgl. Schmied und Schneide oben), Teller (Hackebrett), Tenne (aus Tannenholz gemacht?), Terne, Thal (Vertiefung), Thaler, Theiding, Theriak, Thon (Lehm), thun, Tier, Tinte (Gefärbtes), Tisch (Schüssel, eig. Wurfscheibe), Tobel (tief, vgl. Thal), Tochter (Melkerin?), Tölpel (Dorfbewohner), Topf (tief, vgl. Tobel), Torf (Rasen), Tracht, trachten, träge (mißmutig), trauen, Trauer, Traum (Trugbild, vgl. Zwerg), traut, Treber, Treff (Dreiblatt), treffen, treiben, trendeln, trennen, treu, Trichter (Übertrager), Trift, Tripper, Trog (hölzern, vgl. Asch), trollen, Trommel (Röhre?), Tropf (Tropfen), Trost, Troß (Gepäck, vgl. Schnapphahn u. ä.), Truhe (hölzern, s. Trog oben), Trumpf, trunken (ähnlich wird „freundlich" zu „einfältig" [= übermäßig freundlich], cfr. albern), Tücke, -tum, Tümpel, tünchen, Tüttel (Brustwärzchen).

übel, üben, überhaupt, überwinden, Ufer (Ansfahrt?), ulken, Ungeziefer (was nicht Opfertier — eig. Großvieh — ist), Unrat, Unterschleif, unwirsch (unwürdig), Urbar, Urkunde, Urlaub, Urtel, uzen.

Vater, verbrämen, verdrießen, vergällen,

vergebens, vergessen (aus d. Besitz verlieren), vergeuden, Vergnügen, verheeren (mit Krieg verderben), verletzen, Verlies, verloben, vermählen, vermessen (wer falsch mißt), Vermögen, Vernunft, verquicken, verraten, verrucht (sorglos), verrückt, verschroben (verkehrt geschraubt, verschwenden verschwinden machen), verteidigen, vertragen, vertuschen, verwandt, verwegen, Verweis, verwesen, verzeihen, Vetter (Vatersbruder), Vieh, vielleicht, Vogel (cfr. Floh und Fliege), Vogt, Volk (Heeresabteilung), vorder, vorhanden, Vormund (Fürsprecher), vornehm.

Wabe, wach, wacker, Wade (Muskel), Waffe, Waffel, wagen, Wahn, wahr, wahren, Währung, Waise, Wald, Wallach, Walnuß, Wandel, Wanne, Wanze, Ware, warnen, Wart, Warze (Auswuchs?), Wate, waten, Wechsel, wecken, Weed, Weg, wegen, Wehr, Weib (Begeistertes), Weibel (wer sich hin und her bewegt), weich, Weichbild (Stadtgerichtsbarkeit), Weichen, Weide 1, 2, weidlich, weisen, Weihe (Jäger?), Weiher, Weile, Weisel (Führer), weiß, Weizen, welf, Welle, welsch, Welt, wenden, wenig (besammelt), werben, werden, Werder, Werft 1, 2, Werg, Wert 2, Wespe, Weste, wett, Wetter, wetzen, Wicht (Ding), Wickel, Widder (Jährling), widmen (Mitgift geben), Wiebel (Weber, vgl. Spinne), Wiedehopf, Wiege, wiehern, Wiese, Wiesel, wild (unvernünftig?), Wildfang, Wimpel, Wimper, Windel (vgl. Wiege), Windhund, Winkel (Krümmung), winken, Winter, Wipfel (vgl. Reis 2), Wirbel, wirken (vgl. üben), wirr, Wirsching, Wirt, Wirtel, Wisch, wissen (finden), wittern, Witwe, Witz, Woche (Wechsel), Woge (bewegt, vgl. See), wohl, wohnen, wölben, Wolf (vgl. Maus), Wolke (feucht), Wolle (deckend), Wucher (Zuwachs), Wulst Wunder (vgl. schön), Würfel, Wurm, Wurst (Drehung), Wurz, Wut.

Zahl, Zahn (Essender), Zange, zanken, Zarge, Zauber, Zaum, Zaun, Zeche, zehn, zehren, Zeichen, zeigen, Zeile, Zeit, Zeitung, Zelt (Gespanntes), Zelte, Zelter, zerstreut, Zettel, Zeug, ziehen, Ziel, Ziffer, Zimmer (Bauholz), Zinken, Zinne, Zins, Zipperlein, Zofe, zögern, Zoll 1, 2, Zopf, Zorn, Zotte 1, Zuber, Zucht, Zufall, Zügel, zuhand, zumal, zünden, Zunft, Zunge, Zünsler, zupfen, zurück, zuwege, Zweck,

Zwehle, zwei, Zweifel, Zweig, Zwerch=, Zwerg (Trugbild, vgl. Traum), Zwiesel, Zwiespalt, Zwiesprache, Zwillich, zwingen, Zwirn, Zwist.

Behälterbezeichnungen s. „Gefäßbez."

Bekleidung d. Urindogermanen nackt.

Bergmannsausdrücke Fuder, Lehde, Schacht 1, Schicht.

Bern Batzen.

Betonung kneten, vgl. „Accentverschiebung".

Bett und seine Teile Bett, Zieche.

Bewegung und Ruhe, Grundbegriffe der B. u. R. im Uridg. stehen.

Bibelübersetzungen, Einfluß derselben, siehe „Christentum".

Bienenzucht Zeidler.

Biernamen Bock, Mumme.

Bildliche Ausdrücke bäumen, baumeln, Hahnrei, Laffe, Leichnam, Lunte 2, Pickelhering, Rappe 1, rot, Schwan, spreizen, Steg, vergällen, verquicken, verschroben, zuhand u.s.w., s. „Bedeutungswandel".

Bojardo Rodomontade.

Buddens mucken.

Brechung Stiege 1, s. „Lautgesetze".

Byzanz Elfenbein, Greif, Gurke, vgl. ferner die dem Griech. entnommenen Lehnwörter.

Caesar Amt, Burg, Elentier, Kaiser.

Cambray Kammertuch.

Cajus obl. zu Grunde gelegt bei der Wortbildung Abt, Beet, Birne, Braue, fürder, Keller, Knie, mitte, s. „Adverbien" u. „Suffixe".

Cajuswechsel b. Präpos. gegen

Chartreuse Karthause.

Childebert Arzt.

Chilperich Ketzer.

China Porzellan, Thee.

Christentum,
Christl. term. techn. } Almosen, Abt, Altar, Demut, barmherzig, Dienstag, Engel, Erz=, Fastnacht, Gevatter, Glocke, Heide 2, Hölle, kasteien, Kelch, Kirche, Kloster, Körper, Küster, Laie, lateinisch, Leis, Marter, Narde, Oblate, opfern, Paradies, Pfaffe, Pfarre, Pfingsten, Plage, Priester, Regel, schreiben, Schule, Segen, Turteltaube, verdammen, Vesper.

Columbus Mais.

Cypern Kupfer.

Damaskus Damast, Zwetsche.

Dehnung des Tonvokals s. „Quantitätsver-änderung".

Deklinationswechsel Hand, Pate u. ä.

Demonstrativa relativ so.

Denominativbildungen Bad, beschälen, drohen, dulden, feist, Heer, können, letzen, leuchten, netzen u. a. m.

Dialektisches s. „Mundartliches".

Dialektspaltung s. Indogermanen.

Dichtersprache Hain, meinen, Leichnam, Mangold, vgl. „Bildliche A.".

Dichtung s. „Kultur".

Differenzierung der Bedeutung s. „Bedeutungs-wandel".

Diminutivbildungen Ahn, Angel, Ätte, Veff-chen, Besing, Bulle 1, Dirne, Eichel, Eich-horn, Enkel 2, Ermel, Fächer, Forelle, Geiß, Heimchen, Hemd, Hermelin, Hornung, Hügel, Jüngling, Kanel, Kaninchen, Kize 1, klingeln, Knirps, Knöchel, kritzeln, Küchlein, lispeln, Mädchen, Magd, Murmeltier, Nichte, Runzel, Sans, Schaf, Schenkel, Scherflein, schmeicheln, Schwein, Seckel, Sperling, Stengel, Trobbel, winzig, Zicke.

Diminutivsuffixe s. d. vor. Art. u. „Suffixe".

Diodor Ger.

Dissimilierung Alber?, Balbier, bidmen, binden, bitten, Boden, braten, Bug, däm-mern, Giebel 1, Gundelrebe? (aus *Gunder-rebe?), Haber, holpern, Kartoffel, Knäuel, Knoblauch, Köder, Koriander (mlat.), Körper, Kunkel, Marmel, Maulbeere, Messer, Mispel, Mörtel, murmeln, Pflaume, sanft, Schinken, Schlange, schleunig, Thür, Tochter, Turtel-taube, Vogel*.

Donar Donner.

Doppelformen s. „Doppelwurzeln" u. „Form-übertragung".

Doppelwurzeln beschwichtigen, biegen, Drossel 2, dürfen, Enke, fließen, Harn, Haut, Hecke 2, Hocke 1, link, nähen, naß, röcheln, Saft, saugen, schauen, schieben, schlank, Schnabel, schrumpfen, schweben, schweigen, spinnen, Sprenkel 2, Stapfe, stechen, stehen, stinken, Stock, stöhnen, stopfen, stoßen, strecken, strotzen, Stump, tief, toben, verderben, Waffe, Wasen, Wechsel, Wippe, vgl. „Aphä-rese", „Prothese" u. d. Wurzelindex.

Edelsteinnamen Topas.

Ehrenbezeichnungen Priester s. „Stosenamen".

Eigennamen s. „Personennamen", „Geograph. Bez." u. d. neuhochd. Index.

Eimbeck Bock.

Einfluß, roman., Abtei, blond.

- lat.-gr., Amelmehl, August, Dambock.

— ndd., Faden, Kiel 2; Demut, Deich, bengeln u. s. w., vgl. die besternten ndd. Lehnwörter.

— md., Deutsch, Döbel u. s. w., vgl. die be-sternten md. Lehnwörter.

— nord., Gilde?, Kiel 2, vgl. d. nord. Lehnw.

— neuer, des Quellwortes auf das Lehnwort Alpe, Altar, August. Beete?, Dambock, dichten, doppeln, Drache, Elfenbein, Fetisch, Kamel, Kamin, Kaninchen, Kapelle, Karde, Kastanie, kasteien, Kristall, Schach, Theriak; vgl. „Neuentlehnung".

   S. ferner „Anlehnung" und „Mischung".

Ellipse geschweige, nicht, nichts, sonst.

Endungen, fremde, b. germ. Wörtern u. umgek. Halle, Kot 1, Schlendrian (vgl. Grobian), Schmieralien, Schuster, schwätzen, traben.

England als Heimat oder ältester Zeuge von naut. u. a. Ausdr. Anker 1, Boot, Düne, Ebbe 1, Finne 1, Flagge, Glocke, Helm 2, hoffen, Holk, Kabuse, Lotse, Schote 2; vgl. d. ndd. Lehnwörter.

Englische Litteratur Harm, Heim.

Englischer Sprachschatz, Fehlen resp. Verlust alter Wörter in ältester Zeit oder später (der erstere Fall ist durch ein Sternchen angedeutet) *Blech, *Blei, *Brunst, Buch-stabe, decken, deutsch, drehen, drohen, *Drüse, Ente, Erbe, Essig, *Feier, *Felsen, Ferse, feucht, Flamme, *fluchen, *Frau, fremd, *froh, *früh, Gabe, Gang, Gau, Geld, *Haber, hagen, Hagestolz, Hahn, halb 1, Hals, *Harz, Hase, Heer, Heiland, -heit, Hengst, Hof, Hohn, Holz, *Hufe, *Huhn, *Hummer, Hund, Igel, Jammer, *Kachel, Kehle, *Keller, *Kelter, *Kind, *klug, kosten 2, *Kotze, Kreuz, *Kunst, kurz, Lache, laden 2, Laster, Magd, mahlen, melken, mengen, Mist, mit, mitte. *Mohn, *Mörser, Nachen, *Nebel, Neid, ober, Oheim, *Pfaffe, Rahm, Raub, *rein, *Rohr, Roß 1, Ruf, *Schaum, Schneide, Schnur 2, *schreiben, Schwäher, schwinden, *Seide, Sitte. Spieß 1, *taufen, *Tinte, Ufer,

---

* Analog Kegel 2 aus *klekil, dies aus *kolkil, Grdf. *kalkilô? Dann wäre Kegel 2 „Hurenkind". — So auch Fackel für *Flackel, also eig. „die Flackerube"?

Wachtel, werden, *Wiege, *Zwiebel. Vgl.
die „spezifisch kontinentalgerm." und die
„spezifisch deutschen Wörter", ferner „Lehn-
wörter" III.

Entlehnung s. „Lehnwörter".

Epenthese feil, feige.

Epistolae obscurorum virorum Sal-
baber.

Ernst, Herzog, Greif.

Erstarrung einander, Feind, frohn, gelt 1,
geschweige, halb 2, mitte, oft, Pfaffe,
Pfingsten, Pfund, Rebus, weihen, zufrieden.

Ethische Ausdrücke im Germ. arg.

Ethnograph.Bezeichnungen s. „Geograph.Bez."

Euphemismus Dachtel, Dietrich, Ohrfeige,
Pranger; vgl. „Volkswitz".

Euphonisch entwickelte Laute Knust, Kunst.

Fabeltiere Drache, Greif, Nix.

Faktitivbildungen ätzen, beizen, beugen,
bewegen 2, bitten, blecken, bleiben, blenden,
brennen, Dampf, denken, drängen, ergötzen,
faul, fliegen, flößen, fügen, führen, gären,
geschehen, geschweigen, kennen, kleiben, klenken,
leiten, nähren, neigen, regen, reizen, schleifen,
schmelzen, schwellen, Walze u. a. m.

Falsche Silbentrennung Bretzel, Epheu u. a.
s. „Neubildungen" und „Umdeutung".

Familienleben der Germanen Kebse.

Familiennamen s. im neuhochd. Index.

Familienverhältnisse der Urindog. Bruder,
s. „Verwandtschaftsnamen".

Farbennamen blau, blond, gelb, schwarz.

Fechtausdrücke Finte, Fuchtel, vgl. „Bedeu-
tungswandel".

Feminina lebenskräftiger als Mask. Mäd-
chen, Mähre, Schwieger.

Feste Ostern, weihen, Zote.

Festus Amt, Becher, Benne.

Fischersprache Hamen.

Fischnamen Aal, Aalraupe, Fisch, Hummer,
Kabljau.

Flandrische Kultur Tölpel.

Flexionssuffixe zur Wurzel gezogen Birne,
Braue.

Flußnamen -a, -aff.

Formübertragung brüllen, fangen, flößen,
frieren, grüßen, hangen, heben, Heu, Hirte,
leiden, liegen, mähen, Mähne, melken,
prallen, Rat, scheiden, schlagen, schwelgen,
überwinden, walten, Weizen, zwanzig, Zweig;
vgl. „Anlehnung", „Doppelformen", „Gram-
mat. Wechsel", „Mischung" und „Suffixe" 1.

Fortunatus Harfe.

Fränkische Hofchargen Meßner.

Frau, Stellung derselben, Schwäher, Wittib.

Frauenverehrung Frau, Weib, Zopf.

Freidank Fran.

Freiburg i. Br. Rappen.

Fremde Einflüsse s. „Einfluß", „Accentver-
schiebung", „Nachbildung" u. ä.

Fremdwörter s. „Lehnwörter".

Fremdwörter germ. Ursprungs s. die mit !
versehenen Lehnwörter.

Fremdwörter verdrängen einheimische (1) und
umgekehrt (2). 1) Anke, Anker 1, April,
August, Biber, Blackfisch, Bock?, Börse, brach,
Brief, Brunn, Dambock, Daus, dreschen?,
Dult, Elentier, Feuster, Fest, Flaum, Flinte,
Ginst, Grenze, Gurgel, harsch, Haupt,
Hornung, Insel, kacken, Kamel, Kamerad,
Käse, Kelter, kernen, Koch, Körper, Kreuz,
Krone, kurz, Lab, Mauer, Mühle, Naue,
Opfer, Pate, Pfeil, Pfingsten, Pflug, Port,
Quacksalber, Rumpf, Samstag, Sarg (vgl.
Kiste), Schuster, Sold, Spiegel, Tante,
Tanz, Tempel, Teufel, Tinte (vgl. Black-
fisch), Tisch (vgl. bieten), Traube (Kelter!),
Ulme, Wade, weihen, Weste, Zins, Zögling,
Zwiebel, Zwitter. Wegen der aus dem
Englischen verdrängten Wörter vgl. „Engl.
Sprachschatz". Vgl. ferner „Mischung".
2) Geige, Käfig u. a.

Frequentativbildungen ducken, keifen, klingeln,
lispeln, stammeln.

Friesisch Quelle von naut. term. techn. siehe
Bake u. „Niederdeutsch".

Fruchtarten Feige, Lambertsnuß u. a.

Fußbekleidung Schuh, Socke, Stiefel, Strumpf.

Gartenkunst s. „Kochkunst".

Gaunersprache Dietrich, vgl. „Rotwelsch".

Gebäckarten s. „Backwerknamen".

Gebrechen im Jdg. blind.

Gefäßbezeichnungen Kiel 1, Kiste, Sarg,
Schrein, Simmer u. a.

Gefolgswesen Herr, hold, Truchseß.

Geistesbildung s. „Kultur".

Geistliche Lieder Leis.

Geistlichkeit, ihr Einfluß auf die Sprache
s. „Christentum".

Geld s. „Münzen".

Gelehrtensprache Kelch, keusch, s. „Lehn-
wörter" I, L.

Gemüsenamen s. Rübe und „Kochkunst".

Genuswechsel Abenteuer, Abgott, Abgrund,

Ablaß, Abel, Ähre, Alber, Almosen, Altar, Ammer, Anis, Anker 1, Apfel, Arbeit, Armbrust, Art, As, Asche 2, Attich, Bach, Bachbunge, Bache, Backe 2, Bahn, Baldrian, Band, Bank, Bärme, Bart, Bathengel, Becher, Beere, Beige, Beutel 2, Biene, Birne, Blankscheit, Blume, Blust, Boretsch, Borste, Bottich, Brasse, Brassen, Breme, Bretzel, Brille, Bruch 2, 3, Brust, Buch, Buckel, Bursche, Burzel, Butter, dämmern, Decher, Diele, dienen, Dill, Distel, Döbel, Docht, Dolde, Dom, Dotter 1, drei, Drohne, Ducaten, Dung, Dunst, Dutzend, Ebbe, Ebritz, Eck, Eibisch. Eimer, Einöde, Eisbein, Eiter, Elentier, Ende, Ephen, Eppich, Erdbeere, Ernst, Esche, Fahne, Fähre, falten, Farn, Feigwarze, Felleisen, Fenster, Fessel, Fieber, First, Fittich, Flachs, Fladen, Fleck, Fliete, Flocke, Floh, Floß, Flur, Flut, Fohlen, Forst, Frevel, Frist, Frost, Furt, Gabel, Gaden, Galle 1, Gatter, Gau, Geisel 1, Gelaß, Gelb, Gemach, Gemächt, Gemahl, Gewalt, Gewehr, Gewissen, Gicht, Gift, Gleichnis, Glied, Gott, Griebe, Grieß, Grille, Grimmen, Groß, Grünspan, Gänsel, Gunst, Gurgel, Gurt, Hader 2, Hafen 2, Haft 1, Hag, Häher, Hai, Halm, Harke, Harn, Hart, Harz, Hasel, Haß, Heer, Hefe, Heide 1, Heidelbeere, Heil, Heim, Heimat, Heimchen, Heirat, Hemd, Herberge, Hermelin, Heuschrecke, Himbeere, Hirsch, Hirse, Hitze, Hochzeit, Hode, Hof, Hohn, Honig, Hornisse, Horst, Hort, Hüfte, Hummel, hurtig, Imbiß, Irrsal, Jagd, Jammer, jauchzt, Kabel, Kalender, Kalk, Kamel, Kampf, Kanel, Kanzel, Karch, Karde, Keller, Kelter, Kerbel, Kerze, Kette 1, Kiefer 1, Kiel 1, Kien, Kipfel, Kitze, Klafter, Klee, Klei, Kleister, Klippe, Kloß, Kloz, Knäuel, Knospe, Kohle, Koller 1, 2, Kolter, Koppel, Koralle, Kost 1, 2, Kot 2, Kotze, Kraft, Krätze 1, Kresse 2, Kreuz, Krolle, Krystall, Kürbis, Lachter, Laich, Laken, Lappen, Last, Lattich, Latwerge, Laub, Lavendel, Lefze, Lei, Leib, Lein, Lende, Lenz, Leute, Liebstöckel, List, Litze, Lob, Locke, Lohe 1, 2, Lohn, Lorber, Los, Luft, Lust, machen, Mahd, Mähne, Mahr, Makrele, Malter, Märchen, Marter, Maser, Mast 2, Matratze, Mauer, Maul 1, 2, Maulbeere, Meer, Meineid, Mennig, Mensch, Mergel, Messing, Metze 2, Milz, Mond, Moor, Mord, Mörtel, Most, Münster, Muschel, Narbe, Narde, Nestel, Niere, Niet, Niete, Nix, Not, Oblate, Ocker, Obermennig, Ohm, Olive, Orgel, Ort 2, 3, Osten, Otter, Pacht, Pack, Palast, Palme, Panier, Panther, Paradies, Pelz, Petersilie, Pfebe, Pfeil, Pferde, Pfirsich, Pflanme, Pflug, Pfründe, Pfühl, Pfütze, Plan, Platz 1, Pokal, Polei, Polster, Port, Pracht, Puls, Pult, Pulver, Quader, Quart, Quast, Quendel, Rahmen, Rappier, Ratte, Rebe, Rebus, Reis 1, Rettich, Rhabarber, Ries, Rippe, Riß, Ritze, Roche 2, Rolle, Roß 2, Rotz, Saal, Saat, Saft, Saite, Salbei, Samt, Sand, Saum 2, Schach, Scharlach, Scharlei, Schatten, schauen, Scheitel, Scherbe, Schild 2, Schilf, Schlange, schleichen, Schleie, Schleim, Schloße, Schmeer, Schmerz, Schnake, Schnalle, Schnecke, Schnepfe, Schnupfen, Schock, Scholle 1, Schoß 1, 3, Schrein, Schrot, Schur, Schüssel, Schwelle, Schwiele, See, Segel, Seidel, Semmel, siedeln, Sims, Sitte, Socke, Sod, Söller, Sonne, Speichel, Speicher, Spelt, Spiegel, Spinne, spleißen, Spreu, Sprosse, Spule, Spund, Spur, Stachel, Staffel, Stahl, Stall, Standarte, Stapfe, Star, Stern, Stiefel, Stift, Strahl, Strähne, Strang, Strieme, Tadel, Tanne, Tau 2, Teer, Teil, Tempel, Tenne, Teppich, Teufel, Thal, Theriak, Thräne, Trank, Trappe, Traube, traut, Treppe, Trespe, Trichter, Trost, Tuch, Tülle, -tum, Turm, Unbill, Unflat, Urbar, Urlaub, Ursprung, Urtel, Veilchen, Verlust, Vers, Visier, Volk, Wabe, Wacke, Wade, Waffe, Wahlstatt, Waise, Wall, Wange, Wedel, weh, Weihe, Weiher, Weiler, Wein, Weistum, Welf, Werder, Werft 1, 2, Wermut, Wert 2, Wespe, Westen, wett, Wicht, Wickel, wider, Wieche, Wiesel, Wimpel, Wittum, Woge, Wolluft, Wucher, Zacken, Zecke, Zeder, Zeh, Zeit, Zepter, Zettel 2, Zeug, Ziegel, Ziemer, Zimmet, Zindel, Zink, Zinnober, Zitter, Zoll 1, Zorn, Zotte 1, Zuber, Zunder, Zweig, Zwiebel.

Geograph. und ethnogr. Bezeichnungen Alpe, Baldachin (Baldac = Bagdad), Batzen, Berline, Bock, bunt?, Damast, Falke, Fasan, Florin, frank, Grünspan, Heller, Hüne, Stammettuch, Karthause, Kastanie, kanderwelsch, Kebse, Kreide, Krieche, Kupfer, Kutsche, Labberdan, Lambertsnuß, Mohr, Nehrung, Pfirsich, Rasch, Rhabarber, Rießling, Sardelle, Schalotte, Sebenbaum-

Seide, Sklave, Thaler, Wallach, Walnuß, Zwetsche.

Germanische Kultur s. „Kultur".

Geschäftssprache ab.

Geßner Bett.

Getreidebezeichnungen dreschen, Egge (Nachtrag), Haber, Spelt.

Goethe Schalk.

Goten übermitteln term. techn. der griech. Kirche Heide 2, Kirche, Samstag, Teufel.

Gottheiten Dienstag, Donner, feige, Freitag, frohn (Nachtrag), Haber, Ostern, Sippe, Wut, vgl. „Religion".

Grammat. Wechsel fangen, fliehen, gediegen, Häher, hübsch, laden 1, Mohn, rügen, sagen, scheiden, schwelgen, Schlag 2, seihen.

Gregor VII. Papst.

Griechenland Krieche.

Griechische Kirche s. „Goten" u. d. griech. Lehnw.

Grundwörter aus dem Latein. (Griech.) und German. entlehnter Wörter fehlen.

1) Entlehnung aus d. Lat. (Griech.): Bretzel?, Brief, Essig, falsch, Fiedel, Kastanie, Kirsche, Klause, Krieche, Kurbe Lauer, Messing?, Metzger, Perle, Pfanne, Pfinztag, Samstag, Schule, Sohle 2, tasten. Im Roman. fehlende lat. Lehnwörter s. unter „Roman. Spr.".

2) Entlehnung aus d. Germ.:
   a. ins Roman.: Ahle, Bank, blond, Dohle, Drossel 1, Elster, Erle, fassen, Fiedel, Franse, Galopp, Gans, Gemse, greis, Herold, kratzen, Luder, Nestel, Pflug, Rand, Spieß 1, Sprehe, Stauche, stolz, streben, traut, Wange, Weichsel, welk.
   b. ins Slav.-Lettische: Haus, Farbe, Kind, Kirsche, Pfinztag, Quelle, Wachs?.
   c. ins Finnische: Kanker 1, Käse, Seife, vgl. Flasche.

Haartracht Fries, kahl, Kamm, Krolle, Locke, Seife.

Haïti Mais.

Halbgelehrte Irrungen keusch.

Hamburgischer Branch Bock.

Handel kaufen, Kork, Sack, Sandel, Schatz, Straße.

Handelsausdrücke überhaupt, vgl. b. vor. Art. u. „Bedeutungswandel".

Hansehandel Eider (Hanse).

Häuserbau Ähren, Dach, Flur, Kalk, Mauer,

Pforte, Schindel, Söller, Speicher, tünchen, Zimmer.

Hausgerät Kessel, Tasse, Teller.

Hausgötter Kobold.

Haustiere der Jäg. Kuh.

Hebel Dienstag.

Heidnische Feste Ostern, Sonne.

Heidnische Religion Taufe, üben, Ungeziefer, vgl. „Gottheiten".

Heilkräuter s. „Arzneikräuter".

Heilkunde Arzt, Büchse, Elfenbein, Fliete, Galgant, impfen, Kamille, Koller 2, Körper, Maßholder, Nieswurz, Puls, Zitwer, (Hebamme).

Helmont (van H.) Gas.

Helvig Kaiser.

Herzog Ernst Greif.

Hesychius hören, Horn.

Hierokles Papst.

Himmelsgegenden Nord, Osten.

Hirtenleben der Jäg. Acker, Trift.

Hochstufe s. „Ablaut".

Hofchargen Marschall, Meier, Metzner, Kellner, Truchseß.

Höfische Bildung Tölpel, vgl. „Kultur".

Holländische Sprache deutsch.

Humanist. Tendenzen Leier, cfr. „Gelehrtensprache".

Hunnen Hüne.

Hussitenkriege Haubitze.

Imperative, Subst. zu Grunde liegend, Schuft.

Indogermanen Biber, Bruder, melken, cfr. „Kultur", „Religion" 2c.

Infinitiv substant. Essen, Gebresten, Treffen, verderben, Vermögen, Wesen.

Inhalt nach dem Umgebenden benannt s. „Raumbez." u. „Kleidungsstücke".

Intellektuelle Begriffe kühn, Vernunft u. a., vgl. „Bedeutungswandel".

Intensivbildungen bücken, belfern, bidmen, faul, Gipfel, grunzen, gruseln, Hutzel, placken, platzen, quengeln, rapsen, rumpeln, schlecken, schlottern, schnappen, Schnitt, schnarchen, schrappen, Schreck, Schwanz, schwätzen, seufzen, steppen, Stich, stottern, straucheln, torkeln, trippeln, Trott, Vermögen, wackeln, wiehern, wimmeln, winseln, zögern, Zuck, vgl. Suffix zen.

Intensivsuffixe s. d. vor. Art.

Interjektionen hurra, husch, jauchzen, tramm, Trotz, weh, weinen.

Isidor Barke, Granne, mengen.

Iterativbildungen betteln, brenzeln, Druck, gicksen, glitzern, lachen, nicken, schluchzen, schmunzeln, Schutt.

Jägersprache beilen, birschen, dick, Hamen, Schweiß, spüren, stöbern, Tier, weiblich, wittern.

Jahreszeiten ‚Frühling, Jahr, Tag.

Japan Porzellan.

Jenenser Tradition Salbader.

Joachimsthal Thaler.

Junius Knittelvers.

Karl d. Gr. Arzt, Kaiser, Orgel, Pfalz, Schöffe.

Kartenspiel s. „Spiele".

Κατ'ἐξοχήν, Bezeichnungen κατ'ἐξ. Dom, frohn, Mahl 2, Schöpfer u. a. m., s. „Bedeutungswandel".

Kastanie Kastanie.

Katholische Kirche (term. techn.) Kapelle, Messe, Münster, Mütze, None u. a., vgl. „Kirchensprache" und „Christentum".

Kausativbildungen s. „Faktitivbildungen".

Kelten Amt, Falke, Reich, Walnuß, welsch, cfr. d. kelt. Lehnw.

Kindersprache s. „Kosenamen".

Kirchenämter Küster, Sigrist.

Kirchenlied Leis.

Kirchensprache deutsch, kasteien, opfern, Palme, s. d. Folg. und „Kathol. Kirche".

Kirchliche Wörter Paradies, Samstag u. s. w., s. „Christentum".

Kleidungsstücke nach d. bekleideten Körperteil benannt Bruch 3, Ermel, Hemd, Kragen, Mieder.

Klopstock Hain, Norne.

Klosterwesen Regel, Vesper, s. „Christentum".

Knecht Ruprecht Rüpel.

Koch- u. Gartenkunst Beete, Eppich, Feige, Furke, impfen, Kappes, Kerbel, Kirsche, Kohl, Küche, Kümmel, Pflaume, Pfirsich, Wirsching, vgl. sudeln und Sutter.

Kollektivbezeichnungen auf Einzelwesen übertragen u. umgekehrt Gelenk, Gemächt, Gerät, Geschütz, Gewitter, Imme, man, Pennal, Stute, Tanne, überhaupt, Wahlstatt, cfr. „Plural singularisch" und „Singular plur.".

Kollektivbildungen Darm, Fuß, Gebirge, Gefilde, Gesinde, Gesindel, Heirat, Reis 2 u. a., vgl. d. vor. Art.

Komödie Harlekin (ital.), Pickelhering (engl.).

Komparativbildungen ander, ärgern, baß, eher, Eltern, fort, fürder, Fürst, halt, Herr, hinter, Jünger, leiber, mehr, minder, noch, ober 1, ober, seit, vorder, wirr.

Komparativsuffixe s. d. vor. Art.

Komposition aut=, behende, beide, Bild, Braut, Dienstag, folgen, Gatter, ge=, Hart, Heim, Hundert; pleonast. oder tautologische Bildungen: Ampfer, Dambock, Dieb, Dohle, Duchtbank, Ebenbaum, Eidergans, Elentier, Gallapfel, Gesundheit, Gewohnheit, Heister („Buchheister"), Igel, Kebsweib, Knebelbart, Lebkuchen?, Lindwurm, Maul 2, Maulbeere, Mehltau, Murmeltier, Nießbrauch, Nießnutz, nimmer, Pflugschar, Pickelhaube, Renntier, Salweide, Sämisch=leder, Scharreisen, Schellhengst. Schiedsrichter, Schienbein, Schwäher, Sebenbaum, Sodbrennen, spazierengehen, Thunfisch, Tuffstein, Turteltaube, verdauen, Wahlstatt, Walfisch, Werwolf u. a., vgl. „Kürzung", „Präfixe". „Suffixe" und „Unkenntlichwerden".

Konjunktionen aus Adv. maßen, aus Cas. obl. v. Subst. ob.

Konkubinen b. d. Germanen Kebse.

Konsonantengruppen vereinfacht Himbeere, Pult, Raute 2, Sand, semperfrei, sieben, Solper, vgl. „Assimilation" u. „Kürzung".

Konsonantenvertauschung s. „Metathese".

Konstantin d. Gr. Heide 2.

Kontraktion Hagen 1, hauß, heuer, Keule, Lehm, Nelke, Sense, Stahl, steil, Trichter, vgl. „Kürzung".

Körperteile Arm, Auge, Braue, Brust, Daumen, Ferse, Galle 1, Gurgel, Hals, Hand 1, Kragen, Magen, Mähne, Milz, Maus 2, Nabel.

Kosenamen Baas, Bube, Buhle, Dietrich, Gote, Heimchen, Hippe 2, Hitte 2, Kauz, Lampe 2, Matz, Metze 3, Mieze, Muhme, Schwein, vgl. „Kurzformen".

Krankheiten Blatter, braun, Gicht, Krätze, Kropf, Maser, Pocke, Ritten, rot, Ruhr, Veitstanz, Zipperlein, vgl. „Heilkunde".

Kreta Kreide.

Kreuzzüge Kamel, Schleier, Zwetsche.

Kriegswesen entrüstet, fertig, fordern, frech, gefallen, Herberge, Herold, kühn, Mange, Orlogschiff, Schultheiß, Spieß 1, vgl. „Milit. Wörter" und „Kultur".

Kuchennamen s. „Backwerknamen".

Kultur der Idg. Acker, Ahle, Deichsel 1, mahlen, Mann, melken, Rabe, nackt, Schiff, weben, vgl. ferner „Staatl. Verhältnisse", „Häuserbau", „Weinbau" u. a. m.

Kultur der Germ. Abend, Achse, Abel, Affe, Amboß, Anker 1, Arche, Arzt, Bad, Baber, Beispiel, beschuppen, Brief, Bruch 3, Butter, Dach, Daus, dreschen, Ducht, Filz, Flaum, Gans, Geige, Glas, Hammer, Hanf, Harfe, Hebamme, Kamm, Kammer, Käse, Kebse, Kelch, Kerbel, Koch, Kuh, laben, Laken, Leinen, Leisten, lesen, Leier, Lied, Locke, mahlen, Nessel, Orgel, Pflaster, Rätsel, reiten, Samstag, Schenk, schildern, Schwäher, Seife, singen, Vers, Zopf, vgl. ferner b. vor. Art., „Bienenzucht", „Häuserbau" 2c.

Kulturvolk, unbekanntes K. hat d. Jbg. be-einflußt, f. die unter „Lehnwörter" I, K verzeichneten Artikel, ferner Seide.

Kunst, altgerm., f. „Kultur".

Kurzformen Götze, Rüpel, uzen, Wanze, cfr. „Kosenamen".

Kürzung Ammeister, bis, Bistum, bitten, Bock, doch, falten, fliehen Gast, gedeihen, Hauderer, jüngst, Jungfrau, Kamille, Kartoffel, Kaul-, kein, Kiefer 2, Kirmes, Leis, Mette, neben, nichts, Petersilie, sackerlot, Schellkraut, Thaler, Teil, Trüffel, unwirsch, weil, zwischen, vgl. d. folg. Art., „Aphärese", „Apokope", „Kontraktion" und „Synkope".

Kürzung des Tonvokals f. „Quantitätsver-änderung".

Latinismen ab, vgl. „Endungen".

Lautgesetze* (cfr. „Ablaut", „Aphärese", „Apo-kope", „Aspiration", Assimilation, „Dissi-milierung", „Kontraktion", „Lautverschie-bung", „Metathese", „Präfixe", „Quantitäts-veränderung" u. f. w., besonders auch „Mund-artliches".)

I. Indogermanisch.

b ⊥ zw. m-r Ampfer; ausl. neben p siehe „Doppelwurzeln".

bh = lat. f; = griech. β.

d = lat. l; ausl. neben t f. „Doppelwurzeln".

dh = germ. b; = lat. f.

dhj = σ.

dht = zdh Hort; = germ. zd, ss, s.

dl = γλ.

dt = lat. s, germ. ss, s.

g, ausl. neben k, q Sech, schweigen u. a., f. „Doppelwurzeln"; = β, δ; = lat. v,

got. q, hd. k (Entwicklung: g-gu-kw-k) teck.

gh = ϑ. φ; = lat. h, vgl. idg. kh.

i = hd. e.

j, y = ζ.

k = t, p drechseln, elf, Fehme, Leber, Schaum; ausl. neben g siehe „Doppel-wurzeln"; = hd. w (Entw.: k-ku-hw-w) wer; † vor sk mischen.

kh = germ., lat. h haben, Hamen, hinken, Humpe; = germ. k scheiden; = germ. g Nagel; † im Lat. (anl.) Haber.

kh = gh Nagel.

l Liquida sonans Volz, falten, falzen, Holz, Kalb, Wolf, Wolle.

l = fr. r.

m Nas. sonans Hundert, Kunft.

mbh aus ngh singen.

ml = βλ.

mr = βρ, germ. br.

n Nas. son. Dünkel, gelingen, hinken, Hunger, kund, Leumund, Mund 1, unten, wund, Wunder, Zahn u. ö.

o = germ. a; = v.

oi = germ. ai; = lat. u.

p = q feucht, Furcht, toben, Treber, vier, Volk, wölben, Zweifel; = t Schnupfen; ausl. neben b f. „Doppelwurzeln".

ph = lat. f; = germ. f, cfr. sph.

pn = lat. mn.

q = p; = germ. b und g beschwichtigen; = germ. f feucht; † lat. v Volk; vgl. k.

r Liquida son. Berg, Brett, Dorf, Dorn, Drossel 1, Forelle, Furche, Fürst, Gerste, hinter, Horniffe, Hürde, scheren, Warze u. ö.

s = lat. r; = germ. r.

s präfig. vor p, k, t, l, m, n, r, vgl. „Doppelwurzeln".

sd = germ. st.

sk = fr. ch, kš.

skh = germ. sk scheiden.

sph = germ. sp spalten.

sr = lat. br.

t = p; ausl. neben d f. „Doppelwurzeln"; † zw. k-r Raute 2, zw. p-n sieben.

th = τ, ϑ; = lat. b; = germ. þ.

tt = lat. ss; = germ. ss, s.

---

* Wenn bei zwei verglichenen Lauten das Citat fehlt (z. B. „idg. d = lat. l"), so ist der zweite Laut (lat. l) nachzuschlagen. Fehlt bei dem zweiten die Dialektbezeichnung (idg. p = q), so gehören beide demselben Dialekte an. † bedeutet „geschwunden", ⊥ „ent-wickelt".

w neben wr s. germ. w; = germ. g; † nach
gh wollen; ‡ nach g, k kommen, vgl. g u. k.
y s. j.
z = lat. r; = germ. r.
zd = germ. st.
zdh aus dht Hort.

II. Germanisch.

a = ibg. o mahnen; das a der partiz. Abl.
ant erhalt. Heiland.
— mhd. = nhd. o Dohle, Monat, Ohm.
— uhd. = nbd. a = ält. o Aberglaube,
Bohnhase, Fächer, Rahm, Wahrsager,
weissagen, auch Wahrzeichen?; aus e, i
Lakritze, Latwerge.
â anglf. == neuengl. oa Meise; == agerm. ê
(ahd. â) vor w drehen, Klaue.
æ nhd. aus ê gähnen.
ô agf. = urgerm. ê, wgerm. â Dusel.
ai = ibg. oi gemein; = lat. ae Kaiser.
— got. = ê (ahd. â) drehen, cfr. Drohne;
statt i vor tr bitter.
au nhd. aus a anberaumen, aus âw Klaue;
= aussergerm. a Laub.
b = g Daube, Haber, schief, Treber; ausl.
neben bb schief, ausl. neben p s. „Doppel-
wurzeln", ausl. neben pp, f schnauben;
= ibg. q beschwichtigen; = lat. p in
Lehnw. Birne, bunt; = lat. v Balbrian,
Malve; aus inl. lat. b Lawine; ‡ zw.
m-r Zimmer.
— hd. neben pp Knabe, Rappe 1, zappeln,
neben p im Anl. bei Lehnw. Papst.
— nhd. = ahd. f kerben, aus w albern,
gelb, herb, Karbe, Wittib u. a., = mhd.
p Bunzen.
— mb. nbd. = hd. f Hälfte.
bb nbd. im Wortinnern Krabbe, vgl. gg.
bj got. = hd. pp Krippe, Kluppe.
bl im Anlaut blasen.
bn = mn.
br = ält. mr breit.
cch ahd. = germ. kj; = ält. kk backen.
cc engl. aus s hinnen.
cg anglf. aus dg Garn.
ch h = agerm. hh kichern.
— ahd. = k backen.
— nhd. für g (nbd. Einfl.) manch, für f
(mb. nbd.) beschwichtigen, berüchtigt, Ducht,
Eintracht, Gelichter, Nichte, sacht, Schachtel
2, sichten.
cht aus t Schachtel.

ck hd. = ält. q Knochen.
d = ibg. t kalt, kneten; = ibg. th Hütte,
retten; neben tt lecken 1; ausl. neben t
s. „Doppelwurzeln"; = anglf. asächs. þ
nach l halb, Feld; = agf. t Boden;
‡ zw. n-r Fahne, minder, zw. n-l Quen-
del, Spindel.
— hd. = lat. t Seide.
— ahd. = got. d Boden.
— mhd. anl. s. t Ton u. ä.
— im Mhd. und Nhd. unursprgl. Fahne,
niemand, schleudern.
— nhd. = mhd. t Docke, Dohle, dumm,
Geld, Herde, Hürde u. a., vgl. b. mb.
u. nbd. Lehnw.
ddj got. gehen, Klei.
e hd. = germ. ibg. i kleben, Leber.
— nhd. == mhd. a Espe; aus ê vor Doppel-
konf. Herr.
ê aus î b. Schwund d. folg. z Kien.
ê und ei im Hd. beide.
ê nhd. aus i beben, aus ei Fehme.
ei nhd. aus mhd. öu streifen, Ereignis;
= mhd. î Eingeweide; = mhd. iu (mb.
Einfl.) Steiß.
eo hd. = got. aiw je.
er aus r̥ hinter.
er nbd. mb. für ro bersten.
f = ibg. ph fallen, Huf, kerben, Kiefer 1;
= ibg. k (q) Fehme. Föhre, Leber; =
h Ofen, niesen; = þ Feile, Fleck, Fliess,
flehen; für m (Dissim.) Himmel; vor l
u. r = ält. b Kiefer 1; = lat. ob. rom.
v in Lehnw. Käfig, Larve, Pferd; = inl.
lat. b in Lehnw. Lawine; † vor st, sp,
sk haschen, Hauste, Knospe, Lasche raffen,
Trester u. a.; ‡ zw. n-t Kunft.
— hd. = mb. nbd. b; = mb. nbd. nhd. ch
s. nhd. ch.
— engl. † vor d Haupt.
ff nhd. = mhd. pp Laffe; = mhd. v Neffe.
fl aus þl fliehen, s. f.
fr agf. aus mr immer.
g = b; = j im Hd. Ferge (nach r), gären,
gäten, jäh, Käfig, Scheune, Schleier,
Zweig; neben kk Klang, lecken 1, renken;
= ält. w Brücke, Mücke; ausl. == ält.
ch Essig; ausl. neben k s. k; = lat. f
u. h Gerste; aus lat. c predigen; = γ
schweigen, s. „Doppelwurzeln"; † vor j
Bleihe, vor m Traum, Zaum, vor n
läugnen, vor s Busen, vor w* An, bläuen,

Breiß, dienen, Ehe, gehener, Magd,
neigen, Schwalbe, tauen, wollen, Zeche,
cfr. w, vor z Elster.
gg = hd. k Gaukler, Schnake, vgl. Buckel 2;
im Got. etym. wertlos bläuen, hauen, treu;
im Nhd. auf nbd. Einfl. beruhend Bagger,
Dogge.
gw † vor l im Got. Beule.
h = idg. kh; = f; sekundär ɫ im Anl.
Ekel, Elfenbein, Harlekin, Hatschier,
Labberdan; † vor s u. sch dreist, Drüse,
Drusen, Faust, Forst, Frosch, haschen,
Laster, Marstall, mischen, Mist, Nestel?,
Rist, Trester, vor w Eibe, Husten.
— hd. = rom. c Hemd.
hh = hd. ch.
- ahd. = germ. hj; neben och schlucken.
hj = hd. hh lachen.
hl aus pl Beil; wird zu fl im Frz. Flanke.
i = hd. e; = ngriech. v Gips, Grille,
vgl. î.
— hd. aus e Igel.
— ahd. anl. aus c je.
— nhd. statt ü ist md. obb. Bims, Mieder,
cfr. Bingelkraut, statt e md. Pinsel.
î = ält. in dicht; î, ie = lat. ê, ö in Lehnw.
Beete, Brief, Feier, Fieber, Kette 2,
Kreide, Pilz; = ngriech. v Greif.
ie ahd. s. î.
— nhd. statt ei Biese.
iu got. = idg. au Kiel 2, = germ. ü auf.
j = angls. g Heu, jucken; nach au zu w
Gau, Heu.
— hd. = g.
— nhd. anl. für i je, jetzt.
k = p kriechen; = t vor r Kranich; =
gg; ausl. neben g Kring, schlank,
schlenkern u. a., s. „Doppelwurzeln"; †
vor s räuspern, zw. s-l schließen, zw. n-t
Tinte, vor tz, z mutzen, Placken, Runzel,
schmatzen, Schwanz, nach s sollen; ɫ vor
w hacken, Nacken, schmeicheln, Speck.
- hd. aus qu keck; = lat. c in Lehnw.
Keller; = lat. ch.
— nhd. neben qu Qual, Quast.
kj = ahd. ch decken.
kk aus idg. kn Druck, schmücken, Zuck,
vgl. pp u. tt; aus idg. ghn lecken 1;
aus idg. gn Locke; s. ferner reuken.
kn- aus gahn- knapp, kneipen.
kw s. qu.

l = ält. n in Ableitungen Igel, Orgel;
= lat. r in Lehnw. Mörtel, Pflaume,
Schilf; cfr. „Dissimilierung".
— uhd. = r Balbier; s. r u. „Dissimil.".
-- omb. ɫ nach p Pumpe.
lb in Lehnw. Malve.
ll aus lz, ls bellen.
lp aus ltb Solper.
m = n Bilsenkraut, Farn, Muhme, Pflaume,
Pfriem 1, in mhd. Suff. Raum, Ruhm
u. a.
mn = bn Stamm, Stimme, Rabe.
mp aus mt Sand, aus ntb Himbeere,
semperfrei, aus nq (cfr. idg. mbh)
Strumpf, Sumpf.
n aus m Brane, Besen, Busen, Faden,
Hinde, Mispel, Raud, vgl. m; † vor h
dreist, dringen, hangen, vor f (nbd. ch)
sacht, vor s ganz, präfig. Arsch, einge-
schob. sonst.
— uhd. ausl. † Ferse, Kette 2 u. s. w.
nd und nt im Hd. bunt, hinter, schlendern,
Spund.
ng aus nd (nbd.) schlingen (Nachtrag).
o ahd. aus e Woche, aus ô doch.
— angls. = germ. a Klamm.
— nord. aus a (vor ô) Raud.
— nhd. = mhd. u fromm; = mhd. a; nbd. in
Nobiskrug (s. a), md. nbd. in ober 2 (s. u).
ô got. = ahd. uo Maut.
— wgerm. = agerm. uz Ufer.
— agf. aus am, an (vor s) Amsel, Gans.
— nord. = got. wu Wunsch.
— uhd. ist md. (s. a) in Woge u. ä.
ö uhd. aus e ergötzen, Flöz, gewöhnen, aus
u können, aus ü König.
ol (ul) = idg. ! Gold, s. idg. l.
or (ur) = idg. r Forelle, s. idg. r.
p = t Mußholder, Sand, Schnepfe; = k, q
dunkel, hoffen, kriechen, Schaf, schleifen,
Sumpf, werfen, Wisch; aus tw Kobold;
= idg. ph spalten; ausl. neben b siehe
„Doppelwurzeln".
— mhd. † zw. l-t Pult.
— nhd. anl. = ält. b Pilz, plappern, pochen,
Polster, poltern, Posaune, Posse, Pracht,
prägen, prasseln.
pp aus idg. pn hüpfen?; aus idg. bn
rupfen; s. ferner Knabe (nebst Nachtrag),
Knopf u. kk.
hd. = got. bj; = uhd. ff; neben b Knabe.

* Auch Eule? Wurzel üg = aug? Dann wäre Eule eig. „die Großäugige".

pp uhd. f. kk fackerlot.

q = p; = idg. g f. bfs. u. Quelle.

qu = tw (hd. zw) Quark, quengeln, quer, Zwehle, Zwerch, Zwerg, Zwetsche u. ä.

r = ält. z, s (Rhotazismus) Ähre, baar, Beere, frieren, Ger, Gerte, Glas, Mark 3, Moor, nähren, Ort 2, Reise, rühren, Thor 1; = l Bardel; † Afch 1, da, Hede, Marder, Thräne; ‡ im Agf. düfter, in uhd. Dial. Bieft.

rr hd. = got. rz dürr.

— ahd. = lat. ri Feier.

s = r: ‡ zw. n-t Kunft; prothet. Droffel 2, Latte, lecken 1, Spund, vgl. „Doppelwurzeln".

—, ss aus idg. dht, dt, tt Baft, gewiß, Laft, Mus, Reifige, Windsbraut, vgl. lat. ss.

— hd. aus lat. t (nach s) Linfe?.

— uhd. = mhd. z Bims; = nhd. r Biefe.

sch uhd. aus s nach r birfchen, Burfche, herrfchen, nach l feilfchen; aus frz. ss Pafch, pafchen, Raufchgelb u. a.; aus lat. ch Schellkraut.

sk aus idg. skh scheiben; = st Schraube, schreiten.

sp aus idg. sph spalten.

ss f. s.

— hd. f. alt. t Beute 2, Beutel 1.

st aus idg. sd, zd Aft, Droffel 1; = sk*.

t = p; neben d f. bfs.; neben tt Knoten; † vor s Baufch, harsch, kreifchen, lafch, rafch; ‡ dämmern, gelegen, Nüfter, Oftern, strecken, Streit, Strom, Sturm, f. Suff. t.

— agf. = ält. d Boden.

— mhd. anl. wird zu d Ton u. ä.

— uhd. aus d tofen u. ä.

th engl. vor er aus d Mutter.

tl = þl.

tn = þn.

tr (uhd. ndd.) aus frz. tl, tn Matrofe.

tt neben t Knoten; aus idg. dhn Glatze, Hut 1? (vgl. lecken 1); aus idg. dn schlitzen, stutzen; aus idg. tn salzen, schuiten; vgl. Knoten u. kk.

— hd. aus pp Motte, Schmied, Spott.

tw = qu.

tz und z hd. aus t, tj Beute 2, flözen; aus þ Ketzer; = lat. c bei Lehnw. Bezirk, Keller.

þ = idg. th Fladen, Gnade, rafch, rüften, Schade; = f; = hd. tz.

— got. (ahd. d) unregelm. = idg. dh laben 1.

þl = hl; = fl; neben tl siedeln.

þn neben tn siedeln.

þp agf. = ahd. tt Latte.

u ahd. † nach q keck, kommen.

û ahd. aus lat. ô (vor r) Lauer, Maulbeere.

— mhd. f. iu (mb.) kauen.

— nhd. = mhd. ô Fluder.

ü nhd. aus üe brüllen, aus i flüftern, aus nbl. ui Düne, Düte, aus d. Oftfrz. prüfen.

ul = idg. l Holz, f. ol.

um aus idg. m Kunft.

— nhd. aus im schrumpfen.

un aus idg. m Hundert; aus idg. n Leumund, unter, Wunder, Zahn; f. idg. n.

—- ahd. aus in fünf.

uo ahd. = got. ô; aus lat. ô Rofe; uo mhd. ahd. vor i in Lehnw. Mulde.

ur = idg. r dürr, f. or.

v hd. aus inl. lat. b Lawine.

w = ält. j; = idg. k, q (vgl. bfe.) scheel, schicken, Schuh, wer, Zeche, Zeh, = idg. ghw Schnee; = lat. v Wicke; = wr Wafen, Wechfel, vgl. Rocken; ‡ Hure, Niere; † nach h bringen, Huften, nach k Kilt, kirre, Kitt, kommen, vor l Herling, vor r Wurz u. ä., zw. d-u Dunft, zw. r-u Hirsch, zw. s-o, u Sorge, Sumpf, Sund, süß, f. ferner Wurzel.

x agf. aus cces Art.

z f. tz.

— und s im Got. Beere.

— im Wgerm. † Kien, Miete.

— uhd. = mhd. t Hart.

z im Mhd. Beutel 1, flözen; aus lat. th Strauß 3.

zd = idg. zdh, dht Hort.

zw hd. = qu.

III. Indisch.

a = n idg. und, unten, f. idg. n.

azd zu êd Maft 2, vgl. izd.

izd zu sd Geift, Neft.

u prothet. beide.

r = germ. ur Berg.

kš Heide 1, scheren.

ch = idg. sk Schaf, schieben, = idg. skh scheiden.

j = idg. g biegen, Kerl, Kette 1, Kitt.

jh = idg. gh Höcker.

b für bh Berg, Bug.

---

* Beifpiel f. st aus idg. sth? sthmb unter Stummel ift offenbar verdruckt f. stemb.

r = ibg. l all, Alp, Ampfer, beilen, blecken, Blitz, Helm 1, Kolk?, leihen, Leute. Licht, Loch, Lohe 1, wollen.

l = ibg. r Raub; † feil, Felsen.

h = ibg. dh rot; = ibg. gh Berg. Bug.

IV. Griechisch.

α = ibg. ṇ gelingen, Linde, sonder, Sünde, uns, wund, Wunder; prothet. mähen, Meer, melken, Stern.

αμ prothet. beide.

β = ibg. g Kauz, keck, kommen, Kuh, Kürschner, Köder, Stoße, Kragen, Kraut, Kring, renken; = ibg. bh brummen; † zw. m-r Regen.

βλ = ibg. ml Melde.

βρ = ibg. mr Mord, Regen.

γ † vor sk Bauch).

δ = ibg. g Köder.

ϝ prothet. gelingen, Linde, lungern, raunen, reiten, rot, Ruder, Ruhe.

ζ = ält. gi wirken; = j, y gären; = dj Dienstag.

θ = ibg. th Fladen, Hütte; = ibg. gh wollen; = hd. z, tz Ketzer.

ι = ibg. u Ofen.

μβ aus ng renken.

μφ aus ngh singen.

o prothet. Mist, Nagel, Name, Rechen, röcheln, wund.

π = ibg. k, ku drechseln, erwähnen, Heu, leihen, nüchtern, Ofen, vier; aus φ bieten, Bug.

π und ππ Farn, Ferse.

ππ aus pi speien.

σ = ibg. dhj mitte; prothet. Dach; † anl. Schlag 2, Schleim, speien, inl. Drossel 1, dürr, Ferse, Fist.

σσ aus kj erwähnen, Häher.

τ = ibg. k Fehme, noch 1, vier; = ibg. th (nach s) Bein.

υ = germ. i; = ibg. o Dreck.

φ = ibg. gh gelingen, Kegel 1, Niere, nüchtern?, Teich; = ibg. ghw Schnee.

χθ aus ghj gestern.

V. Lateinisch.

a aus e Latwerge.

ae = germ. ai.

am prothet. beide.

b = ibg. g Kitt; = ibg. th lebig; = ibg. dh, dhw Bart, Euter, glatt, Leude, Reiter; = ibg. bh Backe; aus m Sand, cfr. Schemel; aus dw Zitteroch, Zwie-, Zwist.

br ·· ibg. sr dämmern, Hirn, Hornisse.

c † vor m, n Licht, vor s Axt, Bär 2, mischen, vor v neigen, vor t fünf, vgl. bunt, Tinte.

— mlat. aus qu Koch; = hd. h Hemd; bei Entlehnung ins Germanische k resp. z Keller, Bezirk.

ch ·· dtsch. k Koller 2, Korbe, = dtsch. sch Schellkraut.

d † vor v mild, vor st Bausch), vor j Dienstag.

e (vortonig) zu i Kitt.

ê = ahd. î, ie.

en = ibg. ṇ Mund 1, s. ibg. n.

er = ibg. r Föhre, s. ibg. r.

ês mlat. aus ens Speise.

f = ibg. bh binden, = ibg. ph fallen, = ibg. dh Teig, Treber, unter, = ibg. gh germ. g garstig, Gerste, gießen.

g für c (nach n) fangen; † vor m Blitz, räuspern, vor n flach, vor v Balg, brauchen, keck, kommen, nackt.

h = ibg. kh; = ibg. gh gähnen, Gerste; † vor m fliegen, vor r groß?, anl. Gans.

i aus e Kitt, Kerker.

in = ṇ ibg. un-, unten.

j † nach h gestern.

l = ibg. d Mast 1, Zunge; aus r (nach p) Pflaume.

iê = ibg. el bellen, = ibg. l̥ Korn.

m aus n (mlat.) Pflaume; = deutsch. n.

mn = ibg. pn Ufer.

o aus we s. so.

on = ibg. ṇ Sünde.

or = ibg. r Furche, Gerste, Körper.

p = ibg. k Ding, Scheune.

r = ibg. s Amsel, Blume, Espe, frieren, gestern, Gleise, Hasel, Ohr, Osten, säen, Schnur 2, Schwester, verwesen, Zwist, = ibg. z Mark 3; = deutsch. l.

r † forschen, garstig, schwarz.

râ = ibg. r̥ Hornisse, Hürde, Korn.

ri = ahd. rr.

rr = ibg. rs Darre, Gerste, irre.

s aus dt essen; † Erle, Ferse, frieren, Gerste, hören, Schnur 2 zausen.

so = ält. swe Schwäher, Schwester, = ält. swo Schwan, schwarz, Schwelle.

ss aus tt Spaß.

su = ält. swoi schwitzen.

t = idg. dh (nach s) Gerte, = deutsch. s;
† Hode.
th = deutsch. z, tz Ketzer; = mhd. z.
u = idg. oi ein, gemein, Klei?.
ur = idg. r Drossel 1.
v = idg. ghw Haber, Schnee, = idg. q
(vgl. germ. w) Volk; assim. an l Balg;
= hd. f Käfig, Veilchen; = deutsch. b
Baldrian; † vor e u. o f. so.
x † vor l, m Deichsel 1.
z † Drossel 1, Fist, Gerste, Nestel (cfr. s †).

VI. Romanisch.

a = ält. e Latwerge.
c † zw. n-t Tinte; = hd. h.
d aus t Straße.
fl frz. = germ. hl Flanke.
l aus n Matrose; aus r Pferd, Pflaume;
aus d Galmei; anl. als Artikel gefaßt
Labberdan.
m aus n (südostfr.) Pflaume.
n aus m Mispel, aus l Mergel.
s prothet. Spund; unorgan. angefügt Papst.
üe ofrz. aus lat. o prüfen.

VII. Keltisch.*

á = idg. ō bägern, blühen, voll.
ai aus a (vor e, i) elend, Engel, Felsen.
b = idg. bh Balg, bohnen, bohren.
bl aus ml Mehl.
br aus mr Markt.
cl = idg. achmr. pl Flaum.
é = idg. ai heil; durch Ersatzdehnung entst.
Ende, finden, Gesinde, vgl. Gans.
ia aus idg. ei (vor o) Fisch.
p für b Erbe; † Felsen, Ferkel, finden,
Fisch, Flur, frei (ch.), fühlen, Furt, viel
u. ö., inl. Hafen 2, Knabe (Nachtrag).
ri = idg. r Berg, Furche.
rr aus rj bohren.
s aus f Fenster, aus germ. h Habicht;
† vor t im Anl. Stamm, zw. Vok. Eisen.
ss für st bersten.
t † zw. s-r Straße.
u (iu) = idg. e (vor u) firn, vgl. dobur
aus *doberu.
úa aus o-o Hafen 2.
ui = idg. o (vor e, i) all, Elle, Meer.

VIII. Slavisch.

b = idg. bh bellen, Grab.

* Irisch, wenn unbezeichnet.

ch = idg. s Gleise.
d = idg. dh glatt.
č = idg. ai heil, = idg. oi Klei.
g = idg. gh glatt, Grab; † vor sk bleichen.
i = idg. oi ein, = idg. yu Joch.
in = idg. n Name.
ja = idg. ē (im Anl.) essen.
l ɟ zw. p-j speien.
la aus ol vor Kons. Elentier, Elle, Gold,
Holz.
lü = idg. l Wolf, Wolle.
o prothet. beide.
ov aus ev laut.
ra aus or vor Kons. Harm.
rü = idg. r Hornisse, vgl idg. r.
s = idg. k Elentier, Harm, = idg. ks
Achse; † anl. speien.
v prothet. Enkel 2, Euter.
y = idg. ū Euter, röcheln.
z = iog. g kauen, = idg. gh eng, gähnen.
zg = germ. sk Meisch.
žd = idg. dj mitte.

IX. Litauisch.

a prothet. beide.
g = idg. gh greifen.
il = idg. l Wolf, Wolle.
ir = idg. r Hornisse.
s prothet. Drossel 1.
sz = idg. k Hermelin, Hornisse, = idg. ks
Achse.
z ɟ zw. r-d Bart.
ż = idg. g Birke, = idg. gh gähnen.

X. Armenisch.

b = idg. bh baar, Bug, Erbe.
c = idg. ks u. sk heischen.
er (ar) = idg. r Berg, Furche.
h = idg. p (anl.) Feuer, Furche.
j = idg. gh Berg, eng.
z = idg. gh Bug.

XI. Albanesisch.

ft aus kt Trichter.
r † —, Samstag.

Lautnachahmung s. „Onomatopoietische Bez."
Lautverschiebung Apfel, Ast, Balg, Bann,
Bär 1, Bärme, Bart, bauen, Becher, Becken,
Beete, beginnen, Belche 2, bellen, Berg, be-

schuppen, besser, Beute 2, biegen, bieten, Birke, bis, bitter, blecken, bleiben, Blend=ling, blöde, Boden, braten, bunt, Drossel 1, eben, Eid, Eiter, elf, Ente, erwähnen, flößen, fragen, fünf, Garten, Gespenst, haben, Hake, halten, Harn, Hase, Haufe, Hermelin, kalt, March, Katze, Kiefer 1, kneten, Küche, kund, Linse, Masche, Maß 1, Pforte, sagen, Schnauze, spleißen, Zitteroch.
Lederarbeiten der Jbg. Ahle.
Leges Alem. Marschall.
Lehnswesen hold, Jüngling, cfr. „Staatl. V.".
Lehnwörter.

1. Bildung derselben.

Aalraupe, Abt, Amt, Arzt, Birne, Bretzel, Brief, bunt, Bütte, Butter, Dom, Essig, falsch, Feier, Fenster, Finne 1, Flanke, Hanf, Hippe 1, Käfig, Kalk, Kapelle, Küche. Lärche, Linse, Malve, Münze, Pate, Pfau, pfropfen, Seide, Spund Wicke 1, vgl. ferner „Accentverschiebung", „Einfluß", „Genuswechsel", „Grundwörter", „Laut=gesetze", „Quantitätsveränderung" u. a.

2. Verzeichnis derselben.*

I. Entlehnung ins Deutsche
A. aus germ. Dialekten.
α) aus dem Ndd., Ndl., (Engl.**: Aberglaube, achter, Adebar, Albeere, Anker 2 (i.), *an=rüchig, Auster (l.), Baas, babbeln, Back (l.), Backbord, Backe 1, Bagger, Bai 2 (ndb.=e.=r.), Bake, Ballast, Banse, Bärme, bazen, Bede, *Beete?, Beffchen, *Beifuß, belemmern, Bellhammel, Bemme, Bernstein, *bersten, berüchtigt, Besanmast (r.), beschuppen, be=schwichtigen, Lesing, Beute 2, Beutel 1, Bentheie, Bill (e.=l.), binnen, blach, Black=fisch, Blaker, Bleihe, blöken, blutt, blutarm, Bocksbeutel, Boden, bohnen, *Böhnhase, Boi (f.), Boisalz, Boje (r.), Bombast (e.=l.), Boot (ndb.=e.), Bord, Börde, Borke, Born, Bowle (e.), bozen (e.), Brack, Brackwasser, Brägen, Bramsegel, Brand, Brasse (f.), *Brassen, Bremse, Brink, Brise (e.), Brös=chen, Bucht, Bücking, Bug, Bühre (f.?), Bulle 1, 2 (f.), bummeln, bündig, bunt (l.), Büse, Butte, dahlen, *Dambock?, dämisch, Damm, *Dampf, dauern 2, Daune, deftig, *Deich, *Deichsel 2, *Demut, *deugeln, Deut, *dicht, *dichten, *Dill, *Docht, Dock, Dogge, Dohle, *Dolde?, Dorsch, *Dorsche, Dose, *Dotter 1, 2, Drake, drall, dreist, *drillen, *Drohne, dröhnen, drollig, *Drossel 1, Drost, Drude, Ducht, *ducken, *Duft 2, Düne (ndb=e.=l.?), *Dung, Dusel, Duft, düster, Düte, Ebbe, echt, Ecker, Egge? (f. Nachtrag), Eide, Eider (norb.), Eisbein, Ekelname, Elf (e.), Eller, Elsbeere, extern, Fächer, *Faden, *Fant, fett, Fibel (l.), Finne 1, Flagge, flau (r.), Flieder, flink, Flitzbogen, Flor, flöten gehen, flott, *flügge, Flunder (norb.), Focke, Fracht, freien, fühlen, Gas, Gaudieb, Geck, *Gerücht, Gilde, Glocke, Granal, Grand, Hacke 1, Hafen 2, *Hafer, Haff, Hai, Hälfte, han=tieren (f.), hapern, Harke (e.), Haft (f.), Handerer, Hede, Helm 2, hissen, Hitte, Hocke 1?, hoffen?, Holm, *Hufe, Hummer, humpeln, *Hüne, Jacht, jappen, Jauche, Kabel (f.), Kabliau, Kabuse, Kahn, Kajüte, Kalander, Kaldaunen (r.), kalfatern (f.), Kalm (f.), Kalmang (e.=r.=orient.), Kammer=tuch? (r.), Kamp (l.?), Kämpe, Kaute (r.=g.), Kaper, kappen, Kattun (ndl.=f.), *keifen, *Kerl, Kiefe, *Kiel 2, Kiepe (l.?), Kippe, Kissen, klabastern, Kladde, Klampe, Klapp, klatern, Klei, Kleid, Klepper, Klippe, klug, Klumpe, knapp, knappen, Knappsack, Knaster (span.=l.), Knebelbart, kneifen, Kneipe, knicken, Knochen, Knocke, Knubbe, Knüppel, Knust, Kolk, Kork (sp.), Kot 1, Kote, Köter, Krappe, *krabbeln, Krahn, Krampe, Krämpe, Krämpel, *Kriekente, Krolle?, Kropzeug?, Krug 2, Kruke, Krume, Krüppel, Küchlein, Kuckuck, *Küken, kunterbunt, Küste, Labber=dan (f.=bast.), Laken, lavieren, *leck, Lee, Lehde, *Lehm, letzt, lichten, *Linnen, Lippe, lodern, löschen 2, Lotje, Luke, Lump, Lüning, mäkeln, Makrele (r.), *manch, Marsch, Maßlieb, Matrose (f.), *Mauke, mengen, Mettwurst, *Metze 2, *Mieder, Moor, Mops, Morast (r.), morsch, Möwe, Mucke?, Muff 1, Mutter=, nebst, Nehrung,

---

* Bei den besternten Wörtern liegt nur Einfluß des Dialekts, nicht Entlehnung aus demselben vor. e. = engl., f. = franz., i. = ital., r. = romanisch. l. = lat., g. = griech., k. = keltisch.
** Aus b. Engl. entlehnte Wörter sind durch ein (e.) gekennzeichnet. Ist das ndb. 2c. Wort selbst entlehnt, so ist die Quelle in Klammer beigefügt.

Nelke, nett, Nichte, Niete, nippen, Nobis=
krug, Nock, Nücke, Nüster, ober, *ohne,
Ohrfeige, Orkan, Orlogschiff, Öse, Oxhoft,
*Pacht, Pack 2, Pappe (r.), *pappeln,
*Papst, Paß (r.), *Pausback, Pavian,
Pegel, Pelle, Pfropfen (r.), Pick? (r.),
Pickelhering, picken, piepen, Pilot (r.),
Pinn (l.), *Pips (l.), pissen, platt (r.),
Platte (r.), Platteise, Platz 2, plump,
Pluuder, Pocke, Pökel, Pott, Prahm,
*Pranger, prassen, prickeln, Prunk, Puff,
puffen, Pumpe, pusten, quabbeln, Quack=
salber, quaken, Qualm, Quappe, Quecke,
Nacker, *Rahm, Raigras (e.), ranzig, rap=
peln, rapsen, Rasch, rasen, Rausch 1, Rausch=
gelb, Raute 1, Reck, Reff 2, *reffen, Reuter
(r.), Rhede, Riefe, Riff, Robbe, Roche 1
Roggen? (s. Nachtrag), roben, rotten 2,
ruchbar, Rum (e.=amer.), Rummel, rupfen,
Rüste, sacht, Sahne, Satte, *Schacht 1, 2,
Schachtel 2, Schäfchen, Schafott? (r.),
schaudern, *Schaukel, Scheebe, Schellack,
Schellfisch, scheuern, schief, schier 1?, Schier,
Schildpatt, Schimmer, Schinnen, schlabbern,
Schlacke, schlapp, Schlappe 1, 2, schlappen,
schlau, schlendern, Schleppe, Schleuse (r.),
*Schlucht, Schmacke, schmeißen, Schmöker,
schmoren, schmuck, schmuggeln, Schnack,
Schnake, Schnaps, Schnaue, *Schnauze,
Schneppe, Schneise, schnippig, Schnucke,
schnüffeln, Schnuppe, Schnute, Scholle 2,
Schoner (e.), Schöppe, Schoppen 1, 2,
Schöps, Schote 3, schraffieren (i.), schrappen,
schrill, schrubben, Schrulle, Schuft, Schüppe,
Schuppen, schwelen, schwichtigen, schwül,
Sekt (i.), sichten, sickern, Singrün, Solper,
Sonnabend, Sprehe, Sprenkel 1, Spriet,
Sprotte, Spuk, Staken, stammern, Ständer,
Stapel, Stärke 1, starr, steif, Stempel,
stoppen, stottern, straff, stramm, strampeln,
Strand, Strippe, stufen, Stulpe, *Stump,
Süd, Sund, Suppe, Tafel, Talg, Tau 1,
Tausch, Teer, Thran, *Tinte, *Tölpel.
Tonne, Topp, Torf, Tort (s. Nachtrag).
trampeln, treideln, Trense, Treppe, Tripper,
Ufer, Uhr (l.), verblüffen, vergattern, ver=
plämpern, verquisten, verschieden, versöhnen?,
Waffel, Wahrsager, Wahrzeichen?, Wal=
nuß, Wappen, Ware, Wase, Watte, Wau.
Webel (s. Weibel), Weed, Werft 2, Wiemen,

Wippe, Wispel, wispeln, Wocken, Wrack,
Wucht, Zacken, Zitz (bengal.), Zwielicht,
Zwist.

β) aus dem Mitteld.: Ache, Atzel, Banse, Baude,
Bemme, *bersten, *Bims, blach, *Brassen,
Bruch 2, bunt (l.), dämisch, dauern 2,
Deichsel 2, *deutsch, *Döbel, *Drache?,
*Dult, *dunkel, *Dunst, *Durchlaucht,
echt, Ecker, Eintracht, Ekel, erlaucht, extern,
fett, Freite, fühlen, gätlich, Geck, Gnenn,
Hacke 1, Hälfte, Halle, harren, haschen, Hast.
Heister, heucheln, *Hippe 1, Höker, horchen,
Hügel, Jauche, Kaldaunen, Kauter 1, kauen,
Kelter, *Kerl, Kippe, *kirre, *Kissen, Knirps,
Knochen, Koppe, Krolle, Küchlein, Kunkel,
Kuppe, Lase, Länfel, *Lehm, Lippe, *Mäd=
chen, mengen, *Mieder, Morgen 2 (siehe
Jauchert), morsch, necken, ober, Öse, Otter 2,
*Pacht, Pappe (r.), *Pausback. *Pilz, *Pips,
Plinze, roben, rotten 1, Rumpf, Samstag,
scheuern, schief, Schinnen, *schlingen (Nach=
trag), schlummern, Schmant, Schmetten,
Schmetterling, Schnack, Schneise, Schoppen 2,
Schöps, Schüppe, Schuppen, Sonnabend,
Spriegel, steif, *Steiß, *Stoppel, stottern,
straff, *Strippe, Sund, Suppe, *Tinte,
*Tölpel, trampeln, *traun, Treppe, *Trespe,
*Tripper, *Trotz, *Tümpel, Ufer, Wase,
Webel (s. Weibel), Zacken, Ziege, *zimper=
lich, Zwietracht.

γ) aus dem Oberd.: aber 2, äfern, Ähren, All=
mende, Ammann, Anke, *Arche, Ätte, Aue,
Beck, Beige, bidmen, bletzen, blutt, Drusen,
Dult, Egge? (Nachtrg.), Ehni, Eifer, Erchtag,
esseln, Essig?, Estrich, Föhn, Gaden, Gant,
Gasse, Gehren, Gletscher, Glufe, Gulden,
Hafen 1, Hanse, Harn, hauchen, Holder,
Jauchert, kauderwelsch, Keib, Kilt, Künchel,
Kunkel, Kutteln, Lawine, Lefze, Leuchse,
lüpfen, Matte, Maut, Pfetter, Pflugtag,
Nädelsführer, Niuken, Roggen? (Nachtrag),
rösche, Rüvel, Samstag, Schaff, Schopf 2,
Staden, stauuen, Strähle, Torkel, ver=
söhnen?, *Weizen (s. Egge Nachtrag).

δ) aus dem Nord.*: Berserker, Deut, Eider,
Flunder, Gilde?, Hummer, *Kiel 2, Kruppe,
*Lehne 4, Matrose, Narwal, Nickel, Norne,
Oxhoft, Pack?, Renntier, Rune, Schere 2,
schlau?, Schüte, Tang, Tau 1, Vielfraß,
wabern, Walküre, Walroß.

---

* mittelbar und unmittelbar.

B. aus dem Romanisch-Lat. oder Griech.**

Aalraupe, ab, Abenteuer (f.), Aberraute, Abseite, Abt, Abzucht, Achat, Aglei, Alabaster, Alarm (f.-i.), Alaun, Albe 1, 2, Alber, Alchimie (rom.-arab.-g.), Alkoven (f.-arab.), Allod!, Alun, Almanach (f.-g.-ägypt.), Almosen, Alpe, Altar, Ampel, Anbauche, Anis, Anker 1, 2, Apfel?. April, Ar (f.-l.), Arche, Armbrust, Arzt, As (f.), Aschlauch, Assel?, Attich, August, Bai 1, Baldachin (i.-arab.), Baldrian, Balester (i.), Ball 3 (f.-g.), Ballei (mlat.-f.-l.), Balsam, Bande! (f.), Bankett!, Banner!, Barbe, Barbier (f.), Barchent (mlat.-arab.), Barett, Barke, Baron! (?), Barre (f.), Bastard! (f.), Bastei (f.), Baß 1, Bathengel, Bazar (f.-pers.), Becher, Becken, Beete, beizen, benschen, Berkan (l.-arab.), Berline!, Bertram, Beryll (l.-ind.), Bezirk, Bibel, Bibernelle, Bieber-, bigott (f.), Bims, Birne, birschen (f.), Bisam (l.-orient.), Bischof (g.), Blankscheit, blockieren!, blond! (f.), Bombasin (f.-l.), Bordell! (f.), bordieren! (f.), Boretsch (f.), Börse (rom.-g.), bosseln (f.), Bottich, brav (f.), Bresche!, Bretzel?, Brief, Brille (l.-g.-ind.), Brockperle, Brühl, Buchs, Büchse (g.), Buckel 1, Büffel, Bulle 2, 3, Bunzen, bunt, Bursche, Burzel, Busch?, Büste (f.), Bußaar (f.), Bütte, Butter, Cotillon! (s. unt. Kot 1), Dachtel, Damast (rom.-syr.), Dambock, Dambrett (f.), Dattel, dauern 1, Daus, Dechant, Decher, Degen 2 (f.), Demant, dichten, Dinte, Diptam, Dom, doppeln (f.), doppelt (f.), Drache, Drillich, Droge! (ob. orient.?), Ducaten, Dutzend, Ebenbaum, Ebritz, Eibisch, Elfenbein (g.), Endivie, Engel (g.?), entern (sp.-l.), Eppich, Erker, Erz-, Esel, Essig, Estrich, Fabel, Fächer, Fackel, Falbel, falsch, falten, Fasan, Fee, fehlen, Feier, Feige, Feigwarze, fein. Felleisen, Fenchel, Fenster, Ferien, Fest, Fetisch, Fett?, Fieber, Fiedel, Finte (i.). Firnis, Fistel, fix, Flamberg! (?). Flamme, Flaute!, Flasche?, Flaum, Flechse, Flegel?, Fliete, Florin, Floskel, Flöte, Flotte!, Föhn, foltern, Forke, Form, Formel, Forst, Frack?, frank!, Franse!, Fratze, Frettchen, Fries!, frisieren!, Frucht, Fuge, Furke, Fusel, Futteral!, Gabel?, Gallapfel, Galle 2!, Gallerte?, Galmei, Galopp!, Gamander, Gant, Geier, Gelte, Gerfalke, gewähren!, Ginst, Gips, Gletscher, Golf (rom.-g.), Grab, Gran, Greif, Grempelmarkt (i.), Grille (i.-g.), Grippe (f.), Groppe, Gros, Groschen, Grotte, *Grünspan, Guitarre, Günsel, Gurgel, hantieren, Harlekin (i.), Harnisch, Hatschier (i.), Herold, *hofieren, Hokuspokus, Holk?, Hopfen, hurtig?, impfen (l.? g.?), Insel, Ingwer (g.-orient.), Insel, Insiegel, Isop (l.-g.-orient.), Jacke, Jänner, Joppe, Juds, jucken, Käfig, kahl, Kaiser, Kalender, Kalk, Kalmang, Kamel, Kamerad, Kamille, Kamin, Kamisol (f.), Kammer (rom.-g.), Kammertuch, Kampfer (rom.-or.), Kanel, Kaninchen, Kanzel, Kapaun, Kapelle 1, 2, Kapitel, Kappe, Kappes, Kappzaum (i.), kaput, Kapuze (i.), Karat, Karausche (rom.-g.), Karbe, Karch, Karbätsche, Karbe, Karfunkel, Kariol (f.), Karre (l.-kelt.), Kartaune, Kartause, Karte, Kartoffel, Käse, Kastanie, kasteien, Katze?, Kaue, kaufen?, Kelch, Keller, Kellner, Kelter, Kemenate, Kerbel, Kerker, Kessel, Kette 2, Ketzer, Kicher, Kirche, Kirmes, Kirsche, Kissen, Kiste, klar, Klause, Klausel, Kloster, Koch, Koffer (f.), Kohl, Kohlrabi, Koller 1. 2, Kolter, Komtur, Kopf! (Coiffeur), Koppel, Koralle, Korbe (f.-l.), Koriander, Korinthe (f.), Kornelle, Körper, Kost 1, 2, kosten 1, Kreide, Kreuz, Kreuzer, Krieche, Krone, Kruppe!, Kruste, Krystall, Küche, Kufe 2, Kümmel, Kumpan, Kumpest, Künchel, Kunkel?, Kupfer, Kuppel (i.), kuppeln, Kurbe, Kürbis, kurz, Küssen, Küster, Kutte!, Lahn (f.), Laie, Lakritze, *Lambertsnuß, Lampe 1, Lamprete, Lanze, *Lappalie, Lärche, Lärm (f.), Larve, lasch?, lateinisch, Laterne, Lattich, Latwerge, Latz, Lauer, Laune, Laute (f.-arab.), Legel?, Legende, -lei (bask.?), Leier, Leis, Liebstöckel, liefern, Lilie, Linie, Liste, Litze, Loge! (s. unt. Laube), Lorbeer, Lorgnette! (s. unt. lauern), Lotterie (s. unt. Los), Löwe, mager?, Mai, Maie, Maische,

** unmittelbar; die durch nhd. Vermittelung aus dem Rom.-Lat. ob. Gr. entlehnten Wörter sind unter A, α verzeichnet. Vgl. d. Anm. dort. Entlehnung aus einer der rom. Sprachen oder aus dem Griech. ist durch eingeklammerte f., i., g. u. s. w. gekennzeichnet. Weiter zurückgehende Entlehnung ist ebenfalls in Klammern bemerkt. Ursprünglich germanischen Wörtern ist ein ! beigefügt.

Majoran (rom.-g.), Makel, maledeien, Malve, Mandel 2 (i.=g.), Mange, Manier (f.), Mantel, Markt, Marmel, *Marschall!, Marter, März, Maske (f.), Masse, Matratze (l.=arab.), Matrose!, matt (rom.=arab.), Matte 2, Mauer, Maulbeere, Maulesel, Mause, mausig, *Meerrettig, Meier, Meile, Meister, Mennig, Mergel (l.=kelt.), Messe, Messing?, Meßner, Mette, Metze 2, Metzger, Meute 1, 2 (f.), Miene, Minze, mischen, Mispel (l.=g.), Mohr, Mönch, Mord, Mörser, Mörtel, Most, Mostert, Mühle, Mulde, Müller, Münster, Münze 1, 2, murmeln, Murmeltier, Muschel, Muskel, Muster (i.), Mütze, naiv (f.), Narbe, Narbe, Nerv, nett, Nippsache (f.), None, Nonne, Note, Nudel, Oblate, Oder, Odermennig, Ohm, Öl, Oleander, Olive, Onkel, Opfer, Orden, ordnen, Orgel, Osterluzei, Paar, Pacht, Palast, Pallisade, Palme, Pamphlet! (f.), Panier!, Panther, Pantoffel (i.), Panzer, Papagei (f.=arab.), Papier?, Pappel 2, Papst (f.), Paradies (pers.), Pardel, Park (f.), Partei (f.), Pasch (f.), paschen, Paspel (f.), passen 1, 2 (f.), passieren (f.), Pastete, Pate, pauschen (f.), Panse, Pech, Pedant (rom.=g.), Pedell!, Pein, Pelikan, Pelz, Pennal, Perle, Perlmutter, Pest, Petersilie, Pfaffe (g.), Pfahl, Pfalz, Pfand, Pfanne, Pfau, Pfebe, Pfeffer, Pfeife, Pfeil, Pfeiler, Pferch?, Pferd, Pfifferling, Pfingsten, Pfinztag, Pfirsich, Pflanze, Pflaster, Pflaume, Pforte, Pfosten, Pfote?, pfropfen, Pfründe, Pfühl, Pfund, Pfütze, Pick!(?), Pickelhaube, Picknick, Pilger, Pille, Pilot?, Pilz, Pimpernelle, Pinsel, Pips, placken, Plage, Plan (f.), Planke, Platteise, Platz 1, Plüsch (f.), Pöbel (f.), Pokal (i.=g.), Polei, Pomeranze (arab.=ftr.), Pomp (f.), Port, Porzellan (i.), Posaune (f.), Post (i.), predigen, Preis (f.), preisen (f.), Presse (f.), Priamel, Priester, Prinz (f.), Prise (f.), Probe (i.), Profoß (f.), prophezeien, Propst, prüfen (f.=l.), Pfittich, Puder (f.), Puls (f.), Pult, Pulver, Puppe, pur, Quaber, Quart, Quenbel, Quentchen, quitt (f.), Quitte (f.), Ralle?, Rampe (f.), Rang! (f.), ranzig (f.), Rapp (f.), Rappe 3! (f.), Rappier! (f.), Raps, Rapunzel, Rasch, Raspe!, Raspel!, Rasse!, Raute, Rausch 1, Rebus, Regel, Reim (f.), Reis 1 (rom.=g.=ftr.), Rente, Rest (f.), Rettich, Reuter, Rhabarber, Ries (arab.), Roche 2 (f.=pers.), Robomontabe, Rolle,

Römer, Rose, Rosine f.), Rosmarin, Rotte (f.), Rubrik, Rudel?, rund (f.=l.), Sack (l.=g.=hebr.=phön.), sackerlot, Safran (f.=arab.), Salat (i.), Salbader, Salbei, Salm, Samstag (g.=orient.), Samt, Saubel (i.=gr.=arab.=ftr.), sapperlot, Sardelle (i.), Sarder, *Sarg (g.), Saturei, Saum 2, Schach (r.=pers.), Schachtel 1 (i.), Schafott, Schalmei, Schalotte, Schaluppe (f.), Schanker (f.), Schanze 1, Scharbock, Scharlach (rom.=or.), Scharlei, Scharmützel! (i.), Schärpe! (f.), Scharteke?, scharwenzeln?, Schatulle, scheckig?, Schellkraut, Schemel, Schilf?, Schindel, Schiff! (Equipage), Schmalte, Schmergel (i.), Schmerl, *Schmieralien, Schöllkraut, *schreiben, Schrein, *Schrift, Schuhu (f.), Schule, *Schurz, Schüssel, Schuster, Schwadron, Sebenbaum, Sechter, Segen, Seide, Seidel, Sellerie (f.), *Semmel, semperfrei, Senesbaum (f.=arab.), Seneschall!, Sester, sicher, Siegel?, Sigrist, Silbe, Simpel (f.), Sittich, Skizze (i.), Strupel, Smaragd, Socke, Sockel, Sohle 1, 2?, Sold, Soldat (i.), Söller, Sorte (i.), Spargel, Spaß (i.), spazieren (i.), Speicher, Speise, Spelt, Spende, Spezerei (i.), Spiegel, Spion! (f.), Spital, Sporteln (i.), Spund, Staat, Staffette, Standarte (i.), Stauche! (Etui), stecken! (Etikette), Stiefel (i.), Stoff, Stoffel, *stolz, Straße, Strauß 3, Striegel, Stuck!, Tafel, Tante (f.), Tanz!, Tapete, Tartsche!, Tasse (f.=arab.), Teller (i.), Tempel, Teppich, Terne, Teufel, Text, Theriak, Thron, Thunfisch, Tinte, Tisch, Titel, Ton, Topas, Torte (f.), Tortel, *Trabant, Trampeltier, Traß (i.), Tratte (f.), Treff (f.), Trense?, Tresse, Trichter, trillern (i.), Trommel!, Trompete, Troß (f.), Trott!, Trubel (f.), Trüffel, Trumpf (f.), Trupp (i.), Tuff?, Tulpe (i.), tünchen, Turm, turnen (f.), Turteltaube, Tusche (f.), Uhr, Ulme, Unze, Veilchen, Veitstanz, verdammen, verganten, verpönen, Vers, Vesper, Vettel, Visier, Vizdom, Vogt, Wall, Wams!, Weichbild, Weiher, Weiler, Wein?, *Wespe, Weste, Wicke 1, Widerpart, Wirsching (i.), Zeder, Zelle, Zent-, Zentner, Zepter, Zettel 2, Zieche, Ziegel, Ziesel, Zimmet, Zindel, Zingel, Zinnober, Zins, Zirkel, Zither, Zitrone (orient.?), Zitwer (arab.), Zone, Zote, Zucker (arab.), Zuckerkand (arab.), zweierlei, Zwetsche?, Zwiebel, Zwillich. Üb. Tort s. Nachtrag.

C. aus dem Keltischen.

-aff, Amt, Ballast?, Benne, Bock?, Brühl, Düne, Falke?, Gabel?, Glocke, Harnisch, hurtig, Kabuse, Karre, Katze?, Mergel, Pack?, Pferch?, Pferd, Pott, reich, Reich, Sattel?, Tonne, Walnuß, welsch.

D. aus dem Slav.-Lit.*

Beißker, Dolch, Dolmetsch (türk.), dudeln, (Elch), Graupe, Grenze, Gurke, Haubitze, Jauche, Kantschu, Karbatsche, Katze?, Keiler, Keuler, Knute, Kretschem, Kummet!, Kürschner, Krug, Lebkuchen?, Mant?, Palasch, Peitsche, Pekesche, Petschaft, Platz 2?, Plinze, pomadig, Popanz, Prahm, Quark?, Rappuse, Sämischleder, Schatz?, Schmant, Schöps, Sklave, Stieglitz, Weichsel, Wildschur, Zeisig, Zink!(?), Zobel, Zülle, Zeidler.

E. aus dem Finnischen, Ungarischen und Türkischen.

Dolmetsch, Husar, Kantschu, Kutsche, Renntier, Schakal. Tornister.

F. aus dem Baskischen.

Kablian, Labberdan, -lei.

G. aus Asien

1) aus semitischen Sprachen: acheln, Baldachin (Bagdad), betucht, Bisam, Bocher, Dalles, dibbern, Dokes, Doules, Galgant, Gauner, Gurke, Izig, Kaffer, kapores, *Karbe, koscher, Matratze, matt, Matz, Matzen, mauscheln, meschugge, Quetsche, Safran, Samstag, Schach, schachern, schäkern, Schalotte, Schicksel, Schmus, schofel, Schote, Senesbaum, Ziffer, Zitwer, Zores, Zucker (ind.), Zuckerkand (ind.), Zwetsche.

2) aus anderen asiatischen Sprachen (p. = persisch): Gurke (p.), Humpe? (p.), Horde 1 (tatar.), matt (p.), Koche 2 (p.), Schach (p.), Schakal (p.), Scharlach (p.), Thee (chin.), Zitz (beng.), Zucker (ind.), Zuckerkand (ind.).

H. aus Amerika.

Mais, Orkan, Rum, Tabak.

I. aus der Gaunersprache.

foppen, Gauner.

K. aus einer unbekannten Quelle.

Affe, Apfel, Büse?, Erbse, Erz?, Esel?, Fisch?, Flasche?, Frack?, Halm?, Hamster?, Hanf, Humpe, Krause, Kräusel, Krug 1, Kruke, Kürschner, Leinen, mahlen?, Mohn, nähen, Pamphlet, Pavian, Pfad, Pferch, pflegen, Pflug, Pfriem 2, Ratte, Rübe?, Säbel, Salz, Sattel, Schiff, Schleuder, Schwefel, Senf, Silber, Speer, Watte.

L. durch gelehrte Studien

1) aus dem Altdeutschen: Brünne, Gau, Ger, Harm, Heim, Hort**, Kämpe, Leich, Leis, Lindwurm, Minne, Rune, Tarnkappe, Weigand.

2) aus dem Lateinischen: Fusel, Kantel, Kruste, *Pappel 2, Smaragd u. a., vgl. „Einfluß".

II. Entlehnung ins Englische

A. aus dem Kontinentalgermanischen.

deutsch, Fledermaus, frisch, frohlocken, Glück, Graf, Groschen, Herberge, Herr, Hirse, Hütte, keusch, knappen, Kaiser, Kraut, Mumme 1, Oxhoft, Pilger, plump, recken, Schaluppe, scheuern, schief, schlecht, schlimm, schmuck?, schmuggeln, Schnaue, schrubben, Sinter, Specht, stolz, Thaler, Waffel.

B. aus dem Nordischen.

Vgl. die Wörter unter I, A, δ, ferner: Bach, Becher, beizen, Beute 2, blind, Bohle, bahlen, Dorsch, Ei, Eider, Fähre, Fenster, Flitter, Föhre, Gasse, Gauch, Graf?, Haber, hoch, je, Kanker 1?, Kiel 2, Kitze 1, 2, Klumpe, Laube, Lehen, Löffel, los, Made, Schale, Schaum, schinden, schmuck?, Spuk, Tau 1, 2, Tod, Treber?, Tuch, weich, Wind, Woche, Wurz, Ziel, Zwehle.

C. aus dem Romanischen.***

Siehe die Wörter unter I, B, ferner: Bache!, Backe 1!, Bai 2, Ball 2!, Ballen!, Band!, Barke, blau!, Bracke!, Brassen!, Brosam!(?), Bürste!, Büttel!, bauern 1, Dechant, Drache, Eichhorn, Elfenbein, Engel, Essig, Fint, Fladen!, *Flitter?, Garten!, Geige!, Hagestolz, hart!, Kampf!, Kappes, Keller, Kette 2, Kissen, klar, Köcher!, Kot 1!, Kotze 2!, Krippe!, Kruppe!, Kürbis,

---

* Auch hier zeigt ein ! ursprünglich germanische Wörter an.

** wo Halle zu streichen ist.

*** Entlehnung ursprünglich germanischer Wörter ist durch ein ! angedeutet.

Kutsche, Lache, Latwerge, Linse, Löffel, Löwe, mager, mäkeln!, Mauge, mangeln, Marder!, Mark 1!, Markt, März, Mohn, Mörser, Mostert!, Neffe, Oblate, Öl, *opfern, Paar, Pappel 2, Pfarre, Pferch, Pferd, Pfirsich, pflegen!, predigen!, Quitte, raffen!, Regel, Rettich, Roche 1, Rock!, Rost 1!, Salbei, Soldat, spähen!, Stall!, stehen, Stör!, streben!, Suppe!, Tanz!, Trott!, Wanne, Zelt, Zobel.

D. aus dem Lateinischen.

S. d. Wörter unter I, B, ferner: Amsel, Barte 1, 2, Bolle 1, Erbse, Kelle, Papst.

E. aus dem Keltischen.

S. d. Wörter unter I, C, ferner: Esel.

F. aus einer unbekannten Quelle.

S. I, K, ferner Seide.

III. Entlehnung in andere germanische Dialekte

A. aus dem Deutschen.

Dietrich (schw. dän.), Eiber (schw.), Eifer (nbl. dän. schw.), falsch (norb.), Farbe (norb.), fordern (dän. schw.), Fratze (nbl.), Frau (nbd. norb.), Gabel (isl.), ganz (dän. fries. nbl.), Glück (norb.), Graf (norb.), Haufe (norb.), Herberge (norb.), Herr (isfand.), Hirse (dän. skand.), Hütte (nbl.), Jahn (schw.), Kachel nbl.), Kaiser (norb.), Klage (isl.), Klee (dän.), klein? (norb.), Kloß? (isl.), klug? (norb.), Knecht (dän. schw.), Kragen (isl.), Kram (norb.), krank (norb.), Kranz (nbl. norb.), Kresse 1 (norb.), Krieg (norb.), Löffel (norb.), machen (norb.), Mumme 1 (nbl.), Pause (norb.), quetschen (nbl.), Schelm (nbl. isl.), schicken (nbl. fries. norb.), schlimm (norb.), Spat (nbl.), Specht (nbl.), Strafe (nbl.), Thaler (nbl.), Trauer (nbl.), Weise? (norb.), Zins (asächs.), zittern (dän.), Zwetsche (nbl. dän.), Zwick (dän.), Zwiebel (dän.).

B. aus dem Englischen

ins Nordische: Boot, Ferse?, Graf?, klein?, Kost 1, lehren, Mühle, *Papst, Schule, Seife, Straße.

C. aus dem Romanischen und Lateinischen.

S. d. Wörter unter I, B, ferner: Amsel (nbl.), Ballen (nbl.), Esel (norb.), Kübel, Pappel 2, Raute 1?.

D. aus dem Keltischen.

S. d. Wörter unter I, C, ferner: Eisen.

IV. Entlehnung ins Romanische

A. aus dem Germanischen.

Abel, Ahle, Allod, anberaumen, arg, Asche 1, 2?, An, Auer-, Bache, Back, Backborb, Backe 1, Bahre, bald, Balken, Ball 2, Ballast, Ballen, Bande, Bank, Bankett, Bann, Banner, Baron?, barsch, Barte 1, Bast, Bastard, bauchen, Beichte, Beige, Beispiel, Bellhammel, Belt, Beute 2, Biber, Bier, Biese, Biest, Bilsenkraut, binden, blank, blau, Block, blöde, blond, Bock, Boden, Bollwerk, Bordell, bordieren, Borte, Bracke, Brand, braun, Brassen, Braut, Bresche, Brise, Brombeere, Brosam, Brot, Bruch 3, Brünne, Bug, Burg, Dachs, Daube, Darre, Dohle, Dorsche, Dock, Dogge, dreschen, Droge?, drollig?, Drossel 1, 2, Düne, Ebbe, Eibe, Elentier, Elle, Elster, Enkel 1, Erle, fahl, Fahne, falten, fassen, Felsen, Fetzen, Fiedel, Filz, Firlefanz, First, Fladen, Flamberg?, Flanke, flau, Flegel?, Flinte, Flitzbogen, Flotte, Forst?, Fracht, frank, Franse, frech, Fries, frisch, Frischling, frisieren, Fuder, Futter, Futteral, Galopp, Gans, Garbe, Garten, Gehren, Gelenk, Gemse, gewähren, gram, Granne, greifen, greinen, greis, Grieß, Grütze, Haar 2, Hader 2, Halle, Hals, handeln, Häring, hart, Hase, Hasve, Hast, Harfe, Heister, Hellebarte, Helm 1, Hemd, Herberge, Hermelin, Herold, Hippe, hissen, Hitze, höhnen, Hopfen?, Hose, Hulst, Hütte, Jacke?, Kabuse, Kahn, Kampf, Kanne, Karpfen, Klette, Köcher, Kopf, kosen, kostspielig, Kot 1, Kotze, Krabbe, Krampe, Krapfen 2, kratzen, Kraut, Krebs, Kresse, Krieche, Krippe, Kropf, Krücke, Krug 1, Kruppe, Kübel, Kummer, Kutte, Lache, lahm, Land, Last, Latte, lau, Laube, lauern, lavieren, lecken 1, Lei, Leich, Leid, Leiste 1, leisten, List, Lippe, Liste, Los, los, Luder, Lug, lugen, Magen, Mahr, Maie, mäkeln, Malz, Mandel 1, Marder, Mark 1, 2, Marke, Marsch, Marschall, Maser, Matrose, Meise, merken, Metze 1, Milz, Moos, Mord, Mostert, Muff 1, 2, Mumme 2, Napf, Nestel, Nord, Nudel, Osten, Back?, Pamphlet, Pedell, Pfarr, pflegen, Pflug, Pick?, Placken,

Pott, praſſen, raffen, Rand, Rang, Rappe 2, 3, Rapier, Raſſe, Raub, recken, reiben, reich, renken, Renntier, Rhede, Riege, Ring, Rock, Rocken, Rohr, Roß 1, *2, Roſt 1, Saal, ſagen, Salweide, ſauer, Schächer, Schale, Schalk, Schall, Schaluppe, Schar 2, Scharbock, ſcharf, Scharmützel, Schärpe, Scharreiſen, Schaukel, Schaum, Scheffel, ſcheißen, Schelle, Scherz, ſcheu, Schiene, Schiff, Schilling, Schinken, ſchirmen, Schenk, Schlappe 2, ſchleifen, ſchlenkern, ſchlimm, Schlinge, Schlitten, Schmach, Schmacke, Schmalz, ſchmelzen, Schnabel, Schnaue, ſchnell, Schnepfe, Schöffe, Schoß 1, 2, 3, Schote 2, ſchrappen, ſchröpfen, Schutt, Schuppen, ſchwank, Segel, Seife, Seneſchall, ſetzen, Sinn, Sklave, ſpähen, Spanne, Spat, Spaten?, Specht, Speer, Sperber, Spieß 1, 2, Sporn, Spreche, ſpringen, ſpritzen, Spule, Spund, Staken, Stall, ſtampfen, Stange, Stapel, Stapfe, Stauche, ſtecken, Stock, ſtolz, Stör, ſtraff, Strahl, Strand, ſtreben, Streu, ſtrecken, Stube, Stück, Sturm, Sulze, Suppe, Tanz, Tau 1, Thaler, Torf, traut, treideln, treu, trinken, Trog, trollen, Trommel, Trott, Tümpel, Ungeziefer, Urtel, Waffel, wahren, Waid, Wald, walken, Wange, Wart, Waſen, waten, Watte, Wau, weh, Weichſel, Weiſe, werfen, Werwolf, *Weſpe, Weſten, wett, Wille, Wimpel, Winde, wirr, Woge, Zange, Zapfe, Zarge, Zecke, Zelt, Zink, Zitze, Zopf, Zotte, Zunder, Zwehle.

B. aus dem Keltiſchen.
S. b. Wörter unter I, C, ferner: Land.

V. Entlehnung ins Keltiſche
A. aus dem Germaniſchen.
Affe, Bretzel, Glocke, Hemd, Hoſe, Kot 1, krumm.

B. aus dem Romaniſchen und Lateiniſchen.
Barke, Biſchof, Burg, Engel, Eſel, Eſſig, Fenſter, Greif, Kammer, Käſe, Kelch, Kirche, Kunkel, Mauer, Maul 2, Mette, Mönch, Mühle, Münſter, Pein, Pfarre, Pfingſten, Pflanze, Pfütze, Prieſter, Segen, Seide, Taufe, Wein, Woche, Zieche, Zote.

VI. Entlehnung ins Slav.-Lett. und Preußiſche
A. aus dem Germaniſchen.
Barte 1 (ſl.), Berg (ſl.), Bilch (ſl.), Bollwerk (ſl.), braun (lit.), Brünne (ſl.), Buch (ſl.), Bude (ſl. lit.), Ding (ſl.), Eimer (pr. ſl.), Eſel (ſl.), Eſſig (ſl.), Farbe (lit.), faſten (ſl.), Gans (ſl.), Garten (ſl.), gelten (ſl.), geneſen (ſl.), Helm 1 (ſl. lit.), Heuſchrecke (ſl.), Holm (ſl.), Hure (ſl. lit.), ja (lit.), Kaiſer (ſl.), Kaldaunen (ſl.), kaufen (ſl. lit.), Kerl (ſl.), Keſſel (ſl.), kieſen (ſl.`, Kirche (ſl. lit.), Kot 1 (ſl.), König (ſl. lit.), Kram (lit.), Kreſſe 1 (lett.), Kübel (lit. ſl.), Kummet (ſl.), Lache (ſl.), Laib (ſl. lit.), Lauge (ſl.), Liſt (ſl.), Malz (ſl.), Meiler (ſl.), Milch (ſl.), Möhre (ſl.), Mönch (ſl.), Papſt (ſl.), Pfanne (ſl.), Pfennig (ſl.), Pflug (ſl.), Quelle (ſl.), Schatz? (ſl.), ſchief (lett.), Schilling (ſl.), Silber (ſl.), Storch (ſl.), Stube (ſl lit.), Stute? (ſl. lit.), tauſend (ſl.), Volk (ſl. lit.), Wachs (ſl. lit.), walten (ſl.), Weizen (lit.), Werft (lit.), Wert 2 (ſl. lit.), Zink (ſl.), Zülle (ſl.), Zwetſche (böhm.).

B. aus dem Romaniſchen und Lateiniſchen.
Alaun (lit.), Almoſen (ſl. lit.), Anker 1 (ſl. lit.), Apfel? (ſl. lit.), Kamin (ſl.), Kammer (ſl.), Kapaun (ſl.), Kappe (ſl.), Karauſche (ſl. lit.), Kemenate (ſl.), Kirſche (ſl.), Moſt (ſl.), Mühle (ſl.), Münſter (ſl.), Pfau (ſl.), Pfeffer (ſl.).

VII. Entlehnung ins Armeniſche aus dem Lateiniſchen.
Burg.

VIII. Entlehnung ins Albaneſiſche aus dem Lateiniſchen.
Trichter.

IX. Entlehnung ins Finniſche aus dem Germaniſchen.
arg, Bett, Diele, Eſſe, Feld, Haber, Kanker, kaufen, König, Laib, Lamm, Lauch, lind, Malz, Näber, Ruder, Quelle, Salz, ſehr, Seife, Stube, Woche.

X. Entlehnung ins Ungariſche und Türkiſche aus dem Germaniſchen.
Stube.

XI. Entlehnung ins Arabische aus dem Mlat.
Burg.

Leo der Große Papst.
Lessings Etymologien Brunft, Lauer, Musteil, Racker, Sarg.
Lex Salica Leiste 2, Marschall, Maus 1, Winter.
Liederedda Hüne.
Livius deutsch.
Logau Dieb, Eiser, Rüster, Schimpf u. ö.
Lombardei Lambertsnuß.
Losen gefallen.
Luthers Sprache Aberglaube, albern, Arche, berüchtigt, Boot, echt, Ekel, Estrich, fett, freien, fühlen, Gemahl, Hälfte, Halle, Harn, haschen, Haupt, Hippe, Hügel, Kippe, Knochen, Küchlein, Lippe, Otter, Quelle, Rippe, Ruhe, schlingen (Nachtrag), schnöde, Topf, s. auch „Lehnwörter" I, A, β.

Macrobius Auer.
Mangelhafte Sprachauffassung führt sprachliche Veränderungen herbei beben, billig, bitten, Fist, mehr, Papst, Rätsel, Schnauze, zittern u. ä., s. ferner „Anlehnung", „Neubildungen", „Suffixe" 1, „Umdeutung" u. ä.
Manichäische Sekte Ketzer.
Martin der Heilige Kapelle 1.
Maschinenbezeichnungen Krahn.
Maskulin-Suffixe s. „Suffixe" (a, an, i, ila, s, u 2c.).
Maßbestimmungen Elle, Faden, Fastnacht, Klafter, Lenz, Malter, Mandel 1, Metze 2, Monat, Morgen ?, Nacht, None, Nößel, Ohm, Ort 3, Osten, Pegel, Saum 2, Schädel, Schaft 2, Scheffel, Sechter, Simmer, Spanne, Zoll 1.
Mauren Mohr.
Maximilians I. Kanzlei Kaiser.
Medizinische Ausdrücke s. „Heilkunde".
Meistersinger Reim.
Metallnamen Stahl.
Metathese Ahle, arg, Bart, bellen, Bernstein, bersten, Bieber, Blitz, Boden, Bordell, Bort, Brunn, Butzen, dick, dreschen, einzeln, Eleutier, Erle, Essig, farzen, Feuer, Fibel, fühlen, Gallapfel, Gras, Grempelmarkt, Haspe, Hübel, Kahn, kitzeln, Knebel, Lamprete, lispeln, Nabe, Nabel, Näber, Pappel 2,

Pips, Rätsel, rinnen, rüsten, Schwefel, spähen, Spindel, Stoppel, toll, Tort (Nachtrag), Trespe, Wespe, Zitteroch?.
Michael, Kaiser, Orgel.
mi-Konjugation beben, gehen.
Militärische Wörter Hemd, Lärm, Linde, Sturm, verheeren, vgl. „Kriegswesen".
Mischung verschied. Wörter Ahne, ahnen, Antlitz, Block, Bollwerk Bord, brennen, Brunft, Brunst, Büttel, denken, derb, ersticken, Fackel, fassen, Felge, Fessel, fliehen, Finne 2, Flucht, Futter, Galle 2, gären, Garten, Gelichter, gern, Greif, Handwerk, hangen, Haspe, Haut, heben, Hecke 2, heftig, Herd, Holfter, Kanker 2, Kapelle 2, Karbe, Kelch, Kelle, keusch, Kluft, Köder, können, Kopf, Korb, Kost 2, Krücke, kurz, lauschen, löschen 1, Molch, Mond, Moos, öde, Pardel, Pfarre, Ritter, Roß 2, Sarg, Schale, schier 1, Schimmel, Schindel, schreiben, Schwamm, Semmel, Unke, verderben, Vergnügen, Welt, Wespe, vgl. ferner „Einfluß".
Mischung verschied. Ablautsreihen bitten, blinken, fechten, gedeihen, Kleister, sinken, stechen.
Monatsnamen April, August, brach, harsch, Hornung, Jänner, Mai.
Moralische Begriffe arg, gut, kühn, Mensch, schlimm u. ä., vgl. „Bedeutungswandel".
Mundartliches (Lautliche Eigentümlichkeiten, Genuswechsel, Wortbestand und Wortbedeutung in den deutschen Mundarten. Vgl. noch „Lautgesetze" II, „Lehnwörter" I, A, α—γ und die „neudeutschen Provinzialismen" im Wortinder).*

A. Oberdeutsch.
a. Im Allgemeinen.
*:a, albern, Arche, *Baas, *barsch, *Bauer 1, Beet, Bein, *Boot, *Bord, *Borke, *bunt, Butter, *Dietrich, *Dirne, drechseln, *dreist, *düster, *echt, Egge (s. Nachtrag), Ekel, *Euke, *Esse, Fahne (M.), *Färse, feige, firn, *freien, Furt (M. F.), Gasse, Gulden, Haber, *Hacke, *Hafen 2, *Halle, *Harke, *haschen, *Hede, Heister, Herbst, *heucheln, *horchen, *Kahn, *Kalbaunen, *Kaum, *Kaninchen, *Kelter, *Kiefer 2, *Knochen, *Kräusel, *Küchlein, Last (M.), *Lenz, *Lippe, Luft (M.), *Mädchen, Maul, Metze 2 (M.), Mieder,

---

* Genuswechsel ist durch M. u. F., Nichtvorhandensein durch * angedeutet.

Muhme, Narbe, *Nichte, *Nord, *Osten, *Pferd, *Pflock, *pflücken, *plötzlich, *Nasen, Roß 1, *Rumpf, sacht, *Sahne, Samstag, *schal, *scheuern, *Schenne, Schiefer, *sprechen, *Spuk, *steil, *Süden, *Topf, *Treppe, *Ziege.

b. Einzelne Mundarten.

1) Alemannisch.

Allmende, Ammann, Benne, Beck, *Eidam, *emsig, Epheu, Freund, *fühlen, Jauchert, Keib, Kilt, Kunkel, Letten, Markt, Matte 1, Metze 2, schmecken, *Schuppen, *Tappe, *Ziege.
Vgl. ferner über d. schweiz. Ma.: Ahorn, Base, Blitz, Bühne, dürfen, Föhn, Gletscher, Husten, Jahn, Raupe 1, *rein, Roggen (s. Nachtrag „Egge"), Torf.

2) Schwäbisch.

Amme, *Barte 1, Beck, *dicht, *dulden, eichen, *Eidam, *emsig, Epheu, Freund, *fühlen, *Gant, hemmen, Keib, Kropzeug, *kühn, Kunkel, Leuchse, Mähne, Markt, *Mast 1, *Matte 1, Meile, *mengen, *Möhre, Montag, Moos, *Morast, *Nacken, *Neffe, Pauke, *Raupe 1, *Scheuer, *Schnur 2, *sehr, *Sperling, *sputen, *Talg, *Tappe, *Tau 1, *Teer, Thräne, *Tonne, versöhnen.

3) Baierisch.

Amme, anberaumen, *Barte 1, *bauchen, Beck, *dicht, Dult, eichen, Freund, *fühlen, hemmen, Jauchert, Kropzeug, *kühn, *Kunkel, Letten, Leuchse, Mähne, *Mast 1, *Matte 1, Maut, Meile, *mengen, Metze 2, Mieze, *Möhre, Montag, Moos, *Morast, *Nacken, *Neffe, nergeln, Pfinztag, *Raupe 1, *rein, *Riester, Roggen (vgl. Nachtrag), Rüpel, Schelm, *Scheuer, schmecken, *Schnur 2, Schöps, *Schuppen, *sehr, *Speicher, *Sperling, *sputen, Stirn, *Talg, *Tau 1, *Teer, Thräne, *Tonne, Torf, versöhnen, Weizen, *Ziege.

B. Mitteldeutsch.

a. Im Allgemeinen.

=a, albern, Bach (F.), *Estrich, Flur, *Jauchert, Kaninchen, kriegen, *Kunkel, lehnen 1, List, Lohe 1, Metze 2, Mieder,

Janssen, Vinc. Fr., Index.

ober 2, Pinsel, Pumpe, quengeln, *Sahne, *Samstag, schlingen (Nachtrag), Schöps, Steiß, Tau 2, Woge.

b. Einzelne Mundarten.

1) Rheinisch.

Ache, Kahn, Krolle, Kunkel, Samstag, Schöps.

2) Hessisch.

=aff, Freund, Roggen, Schmant, *Schöps, *Schrank.

3) Fränkisch.

=aff, *Ammann, Epheu, Forelle, Freund, *Jauchert, *Nacken, Pferd, *Schöps, *Schrank, Ziege.

4) Thüringisch.

*Ziege u. a.

5) Sächsisch.

Pferd.

C. Niederdeutsch.

a. Im Allgemeinen.

=a, Baas, Bach (F.), drechseln, Flur, Freund, *Gasse, Hirn, Kaninchen, kriegen, List, manch, Metze 2, Nobiskrug, ober 2, *Samstag, Schmant, *Schrank, Ziege.

b. Einzelne Mundarten.

1) Niederrheinisch.

Solper, vgl. Baron.

2) Westfälisch.

=aff, Schmetterling u. a.

3) Livländisch.

dicht, Egge (Nachtrag), Schmant u. a.

Münznamen Batzen, Florin, Groschen, Gulden, Heller, Kreuzer, Münze 1, Ort 3, Pfennig, Rappen, Sold, Sterling, Stüber, Thaler.

Musik Beispiel, Geige, Leier, Orgel, s. d. Folg.

Musikalische term. techn. aus dem Italienischen Baß 1.

Mythologische Vorstellungen s. „Religion".

Nachahmung s. „Nachbildung".

Nachbildung

1) lat. oder roman. Wörter im Deutschen: Aberglaube, ablang, Abzucht, Am-

33

boß, Bad, barmherzig, Einsiedel, Esel, Fegefeuer, Fleisch, Gegend, Gevatter, Grünspan, Heide 2, inständig, keusch, Kohlrabi, kunterbunt, Quecksilber, Schwertel, tausend, zerstreut, Zwieback, Zwillich, s. auch „Anlehnung".

2) deutscher Wörter im Deutschen siehe „Anlehnung".

3) deutscher Wörter im Latein. Ammer, Bofist, Kumpan, Marschall.

Nasalierung Bengel, Geländer, taub, vergessen u. s. w., vgl. b. nasal. Wurzeln im Wurzelindex.

Nasalis sonans s. „Lautgesetze".

Naturlaute s. „Onomatopoietische Bezeichnungen."

Naturleben s. „Tiernamen", „Pflanzennamen" u. s. w.

Nautische term. techn. s. „Seemannsausdrücke" und „Schiffstechnik".

Negationspräfixe Ohnmet, un-.

Neubildungen blank, Eidechse, falsch, Fuß, Gestalt u. s. w., vgl. „Mangelh. Sprachauffassung", „Neuentl.", „Onom.B.", „Substantive", „Umdeutung", „Verschmelzung" u. ä., bes. auch die „spez. nhd. Wörter".

Neuentlehnung Alber (s. Espe), Beete, Feier, Insel, Käfig, Karat, Muschel (Muskel), Opfer, Palast, Papst (Papa), Bardel, Partei, Pforte, Pfütze, Presse, Priester (Presbyter), Propst, Raspe, Schachtel, Schalotte, Speise, Spelt, Spund (bunt, Punkt), Tafel, Teppich, Tonne, tünchen, Weiler, Zither u. ä. Neuentl. im Engl. s. unt. „Lehnwörter" II, C u. D. Vgl. „Einfluß".

Niederdeutsch als Quelle nautischer term. techn. s. „Nautische t. t." und „Lehnw." I, A α.

Nomina agentis Bauer 2, Beck, Bote, Böttcher, Graf, Hahn, kaufen, Schuster.

Nominalcomposita s. „Komposition".

Notker Binse, halb 2, Masse, na, Papst, Pfingsten u. ö.

Oboriginer Hüne.

Obstkultur Feige, s. „Kochkunst".

Onomatopoietische Bezeichnungen Amme, baf, bammeln, brummen, bumsen, bummeln, gackern, gicksen, girren, Glucke, grunzen, hätscheln?, hauchen, Hifthorn, holpern, kibitz, kichern, kitzeln, Klaff, Klang, Klapp, klimpern, klingen, klippern, klirren, klucke, knacken, knarren, knirren, knistern, knittern, kribbeln?, Kribskrabs, Küchlein, Kuckuck, lachen, lallen, lullen, lutschen, mauen, Mieze, muen, klatsch, murmeln, niesen, paff, pappeln, Pauke, piepen, plappern, plärren, platzen, plaudern, plump, poltern, puffen, quaken, quieken, rucken, Sau?, schmettern, schnarchen, stolpern, summen, surren, tatschen, Truthahn, Tusch, tuten, Uhu, Vater, verplämpern, vertuschen, weh, wimmern, wispeln, zappeln, Zipperlein, zirpen, zwitschern, vgl. „Tierlaute".

Opfer Los.

Opitz Reim.

Optimistischer Zug Schalk, Schelm, vgl. „Veredelung".

Ordinalsuffixe dritte.

Orient Kamel, s. die oriental. Lehnwörter.

Orthographie und Aussprache Egge.

Ortsnamen -a, An, -aff, Bad, Hag, Kirche, s. „Ethnogr. Bez." und die Namen im neuhochd. Index.

Ostgermanen s. „Germanen".

Ostindogermanen melken.

Otfried Fiebel, Hahn.

Partikeln erstarrte Formen des Vb. gelt 1, geschweige u. ä., vgl. „Präpositionen".

Partizipia adj. od. substant. all, Blatt, blind, durch, eigen, essen, Feind, feist, fest, gar, Geburt, gern, gesamt, geschickt, geschlacht, -gestalt, gewandt, gewiegt, Gold, Gott, Hebamme, hemmen, hold, Hort, Kind, Klause, Kraut, Last, laß, laut, licht, Maulwurf, mis-, müde, Mund 1, nackt, recht, rüsten, Schande, Scharte, schlecht, Sund, trunken, unterthan, vergebens, voll, vollkommen, Weigand, weit, Wert 2, Wind, Wort, Zahn, Zoll 2, Zorn, vgl. auch die Suffixe to, na, no u. a.

Partizipialsuffixe s. b. vor. Art.

Patronymika König, Hornung.

Paulus Diakonus arg, Banner.

Pausanias Marschall.

Perser Pfirsich.

Personennamen, b. d. Wortbildung zu Grunde gelegt ballhornisieren, Dienstag, Donner, Freitag, Itzig, Kaiser, manscheln, Metze 3, Mumme 1, Ostern, Rodomontade, uzen, vgl. die P. in den verschiedenen Indices.

Personifikation Dienstag.

Pflanzennamen Beete, Birke, Erle, Feige, Föhre, Frucht, Kohl, Krammetsvogel, Lauch, Linde, Mangold, Palme, Vettsbohne, Zeit, vgl. „Fruchtarten" und „Getreidearten", ferner „Umdeutung".

Phasis Fasan.

Phönizier Glas.

Plinius Dung, Flaum, Käse, Leinen, Meer, Mergel, Seife.

Plural singularisch Ähre, Beere, Binse, Blüte, Boi, Brust?, Buch, Ernte, Fährte, Galgen, Gemächt, Haupt, Hüfte, Hürde, Legende, Lilie, Meile, Schere 1, Schlaf 1, Speer, Sporn, Stätte, Thräne, Thür, Tücke, Werft 1, Zähre, vgl. ferner „Kollektivbez." u. d. folg. A.

Plurale tantum Drusen, Gaumen, Gnade, Huhn, Kleie, Kohle, Kohlrabi, Kunst, Leute, Lunge, Rogen, Scheide, Schere 1, Thür, Treber, Trester, s. auch d. vor. Art.

Poesie Lied, s. ferner „Kultur".

Poetische Wörter s. „Bildl. Ausdr.", „Dichtersprache" u. „Veredelung".

Polybius Ger.

Positiv fehlt minder.

Possessivsuffix sein 1.

Präfixe Ameise, Amt, angenehm, ant=, Arsch, bange, be=, Bifang, Dach, emsig, er=, Erz=, fallen, fressen, Frevel, gar, Gatter, ge= (vgl. Anhang), Haut, Heide 1, hinken, Hirte, Hocke 1, hören, nehmen, Propst, schlucken, Schwibbogen, Singgrün, un=, verwett (griech.), zag, zer=, zwie=, vgl. „Doppelwurzeln", „Verbalstämme" und „Unkenntlichwerden".

Präpositionen entw. 1) aus Adj.: durch, hinter; 2) aus Cas. obl. von Subst.: halb 2, kraft, Laut, Statt, Vermögen, Weg; 3) aus Adv.: sonder, zwischen; 4) aus Part.: während; 5) aus Interj.: Trotz. Vgl. „Casuswechsel".

Präpositionen, Verben zu Grunde liegend, ahnen, mit Subst. verschmolzen behende.

Präsens nach dem Prät. verändert s. „Formübertragung".

Präsensbildende Elemente s. „Suffixe" (j, d, t, s, m, n, na, nu u. a.).

Prothese beide, vgl. „Lautgesetze".

Quantitätsveränderung des Tonvokals oder Wurzelvokals Biene, Bifang, Brief, brüllen, Distel, doch, Docht, Dom, ein 2, Herberge, horchen, Isop, Koch, Kohl, Kreuz, Leier, =lich, Lilie, Meerrettig, Miete, Rausch 1, Rose, Rüssel, Seidel, Thron, Ton, Wingert, vgl. „Präfixe".

Quellwörter s. „Grundwörter".

Raumbezeichnungen auf d. Inhalt übertragen Frauenzimmer, Kapelle, Stute, vgl. Haus, Kammer u. ä.

Recht, altgerm., echt, Hagestolz, Musteil, Sache, Schultheiß, schwören, sicher, zeigen, Zopf, cfr. Gemahl.

Reckenleben Kamerad.

Reduplikation beben, Biber, bibnen, braun, Falter, Fell, Kürbis, wimmeln, wissen.

Reihen vermischt s. „Mischung" 2c.

Reim Saus, stehlen, Wandel.

Reineke Vos Markolf.

Reitkunst Galopp, reiten.

Religion und mythologische Vorstellungen
a) der Indog.: Alp, Dienstag, Ostern, üben.
b) der Germ.: ahnen, Alraune, Donner, Drache, drollig, Drude, fasten, feige, Haber 1, hold, Hölle, Kobold, Laune, Los, Mann, Ostern, Sippe, Sonne, Wahlstatt, Weib, weihen, Windsbraut, Wut, cfr. „Christentum".

Rhotazismus baar, Beere, Biese, gären, Hase, Haß, kiesen, Küster, Mark, Messer, Miete, Wisch, Zwist, vgl. „Lautgesetze".

Rigveda Salz.

Ritterliche Bildung Tölpel.

Romanische Sprachen entbehren ganz oder fast ganz verschiedener aus d. Lateinischen ins Germ. entlehnter Wörter Bretzel, bunt, kaufen, Kelter, Pfühl, Pilz, Quendel, Quentchen, Speicher, Trichter.

Römer Kaiser, Römer, Sack.

Rossore s. San R.

Rotwelsch foppen, Gauner, rot.

Rückbildung Aussatz, Siegel.

Rückschlüsse b. d. Wortdeutung 2c., b. d. Wortbildung Ketzer, täglich, wach, Werg, wirsch, zahm, Zins, Zweig u. ä.

Ruhe und Bewegung, Ausdr. der R. u. B. im Urbegr. stehen.

Runenschrift Brief, Buch, lesen, reißen, schreiben, Zauber.

Ruprecht, Knecht, Rüpel.

Rußland, Zug der Indog. durch R. Butter, vgl. „Lehnw." I, K u. II, F.

Sabiner Sebenbaum.

Sachnamen auf d. Träger d. Sache übertragen Pennal, Schnapphahn, Schranz, Troß u. a.

Sachs, Hans, Schlaraffe.

Sachsenspiegel echt, Kämpe, Musteil.

San Rossore Kamel.

Sardinien Sardel, Sarder.

33*

Schallwörter s. „Onom. Bez."

Schelt- und Schimpfwörter hänseln, kragen, Pack 2, Schelm, schnarchen, s. „Spottnamen".

Schiffstechnik Boot, Bord, Ducht, Flagge, Helm 2, Holk, Kiel 2, leck, Mast 1, Schiff, Stock, Takel, Topp, s. „Seemannsausdrücke".

Schmiedekunst Amboß, vgl. „Kultur".

Schneiderausdrücke Böhnhase.

Schreibkunst, Schrift Brief, Silbe, s. „Runenschrift".

Schreibung von Einfluß auf die Aussprache Epheu.

Schulbildung s. „Kultur".

Schüler- u. Studentensprache Bursche, kacken, Kaffer, Pennal, Salamander.

Schusterei Ahle, Leisten.

Schwäb.-Hall Heller.

Schwache Subst. aus starken Pate u. ä.

Schwache Verben aus starken fürchten, kerben, Koch, Krähe, kriegen, suchen, wehen, wetzen, wirken, wirr, Zahl, zittern u. a.; umgekehrt: preisen.

Schwächung der Bedeutung erquicken, mucken, nicht, nichts, nimmer, nieblich, Pein, röcheln, sehr, siech (vgl. Seuche!), Verweis, vielleicht, wohl u. s. w., vgl. „Bedeutungsw.".

Secundäre Wurzeln aus d. Verbalnomen gefolgert Fist, vgl. „Verbalstämme" und „Suffixe" 1.

Seemannsausdrücke Bake, Ballast, Ebbe, Matrose, stoppen, Strand, s. „Schiffstechnik".

Serer Seide.

Sigfrid Hüne.

Singular pluralisch Geschwister, vgl. „Plur. sing."

Sinneswahrnehmungen dumm.

Sklavendienst frei, Kebse.

Skythen und skythische Kultur s. „Lehnwörter" I, K.

Slavenkämpfe Sklave.

Slavische Kultur Sklave, Zeidler, vgl. die aus d. Slav. u. ins Slav. entlehnt. Wörter.

Spaltung der Grundbedeutung s. „Bedeutungswandel".

Spanien Bastard, Grünspan.

Spezialisierung s. „Bedeutungswandel".

Spezifisch westindogermanische Wörter* Art, deutsch, Eber, Egge, Ei. ein 1, ewig, Ferkel, Fisch, folgen, Gast, hehlen, Herz, Igel, kranich, lehnen 1, liegen, lind, Lohn, mahlen, Meer, messen, räuspern, Roggen, Rübe, säen, Salz, Sau u. a.

Spezifisch ostindogermanische Wörter s. unter den vorigen.

Spezifisch german. Wörter Abend, arg, arm, Bein, Blut, Bolz, Braut, brennen, bringen, Brot, Burg, Dach, Dampf, Deichsel 1, Docht, dreschen, drillen, drohen, dumm, Dung, dunkel, eben, Eid, Eis, Ernst, fasten, fegen, Feind, Finger, fliegen, Floh, Friede, Gatte, Gauch, Gaukler, geruhen, Glas, gleich, Gott, Gras, Grund, gut, Hag, Hake, halb 1, halten, Hand, hangen, Harfe, Haspe, Hechel, Heide 1, heiß, Heu, Himmel (s. Welt)-Hof, Hölle, kehren 2, knacken, Lamm, laufen, Lauge, Lehde, Leich, Leiche, Leiste, leiten, Lenz, List, Locke, Löffel, los, Los, Luft, Lunge, lungern, Lunte, Magen, Mahl 2, Maßholder, Meerrettig, Mehl, Meise, Meißel, melk, Menge, Milch, Milz, Morgen 1, Muff 1, 2, müssen, Mut, nagen, nah, Natter, Niet, Nord, öde, Orlogschiff, Ort 2, pflücken, Reh. Reif 1, Reis 2, reißen, Reue, reuten, riechen, Riese, Riegel, ringen, Robbe, rösten 2, Rotz, Ruck, Ruf, rügen, Runge, rünstig, Rüssel, Saat, Sache, Salz, saufen, Säule 1, Saum 1, Schabe, schaffen, Scharbe, Scharte, Schauer 2, Scheide, scheißen. Schenk, scheuern, Schiefer, schier 1, 2, Schild 1, Schildpatt, Schimmer, schinden, Schlaf 2, schlank, schlecht, schleißen, schlingen 2, Schnake, Schnecke, Schneide, schnell, schnöde, schön, Schopf 1, Schorf, Schoß 3, Schramme, schrappen, Schreck, schreiten, schrill, schrumpfen, Schuh, Schulter, Schurz, Schwan, schwank, Schwarte, schwarz, schweben, Schweif, Schwein, schwelgen, schwellen, schwimmen, schwinden, schwingen, schwören, See, Seele, sehen, seit, Seite, selb, senden, setzen, siech, sieben, Sinter, Sonne, Spange, sparen, Sparren, spät, Sperling, Spiel, Spieß 1, Sporn, Spott, Sprosse, Spuk, Staden, stammeln, Stange, stehlen, Stelze, Steuer 2, Stieg, Stift 2, Strand, straucheln, Streit, Stube, Stuck, Stunde, stützen, Süden, Sumpf, Tag, Talg, Tau 2, Taube, teuer, That, Thon, träge, treffen, treiben, trendeln, treten, trinken, trocken, Trommel, Tropfen, trübe, Tuch, übel, Unflat, ur- ff., Vogel, Wade, Wage, Wahlstatt, Wahn, Walfisch, wallen 1, Walze,

---

* Dieses und die folg. Verzeichnisse enthalten verschiedene Wörter, welche nicht sicher hierher gehören.

Wanne, Wange, warnen, Wart, waschen,
Weib, Weizen, Welf, Welt, werben, Werft
1, 2, Westen, Wiege, wiehern, wild, Wille,
winden, Wirbel, Wirt, Woge, Wut, Zange,
Zapfe, Zauber, Zeh, Zeichen, Ziel, zimper=
lich, Zitter, zittern, Zitze, zögern, Zoll 2,
Zopf, Zotte 1, Zucht Zug, Zügel, zünden,
Zweifel, Zwerg, zwingen, Zwirn.

Spezifisch westgermanische Wörter Ameise,
Bruch 2, Busen, Dienstag, Dung, Eidam,
Eltern, Faust, fechten, feucht, Flachs, Fladen,
Fleiß, Fließ, früh, Fuder, fühlen, Gabel,
Gang. Geist, gesund, Glaube, Glimpf,
greinen, groß, grüßen, Hagestolz, Halfter,
Häring, Hecht, heiter, Henne, Herbst, Herd,
horchen, Jammer, Jugend, Karst, kaum,
Kiel 1, Kien, Kies, Klee, klein, Kloß, Knäuel,
Knecht, kosten 2, Krähe, krähen, Krampf,
krank, Kresse 1, Krippe, krumm, Küche,
kühl, Latte, Lefze, Lenz, Lerche, Lid, lugen,
machen, meiden, melden, Mensch, Mus,
Nachbar, Nachtigal, ob 1, Obst, Oheim,
Ostern, Pegel, Pfad, pflegen, Pflock, Pfuhl,
Pocke, Pracht, prickeln, raffen, Ramme,
rechnen, Recke, reichen, reif, Riet, röhren,
Rute, Salbuch, sanft, sauber, Schächer,
Schaf, Schar 2, Schaufel, Scheitel, Schien=
bein, Schlacht, schleichen, schlimm, Schloß,
Schloße, schlummern, schnecken, Schminke,
schmoren, Schmuck, schmuggeln, Schmutz,
Schnepfe, schneuzen, Schoß 2, Schote,
schroff, schröpfen, Schuppen, schürfen, Schütze,
Schwaden, schwanger, schweifen, Seife,
Spanne, Speiche, spenzen, Spieß 2, spleißen,
Splitter, Sprache, spreiten, sprießen,
springen, spülen, sterben, stinken, stören,
Strahl, Strauß 1, strecken, stürzen, tauchen,
Teufel, That, Thor 1, tilgen, Trauer,
Trespe, tüchtig, Tugend, verbrämen, ver=
gessen, verlangen, wackeln, Wall, wallen 2,
Wasser, Weigand, Weise, willkommen,
winken, wispeln, wohnen, Wolke, Wonne,
Wust, zäh, Zahl, Zecke, Zeit, Ziemer,
Zipfel, Zirbel, Zorn, zu, zwanzig, Zweig,
zwicken, zwirbeln.

**Spezifisch deutsche resp. kontinentaldeutsche
Wörter** Ahn, ahnen, Amboß, Angst, Arzt,
böse, Dachs, Erz, Farbe, finster, fordern,
fragen, für, Fürst, Gaul, Gemahl, gering,
Gerste, geschehen, Glück, Gräuel, grob,
Hamster, Harz, Hebamme, Hermelin, Herr,
Heuschrecke, Iltis, Jagd, jäh, Kasten, Kotze,
Kram, Krapfen 2, trauen, Kreis, Kresse 2,

Kröte, Kugel, Kunst, Laken, Malter, nähen,
Naht, nieder 2, niedlich, Pfingsten, Pilz,
Rad Raden, Rasen, raufen, reiben, Rost 2,
Ruß, säumen, Schädel, schalten, schelten,
schicken, Schierling, Schlaf 1, schlemmen,
schlottern, schlürfen, Schlüssel, Schmarre,
schmeicheln schnappen, schnattern, Schöffe,
schonen, schöpfen, Schoß 1, schräg, Schnuppe,
Schnitt, Schwager, spalten, Speichel Sperber,
stechen, Strauch, streifen, Streifen, Stufe,
Sulze, Tod, tot, Traube, trauen, Treppe,
verdauen, wahr, währen, Wand, Wechsel,
wühlen, Wurst.

Spezifisch hochdeutsche resp. oberdeutsche Wörter
Bachstelze, Fluß, flüssig, forschen, Frau,
Gaden, ganz, Gebirge, Gerät, Gericht, Ge=
schirr u. ä., Glanz, gräßlich, Hafen 1, Harn,
hinken, Hirse, Höcker, Hütte, Kitze 2, Klage,
Kranz, löschen 1, Muße, nähen, nahr=,
Naht, Narr, nicken, Nute, Oese, Propst,
Rebe, Regen, Riffel, rösche, Rost 1, rutschen,
Schilf, Schimpf, schirmen, schleudern,
Schmalz, schmollen, schmunzeln, Schnalle,
schnalzen, Schrank, Schrei, Schnpf, schwach,
Schwank, Schwanz, schwätzen, Schwiele,
schwindeln, Semmel, Senne, Simmer,
Spatz, sperren, Spilling, Spindel, spitz,
Splitter, Spor, Spren, sprühen, Stachel,
Stadt, Staffel, starren, Staude, stauen,
stemmen, Stengel, Stiefel, Stift 1, Stirn,
Strafe, sträuben, streben, Strieme, Strobel,
Strudel, Strumpf, Taub, Tasche, Tenne,
Trank, Traufe, trennen, Trobbel, Trott,
Truhe, üppig, vergessen, verloben, Verlust
u. ä., vollkommen, Vormund, Wabe, Wach=
holder, Wandel, Wanst, Wedel, weiblich,
weigern, Weihe, welk, Welle, Wels, wim=
meln, Wirtel, Würde, würgen, zappeln,
zart, zausen, zeigen, Zeile, Zeter, Zettel,
Ziel, Zier, Zucht, Zunft, Zuversicht, Zwang,
Zweck, Zwiesel, vgl. noch die oberd. Lehn=
wörter.

Spezifisch neuhochdeutsche Wörter Aalraupe,
Aberglaube, abermal, Aberraute, ablang,
abspenstig, Alarm, Alfanzerei, Alkoven,
Allod, Almanach, anberaumen, Anker 2,
aurüchig, Ar, ärgern, As, Assel, Auster,
auswendig, Bachbunge, Bachstelze, baf,
bammeln, bändigen, Barbier, Barett, barsch,
Barte 2, baumeln, bäumen, bausen, Bauten,
Bazar, behaupten, Behörde, belfern, Bemme,
Benne, berappen, Berline, Berserker, be=
schälen, Beutel 1, Beweis, bezichten, Bezirk,

bigott, Bilsenkraut, Bimsstein, blink (f. blank), Bleichert, blenden, Blendling, blinken, blinzeln, blockieren, blöken, Bock, Bofist, bohnen, Bohnenlied, Böhnhase, Boi, bölken, boll, Böller, Bombasin, Bombast, Boot, Bordell, bosseln, bozen, brach), Brackwasser, Bramsegel, Brand, Brasse, Braus, brenzeln, Brockperle. Bröschen, Bucht, Bügel, Bühre, Bulle 1, 2, bumbsen, bummeln, Bündel, Bursche, Bürzel, Büste, Butzaar, Butte, Bütte, Butzen, dahlen, Dalles, damals, Damast, Dambock, Dambret, dämisch, dämmern, dauern 1, Daune, deftig, Dent, dibbern, dick, Dock, Dogge, Dolch, Dom, doppelt, Dorsch, Dose, drall, drängen, dreist, Drilling, Droge, dröhnen, drollig, Druck, Druse 1, 2, dudeln, dumpf, Düne, Dünkel, Durchlaucht, Dusel, Dust. Düte, Ebbe, echt, Ecker, Egge, Eider, Einbeere, eingefleischt, einsam, Ekel, Ekelname, Elentier, Elf, Elritze, Endivie, entern, entrüstet, erinnern, ernst, fächeln, Fächer, Fahne, Falbel, Falter, faseln, Faxe, Feier, Fetisch, fett, Fibel, Finne 1, Finte, Firn, Fistel, fix, Flagge, Flamberg, Flanke, flau, Flause, Flechse, Flederwisch, Fleisch, Flieder, flimmern, flink, Flinte, Flitter. Flitzbogen, Flor, Floskel, flott, Flotte, flunkern, Focke, Folter, foppen, Formel, Fracht, Frack, frank, Fratze, Frauenzimmer, Frettchen, freventlich, Friedhof, Fries, Frieseln, frisieren, Frühling, Fuchs, Fuchtel, Fuge, fuschen, Futteral, gackern, Gallapfel, Galmei, Gänserich, Gauner, Gebresten, Gebühr, Gefahr, Geiz, Gelage, gelt 1, Gemahl, Geschlecht, Gesundheit, gewiegt, Gewohnheit, Gilde, Ginst, gleichsam, Gleiß, Gletscher, Gosse, Grau, Graud, grapsen, gräßlich, Graupe, Grimmen, Grippe, Gros, Grotte, gruseln, Günsel, Gurke, Habergeiß, hacken, Hafen 2, Hahnrei, Hai, halb 2, Hälfte, Halle, halten, Hämmling, Hanse, häuseln, Harlekin, harsch, Hast, hätscheln, Hatschier, Haubitze, Hauderer, häufig, Hebel, Hecke 2, Hebe, heikel, Heimchen, hellbank, Helm 2, Henkel, Herling, Herr, hetzen, hencheln, Hieb, Hifthorn, Hippe 2, hissen, Hocke 1, hocken, Hokuspokus, Holfter, Holm, holpern, Horde 1, Hub, Hügel, Hummer, Humpe, humpeln, Hundsfott, hunzen, Husar, Jacht, Jacke, Jahn, jappen, Jauche, jubeln, Jucks, Kabliau, Kabuse, kacken, Kahn, Kajüte, Kalm, Kalmang, Kalmäuser, Kamerad, Kamisol, Kämpe,

Kante, Kapelle 2, kapores, kappen, Kappzaum, kaput, Kapuze, Karausche, Kariol, kauderwelsch, kauzen, Keib, Keiler, Kelch, keusch, kichern, Kiefer 2, Kieke, Kieme, Kiepe, Kieze, Kitzel, klabastern, Kladde, Klaupe, Klapp, klatsch, Klausel, Kleck, Klei, klempern, Klepper, klettern, klimpern, klippern, klirren, Klumpe, Klunker, knacken, Knall, knapp, knappen, Knaster, Knauser, kneifen, Kneipe, kneipen, knicken, Kniff, Knirps, Knittelvers, knittern, knobeln, Knocke, Knöterich, Knubbe, knuffen, Knüppel, Kunte, Kobalt, Koffer, Kohlrabi, Korde, Koriander, Korinthe, Kork, koscher, kostspielig, Kote, kotzen, krächzen, Kracke, Krahn, Krakeel, Kralle, Kräupe, kribbeln, Kribskrabs, Kriekente, kritteln, Krume, Kruppe, Kruste, Küchenschelle, Küchlein. kunterbunt, Kuppe, Kuppel, küren, Küste, Kutsche, Kux, Labberdan, Laken, Lappalie, läppisch, Lärm, Larve, lasch, Lase, Latz, lavieren, Lawine, Lee, Lehde, -lei, Leiste 2, lichten, liefern, Lippe, Liste, locker, lodern, loh, löschen 2, Lotse, lullen, Lümmel, Lump, lungern, Lunte, lutschen, Mädchen, Mais, mäkeln, malmen, Malve, mampfen, Mandel 1, Markolf, Marsch, Maske, Maßlieb, Matrose, Matz, Matzen, mausig, meckern, Memme, mergeln, messingisch, Mettwurst, Meute 1, 2, Miene, Mieze, Moor, Mops, Morast, Möwe, mucken, Muff 1, 2, Mulm, Mumme 1, 2, Mündel, munkeln, murren, Muskel, Muster, na, nachahmen, naiv, Narwal, nebst, Nehrung, nergeln, Nerv, nett, Nichte, nichts, Nickel, nippen, Nippsache, Nobiskrug, Nock, Norne, Not, Nücke, Nudel, Nüster, Nuß 2, Ohrfeige, Oleander, Onkel, Orkan, Orlogschiff, Ort 1, Oese, Osten, Osterluzei, Oxhoft, paff, pah, Pallasch, Pallisade, Pamphlet, Pantoffel, pappeln. Park, Pasch, paschen, Paspel, passen 1, 2, Patz pauschen, Pavian, Pedant, Pedell, Pegel, Peitsche, Pekesche, Pennal, Pest, Petze, Pfropfen, pfuschen, Pick, Pickelhering, Picknick, piepen, Pilot, Pimpernelle, pissen, placken, plappern, Plinze, Pluderhose, plump, Plüsch, Pocke, Pokal, Pökel, pomadig, Pomeranze. Pomp, Popanz, Porzellan, Posse, Post, prassen, Preiselbeere, prickeln, Prise, prophezeien, Prunk, Pudel, Puder, puffen, pur, pusten, Pute, quabbeln, Quacksalber, quaken, Qualm, Quappe, Quecke, Quelle, quengeln, quieken, Racker, Rädelsführer, Raigras, Rulle,

Rampe, Rang, Range, Ranke, ranzen, ranzig, Rappe 1, 3, rappeln, Rappier, Raps, Rapunzel, rar, Rasch, rascheln, Raspe, Raspel, Rasse, Ratsche, rauch, Raute, Rausch 2, Rauschgelb, Rebus, Reck, Reff 2, rege, Renntier, Rest, Reuter, Rhabarber, Rhede, ribbeln, Ricke?, Riese, Riester, Rießling, Riff, Ritt, Römer, Rosmarin, rotten 2, ruchtbar, Rudel, rülpsen, Rum, Rummel, Runkelrübe, sacht, sackerlot, Salamander, Salbader, Sämischleder, Sandel, Sardelle, Satte, schachern, Schacht 2, Schafott, Schaft 2, Schakal, schäfern, Schaluppe, Schauker, Scharbock, Schärpe, Scharteke, schaudern, Schaukel, Scheit, Schellack, Schellfisch, Schere 2, Scherflein, schen, scheuern, schicken, Schicksel, Schiedsrichter, Schild 2, schildern, Schildpatt, schillern, Schimmer, Schinnen, Schiß, schlabbern, Schlacht, Schlacke, Schlappe 1, 2, schlappen, schlau, Schlauchmaul, schlendern, Schleppe, Schleuse, schlicht, Schlinge, Schlucht, schlürfen, Schmacke, Schmalte, Schmarre, Schmaus, Schmergel, Schmetterling, Schmieralien, Schmiß, Schmöker, Schmollis, schmoren, Schmuck, schmuggeln, schmunzeln, Schmutz, Schnack, Schnarre, Schnauze, Schneppe, schniegeln, Schnippchen, schnoben, Schnörkel, Schnucke, schnüffeln, Schnuppe, Schnute, schofel, Scholle 2, Schover, Schoppen 1, Schote 1, 3, schraffieren, schrappen, schrill, schroff, Schrot, schrubben, Schrulle, schüchtern, Schnst, Schuhu, Schund, Schüppe, Schuppen, Schurke, Schüte, Schutt, Schwadron, schwelen, schwirren, schwül, Schwur, Sekt, Sellerie, Seuesbaum, Senne, Sente, sichten, sickern, Simpel, Singrün, Sitz, Skizze, Skrupel, Sohle 1, Sorte, Spaß, Spaten, spicken, Spion, Sporteln, Sprehe, Sprenkel 1, Spriegel, spröde, spucken, Spuk, Staat, Staffette, Staken, Ständer, ständig, Stapel, Stärke, starr, Statt, staunen, steigern, Stempel, Stern 2, stier, stöbern, stochen, Stoff, stöhnen, stolpern, Stöpfel, stoppen, stottern, Stotz, stramm, strampeln, Strauch, Strobel, struppig, Stüber, stufen, Stulpe, sturen, stutzen, suckeln, Sund, surren, Sutter, Tabak, Takel, Tand, Tang, Tante, Tasse, tatschen, Tau 1, Tausch, tausend, Teer, Teil, Terne, Thaler, Thee, Thran, Thunfisch, Topp, Torf, Tornister, Tort, Torte, Traß, Tratte, Treff, treideln, Treuse, Tresse, Trieb, trillern, trippeln, Trott, Trubel, Trüffel, Trug, Trumpf, Trupp, Truthahn, Tümpel, turnen, Tusch, Tusche, tuten, Tüttel, Uhr, Uhu, ulken, Unbill, Ungetüm, Unke, Unterschleif, Urbar, Urheber, uzen, Veitsbohne, Veitstanz, verblüffen, Vergnügen, Verlies, Vermögen, verplämpern, verpönen, verquicken, verquisten, verrückt, verschieden, verschroben, versiegen, verwittern, Vielfraß, Visier, wach, Waffel, Wahnsinn, Wallach, Walnuß, Watte, Wau, Weed, Weichsel, Weiderich, Weise, Wende, Werft 2, Weste, wichtig, widrig, Wiemen, Wildschur, Wippe, wirr, wirsch, Wirsching, Wispel, wispeln, Wittib, Wocken, worfeln, Wrack, Wuchs, Wurm, Zaser, zergen, zerstreut, zertrümmern, Zickzack, Zingel, Zink, zirpen, Zitrone, Zofe, zögern, Zögling, Zone, Zores, Zote, Zuckerkand, zufrieden, zugleich, Zülp, Zünsler, zupfen, züsseln, zuweilen, zuwider, zweite, Zwetsche, Zwieback, Zwielicht, Zwiespalt, Zwiesprache, zwingen. Vgl. noch die ndd., md., obd., franz., jüdischen und ähnl. neuere Lehnwörter.

Spezifisch mitteld. Wörter s. d. und Lehnwörter.

Spezifisch niederd. Wörter s. d. ndd. Lehnw.

Spielausdrücke Daus, doppeln, gefallen, Hund, kaputt, matt, Niete, passen 1, Roche 2, Sau, Schach, Schüppe, Schwein, Treff, Terne.

Spinnkunst Haspe, Kunkel.

Spottnamen Hase, meckern, Pennal, vgl. „Scheltwörter".

Sprachgefühl s. „Umdeutung" u. „Mangelh. Sprachauffassung".

Staatliche Verhältnisse der Germanen Adel, Degen 1, Ding, frei, Herr, hold, Kebse, Markt 1.

Städtebau d. Jdg. Burg.

Städtenamen, b. d. Wortbildung zu Grunde gelegt, s. „Geogr. Bez."

Steigerung s. „Ablaut".

Steinbau s. „Häuserbau".

Strabo Kirche.

Strafinstrumente foltern.

Studentensprache s. „Schülersprache".

Studien, gelehrte, s. „Lehnw." I, H.

Substantive, aus Verb. abgeleitet, ärgern, Blitz, handeln, Hieb, kitzeln, Klinge, Quelle u. a., vgl. „Infinitive", aus Adj. abgeleitet, s. „Adj.", vgl. noch „Neubildungen" u. „Partizipia".

Suffixe.

1) besondere Fälle ihrer Entstehung und Verwendung (Verschmelzung mit Stamm oder Wurzel, Verdrängung durch andere 2c.)

    Birne, blähen, Braue, brummen, flechten, Furcht, kühl, Laster, leiden, mähen, Papst, Pfau, Quentchen, Rat, selten, sparen, Stöpfel (=fel), überwinden, walten, waschen, Zimmet, zwanzig.

2) Verzeichnis germ. und anderer Suffixe* (vgl. auch „Abstrakt=, Adjektiv=, Adverbial=, Diminutiv=, Intensivsuffixe" 2c.).

a =a, bienen, Fisch, hoch, hohl, rot, schlaff, Schnee, tief, Werk, Wolf, vgl. ô u. ôn.

ac (ahd.) s. ig.

ach =ach, s. ahja.

ad (ags.) s. ôt.

αδιος einzig.

æhe s. ahja.

aff =aff.

aga (got.) s. ig.

age (rom.) Kot 1.

ago (ahd.) weissagen.

ah s. ak.

ahhôn horchen, vgl. chen.

ahi (mhd.) s. ahja.

ahin (?) Berg.

ahja Gesindel, Saurach, spülen, s. loch.

ai beben, lugen, s. skai.

ak Habicht, horchen, Made.

al eitel, Hammel, Staffel, Stummel, Wacholder u. s. w.

ala Segel, Semmel u. s. w.

ale (rom.) Futteral.

alô (s. ilô) Fackel, Feile.

altra s. oltra.

an (s. ôn) Bote, Gesinde, Hahn, heucheln, Ochse, weissagen; indisch: Bein, Euter, Hirn.

ana eigen, Wahnsinn.

and s. ent.

ansa Ahle.

ant Heiland.

aq s. ak.

ar s. ra.

âri, arja Bauer 2, Beck, Böttcher, Keller, Köcher, Mörser, Schuster, Trichter, Wange, Weiher.

art Bastard, s. ert.

assus bienen.

atj = azz.

âtus (lat.) = ôdus.

ada s. iđa.

aþwô s. þwô.

az Ding, Ei, Ferkel, Haß, Lamm, Lefze, Malz, Sieg, Treber, s. iz u. z.

aʒ Griebs.

azen = zen.

aznô (s. isnô) Pfeil, Sense.

azz = zz.

bar =bar.

bert =bert.

bold =bolb.

brum (lat.) Reiter.

c (lat.) Moos, nun, Rohr.

cana (ind.) irgend.

chen schnarchen.

cunque (lat.) irgend.

d Bad, Dutzend, Eleutier, Hinde, irgend, mild, Rat, überwinden, walten, s. die folg. Suff. u. t.

da Hund, Saite, Sund, vgl. d u. to.

dal, dala s. þla.

dar Schmied, s. þra.

de Freude.

di Zeit, s. þi.

dja = tio.

δμη = tmo.

djô s. d.

dor bald.

dorn s. tarn.

dra Alter, Malter, vgl. þra.

drjô Leiter.

drô Blatter.

du mild, s. þu.

eht Knecht.

el s. al, ala, il, ila, illa, ulla; roman. Bordell.

eln rascheln.

elo ibg. = ila.

en ibg. = ôn; engl. Fuchs, Mist.

ent, ont, nt (ibg.) Mund 1.

entu Tugend.

enzen (uhd.) faul.

ep (p) s. aff.

er Beck, Kreuzer.

ôre (ags.) Löffel, s. arja.

eri = arja.

ern nhd. = ags. orian.

ert Jauchert, Mostert.

---

* Germanisch, wenn nichts bemerkt. Einige nhd. Suffixe, welche im Wb. einen eigenen Artikel erhalten haben, sind hier nicht verzeichnet.

es (idg.) iz.
et (idg.) Held.
ett (nhd.) blank.
ĕþ Held.
ez s. uz.
ezen s. azz.
ezzen —.
fach Fach.
falt (fold) —, =falt.
γ = germ. k.
ga manch, weissagen, s. ig.
gin irgend.
go = ga.
haft =haft.
hag Hag.
hart s. art, ert.
heit =heit.
henti sparen.
hi (ind.) da.
how (engl.) hoch.
hun (got.) irgend.
i angenehm, feig, feil, Flug, gänge, Gast, kühn, Kur, Riese, rinnen, Schritt, Wahn.
î s. în.
ich (mhd.) Barsch, Rettich u. a.; (nhd.) Fahne; vgl. k.
icht (nhd.) dick, spülen.
ida s. iþô.
ido s. iþan.
ke (rom.) Arzenei.
ig emsig, Geläuf, heilig, Mennig, Trauer, üppig, vgl. k.
ih s. k.
ihha Füllen.
iki s. ihha.
il (ahd.) s. ila.
ila Ätte, Büttel, Daumen, durch, Gürtel, Rüssel, Schlüssel, Stengel, übel, Weibel, Wiebel, Zügel, vgl. „Diminutivbildgn."; ila (ahd.) s. ilô.
ilinga (s. inga) Zwilling.
illa Speichel.
ilô Runzel, Semmel, Sichel, Winde u. ä., vgl. alô.
ilôn klingeln, s. Dim.=, Frequent.= u. Iter.= Suffixe.
in Fuchs, Herr, Hinde.
în Durst, Höhe, Menge.
ina Schöffe, (ahd.) Mist.
îna Erz, Geiß, Kitze 1, Leinen, nüchtern, Schmerl, Schmerle, Schwein, sein 1, Simmer, Zicke.
inassus s. assus.

inc s. ing.
ing Abend, Ammer, Biest, Bilch, Engerling, Erle, Fräschling, Gatte, Jüngling, König, Lüning, Morgen 1, Mündel, Narr, Pfennig, Zeitung, Zwilling.
inga s. ing.
ingô (= ungô) Zeitung.
injôn Gott.
inklina Enkel 2.
inniô Wust.
înô Mühle.
io fahl, fragen.
ira s. isjô.
iro mehr.
isa Hemd.
isal s. isla.
isjô (s. sjô) Art, Breme, Hülse, Läuse, Nebse, Nix, Walfisch (ira).
iska irdisch, Heide 2, welsch, s. sk.
iskia Heirat.
isla (s. sla) drängen, irren, Rätsel, selig.
isnô (s. aznô) Ahle.
isôd schaudern.
isôn —, Graus.
ist meist.
istra Holfter, Schaf.
ita (ahd.) = iþô.
itja Himmel.
itz (nhd.) Kibitz.
iþa Fähre, Haupt.
iþan Gicht, jucken.
iþja Gesetz, Getreide u. ä.
iþja Hemd.
iþô Dieb, Egge, Freude, heilen.
ivus (rom.) Ballei.
iz Ähre, Filz, Fleisch, Huhn, Lehm, Sieg, wild.
iz Griebs, s. uz.
iza mehr.
izi (got.) s. isjô.
izôn schwelen.
izza Runzel.
j bitten, decken, fragen, heben, lachen, liegen, reden, Schabe, schaffen, sitzen.
ja Abend, Abgrund, Ende, Gebirge, Heu, Hirte, mitte, neu, Reich, Stern, Vogel, wett, wild.
jan Erbe, frohn, Graf, Kasten, Scholle 1.
jô Dieb, dienen, Magd, Mähre, Sippe, Wonne.
jôn Birke, Bleiche, Dieb, Drossel 1, Fliege, frohn, Gerte, kernen, Kerze, Krippe, Rinken, Röhre, Sache, Schnur 1, Zwehle.

k Belche 2, Droffel 1, Ebbe, Fleifch, Gauch,
  Habicht, heifer, Lolch, Mabe; ibg. k
  Bilfenkraut, dünn, manch, Zink.
ku f. k.
kjön f. k.
ko (ibg.) f. k.
kunda Kind.
l Achfe, achten, Beil, beilen, Borfte, boffeln,
  Daumen, Droffel 1, 2, bunkel, eilen,
  Efel, faul, Frevel, heil, Himmel, Igel,
  Kerl, Keffel, Kies, Knie, Kümmel, Kum-
  mer, Maul 1, Legel, Nabel, Nagel, Rüffel,
  Seil, Seffel, Wachholder, vgl. al u. ila.
la f. l.
ld Bube.
ldra f. uldr.
lfka =lich.
linc, ling Blendling, Bücking, Engerling,
  Ermel, Frifchling, Frühling, Herling,
  Nießling, Schierling, Sperling, Spilling,
  Zögling, Zwilling.
linga f. ling.
lo (ibg.) f. la
lô Schaufel, Weile, f. l, alô u. ilô.
loch (f. ahja) Fuß.
lôn f. l.
ls (engl.) drängen, Rätfel.
lu (ibg.) beilen.
lpra f. uldr.
lprô f. oltra.
m Atem, Blume, brummen, Euter, Farn,
  Fürft, Glied, glimmen, glühen, Halfter,
  Helm 1, Kahm, Keim, klimmen, Krume,
  malmen, Raum, Saite, Same, Saum 1,
  Schein, Strom, Traum, warm, Zaum,
  Zeit.
ma, man f. m.
mat (ibg.) f. munda.
men (ibg.) f. m.
mnt ibg. (μετ) f. munda.
mo (ibg.) = ma.
munda Lenmund, schleunig.
munia Licht.
n Aar, albern, all, Bilfenkraut, Birne,
  Braue, brennen, Bürde, bienen, borren,
  Ernft, Fahne, fallen, Farn, fragen,
  Frevel, gähnen, Himmel, Kahm, Kanne,
  Keim, Klei, klein, Kleifter, Kranich, Küm-
  mel, Legel, Lehne 1, lehnen, Leinen, Lohn,
  nackt, nun, Pfau, rinnen, fammeln,
  schleunig, Scholle 1, zwanzig; im Nhd.:
  einzeln, Fetzen, Hamen, Koben, Kolben,
  u. ä.; f. auch ana u. d. flg. Suffixe.

na Kleifter, f. n.
nâ f. nô.
nai gähnen.
nassus f. nest.
ne (ibg.) = na.
nest, niss bienen.
ng jung, Klüngel.
ni Ferfe, klein, Zeichen, f. n.
nn Baum, Brunn, hinnen.
no (ibg.) = na.
nô Ferfe, Stimme, f. n.
nôn bienen.
ns Ahle.
nt f. ent.
nu Zaum.
nust Ernft.
ô Braut, Ruhe, Schwäher, Sorge, Wittib.
ock f. uka.
ôdi f. ôpu.
ôdus Einöde, frei, Kleinod, Wermut?, Zier.
oltra (ahb.) = uldr.
on ibg. (f. an) Drache, kaufen.
ôn (ahb. a) Frau, Fuchs, Herz, Milbe,
  Oheim, Taube, Zunge.
ont f. ent.
orian (agf.) glimmern, glitzern.
orn Auborn.
ôro mehr.
os (ibg.) f. az.
ot (agf.) = uz.
ôt bort, f. ôdus.
ôplja Heimat.
ôpu Gebühr, f. isôd u. ôdus.
p f. ep.
r Acker, Aber, Ähre, Bauer 1, Bier, bitter,
  bunkel, Eifen, Eiter, Euter, Feuer,
  Finger, gern, Haber 1, hagen, hehr,
  heifer, heiter, Kater, Kicher, Kummer,
  lungern, Marder, Nüfter, rot, Sarber,
  fauer, Schlaf 2, fehr, wacker, Waffer,
  Wucher.
ra f. r.
ri fauber, teuer, f. r.
rich Knöterich, Moftert, Weg.
ro (ibg.) f. ra.
rt f. ert.
ru (ibg.) beilen.
s Bilfenkraut, blähen, Blume, böfe, Flachs,
  Fuchs, Gans, Geiz, Gras, grinfen, Hemb,
  hinnen, Kies, Lachs, Licht, nirgend, Nix,
  Papft, Seite, ftet, wir, f. z u. d. folg.
  Suffixe.
sa f. s.

sal brängen, Rätsel, säumen.
sam einsam, -sam.
scaf, schaft u. s. w., Botschaft.
sch s. sk.
sem (nbl.) s. sman.
sen gicksen.
sjô vgl. isjô u. usjô.
sk Bausch, forschen, frisch, Frosch, barsch, irdisch, kreischen, lasch, lauschen, löschen 1, Marsch, mischen, Nestel, rasch, waschen, zwischen.
ska s. sk.
skô Wunsch.
sla bergen, Sumpf, Wechsel, vgl. isla.
sman Blitz, Blume?, Rost.
span Knospe.
sqa s. sk.
st Nestel, vgl. d. folg. und nust.
sti (s. þi) Brunst, Gunst, heftig, Wurst.
stra Kleister, Polster, s. tra.
striôn Elster.
stu Laster, Mist, vgl. þu.
t Axt, Bauten, blasen, Bleichert, Dechant, doppelt, dulden, Durst, Dust, Fichte, flechten, Frost, Furcht, Geist, Gemse, gewohnt, Habicht, Hirsch, Hüfte, Hulst, irgend, Kasten?, Knust, Kraft, Obst, Saft, sonst unlängst, weil; idg. t: flechten, Kette 1, Licht, mähen; vgl. d u. d. flg. Suffixe.
tâ (idg.) Schlacht, wund.
tar (ahd.) Holunder, Zwitter.
tara (ahd.) Reiter.
ten engl. (s. zen) schnarchen.
tero (idg.) vorder.
thrâ, thrum (idg.) Reiter.
ti Banse, Bluft, eigen, Kost 2, List, Macht, Wurst, vgl. t u. þi.
tio (idg.) dritte.
tj = zz.
tlâ (idg.) Nadel.
tlo (idg.) Wedel.
tman Bluft.
to (idg.) s. da, þa u. „Partizipia."
torn (mhd.) Zwitter.
tra Futter, gestern, Klafter, Laster, reuten?; idg. tra s. þrô, þrôn; ahd. tra s. tar.
tri Klafter.
tria (idg.) Leiter.
trjô Holfter, vgl. drjô.
tro (idg.) s. dra, pra, þrô und tra.
tu Durst, Kost 2, Luft, Lust, vgl. þu.
tyâ (idg.) s. þjô.

tz, tzen = z, zen.
þ (u. d) Bad, Bude, Draht, Erde, Halde, halten, Haut, hold, Keim, Kleid, Kette 1. leiden, Licht, lind, Magd, Mord u. ä., vgl. d. folg. Suffixe u. t, auch iþa, uþa u. s. w.
þara vorder.
þi (u. di) Brut, Fahrt, Geburt, Glut, Kunft, Naht, Not, Saat, Schuld, That, Zunft, vgl. ti.
þia s. þja.
þja alt, müde, spröde?, vgl. iþja.
þjô Sünde.
þla Stadel, Wedel.
þlô Nadel.
þô Schande, Scharte, s. þ.
þra Alter, Mord, Ruder, Schmeer, vgl. uldr.
þrjô s. drjô.
þrô lehnen 1, wider.
þrôn s. drô.
þu (u. du) blöde, Flut, Friede, Furt, Glied, Tod, s. tu.
u dürr, eng, Hader 1, hart, kirre, Magd, spitz, süß, viel, Wert, vgl. nu, þu 2c.
û Schwieger.
ubnia fasten.
uka Bulle 1, Kranich, s. k.
ula Achse, Kies.
uldr Apfel, Maßholder, Speichel.
ulla (ahd.) s. l.
ûna braun.
und s. ent u. unt.
unga Abel, Hornung, jung, König.
ungô dämmern, Futter, predigen, schroff, Zeitung.
unniô fasten, Mist, Schrunde.
unt jetzt.
unþu s. entu.
ur (ahd. af.) s. z.
urra (ahd.) = usjô.
usjô (usi) Hülse, Kalb, vgl. isjô.
ust s. st.
uða s. iða.
uz (ahd.) Gemse, Hirsch.
uza Nix, s. s.
uzi s. usjô.
w fahl, gähnen, gar, gelb, Hader 1, herb, keck.
wa s. w.
wân Gasse.
werna(n) Dirne.
wja Vetter.
y s. j.

34*

z Letze, vgl. az u. s; hd. z Blitz, Kanz, Metze 3.

zen Blitz, hunzen, jauchzen, kauzen, krächzen, meckern, ranzen, Scheusal, schluchzen, seufzen, zwinken u. a., s. „Intensivbildungen".

zern zwinken.

zg = sk.

zi s. usjo

zz einzig, Elster, Licht, mauschen, rascheln, schluchzen.

Superlativbildungen Fürst, hinter, letzt, meist, minder, Nächste, nah, ober 1.

Symbole Bohnenlied.

Synkope Aalraupe, be=, böse, Brille, Brockperle, draus, Enkel 2, Elfenbein, etlich, Feder, Fenchel, Fenster, fressen, Gelte, Gleise, Held, Hülse, Isop, Kalbaunen, karg, Kelter, Kirsche, Knaster, Knirps, Krone, Leichnam, Nest, Plüsch, sammeln, Theriak, Tratz.

Tacitus Apfel, Burg, Daus, Dung, Gast, Herbst, Hund, Kebse, König, laben, Leinen, Lenz, lesen, Lied, Los, Mann, Münze 1, schildern, Sieg.

Tageseinteilung Tag, vgl. „Maßbestimmungen".

Taschenspielerkunst Hokuspokus.

Tauschhandel kaufen.

Tautolog. Komposition s. „Komposition".

Teilbenennung geht auf das Ganze über (Kragen, Rand, Sonnabend u. s. w.) s. „Bedeutungsw.", „Inhalt", „Sachnamen" u. ä.

Teutonisierende Litteraturbewegung Norne, rannen, vgl. „Lehnwörter" I, L u. „Dichtersprache".

Tiefstufe s. „Ablaut".

Tiere der Germanen Auer=.

Tierepos s. „Tiersage".

Tierlaute bellen, Breme, Brunft, Bulle 1, Drohne, gurren, Hahn, Mieze, Pute, Truthahn, Uhu, s. „Onomatopoet. Bez."

Tiernamen Ameise, Asche 1, Assel, Bär 2, Biber, Blackfisch, Bock, Bracke, Breme, Bulle 1, Dachs, Drossel 1, Ferkel, Fuchs, Gans, Geier, Gelze, Hahn, Hammel, Häring, Hase, Hecht (vgl. Barsch), Hirsch, Käfer, Kater, Kauz, Kranich, Krebs, Kuh, Lauch, Luchs, Made, Maulwurf, Meise, Mops, Otter, Pavian, Pfau, Schwein, Uhu, Widder, Wolf, Zaun, Zeisig, vgl. „Bedeutungsw.".

Tiersage bald, Bär 2, Bellhammel, Markolf.

Tiu Dienstag.

Tonverrückung s. „Lehnwörter" 1 u. „Accentversch.".

Träger einer Sache benannt nach der Sache (Pennal, Troß u. ä.) s. „Sachnamen".

Trägheitsprinzip s. „Assimilation", „Aphärese", „Kürzung" u. ä.

Trinkgefäße Becher, Humpe, Pokal.

Umbildung s. „Umdeutung".

Umdeutschung (Drillich u.ä.) s. „Nachbildung".

Umdeutung Abenteuer, Aberraute, Abseite, Amt, Ammer, Ampfer, anberaumen, Armbrust, Aschlauch, Bast, behaupten, Beifuß, Beißker, Bertram, beschwichtigen, bezichten, Bibernelle, Biene, Blankscheit, bläuen, Blut, Bock, Böhnhase, Bretzel, Brosame, Brunft, Buch, Burzel, Bußhaar, Dachtel, Dambock, Degen 1, Ebritz, Eichhorn, Eidechse, Eimer, Einbeere, Ekelname, Elfenbein, Ephen, Erdbeere?, Ereignis, Falter, Fastnacht, Felleisen, Fett, Flederwisch, flöten, Frau, Friedhof, frohlocken, Gänserich, geruhen, gescheut, Hagestolz, Hebamme, Hellbank, Hiftborn, Hund, Kaninchen, Kappzaum, Karfunkel, Kette 1, Kibitz, Kipfel, Kohlmeise, kostspielig, krabbeln, Kränsel, Küchenschelle, kunterbunt, Lambertsnuß (vgl. Veitsbohne), Lamprete, Laube, Leichnam, Leinwand, letzt, Lemmund, Liebstöckel, liederlich, Majoran, Maßholder, Maulwurf, Meerrettig, Mehltau, Menge, Mostert, Murmeltier, Mutter, Nuß 2, Odermennig, ohne, Ohrfeige, Osterluzei, Oxhoft, Perle, Pfingsten, Pimpernelle, Rauschgelb, Renntier?, Rohrdommel, Rosmarin, rösten 2, ruchbar, Schanze, Scharbock, Scharlach, Schellkraut, schlendern, Schlitten, Schloße, Schönbartspiel, Schrot, schwätzen, Schwibbogen, schwierig, Seneschall, Sinau, Sperber, Star, Sucht, Sünde, tausend, Trampeltier, verucht, verwittern (nach Wetter), Vetter, Vielfraß, Wachholder, Wachtel, Wahnsinn, Wahrsager, Wahrzeichen, Weichbild, weis, weissagen, Weißbrot, Wermut, Wetter, wider (Widerthon), Windhund, Windsbraut, Wonne, Zier, Ziesel?, Zitter, Zweifalter, Zwiebel, Zwiedorn, s. auch „Anlehnung".

Umgebung benannt nach d. Inhalt Kapelle u. ä., vgl. auch An, Mähne u. Marsch, s. ferner „Kleidungsstücke".

Umlaut Ahn, Ätte, böse, Ecker, fast, Fließ, früh, Furcht, Gulden, Habicht, hart, Heu, Kerze, kühl, kühn, Kur, Möhre, Montag, Ohr, spät, streng.

Umstellung s. „Metathese".

Unkenntlichwerden alter Zusammensetzungen beide, Eidam, elend, Enkel 1, Epheu, folgen, Frevel, Gaden, gehen, Geisel, heute, Kiefer 2, Messer, Näher, neben, Pferd, Sperber (Nachtrag), um, Welt, Wimper, Winzer, Wurzel, zwier, vgl. „Präfixe".

Unverständliche Wörter verdeutlicht s. „Verdeutlichung".

Urkundensprache deutsch.

Varro Belt.
Veda Gott, Hund, Mann, Silber.
Veit Veitsbohne, Veitstanz.
Venantius Fortunatus Harfe.
Verallgemeinerung der Bedeutung s. „Bedeutungswandel".

Verbalabstrakta Andacht, Bucht, Flucht, Gespenst, Gewicht, Jagd, Kluft, Kunst, Mahd, Mühe, rüsten, Schlaf 2, Schlag 2, Schuld, Zucht, s. „Verbalnomina".

Verbaladjektiva blöde, brauchen, dreist, gäbe, kühn, lind, reif, schön, stetig, ungestüm, wach u. a., vgl. „Partizipia" und d. flg.

Verbalnomina Beichte, bequem, Graf, müde, vgl. die vor. Art.

Verbalpartikeln s. „Präfixe".

Verbalstämme, gebildet durch Verschmelzung 1) des Präfixes mit d. Wurzel, folgen, fressen, gehen u. ä., s. „Präfixe"; 2) des Suffixes mit d. W., s. „Suffixe" 1.

Verborgenbleiben uralter Wörter Aberglaube, Bube, dauern 2, Docke, Eifer, Fehme, Flagge, Geige, harsch, Hase, Hellbank, hocken, Hummel, Jahn, Kiefer 1, Kralle, krank, kraus, Kummer, Laich, malmen, Pfirsich, Ricke, Riester, schicken, spröde, Strafe, Tadel.

Verdeutlichung s. „Komposition" u. „Umdeutung", auch hinnen.

Verdunkelte Komposita s. „Komposition u. „Unkenntlichwerden".

Veredelung der Bedeutung Adler, Ammann, besser, bieder, frech, Degen 1, Dirne, gut, Hain, Kilt, Klabbe (vgl. Dreck), Kummer, Leid, Marschall (vgl. Graf, König, Prinz u. Papst), melden, Mund 1, Pilgrim, Port, Recke, Reuter, Roß 1, schäkern, Schatz, Schelm,

Schund, schwach, selig, Seneschall, Tier, Vogt u. a.; vgl. „Bedeutungswandel", auch „Schwächung".

Verhüllung After, Blase, Dietrich, lacken, Kot 2, Tracht u. a., vgl. „Euphemismus", „Volkswitz", bes. „Bedeutungsw."

Verkleinernde Ableitungen s. „Diminutivbildungen".

Verkümmerung bei Zusammensetzungen (bieder, Bild, Binse u. ä.) s. „Präfixe" u. „Unkenntlichwerden".

Verschlechterung der Bedeutung Aas, Adler, albern, Böhnhase, Dreck, Drude, Fetzen, Gaul, geil, gemein, Geselle, Gesinde, Gesindel, Jauche, Jungfer, Junker, Karch, Kellner (vgl. anders. Marschall), Kerl, Klepper, Koben, König, Kot 2, Köter, Kram, Krämpel, kuppeln, Luder, Lümmel, Magd, Mensch, Metze 3, Mord, mutzen, Pack, Pedant, Pfütze, Plunder, Pöbel, Quark, Racker, Rädelsführer, Range, Rüpel, sackerlot, Scharteke, Scheusal, Schimpf, schlecht, schleichen, Schmach, Schmeer, schmitzen, schmuggeln, Schurke, Schutt, semperfrei, Seuche, sonderbar, stinken, Stoffel, sudeln, Theiding, Tier, trunken, Tücke, Unflat, Ungeziefer, üppig, uzen, vermessen, verrucht, verrückt, vertrackt, verwegen, Wahn, weis, Willkür, Wisch, Wollust, Wucher, Wut u. a.; vgl. „Bedeutungswandel".

Verschmelzung s. „Kompos.", „Unkenntlichw." u. „Verbalstämme".

Verstärkung der Bedeutung schwören, Seuche, Witz, Wonne, Wut u. a.; s. „Verschlechterung".

Verwandtschaftsnamen Base, Bruder, Schwester, s. auch „Familienverhältnisse".

Vokalismus s. „Lautgesetze".

Vokalstufen s. „Ablaut".

Vogelnamen s. „Tiernamen".

Völkernamen s. „Geogr. Bez."

Volksetymologie s. „Umdeutung".

Volkslieder Knittelvers.

Volkssprache deutsch.

Volkswitz Bock, Dachtel, Veitstanz. vgl. „Umdeutung".

Vorschlagssilben s. „Prothese".

Voß Blaker, Knoten u. ö.

Wagenbau, Wagenteile Deichsel 1, Nabe.
Walachei Wallach.
Webekunst Filz, Kanker 1, wirken.

Weinkultur impfen, Kelter, Kufe, Lauer, Most, pflücken, Spund, Trichter, Wein, Winzer, Zapfe.

Weiterbildung b. Lehnwörtern Attich, Kiepe, Mennig, Mostert, Pfand, prophezeien, Quentchen, Rapunzel, Zimmet u. a.; vgl. „Lehnw." 1.

Westfalen Laken, Linnen.

Westindogermanen Eber, melken.

Wetter, Niederschläge Schnee; vgl. „Jahreszeiten".

Wilhelm der Eroberer Bastard.

Williram billig.

Wochentage Dienstag, Donner, Pfinztag, Samstag.

Wortbildung s. „Adj.", „Adv.", „Caf. obl.", „Erstarrung", „Komposition", „Lehnw." 1,
„Onomatop. Bez.", „Partiz.", „Präfixe", „Präpos.", „Rückbildung", „Subst.", „Suffixe" 1, „Verbalst." u. s. w.

Wortspiel s. „Volkswitz".

Würfelspiel Hund, Sau; vgl. „Spielausdr".

Wurzelvokale, Quantität schwankend, Biene, s. „Quantitätsveränderung".

Zahlen acht, fünf, tausend, Zahl, Ziffer; s. d. folg. A.

Zählmethode acht, halb 1, Hundert, neun, Stiege 2; s. d. vor. Art.

Zecherleben der Germanen gefallen, Schenk.

Zeiteinteilung Tag; s. „Maßbestimmungen".

Zeus, Ziu Dienstag.

Zusammenziehung s. „Kontraktion".

Zwingli Bube.

Anhang.

Artikelverzeichnis.

belzen impfen	Blume Same	Buch Brief
bereit frech, Rhede	Blut blasen	Buche Buch, Birke, Erle, Linde
Berg Düne, Gebirge, Thal	Blüte —	Büchse Lakritze
bergen borgen, Borke, Burg, Herberge	blutt Blut	Buckel 2 Beule
Bernstein Harz	Bock Bücking	bücken renken
bersten Borst, Gebresten	Boden Bottich, Pfriem, fiedeln	Bude Gaumen
Beschwerde Freude	Bogen Kloben, Schwibbogen	Bug Brust, Busen
beschwichtigen Schlucht, schwichtigen	bohnen Bahn	Bügel Buckel 2, Steg
besser mehr	Bolche Balche	Bühel Hübel
beten Gebet	Bolle 2 Ball 2, Bolle 1, Böller	Buhle Baas
Beuge Beige	Böller Bollwerk	Bühne Böhnhase
Beute 1 Altar	Brot Ducht, Düne, Ebbe, Flagge, Helm 2, Kahn, löschen 2, Lotse, Ufer	bummeln baumeln
Beutel 2 Beutheie	Bord Backbord, Borte, Ducht, Ebbe, Flagge, löschen 2, Kern, Korb, krachen, Kröte, stoppen	Bund Bündel
bevor zuvor	Börde Gebühr	Burg Hemd
Biber Zitteroch	borgen Bürge	Bürste Barsch, barsch
Bieber bibmen, Fibel	Born Brunn	burzeln Bürzel
bieber Bifang	Börse Bursche	Büse Ducht, Düne, Düte, Schüte
biegen Beige, Beule, Bucht, Bücking, Bug, Bügel, Bühel, Busen, Hübel	Borste Barsch	Buße Zubuße
Biene Beet, Drohne, Imme	Bort Bordell	Bütte Beute 1, Bottich
Biese Besen	Borte bordieren	Büttel Pedell
bieten Beutel 2, Boden, Bote, Büttel, Gebiet	böse Posse	
Bild Unbill, Weichbild	Bottich Böttcher	da dann, ehe
billig Unbill	Brägen Hirn	Dach Drossel 2
binden Bast, Bendel, Bündel, bündig	Braue Klaue, Wimper	Dachs Deichsel 2, Eidechse, Feile
Binse Bims	brauen Brei, Brühe, Brunn	dar dort
Birke Borke	braun schwarz	Darm Draht
birschen knirschen, Mörser	Braus Brosam, Windsbraut	Dattel Dachtel
Bischof Bottich	Bransche Bröschen	Daumen Finger
bitten beten, betteln, stechen	Braut Neffe	Daus passen 1
bitter heiser, Schmerz, Splitter	brechen bersten, Brack, Bresche, prägen	Degen 1 Demut, gedeihen
blank blond	breit Fladen, spreiten	dehnen gedunsen
blaß blasen	brennen brenzeln, Brunn, Brünne, Brunst	Deich dengeln
Blatt blähen	Brett Pritsche	Demut Aberglaube, barmherzig
blau blasen, bläuen, blond, fahl	Brief Beete, Larve	denken Andacht, Gedächtnis, Gedanke, haugen
bläuen Bläuel	bringen hangen	der dann, dar, daß
Blech blasen, bleichen	Brombeere Ginst, Monat	Deut Scherflein
blecken blank, blasen	Brot Brosam, dreschen	deutsch beuten
bleiben elf	Bruch 2 Bach	dichten Drache
bleich Bleicher, Bleihe	Bruch 3 Brühe	Dieb dumm
blind blinzeln, blond	Brücke Mücke	Dienstag Donner
blinken blasen	Bruder Base, Schwester	Ding Theiding
Blitz bleichen, Elster, faul, Lenz, mutzen, Runzel	Brühe brüllen	Dirne Waise
blöde bloß, spröde	Brust Armbrust, Biest	Docht Kamerad
blond fahl	Bube Amme, Baas, Buhle	Donner stöhnen
blühen blasen		Dotter 1 Dotter 2
		Drache Ente
		drechseln brillen
		dreschen forschen, löschen 1

Drilling Drillich	er ihr	feist trunken
bringen dreist, drücken, durch	Erbe Arbeit	Feld Gefilde
Drossel 1 Drossel 2, Kranich, Sprenkel 2. verderben	Erbse Linse	Fell füllen
Drossel 2 Harn, link	Erde Erdbeere, irden	Felsen Feld
Druck Traube	Erle Arlesbaum	Ferkel Barch
du dein	Ermel Wurzel	Ferse Hacke
Ducht Dieb, Kamerad	Ernte Herbst	fertig Fahrt, frech
Duft 1 Kamerad	erst zuerst	Feuer Föhre
Dult Fest	ersticken sticken	Fieber kitzeln
dumm taub	Esche Asch, Asche, Eiche, Espe	Fiedel Geige
dumpf Dampf	Esel Igel	finden ent=, fahnden, Fund
Dung Bett	Espe Alber	Finger Ermel
dunkel Dampf	Esse kleben	Finne 1 Finne 2, Flosse
dünn mager, Schlaf 1	essen Assel, ätzen, Zahn	firn Firn
Dunst dünn, Duft	Essig Fibel, Näber	Firn Gletscher
durch drillen, Zwerch	ewig Ehe	First Dach
Durst lechzen		Fisch Aal, Finne 1, Mast 1
düster Feile	Fach zwiefach	Fittich Motte, Schmied
Düte Zotte 2	Fächer fächeln	Fitze fassen
	Fackel düster, Feile	flach Fladen, fliehen, Flöz
Ebbe Robbe	Faden Fuder	flackern Flocke
Eck Egge	Fahne spinnen, Wimpel	Fladen Flöz, Zelte
Ecker Eichel	fahren erfahren, Fuhre, Prahm	Flamme flimmern
Egge dreschen, Roggen	Fahrt Fährte, Gefährte	Flanke Gelenk
ehe früh	Falke Habicht	Flaum Pfühl, Pips
Ehe Eid, ewig	fallen falsch, Zufall	flechten Flachs, Flechte, Flies
Ei Dotter 1	falsch fallen	Fledermaus flattern, Flederwisch
Eiche Buche, Eichel	falten Falter, flechten	Flegel dreschen
Eichel Wurzel	Falter Schmetterling, Zweifalter	Fleiß geflissen
Eichhorn Eidechse, Waise	salzen Klang	fliegen flackern, Flocke, Floh, Flucht, Flug, Flügel, flügge
Eid schwören	fangen ent=, Gefängnis, hangen	fliehen Fleisch, Fleiß, Flies, Floh
Eidam Mutter	Farn Flügel, Harn	fließen Flosse, flott, flözen, Fluder, Fluß
Eider Daune	faseln Fastnacht	Flinte Linse
eilen Jahn	Faser faseln	Flosse Floß
Eimer Simmer	fast hart 1, kühl	Flucht Zucht
ein 1 einst, elf, kein, nein	Fastnacht Fasching, fasten	Flug Zug
Einöde Eiland, ein 1	Faust Ermel, fechten	flügge gänge
Einsiedel Eiland, siedeln	fechten Fuchtel	Flur flach
einzeln Essig	Feder Flaum, fliegen, Flügel	Fluß flüssig
einzig winzig	fegen Ohrfeige, scheuern	Föhn Gletscher, Lawine
Eisbein Bein	Fehde feig, Feind, Urfehde	Föhre Forelle, fünf
eitel Eiter	fehlen ent=	fordern fördern
elend leiden	Fehme Feile	fördern hindern
elf Eiland, eilf, Leber	Feier Kette 2	forschen Brett, Forst, mischen
Eller Ulme	feil wohlfeil	Fracht Frevel
empfinden fühlen	Feile Beil, Finger, finster	fragen frech, krachen, Mohn
empor Gebühr	Feim Pfriem, Schaum	Frau Braut, Gau, Herr, Mähre
emsig einzig	fein falsch	
eng Acht, Anger, Engerling		
entrüstet rüstig		
entsetzen Schreck		
entweder jedweder		

frei Frist, lieb
freien Freite
fressen essen, Fraß, gehen
Friede zufrieden
frieren Frosch, schwitzen
Fries frisieren
frisch Frischling, Frosch
froh Freude
frohn Frohne, Herr
Frost Verlust
früh erst
Fuchs Dachs, Gans, Lachs
fügen Fuge 1, Fach
führen Fuhre
fünf werfen
Funke Karfunkel
Furche Gleise
fürder fromm
Furke Forke
Fürst fromm, früh, vorder
Furt fahren
Fuß Elle, fassen, Ferse, Galle 1, Milz, Ohr
Futter Futteral, füttern
Futteral Scheide
füttern Vater

gaffen jappen
gähnen Gienmuschel, jäh, vergeuden
Galgen Kreuz
Galle 1 garstig, vergällen
Ganerbe ge=
Gang jäh, Zugang
Gans Gänserich
Gänserich Fahne, Kater
gar ganz, Garbe 2, gerben
Garten Bangert, Burg
Gasse Gaden
Gast Feind, gähnen, haben
Gatte gätlich, vergattern
Gatter Gasse, Gatte, Gitter
Gau Heu
Gaukler Geck, Narr
Gaul Pferd
ge= gar, Gatter, Gevatter, Gewissen, Gleise, Glimpf, Glück, Gnade, gönnen, Griebe, grob, Knau, knapp, kneipen, trunken
gebären Beere, Gebärde
Geburt bohren, gebären
Gedeihen dicht

gedunsen Tanz
Gefahr Furcht
gefallen Daus
Gefäß Faß
gegen entgegen, gen
gehen Gasse, Gicht, Jahn, stehen
geheuer ungeheuer
Geier Gerfalke
Geisel 2 Geisel 1
Geiß haben, Hechel, Küchlein
gelb Gilbe, schwarz
gelingen dicht, verlangen
gelt 2 Gelze
gelten Gülte
Gemahl Beil, Ding, Mahl 1, vermählen
Genick nicken
genießen Nießbrauch
Ger Gerte, Kaiser
gerade 2 harsch
gering minder
Gerste gähnen, Gras, haben, Mast 1
Gerücht Gelichter
geruhen ruchlos
geschickt schicken
Geschlecht Schlacht
Geselle Bauer 3, Ganerbe, Kamerad
Gesinde Genosse, Gesindel, gesund
Gespenst Spanne
gesund Sühne
Gevatter Gote, Vetter
Gewand Leinwand
Gewicht 2 wichtig, Wucht
gewinnen überwinden
gewöhnen Art
Giebel 1 Dach, Gabel, Gipfel, Kerl, Kopf, Schädel
gießen Gosse, Guß
Gicht Kunst
Gilde Zunft
girren gürren
Gischt Gest
Glanz blaß
Glas glosten
glatt froh, Glatze, schmeicheln
Glatze blaß
gleich Gelichter, Gleise, jeglich, männiglich, zugleich

gleißen Gleiß, Gleißner
glühen Gold
Gnade barmherzig
Gold Mangold
Gott bigott, Götze
Graf Naugraf
Grand Grind, Grund
Grans Grensing
Gras Gerste
Gräuel Grenel
Graus gruseln
greifen Greif, Griffel
Grieß Graus
Griffel Grab
Grille grell, Mucke
groß Groschen
grübeln Gruft
grün Grummet, versöhnen
Grund Grind
Grütze Schultheiß
gucken tucken
Gunst Kunst
gut wohl

haben gehabt, Geiß, Habe, Hafen 1, Hamen, Heft, hinken, Hufe, Humpe
Haber Dill
Habergeiß Hippe 2
Habicht Belche, Molch
hacken Hacke
Hader 1 Friede, Herold
Hader 2 Hader 1
Hafen 1 Topf
=haft laut
Hag Gehege
Hagel Schnee
Hagen Hag
hager heifer
Hagestolz Hagedorn
Hahn Mähne, Schwan
Hahnrei Kapaun
Hake Gaukler
halb 1 halb 2, Hälfte
Halbe halt, hold
Halle 1 Hort
Hals haben
halten Griffel, hold
Hamen Kummet
Hand hantieren, Milz, zuhand
handeln Hand, Hieb, kitzeln, mäkeln

Handwerk aut=
Hanf Halm, melken, Mohn, Rast, Rübe, Silber
hangen Hake, Hang
hänseln uzen
Harn Hocke 1
harsch haschen
hart Bankert, harren
Haspe Haspel
Haft haschen, Haß
Haß naß
hauen hacken, Hag
Hanfe häufig, Hauste, Hocke 1
Haupt Laub
Haus Dach, Bursche
Hauste haschen
Haut haben, Hutzel
Hebel Hefe
heben Behuf, Habicht, Hafen 1, haschen, Hebamme, Hebel, Heft, Hobel, Hub, Huf, Urheber
Hecke 1 Hecke 2
Hede Haar 1
Hederich Weiderich
Heer verheeren
hehlen stehlen
hehr herrlich, Herrschaft, herrschen
Heide 1 Heide 2, Heidelbeere
Heide 2 Hölle
Heil heilig
heil —, Heil
Heiland Zahn
heilen Heiland
Heim Dorf, Harm, Heimchen, heimlich, Heirat, Oheim
Heimat Kleinod
heimlich geheim
heischen ekel
heißen heischen
heiter hehr
heizen flözen, Weizen
helfen Elfenbein, Hilfe
hell dumm, Hall, Pracht
Hellebarte Halfter, Helm 2
Helm 2 hissen, Holk
Hemd Bruch 3, Himmel, Kamisol
henken hangen, Henkel, Henker, klenken
herb Herling

Herbst Sommer
Herde halten
Herr Eltern, Fürst, herrlich, Priester
herrschen Mörser
Herz Ferse, Galle 1, Haupt, Magen, Milz, Nabel, Ohr, Wanst
Herzog Herberge, Meerrettig, Zögling
Heu Epheu
heulen Uhu
heute gestern, hin
Hexe Hag
Hilfe Hülfe
Himmel Welt
hinken hocken, humpeln
hinter hinten
Hippe 2 Ziege
Hirsch Mörser, Rind
Hirse Hirsch, Mörser, Pfirsich
Hitte Ziege
hoch Hobel, Hocke 1
hocken Harn, Hocke 2, heucheln
Hof Frauenzimmer, Hagestolz, höflich
hohl Höhle
holb frei, Huld
holen laden 2
Hölle Hellbank, Welt
holpern stolpern
Holunder Holder
hören Behörde, schnarchen
Horn Eichhorn, Hornisse
Hornisse Hirn, Hirsch
Hort Gerte
Hose Böhuhafe
Hüfte Axt, Ernte, irgend, Werft 1
Hügel Bügel, hoch
Hülle Helm 1
Hund hunzen, Kuh, Windhund
Hundsfott faul
hüpfen Hopfen, laufen, Wiedehopf
Hürde Horde, Korn
Husten heiser
Hut 1 lecken 1
Hut 2 Hut 1

in ein 2, empor, inne, neben
inständig ständig
irre dürr

Jacke Joppe
jagen Jacht
jäh —, Gaudieb
Jahr Lenz, Nacht
Jänner Hornung
jappen jäh
jauchzen juchzen
je immer, irgend
jedweder je
jeglich —
jemand —, Dutzend, Mann, niemand
jener je
jenseits Seite
Joch Deichsel 1, gären
Jugend Mücke
Jünger Eltern

Käfer Kiefer 1
Käfig Mause, Stiefel, Vogt
kahl Locke
Kahn Helm 2, Kanne, Kiel 2
Kaiser Kalk, kaufen, Kerl
Kalk tünchen
kalt Geschlecht, Kind, Maulwurf, nackt
Kamerad Ducht, Frauenzimmer, Stute
Kamin Kemenate
Kamm Kiefer 1, Knebel, Kummer
Kamp Kampf
Kampf Ernst, Hader 1, Kamp
Kane! Zimmet
Kappe Mütze
Kappes Kerbel
kaput kapores
Kartoffel Tabak
Käse Kümmel
Kastanie kasteien
kauen Kiefer 1
Kauz Hake
Kebse Schalk
keck hacken, Kilt, Speck
kehren 2 Karst
Keim Same
kein entweder

Kelch Humpe, Lärche, Lauer, Linse, Most
Keller Kalk, Kerbel, Kerker, Söller, Zelle
Kelter Lauer, Trichter
kennen kühn, Name
Kerker Kette 2
Kerl Kern
Kern kernen
kernen Butter, Mühle
Kessel Simmer
Kette 1 Flocke, Herde
Kette 2 Pilz
Keule Kaulbarsch, Keiler
Kibitz Kauz, Kiebitz, Stieglitz, Zeisig
kiesen Kost 2, kosten 2, Wahlstatt
Kieze Kötze
Kind können
Kinn dünn, Hebamme, Mann
Kipfel Weck
Kirche Bischof, Pfingsten, Pfinztag, Samstag
Kirchweih Kirmes
Kirsche Kohl, Krieche
Kissen Kolter, Zieche
Kiste Schrein
Kitt Bims, Harz, Pilz
Kitze 1 Kablian, Klang
kitzeln Kahn
Klaff klopfen
Klafter Lachter
Klage Karfreitag
Klamm beklommen
Klang Schwank
Klaue Enkel 1
kleben Klette
kleiben kleben, Klippe
klein gering, kaum
Kleinod Zier
Klette klettern
klingen klingeln, lachen, schwenken
Kloster Regel, Tempel
Kluppe Hake, Knubbe
Knabe Knecht
Knau Gnau
Knäuel Klüngel
Knauf Knoten
kneifen Kniff
kneipen Kneipe

Knie Knochen
knirren knarren
Knorre Knorz
Knüttel Knittelvers
Kobold Kobalt
kochen Kohl, Spelt
Köber teck, Kilt
Koffer Kiste
Kohl Kerbel, Kohlmeise, Rübe, Wirsching
kommen Kauz, stehen
König Kind, Geschlecht
Kopf Hirn, Kübel
Koppel kuppeln
Korb Kiste
Korn Roggen
Kost 1 Kost 2, kosten 1
kosten 2 kauen
Kot 1 teck, Köter
Kot 2 kacken, Woge
Krabbe krabbeln, Robbe
krachen krächzen
Kraft kraft
kraft Statt, Vermögen, Weg
Kragen Nachen
Krahn Ramme
Krammetsvogel Wiedehopf
Krampe Krämpel
Krampf Krampe
Kranich Belche, Habicht, Krahn, Krammetsvogel
krank Klang, schlank
Kranz Krätze 1
Krapfen 1 Kräppel, Weck
Krapfen 2 Krapfen 1, Krebs
Kräppel Kreppel
kratzen Krätze 2
kraus Gekröse, Hader 2, krumm
Krause Flasche, Kräusel, Humpe
Krebs Hirsch
Kreide Pein
Kresse 1 Kresse 2
Kreuz Bims, Erz=, Kalk, Kerker, Kreuzer, Krücke, Küster, Linse, Pfau, Segen, Wicke 1, Zins
krenzen Batzen
kriechen Kropfzeug, Krücke
Krieg Ernst, Hader, Kampf, kühn, Streit
kring Kreis

Krippe Korb
Kropf Kropfzeug
Krug 1 Humpe
Krug 2 Nobiskrug
Krüppel Krampf
Kuchen Koch
Küchlein Kitze 1
Kuckuck Gauch
Kufe 1 Kegel 1
Kuh Ferkel
kühn Dienst, kund, versöhnen
Kümmel Kegel
Kumpan Kamerad
Kunst Kunst
Kuppe Gipfel
Kur küren
Kürbis Kartoffel
kurz Kittel, mager
Küster Meßner, Sigrist

Lab Liebstöckel
laben Bad
laden 1 laden 2
laden 2 locken
lahm belemmern, Lümmel
Laib Herr, Lebkuchen, Messe
Laken Scharlach
Lamm Kummer, Schaf
lang Lenz, verlangen
Lappalie traben
Lappen Lappalie, Lasche, Lump
Lärche Pfirsich
lassen Lase, Rüssel
Laster Kleister
Latte Geländer, Motte
Latwerge Ferge
Laub Laube
Lauch Knoblauch
lauern horchen
lauschen hören, Laus, Losung
laut 1 Biene, Gott, hören, Kerl, Laut, licht, Schande, Schaufel, schön. Wort
Laut Laute
läuten Lemund
lauter heiser
Lawine Gletscher
leben kleben, Leber
Leber bleiben, Magen, Milz
Lefze lispeln, Löffel
legen Gelage

Lehen Anlehen
Lehm Schleim
Lehne ꝉ Ahorn
lehren leise, lesen, nähren
=lei zweierlei
Leib bleiben, Körper, Mieder
Leich Laich, Tanz, Wetter
Leiche Leilachen
Leichnam Körper, Scham
leiden Glied
Leier Greif
leihen bleiben, elf, Leib
Leilachen Leinen
Leinen Lein, Linnen
Leinwand Wat
Leiste 1 Leiste 2, Liste
leiten führen
Lenz Elster, Sommer
Lerche Habicht
lesen rechnen
letzen 1 verletzen
letzt zuletzt
leuchten Durchlaucht, er-
  laucht
Leumund verleumden
Leute Leumund, lodern
Lied Beispiel, Laute
liegen Lage, Lehde
Lindwurm Wurm
Linie Lilie, Litze
link Harn, recht
Linnen Laken
Lob verloben
locken Glück
Lohe 1 lohen
Los Losung
los Laus
löschen 2 Lotse
Lot Blei
Luder locken
Luft Laube
Lug läugnen
Lüning Sperling
Lünse Lehne 3, Leuchse,
  Rabe

Magd Mädchen, Mähre,
  Maid
Mage Eidam
mager heiser
mähen Made, Matte 1
mahlen melken, Milbe,
  Molch, Mulm, nähren

Mähne Mangold
mahnen meinen
Mähre Meerrettig
Mai Maie
Mal allmählich, damals,
  Mond, zumal
=mal abermal, Mahl 2,
  malen, niemals
Malz Milz
manch mannig, viel
Mann dünn, Meer, minder,
  Vieh)
Mark 1 Grenze
Markolf Mangold
Masche Meisch
Maser Maßholder
Masse Messing
Mast 1 Ducht, Kiel 2, Schiff
Maß Maße, maßen, mäßig
Matte 1 Maßlieb
mauen Mieze
Mauer Kalk, Söller, Wall
Maulbeere Pflaume
Maulwurf mahlen, Mulm
Maus 1 mausen
Mause mausig, Mutter
Meer Fisch, Haff, Marsch,
  Mast 1, Meerrettig, See
Mehl Mehltau, Melde
Mehltau Honig
mehr immer, mehrer, min-
  der
mein ich, sein 1
Meisch Maisch)
Meister Vers
Meißel Ameise
mengen manschen, Menge
Mensch irdisch, mahnen,
  Mann
merken fühlen
Messe Kirmes, Meßner
messen gemäß, Mal, müssen
Messer frank, Mettwurst,
  Säge
Messing messingisch)
Metze 1 Messer
Metze 2 messen
Metze 3 Rüpel, Stoffel
meuchel= abmurksen
Miete Hede, Kien
minder Fahne
Minze Kerbel, Kohl
mis= mit

mischen mengen, Mist
Mist Laster, Mistel, Nebel
Mittag Osten
mögen Magen
Mohn Monat
Monat Einöde, Elentier,
  Gans, Nacht
Mond Dutzend, gewohnt,
  irgend, Obst, Stern
Montag Sonne
Moor Meer, Morast
Moos Ameise, Rohr
Mord Meer, sterben
Morgen 1 Morgen 2
Morgen 2 Jauchert
Mörser Mörtel, Pfirsich
Mücke Fliege, Mucke
mucksen mutzen
müde spröde
mühen Mühsal
Mühle Müller
Muhme Baas, Bube, Tante
Mühsal Rätsel
Mulm mahlen
Mund 1 Leumund
Mund 2 mündig
Münster Regel
munter hinter
Münze 1 Straße
murren murmeln
Muße emsig
Mut Demut, Gemüt
Mutter Mieder, Schwester

Naber Rabe, Nachen
Nachbar nah
Nachen Ache, Kiel 2
Nacht acht, Tag
Nachtigall Braut, Diens-
  tag, gellen
Nacken nicken, Säge, Scha-
  bernack
Nagel hinken, Naber
nagen Nagel
nah Nächste
nahe genau
Narr schnurren
Nase Lab, Nüster
naß Nässe, Natz, Binse
Natter Blatter
Neffe Eidam
nehmen angenehm, Name
neigen nicken

Nelke Nagel
Nest Nestel, nisten
neu nun
nicht nit, vernichten
Nichte Base, Niftel, Schlucht
nichts nein, Niete
nie niemals, niemand, ohne
niemand irgend, Mann
Niere bläuen, Ferse, Galle 1, Magd, Möwe
niesen Nieswurz, Nüster
nirgend nein
noch 2 weber
None Messe, Mette, Nonne, Vesper
Nonne Abt
Norden Osten, Süden, Wind
Nüster durch
Nuß 1 Niß, Nuß 2

oben auf
ober 2 erobern, Obst
Obst Apfel, unlängst
öde Einöde, Wahnsinn
Odem Woge
oder entweder, etlich
Oheim Base, Bruder, Eidam, Enkel
Ohmet Ohm
ohne Monat
Ohr Hand
Ohrfeige Feige
Opfer Messe
Orgel Esel
Osten Morgen 1, Nacht, Westen
Ostern Pfingsten, Tag, weihen

paff baff, pah
Pappel 2 Pappel 1
pappeln babbeln, Pavian
Papst Linse, Pech
Pasch passen 1
Pate Gote, Vetter
Pech Kerbel
Pegel eichen
Pein Plage, Regel, verpönen
Peitsche Kantschu, Karbatsche
Pelz belzen
Perle Beryll
Pfad Pflug

Pfaffe Samstag, Taufe
Pfalz Palast
Pfand Pfennig
Pfanne Kopf
Pfarre Kirchspiel
Pfau Papst, pfropfen, Pfühl, Sittich, Strauß 3, Wein
Pfeffer Kerbel, Pfifferling
Pfennig Sterling
Pferch Pfarre
Pferd Karch, Kuh
Pfingsten Pfinztag
Pfirsich Apfel, Feige, Pflanze
Pflanze Frucht, Spelt
Pflaster Lakritze
Pflaume Feige, Pfriem, Quitte, Zwetsche
Pflug dreschen
Pforte Mauer
Pfriem 1 Pfriem 2
pfropfen impfen, Pfropfen
Pfühl Pilz, Wicke 1
Pfund Straße
Pfütze Brunn
Pickelhaube Pökel
Pilger Muhme, Pfriem 1
Pilz Bims, Kissen
Pimpernelle Bibernelle
Pips Mause, Pfühl
platt Platz 2
Polster Ball
prallen prellen
prangen Prunk
Presse Most
Priester Beete, Fieber, Laie, Segen
Propst Abt, Laie, Münster, Pfaffe, Probst
purzeln Bürzel

quaken Quacksalber
Quappe Aalraupe
Quarz Spat
queck Biene, Nachen, Quecke
Quecksilber keck, kleben
quengeln Zwetsche
quer —

Rabe Bertram, Knabe
Rad gerade 2, Rädelsführer

Räder Reiter
raffen Rappe 3, rapsen, reffen
Rahe löschen 2, ragen
Rand Bord, Hinde, sanft
Rapp Rabe, Rappe 3
Rappe 1 Rabe
Rappen Batzen
rasch harsch, rascheln, rösche
Raspe Raspel
rasseln Ratsche
Rast Haus
Rat Heirat
Rätsel Füllsel, Irrsal
rauh Raugraf, Runzel
raunen Buch
Raupe 1 Hake
rauschen Rausch 2
Raute 1 Aberraute
Rechen Harke, Säge
recht Bericht, gerecht, Gericht, Reich, richten, sehr, zurecht
recken rächen, Nacker, Rechen, Reck, strecken, verrecken
Rede anberaumen, redlich
reffen Riffel
Regen Schnee
Reh Bleihe
reiben ribbeln
Reich reichen, Sattel, Weg
Reihe reihen, Riege
rein schön, schwach
reißen Buch, kerben, schreiben
reiten Reuter, Ritt
reizen flößen, Weizen
renken Ranke, Rankkorn
Rettich Meerrettig, Rübe
Ricke Bleihe
riechen anrüchig
Riese Rasen
Rinde Borke, Stier
Ring kring, Rang, Ringel, Rinken, Runge
ringen Range
Rinken Schnalle
rinnen Bann, rennen, Rinne, rünstig
Rippe Krippe, Milz
Rocken 1 Filz, Kunkel, Roggen
roben reuten

Roggen Egge, Haber (Nach-
    trag)
Rohrdommel Taumel
Rose Rosmarin
rösten 1 rösten 2
Roß 1 Marschall
rot schwarz
Rotte Rudel
Rübe Kohlrabi, Raps, Ra-
    punzel
ruchlos verrucht
ruchtbar Gelichter, Ruf,
    verrucht
Ruder Ducht
Ruhe geruhen
rühren Reis 2
rümpfen Rumpf, schrumpfen
Rune Buch, schreiben
Runzel Elster
rupfen berappen
rüsten entrüstet, Roß 1
Rute Kreuz

Saal Geselle
Sache suchen
sacht Gelichter, Schlucht
Sack Kiste, Seckel, Straße
sagen Säge, singen, weis-
    sagen
-sal drängen
-sam einsam, selten
Same Brosam
Samt Drillich
Sau Daus, gefallen
sauer Saurach
saugen säugen, suckeln
Säule 2 Schuster
Schabe 2 Schabe 1
schaben schäbig, schaffen
Schach matt, Tafel
Schade fromm
Schaf Aue, Kuh
schaffen Geschäft, heben
Schaft 1 Petschaft, Schachtel
Schale Schellack, Schellfisch
Schalk Marschall, Schelm,
    Seneschall
Schall Schild 1, zerschellen
Schande Furcht, Schlacht
Schank Schrank
schaubern Fahne
schauen Schatten
Schauer 2 schaudern

scheel schielen
Scheffel Schaft 2
scheiden bescheiden, Schieds-
    richter
Schein fragen
scheißen kacken, Schiß
Scheitel Schädel, Wirbel
Schelle Schall
Schellkraut Schöllkraut
Schelm Schabernack
Schemen Schein
schenken Schank
scheren Pflugschar, Schar 2,
    Schur
Scherge Käfig
scherzen Scherz
Scheu schüchtern
Scheuer Haut
schicken Geschick, Schuh
schieben Schaub, Schub
Schiefer Scheebe
schier 1 Schier
schier 2 schier 1
Schierling Schirling
schießen Geschoß, Schütte
Schiff Ducht
Schild 1 Schild 2, schildern
Schilling Schall
Schimpf geil
schinden Schund
schlabbern schlappen
schlagen s. nhd. Index
schlau Schlag 2
schlecken lecken
schleichen schleifen
schlemmen Schlamp
schlenkern Schleuder
Schleuder schleudern
schleunig Legel
schließen Schloße, Schluß
schlimm link
schlingen 1 schlank, schlingen 2
Schlitten schlingen 2, Un-
    schlitt
Schlot Woge
Schlund Schlauch
Schlupf Schleife
Schmant Sahne
schmatzen nutzen, schmecken,
    schmunzeln
Schmauch Schmöker
Schmaus Schmollis, schmo-
    ren

schmecken dumm, Schmack
Schmeer Anke
schmeicheln schmollen
schmeißen Geschmeiß
Schmerl Amsel
Schmied Geschmeide, Spott
schmitzen schmeißen
schmücken s. nhd. Index
schmuggeln schmiegen
Schmutz schmunzeln
Schnabel Schnippchen
Schnake Schnack, Schnecke
Schnalle schnalzen
schnappen Schnaps
schnauben beschnäufeln,
    schnoben
Schnauze Hafe
Schnee bläuen, je, Klee,
    schwitzen
schneiden s. nhd. Index
Schnepfe Schnabel
schneuzen schnöde
Schnuppe Schnupfen
schnurren schnarchen
Scholle 2 Sohle 1
schön Schönbartspiel
Schönbartspiel Schemen
Schopf 1 Locke
Schoß 1, 2 schießen
Schoß 3 —, Schrot
schreiben Schrift
schreiten Schritt
Schrunde Schranz
Schuld Kunst
Schule Leier, Seidel, Silbe,
    Vers
Schulz Kiefer 2
Schuppe Hafe, schaben
Schüssel Becken, Kessel,
    Speise
Schuster Kiefer 2, Schuh,
    Socke
Schutt erschüttern, schützen
schützen Schutz
Schwager Eidam
Schwäher Hafe
Schwang Schwant
Schwäre schwierig
schweben Schwibbogen
Schwefel Knoblauch
schweifen schweben, Schweif
schweigen 1 beschwichtigen,
    geschweigen

Schwein Eber, Geiß, Kitze 1,
　Zicke
Schwelle ˙ Dach, f Säule 1,
　Sohle 2
schwellen Schwall
schwer Beschwerde, Schwäre,
　schwierig
Schwert Schwertel
Schwester dämmern, Ge=
　schwister, Ostern
Schwieger Frau, Wittib
schwimmen Schwamm,
　schwemmen, Sumpf
schwinden schwindeln, über=
　winden
schwingen Schwang, schwan=
　ger, Schwanz, Schwengel,
　Schwung
schwören Schwur
schwül schwelen
Sebenbaum Säbenbaum
Sechter Sester
See je, Klee
Segel Ducht
sehen folgen, Gesicht, sinnen,
　Zuversicht
seichen sinken
Seide Seidelbast
Seidelbast Zeidler
Seife Talg
Seihe Seim
seihen s. nhb. Index
sein Schwester, wahr
Senne Sente
Sense Sech
setzen Gesetz
seufzen saul
sich sein 1
sicher kurz
sieben Koch, Schwaben,
　sudeln, Sutter
Siegel Insiegel
Silber Salz, Stahl
Sindflut Tag
singen Beispiel
Singrün Sinau
sinken seicht
Sippe Krippe
Sittich Psittich
sitzen Satte, Sattel, Satz,
　seßhaft, stehen
Sohn Bien, Schaufel
sollen Sold

Sommer Jahr, schwitzen
Sonne Brunn, Stern
sonst umsonst
spähen Specht, Spion
spalten spleißen, zwiespältig
Span Löffel
Spanne Elle, Spengler,
　Spule
Sparren Speer
Spaten Span
Spatz Götze, Kauz, Wanze
Specht Meise
Speck spicken
Speichel schmeicheln
Spelt Wicke 1
Spiegel Beete, Fieber,
　schauen
Spiel Kirchspiel
Spott Motte
Sprache Wasen
Sprengel Weichbild
sprießen spreizen
springen Sprengel, Sprenkel
　2. Ursprung
Spule spülen
Spund Tinte, Trichter
spüren fühlen, Spur
Stab Stamm
Stadt Staat
Staken Stange
Stall Marstall
Stamm stammen
Stand Ständer, ständig,
　Stunde
Ständer Stamm
Stapfe Stapel, Staffette
Stärke 1 Sterke
starr stier, Storren, sturen
Statt bestatten, Stadt
Staube stauen
staunen stauen
stechen Stachel, Staken
Stecken stechen
stehen gestehen, inständig,
　Stabel, Staden, Stamm,
　Stand, Staude, Stelle, stet,
　Stute, überwinden, Ver=
　stand
steil Kaulbarsch
Stelle Anstalt
Stelze Bachstelze, stolz
sterben verderben
stetig stet

Stiege 1 Treppe
Stier link, Kiel 2, Sprenkel 2,
　Stärke, Stock, stoßen,
　strotzen, verderben
Stift 1 steppen, Stift 2
stopfen Stoppel, stupfen
Storch stoßen, Werg
stoßen stoltern, stutzen
Strähle Strähne
Strang Strick
Straße Meile, Wall
sträuben Gestrüpp, Strobel,
　struppig
Strauß 1 strotzen
streichen Strick, Striegel
streng strecken
Streu stören
Strom Fluß, Rahm, Sturm
strotzen Drossel 2
Strumpf Stumpf
Stube stufen
stumm dumm
Stump stampfen, Stoppel
Stute Gestüt, Imme
suchen Sucht
Süd Düne
Sund Hinde, Rand
süß Met. mild

Tag Mittag, Morgen 1
Tanne Tenne
tapfer Fuß, Streit
Tau 2 Mehltau, Thau
taub Taube
tauchen Ente, tunken
tauen thauen
Taufe tauchen, weihen
Taumel Tanz
Tausch Meineid
tausend Docht, Zahn
Teer Harz
Teil Theil
Tenne Dach
teuer theuer
Thal Tülle
Thaler Bock
Thor 2 Gatter
Thron Ton
thun unterthan
tief Topf, Tüpfel
Tier Thier
tilgen Teil
Tinte schreiben

Tisch Kessel, Schüssel
Titel Tüttel
Tochter Schnur ?
toll Schwaden
Topf Kräusel, Pott
Torkel Kelter, Most, Trotte
tot sterben
traben trippeln
tragen Getreide, Tracht, träge, Truchseß
trampeln treten
Traube Daube
trauen Trost
Trauer dauern 2
Traum Zaum
traut Drube
Treber Drusen
Treff Daus, kaput, Trumpf
treiben Trieb, trippeln
trendeln tröbeln
treten kneten
treu bitter, traun
Tritt Stufe
Trog Truhe
Tropfen Tripper, Tropf
Trotte Brocke
Trug Fehde
Trumm zertrümmern
Tücke ducken
tünchen Kalk
Turm Thurm
Tüttel Zitze

über erobern, übrig
Ufer Staden
Uhu heulen, Schuhu
um bei
Unflat Kot 2
Unrat —
Unschlitt Talg
üppig Krippe
Urtel Teil

Vater Gevatter, kneten, Muhme, Schwester
ver= verdammen
verdrießen Überdruß
vergessen ergötzen, Vernunft
verlieren Lünse, Lust, Verlust
Vernunft Kunst
Vers Veilchen, Wein, Wespe
verschlagen schlau
verteidigen Tag

verwesen Gift, kleben, Wiesel
verzeihen zeigen
Vetter Base, Bruder, Eidam, Gote
vier Föhre, fünf, Leber, Meerrettig
Vogel fliegen
Vogt Vormund, Wicke 1
voll all, folgen, Füllsel, Korn, Stolle
vor fort, früh, vorder, vorn, zuvor
vorder fort

wach falsch, zag
Wachholder Krammetsvogel
Wachs wichsen
wachsen Wuchs
wagen Wage
wägen gewogen
Wahn Argwohn, Wahnsinn
wahr albern, zwar
wahren gewahren, warnen, wehren, Wert 2
Währung währen
Waid Weid
Wall Pfahl, Wanne
wallen 1 wallen 2
wallen 2 horchen
Walnuß Falke
walten Gewalt, Kobold
Wappen Waffe
Ware Waare
warm Wermut
=wärts gegen, wider
waschen forschen, löschen 1, Zwehle
Wasen Rasen
Wat Leinwand
weben spinnen, Wiebel
Wechsel Wasen
wecken wachsen, Wucher, zahm
weder jeder, wer
Weg zuwege
wegen 1 Woge
wehen Wedel, Wetter
Weib Braut, Wippe
weich Weichen
Weide 1 Weiderich
Weide 2 weiblich, Weihe
Weigand Feind
weihen Altar, heilig

weil zuweilen
Weile heim, weil, Zeit
Weiler Wein
Wein Kelter, Spund, Winzer
weinen winseln
weise weisen, Weistum
weisen s. nhd. Index
weissagen Wahrsager, wissen
Weizen Schultheiß
Welle Wolle, Wulst
welsch Falke, tauberwelsch, Kebse
Welt Alter
wenig minder, winzig
wer kommen, warum, was
werben Gewerbe
werden Wert 2, Wirtel, Wurst
Werder Werd, Wert 1
werfen Werft 2, worfeln
Werg Hede, kerze
Wert 1 Insel
wert s. nhd. Index
Werwolf Währwolf, Wärwolf, Welt, Wergeld, Wirt
Wesen verwesen, wahr
Wetter Gewitter, verwittern
wider wieder, zuwider
wie je
Wieche Docht
Wiege gewiegt
wiegen —, Gewicht, wackeln, Wage, wägen, Wicht, Wiege
wiehern winseln
wimmern —
Wimpel weifen
Wimper Himbeere
Wind Windhund, Winter, wittern
winden s. nhd. Index
Windhund Ampfer, Lindwurm, Mehltau
winken wanken
Winter Abend, hinter, Jahr, lauter, Schnee
Winzer Lauer, zehren
Wippe Weib
wir uns
wirsch wirr, unwirsch
Wispel Scheffel
wissen weis, Gewissen
Wittib Wittum
Woche Donner

Nachträge und Verbesserungen.

Zum Wortindex.

Althochdeutsch: füge hinzu scimbalên Schim-
mel.

Altsächsisch: f. h. norþ Nord.

tregan träge.

Amerikanisch: f. h. Vgl. Kahn.

Angelsächsisch: lies brimes (?) statt brimse.

Äthiopisch f. Samstag ist nach Armenisch
einzuschalten.

Baskisch: f. h. Vgl. =lei.

Gotisch: f. h. gasinþa Gesinde.

hana Hahn

lies brûks statt brûhts und
spaiskuldr.

Griechisch: setze „χαμαίδρυς —" unter χα-
μαίδρον.

Iberisch: f. h. baja Bai 2.

Indisch: f. h. çrath retten.

Italienisch: lies balco statt palco.

Keltisch: f. h. err (ir.) Arsch.

land, lann (ir.) Land.

lies llan statt lland.

Lateinisch: f. h. harpa Harfe.

vicus Weichbild.

tilge graphicum.

Mittelenglisch: f. h. lake Laken.

tenden zünden.

Mittelhochdeutsch: f. h. hechel Hach.

kalter Kelter.

tracke (obb.) Drache.

tilge wichschepel.

Neudeutsche Provinzialismen: f. h.

barse (nbb.) Barke.

esseln (obb.) Essig.

Neufranzösisch: f. h. balcon Balken.

tilge belette.

Neuhochdeutsch: f. h. Begierde Freude.

blitzen faul.

Bürger Wurzel.

Dune Daune.

Echse Eidechse.

Gemeinde Freude.

grappen grippen,

Garbe 1.

Lerche schießen Bock.

widerspenstig Gespenst.

Zierde Freude.

Niederdeutsch: f. h. över Ufer.

ungel Unschlitt.

ûr Uhr.

ûs uns.

wichsohepel Wispel.

tilge schlee.

lies spolden statt spalden.

Zum Wurzelindex.

Germanische Wurzeln: f. h. snipp Schnepfe.

Zum Sachindex.

Baden: lies Striegel.

Endungen: Vgl. noch „Lehnwörter".

Engl. Sprachschatz: lies II statt III.

„Femininsuffixe f. „Suffixe" (jôn, ôn, s u. a.)"
ist nach „Feminina" einzuschalten.

Lautgesetze: f. h. kk hd. aus gg Wacke.

s + zw. t-t Futter, Niester,
Wurst.

Nachbildung roman. W.: f. h. Tafel.